卡特
CARD
文库

求是智库
ZJU Think Tank

中国农业农村新发展格局研究丛书
浙江大学优势本科专业系列教材

迈向共同富裕

浙江乡村振兴的村庄实践

茅 锐 史新杰 金 鑫 陈志钢◎著

ZHEJIANG UNIVERSITY PRESS
浙江大学出版社
·杭州·

图书在版编目（CIP）数据

迈向共同富裕：浙江乡村振兴的村庄实践 / 茅锐等
著 . — 杭州：浙江大学出版社，2022.9
ISBN 978-7-308-23076-6

Ⅰ . ①迈⋯　Ⅱ . ①茅⋯　Ⅲ . ①共同富裕－研究－浙江
Ⅳ . ① F124.7

中国版本图书馆CIP数据核字（2022）第174869号

迈向共同富裕：浙江乡村振兴的村庄实践

茅　锐　史新杰　金　鑫　陈志钢　著

责任编辑	陈佩钰（yukin_chen@zju.edu.cn）
文字编辑	梅　雪
责任校对	许艺涛
封面设计	雷建军
出版发行	浙江大学出版社
	（杭州市天目山路148号　邮政编码310007）
	（网址：http：//www.zjupress.com）
排　　版	杭州隆盛图文制作有限公司
印　　刷	杭州钱江彩色印务有限公司
开　　本	710mm×1000mm　1/16
印　　张	32
字　　数	488千
版 印 次	2022年9月第1版　2022年9月第1次印刷
书　　号	ISBN 978-7-308-23076-6
定　　价	168.00元

序　言

过去 40 余年，在改革红利、开放红利和人口红利的共同推动下，我国实现了经济高速增长，人均国民生产总值已经超过一万美元，达到了世界银行中高等收入国家的标准。但随着人口老龄化进程加快、改革进入深水区、国际环境趋紧、内需消费不足，三大红利正在消退。破解人民日益增长的美好生活需要和不平衡不充分的发展之间的矛盾，特别是缩小城乡、区域和人群之间的收入差距，是我国实现共同富裕这一社会主义本质要求，迈向全面建成社会主义现代化强国的重中之重。

习近平总书记指出，"促进共同富裕，最艰巨最繁重的任务仍然在农村"[1]。浙江作为改革开放以来国内发展比较快的省份之一，一直是我国改革与发展的典型缩影。浙江的区域面积并不大，陆地仅 10.55 万平方公里，但常住人口却已达 6000 多万人。浙江的自然资源也称不上丰裕，是"七山、一水、二分田"，但浙江的改革发展却一直比较活跃，这得益于浙江在经济发展和城乡融合方面打下的良好基础。2021 年，浙江成为国家高质量发展建设共同富裕示范区。对照示范区的建设目标，浙江虽然整体水平和相关指标不错，却仍在收入分配、基础设施、公共保障、人居环境等方面存在短板。这些短板从阶层群体来看主要体现在农民，从区域空间来看主要体现在农村。因此，将农民农村作为建设发展的重点，也是浙江扎实推进高质量共同富裕进程的关键任务。

加快补齐农业农村发展短板，必须畅通三条路径。

---

[1] 习近平：《扎实推动共同富裕》，《求是》2021 年 10 月 15 日。

一是推进产业发展、就业增收，让有劳动能力的农民尽可能多地参与到国民收入的初次分配中。第三产业是最能容纳就业的领域。必须促进农旅结合、民宿、农家乐等新业态的发展，发展农村第三产业。同时，要抓住中央提出的以县城为重要载体的城镇化建设这一机遇，充分利用产业下沉、供应链延长、加工业建设、物流冷链等契机，推动农村发展与县域经济有机结合，做大做全农村产业链与服务链。

二是盘活农村存量资源。当前农村大量闲置土地、生态资源的产权价值没有完全实现，要加快通过"三变"改革提高资源的利用效率和转化效率。但在这个转换过程中，必须要让农民得到应有的收益。农村低收入群体普遍具有"缺能"和"缺权"两个特征。前者指农户因能力不足、文化不高等而面临增收困难，后者指农户因房屋抵押、信贷融资等权能缺失问题而难以扩大生产、参与市场竞争。因此，产权制度亟须深化改革。

三是完善公共保障体系。这是解决农村低收入人群"缺能"和"缺权"两个根源性问题的关键。长期以来，我国实行公共保障的城乡二元结构。城市的公共保障由政府提供，农村的公共保障近年来虽然有所改进，但在很大程度上仍离不开一户一宅的物质保障，需要通过分配房前屋后的自留地等方式实现，这也使得农民所拥有的物的产权具有发展权与保障权相粘连的属性。现阶段，要使农民的财产权益得到充分实现，必须进一步解决农村公共保障问题，用国家公共保障替代物质保障，实现农民宅基地、自留地等的发展权和保障权相分离。这不仅有助于农民在市场上获得平等权利，增加其财产性收入，也有利于为农村产业转型发展注入动能，保障集体经济平稳发展。

围绕上述路径，浙江近年来全面推进农业农村改革创新，通过实施"山海协作"战略、"千万工程"、土地和集体产权制度改革、"三位一体"合作经济组织体系等举措，有力推动了农业农村现代化发展，为实现共同富裕发展提供了良好基础。《迈向共同富裕：浙江乡村振兴的村庄实践》这本书，旨在从微观视角出发，梳理浙江农村基层的发展路径和创新举措，通过对浙北、浙中（西）和浙南三个区域的 27 个代表性村庄开展全景式调查，剖析浙江在共同富裕背景下实施乡村振兴战略的现状、经验和瓶颈。在总结凝练"产业造富""抱团增富"、"能人带富"、"绿色优富"和"乡风显富"五类农村共同富裕典型模式的同时，本书也发现浙江在农村人力资本、土地资源配置、产业转型升级、科技投入转化和基本公共服务等方面仍面临挑战，并从产业政策、设施建设、机会保障、文化传承、环境治理和体制机制等角度提出了对策建议。

浙江长期以来在"三农"方面走在全国前列。作为全国的共同富裕示范区和唯一的部省共建乡村振兴示范省，浙江是研究中国农业农村改革和转型发展问题的富矿。本书的总结和分析，充分体现了浙江近年来在"三农"领域中的工作规律、路径与做法。这既有对探索农业农村如何实现高质量和跨越式发展的理论意义，又在实践层面上体现出浙江高水平全面推进乡村振兴的针对性、指导性和操作性。同时，本书也能为全国其他地区全面推进乡村振兴和分阶段促进共同富裕发展提供经验和示范，为构筑新阶段城乡融合发展新格局提供科学依据。

黄祖辉

浙江大学中国农村发展研究院首席专家

浙江大学求是特聘一级教授、博士生导师

2022 年 8 月 23 日于杭州华家池

CONTENTS
目录

第一章

【导论】

一、中国的城乡失衡问题与农村改革逻辑

在经济增长过程中，绝大多数国家都因采取城市偏向型政策等原因，在城乡失衡的发展阶段面临过乡村发展动能减弱、贫困率居高不下、生产要素流动障碍持续存在等具体挑战。在中华人民共和国成立后的一段时间里，为了配合"赶超战略"，中国在计划经济体制下采取了城乡二元的制度体系，这使得城乡发展失衡问题的解决需要面对格外复杂和严峻的局面。1978 年以来，发轫于农村的渐进式市场化改革旨在为这种城乡割裂的增长模式寻求出路。具体来说，20 世纪 80 年代中期以前中国采取的一系列改革措施，其主要目的是以建立家庭联产承包责任制为抓手，重新确立农户的市场经济主体地位。在此背景下，以人均收入水平为主要指标的农村经济发展水平呈现出向城市部门快速追赶的态势。此后一直到 20 世纪 90 年代末，中国相继实施了农产品流通体制改革、主要商品价格市场化改革、户籍制度改革以及财政与金融体制改革，完成了资源的主要配置机制从计划向市场的过渡。但由于这一时期的改革开放，尤其是对外开放开始偏向性地惠及城市部门，城乡居民人均收入相对差距反而不断扩大。

自 21 世纪以来，中央开始以"多予少取放活"的总方针作为"三农"工作的总抓手，全方位破解城乡发展失衡问题，取得了令人瞩目的成绩。一是通过取消农业税等措施完善了农村税费制度，逐步建立了由农业补贴、最低收购价和临时收储政策组成的农业支持体系。二是通过免除农村义务教育学杂费、实施"新农合""新农保"和建立最低生活保障制度等，不断提升农民的保障水平。三是通过深入推进农业供给侧结构性改革和精准扶贫，实现了农业农村的跨越式发展。2020 年底，中国农村居民人均可支配收入和消费支出各比 1978 年高出 126 倍和 98 倍，分别达到 1.71 万元和 1.37 万元，现行标准下的 9899 万乡村贫困人口全部脱贫，832 个贫困县全部摘帽，12.8 万个贫困村全部出列，对全球减贫事业的累计贡献超过 70%。

然而，不可否认的是，无论是与其他发达或新兴经济体横向对比，还是为了实现全面建成社会主义现代化强国的第二个百年奋斗目标，中国的城乡融合发展道路仍然面临多重挑战。这主要体现在五个方面。

一是以农村"空心化""老龄化"为主要表现的城乡人口规模与结构失衡问题。伴随大量农村劳动力离农化，在总人口持续增长的背景下，农村人口相对占比和绝对规模双双下降。以常住人口计算，农村人口占比从 1978 年的 82.08% 下降到 2020 年的 36.11%，绝对规模从 7.9 亿人减至 5.1 亿人，农村"空心化"现象日益突出。同时，随着城镇化进程的不断推进，大量农村青壮年人口向城市迁移，农村人口老龄化水平高于城镇。第七次全国人口普查数据显示，农村 60 岁及以上老人的占比为 23.81%，高出城镇 7.99 个百分点。同时，相比于城镇，农村人口结构还呈现出女性和低受教育程度者占比较高的特点。

二是以收入比居高不下、绝对差持续扩大为主要表现的城乡经济发展失衡问题。尽管中国农村居民人均可支配收入已从 1978 年的 134 元增至 2020 年的 17131 元，但城乡居民人均收入比在 2009 年前总体呈增长趋势。该比值虽然在 2009—2013 年有所下降，但这一趋势在 2014 年后就几乎停滞。与 1978 年相比，中国 2020 年时 2.55 的城乡居民人均收入比几乎没有下降，更是大大高于发达国家接近甚至低于 1 的指标水平。如果以居民人均收入的绝对差衡量城乡发展差距，则改革开放后城乡差距实际上从未有所缩小。此外，值得关注的是城镇居民财产性收入占比自 2013 年起开始持续超过农村居民，并且该差距逐年扩大。这意味着"财富鸿沟"正逐渐成为扩大城乡差距的新动力。

三是以承载治理压力从城市向农村转移为主要表现的城乡生态环境失衡问题。一方面，伴随城镇化进程，生态环境资源占用和污染物排放从城镇向农村转移，农村生态环境压力与日俱增。1978—1996 年，全国耕地面积年均减少 0.24%。自 1996 年采取新统计口径以来，耕地面积总体仍逐年减少，尽管年均降幅明显缩窄。全国土地污染状况调查结果显示，耕地土壤点位超标率高达 19.4%，接近其他类型土地的 2 倍。第二次全国污染源普查结果显示，农业农村水污染排放量占全国的 70.72%。伴随城市环境管制的强化，大量高污染企业向农村转移，农村污染密集型企业在全国总数中的占比高达 66.37%。同时，农村生活垃圾产量的增速也快于城镇。2019 年，农村的生活垃圾产量达 2.99 亿吨，相比 2017 年增长了 31.7%，而城市的这一增长率仅为 11%。另一方面，与城市相比，农村生态环境的管理设施和投入严重不足。目前，仍有 40% 的建制村没有垃圾收集处理设施，78% 的建制村没有污水处理设施。城乡间的环境卫生投资差距高达 6—10 倍。

四是以"覆盖不全、质量不均"为主要表现的城乡公共基础设施供给失衡问题。尽管中国已基本实现村村通公路、通电、通光纤和 4G 网络，也已基本实现医疗卫生机构、幼儿园、小学的乡镇全覆盖，但农村与城镇相比仍普遍存在质量偏低问题。目前，大部分农村公路仅按照四级标准建设，仅 21.5% 的乡镇有高速公路出入口；农村户均电力装机容量仅为 300 瓦，是上海的十分之一；仅有 54.9% 的村庄有驻村执业医师，城乡每千人医疗卫生机构床位数之比达 2∶1；农村小学和初中的生均仪器设备值分别仅为城市的 75.8% 和 76.0%。在清洁能源、高速通信和卫生厕所等方面，当前农村的覆盖率依然不高。仅 11.9% 的村庄开通了天然气，农村 5G 覆盖率不到 50%，48.2% 的农村家庭仍使用普通旱厕甚至没有厕所。

五是以资源配置和保障水平差距明显为主要表现的城乡基本公共服务失衡问题。在基本公共服务领域，乡村与城镇相比，在资源配置水平和保障水平方面仍存在明显短板。就义务教育而言，农村小学专任教师的学历水平整体较低，高中学历的人数是城市的 5.36 倍，硕士及以上学历的人数仅是城市的八分之一。就医疗卫生而言，城乡每万人拥有的卫生技术人员数之比达 2.37，农村本科及以上学历执业医师的占比仅是城市的二十分之一。就养老保障而言，2018年城镇退休职工养老保险待遇对社会职工平均工资的替代率是参加城乡居民养老保险的农村居民养老金待遇对农村居民年人均可支配收入的替代率的 3.7 倍。就最低生活保障来看，尽管 2019 年时农村人均低保标准已比 2014 年有明显提高，但仍只有 2019 年城市水平的 73.6%。

二、乡村振兴的提出背景及与共同富裕的联系机制

为加快乡村经济转型，补齐"三农"领域短板，缩小城乡发展差距，2015年 12 月的中央农村工作会议强调要着力加强农业供给侧结构性改革，提高农业供给体系质量和效率，使农产品供给数量充足、品种和质量契合消费者需要，真正形成结构合理、保障有力的农产品有效供给。2017 年中央一号文件进一步明确，要以提高农业供给质量作为推动农业供给侧结构性改革的主攻方向。同年10 月，党的十九大报告提出实施乡村振兴战略，强调要坚持农业农村优先发展，按照产业兴旺、生态宜居、乡风文明、治理有效、生活富裕的总要求，建立健全城乡融合发展体制机制和政策体系，加快推进农业农村现代化。2018 年 9 月，《乡村振兴战略规划（2018—2022 年）》出台，成为中国第一个全面推进乡村振兴战略的五年规划。2021 年 4 月 29 日，《中华人民共和国乡村振兴促进法》获得审议通过，为全方位保障乡村振兴战略的实施提供了综合性的上位法支撑。

作为当前推动农业农村现代化的总抓手，乡村振兴战略主要以下述三方面为具体的政策着力点，为乡村发展注入动能。一是要提高农业综合效益和竞争力，改善要素配置效率，推动规模化组织化发展，健全专业化社会化服务体系，依靠科技创新从根本上转变粗放生产方式。二是要缓解农业供给侧结构性矛盾，

扭转阶段性供过于求和供给不足并存格局，增强国内生产结构满足居民消费升级需要的能力，减少质量安全风险隐患。三是要夯实农业农村发展物质基础，调和资源供需矛盾，落实生态保护重任，高质量完善农村基础设施，提高薄弱环节、产业和地区的农业机械化水平。

乡村振兴战略的提出为中国立足"三农"领域创建城乡融合发展的具体联动机制，最终实现以共同富裕为重要特征的中国式现代化提供了重要突破口。自1953年在党的文件中首次提出以来，共同富裕始终作为中国特色社会主义的根本原则被中央确立为经济社会发展的最终目标。站在"两个一百年"的历史交汇点上，中国全面建成小康社会和脱贫攻坚的目标任务均已圆满收官，基本经济制度和运行体制日趋成熟。面向全面建成社会主义现代化强国的第二个百年奋斗目标，党的十九届五中全会提出了"扎实推动共同富裕"的重大课题。推动共同富裕不仅是中国在新时代解决人民日益增长的美好生活需要和不平衡不充分的发展之间的矛盾的必然要求，也彰显了中国基于人类命运共同体理念，在新发展格局中为实现《联合国2030年可持续发展议程》目标探索路径的担当作为。中国的共同富裕是以高质量发展为基石，在做大"蛋糕"的基础上分好"蛋糕"。共同富裕强调公平，但不是绝对平均主义。2021年颁布的《中华人民共和国国民经济和社会发展第十四个五年规划和2035年远景目标纲要》中明确，到2035年，"人民生活更加美好，人的全面发展、全体人民共同富裕取得更为明显的实质性进展"。共同富裕的内涵充分体现了中国让全民共享发展红利的理念，与联合国可持续发展议程中以"包容性增长"为代表的17个目标以及"不让任何一个人掉队"的核心承诺密切相关。

为此，全面推进乡村振兴战略就必须坚持以城乡融合发展理念为前提，通过构建城乡间经济活动、公共服务和生态环境的具体互联机制促进共同富裕目标的实现。自21世纪以来，中央对城乡关系的认识经历了从"城乡统筹"到"城乡一体化"再到"城乡融合"的演进。其中，党的十六大提出的"城乡统筹"着重强调政府在平衡城乡发展中发挥统筹作用。党的十七大提出的"城乡一体化"主要着眼于勾勒城乡关系的发展目标。党的十九大提出的"城乡融合"则要求探索城乡发展互促的具体体制机制。上述认识变化既说明了中央政策的一脉相承，又表明其对城乡关系理念的不断深化。在此背景下，要实现乡村振兴战略与共同富裕目标的有效衔接，就必须依靠以下四方面主要机制：一是通过乡村产业振兴缩小城乡间的收入差距，推动物质维度上的共同富裕。二是通过乡村人才振兴保障城乡居民能力的统筹建设，推动发展机会维度上的共同富裕。三是通过乡村文化和生态振兴建立城乡一体化的精神与生态空间，推动生活环境维度上的共同富裕。四是通过乡村组织振兴夯实城乡间基本公共服务的均等化发展，推动公民权利维度上的共同富裕。

三、浙江建设共同富裕示范区的政策背景和主要逻辑

自改革开放以来，浙江始终坚持在"做大蛋糕"的同时"分好蛋糕"，是全国农业现代化进程最快、农村经济最活、农民生活最优的省份之一，也是城乡融合度最高、区域协调发展最好的省份之一，农村居民人均可支配收入连续36年居全国除上海各省区直辖市首位。特别是自实施乡村振兴战略以来，《浙江乡村振兴报告（2019）》显示，浙江在"三农"领域的发展成果尤为显著：主要农产品有效供给，全省农林牧渔业增加值2135.3亿元，增长2.0%；农业生产能力稳步提升，新建高标准农田144.8万亩，累计建成1900.4万亩，严格保护810万亩粮食生产功能区，提标改造粮食生产功能区50万亩；农民收入高位持续增长，全省农村居民人均可支配收入29876元，增长9.4%；农村消费需求旺盛，全省农村居民消费支出增速保持"十三五"高位，增长8.3%。同时，在乡村产业融合发展、城乡公共资源均衡配置、城乡生产要素平等交换、基层党组织建设、"四治结合"乡村治理等方面都卓有成效。2020年，浙江居民人均可支配收入突破5万元，城乡居民收入比降至1.96：1。

基于上述社会经济发展取得的巨大成就和坚实基础，浙江牢牢把握作为革命红船起航地、改革开放先行地、习近平新时代中国特色社会主义思想萌发地

的新时代方位，自 2020 年来光荣承担起在全面展示中国特色社会主义制度优越性的新征程中建设"重要窗口"的历史使命。在这样的时代背景下，"十四五"规划和 2035 年远景目标纲要对浙江提出了高质量发展建设共同富裕示范区的重大要求。为全面落实《中共中央、国务院关于支持浙江高质量发展建设共同富裕示范区的意见》，浙江于 2021 年 7 月发布了高质量发展建设共同富裕示范区实施方案。方案强调，浙江的共同富裕要"坚持以满足人民日益增长的美好生活需要为根本目的，以改革创新为根本动力，以解决地区差距、城乡差距、收入差距问题为主攻方向，更加注重向农村、基层、相对欠发达地区倾斜，向困难群众倾斜，在高质量发展中扎实推动共同富裕，加快突破发展不平衡不充分问题，率先在推动共同富裕方面实现理论创新、实践创新、制度创新、文化创新，到 2025 年推动高质量发展建设共同富裕示范区取得明显实质性进展，形成阶段性标志性成果"。

由此可见，共同富裕在浙江体现出两个重要特征：一是重点关注低收入群体，尤其关注其机会的均等、能力的提升；二是重点关注收入分配、社会保障、人居环境以及精神文化等方面的重要内容。从本质上来说，这两个关注点都与乡村振兴战略背景下的农村发展问题息息相关。从目前的发展现状来看，低收入人群主要集中在农村，农村低收入人群在教育、健康等人力资本积累方面面临较大的机会缺失，在收入分配体系中缺乏相应的话语体系。农民群体与城市居民相比较而言，在社会保险、养老金收益等方面依旧表现出较大的差距。由此可见，乡村振兴是实现共同富裕的重要路径，农村发展又快又好、农业发展提质提效、农民发展增收增益是衡量共同富裕的重要标准。

然而要更进一步实现城乡融合发展，浙江也面临着较大考验，主要体现在如何巩固深化乡村振兴的成果，找到破解目前依旧存在问题的相关线索，从根本上探寻以城乡融合发展促进共同富裕的有效路径，并为其他省份乡村振兴和共同富裕的实现提供有参考价值的经验体系。而本书的主要目的之一就是基于浙江农村的基层探索实践，对这些问题进行较为深入的分析，以期为如何通过乡村发展实现共同富裕提供相关经验。

四、浙江农村共同富裕基层实践调查：目的、方法与意义

为了服务共同富裕远景目标，以及浙江高质量发展建设共同富裕示范区的需求，中国农村发展研究院（卡特院）、浙大–IFPRI国际发展研究中心与中国农业科学院农业经济与发展研究所共同发起中国农村微观经济数据调查（浙江）暨浙江农村共同富裕调查，建立翔实的数据资料库和案例库，致力于从微观视角分析总结浙江乡村振兴和共同富裕的经验，总结提炼各类地区发展经验，提出具有理论高度和应用价值的政策咨询建议，回应从国家到地方的全方位需求，占领学术制高点。

本次调查主要采用分层随机抽样。具体抽样过程采用以下四步：第一步，根据浙江省自然地理状况和社会经济状况，在浙北、浙中（西）、浙南分别选取一个县 / 市，具体为嘉兴桐乡市、衢州开化县、台州温岭市。

第二步，根据随机抽样原则，分别从桐乡、开化和温岭抽取3个乡镇，其中桐乡共有8个镇（以及3个街道），开化共有14个乡镇（以及1个街道），温岭共有11个镇（以及5个街道）。

第三步，每个乡镇随机抽取3个行政村，共计27个行政村样本。主要包括开化县高合村、建群村、正大村、川南新村、杨林村、友好村、对门村、华联村、儒山村，温岭市寨门村、新二塘庙村、民益村、红山村、后岭村、白璧村、凤溪村、永康村、花溪村，桐乡市永越村、汇丰村、红星村、新联村、桂花村、红旗漾村、荣星村、殷家漾村、邵墩村。

第四步，每个村随机抽取20个农户，共计540个农户。

本次调查的主要方法包括问卷调查和半结构式访谈。问卷调查主要涵盖上述540户农户数据和27个村的村级数据。农户问卷除了农户家庭基本情况和农户家庭生产情况外，还包括就业与收支情况、住房与基础设施、医疗与社会保障、生态与绿色发展、治理与社会发展、文化与幸福指数等反映共同富裕的指标体系。村级层面的问卷主要包括村庄基本情况、经济发展、村庄治理、社

会发展、生态建设等方面的内容。

为了更深入了解乡村振兴背景下浙江农村共同富裕的发展现状、相关政策以及可能存在的问题,课题组采用半结构式访谈的方式对每个村的支部书记或村委会主任进行了长达两个小时左右的深度访谈,主要包括三大块内容:村庄基本情况、乡村振兴和共同富裕以及专题探讨。其中,乡村振兴和共同富裕板块主要涉及在村庄层面的相关政策和对于共同富裕的展望;专题探讨板块主要包括村庄产业、农民增收、基础设施和公共服务、农村生态发展、乡村文化、乡村治理和未来乡村等议题(具体可参考附录)。

本书通过分层随机抽样原则,选取了浙江省27个村进行调研,通过"深度访谈 + 问卷调查"的形式,形成了27个村级案例。分层抽样的原则使得这27个村的案例具有科学性和代表性。基于此,本书对乡村振兴背景下浙江农村共同富裕的现实背景、发展现状、瓶颈挑战和经验启示等问题进行了深度分析,以期为共同富裕目标探索路径、积累经验、提供示范,为高水平打造农业农村现代化"浙江样板",构筑城乡融合发展新格局提供科学依据。

五、本书主要结构安排

本书主要结构安排如下:第一章主要介绍本书写作的背景、目的、方法和意义。接下来的第二章至第四章系统介绍本书基于开化、温岭和桐乡三个县市的案例。

第二章为开化篇,详细介绍了"高合村:发挥头雁力量,促进产业兴旺""建群村:养猪书记先富带后富,循环农业引领新发展""正大村:养蚕带动集体经济,党员带头新村治理""川南新村:光伏增收保民生,知青文旅助发展""杨林村:农业现代化支撑共同富裕之路""友好村:抓住机遇谋民生,四大产业求发展""对门村:修路带动村民共富""华联村:生态产业化的共同富裕之路""儒山村:规划生态文旅,古村落里寻找村庄未来"等9个案例。

第三章为温岭篇，主要展示了"寨门村：统筹规划土地流转阻力尚存，养老文教行而不辍未来可期""新二塘庙村：新型农业经营主体示范带动促进乡村产业兴旺""民益村：品牌助力农户增收共富——以'滨珠'葡萄为例""红山村：以红色资源带动乡村振兴的内在逻辑与实践向度""后岭村：特色产业铸魂乡村旅游，二者合力开启共富未来""白璧村：耕海牧渔托举集体小康，山海底蕴共建美丽乡村""凤溪村：市场助力'两山'转化，能人带动共同富裕""永康村：引入特色产业，发展'果香之路'""花溪村：美丽乡村如何转化为美丽经济等"等9个案例。

第四章为桐乡篇，深入刻画了"永越村：'一根纱线'打造羊毛衫特色产业生态圈""汇丰村：从美丽乡村迈向美丽经济的兴业共富之路""红星村：'要钱包鼓，更要精神富'——屠甸镇红星村的共同富裕之路""新联村：幸福生活赛城市，'新村集聚'助力打造美丽乡村新样板""桂花村：'山寺月中寻桂子'—— 桂花村的生态价值转化和三产融合之路""红旗漾村：绿色乡村新乡绅，智慧农业薪火传""荣星村：星星之火，燎原之势——'三位一体'奔共富""殷家漾村：现代化种植与品牌化打造——蜜梨产业中的共富密码""郋墩村：基于'农民鞋业创业园'的产业融合之路"等9个案例。

第五章总结了这27个村的相关经验，并提出了相应的政策建议。

第二章【开化篇】
——山海协作开新篇

　　开化县位于浙江省西部，浙皖赣三省交界处。东北邻淳安县，东南连常山县，西与西北分别与江西的玉山县、德兴市、婺源县相依，北接安徽休宁县。截至2020年末，开化县辖1个街道、14个乡镇：芹阳街道、华埠镇、桐村镇、杨林镇、音坑乡、中村乡、林山乡、池淮镇、苏庄镇、长虹乡、马金镇、村头镇、齐溪镇、何田乡、大溪边乡，共有255个行政村。现有总人口35.87万人，其中城镇人口10.11万人，乡村人口25.76万人。

高合村：
发挥头雁力量，促进产业兴旺

调研员：吴智豪（浙江大学中国农村发展研究院博士生）

受访者名片：

张雄富，开化县马金镇高合村党支部书记、村委会主任。2017 年浙江省美丽乡村示范县创建工作先进个人，衢州市 2018 年度党建治理大花园"先锋战士"，开化县帮带导师。

共同富裕不是说你口袋里有十块钱，我的口袋里就要有十块钱。作为村集体而言，共同富裕是村庄每个人都能够贡献自己的力量，从而壮大村集体的资产。村里每一个村民为壮大村集体资产贡献力量，从而享受村集体资产带来的分红。但共同富裕不是说村集体有了资产之后，村民什么都不用做就能够享受到集体经济带来的好处。共同富裕无非就是把村集体的资产变大变强，由村民去共享。通过集体经济的壮大，村民能够获得分红收入，也能够在家门口获得就业机会，从而不用外出打工遭受与家人分离的痛苦。

——张雄富

高合村曾经是浙江省省级扶贫重点帮扶村，由于缺乏产业支撑，高合村的村集体经济营业性收入不足。然而，今天的高合村，村庄环境优美，建设有小甜枣种植基地、"金溪漫居"酒店，清水鱼塘养殖基地，中蜂产业园正在紧锣密鼓地筹划中，村集体资产性收入和经营性收入有了很大的提高，常住人口生活惬意。究竟是什么原因使得曾经的贫困村摇身一变成为如今产业遍地开花的典型村呢？了解高合村村庄概况和历史沿革，梳理高合村转变历程，总结高合村成功经验，不仅能够为仍在谋求转变的村庄提供一个现实的典型案例，还能够帮助厘清共同富裕的深刻内涵和实现路径，具有重要的理论意义和实际价值。

一、高合村概况及历史沿革

　　开化县马金镇高合村位于浙江省衢州市黄衢南高速、205国道和徐齐线交界处，30分钟路程可以到达开化城区、钱江源景区和开化县"根宫佛国"文化旅游区，2小时路程可以到达三清山、千岛湖和黄山等旅游景点。高合村是由高韩、高新和三合三个自然村组成的行政村，其中高新村和三合村的村民为1958年从淳安移民过来。目前，高合村地域面积共计3.1平方公里，拥有14个村民小组，323户，共计1111人；有党员39人，村民代表14人。

　　走进高合村，便可以看到道路平坦宽阔，别墅高大气派，绿树清溪相映成趣，村庄干净整洁，好一幅秀美宜人的田园风景（见图1、图2）。逐渐往里走，山脚下52间客房的"金溪漫居"酒店映入眼帘，30亩小甜枣基地坐落在河边，清水鱼塘养殖基地项目已经招标完成，"甜蜜工坊"中蜂产业集群正在紧锣密鼓地筹备，各种产业如雨后春笋般在高合村发展起来。如今，村集体资产性收入每年能够达到65万元，经营性收入达到28万元。近五年来，高合村以"生态立村、富民强村"为战略，以项目建设为抓手，先后获得省级卫生村、衢州市优秀党支部、衢州市民主法治示范村、开化县"消薄"工作先进集体等荣誉称号，2020 年成功入选"千企结千村，消灭薄弱村"专项行动观摩点。然而，将时间倒退回 2017 年之前，高合村还是省级重点扶贫帮扶村。当时，村庄环境脏乱差，野草长得比人高，路面高低不平，杂物乱堆乱放，村民自己甚至也不愿意待在村子里。同时，不仅没有所谓的村集体经济建设，村集体甚至负债 150 多万元，账户上可用的资金只剩下几千元钱。

图 1　高合村绿水青山

图 2　高合村道路与楼房

二、高合村转变历程

（一）乡贤回归建设乡村

2017 年高合村组织换届选举，高合村村民张雄富第一次当上村干部。在担任村支书之前，他一直在扬州鞋服超市做生意，收入十分可观。得知家乡经济薄弱，村里一直在寻求一位领路人时，他不顾家人反对，毅然回到村里，带领家乡人民脱贫致富。张雄富于 2017 年 3 月 29 日被正式任命为高合村党支部书记，4 月 1 日便去参加浙江省全省创建美丽乡村大会，4 月 2 日正式担任村书记，建设家乡的心情十分迫切。

张雄富认为，曾经在江苏扬州做服装生意的经历构成了他做好高合村党支部书记的基本条件，他将其归纳为两个精神。第一是敢为天下先的精神。作为一名村党支部书记，一定要有自己的思想和胆识去突破现状，这样村庄才能够在书记的带领下向前发展。第二是吃苦耐劳的精神。村书记带领的是最基层的村民自治组织，这代表村书记的职责并不仅仅是设计村庄未来发展的宏图和处理一些村级事务，村书记必须与村民一起亲身投入村庄的变革中去，不怕吃苦，才能够带动村庄真正发展。作为新上任的书记，张雄富正是凭借这两个精神，赢得了村两委和老百姓的信任，也为高合村日后产业遍地开花奠定了基础。

（二）贫困村变身美丽乡村

张雄富开启高合村村支书生涯后做的第一个决定就是改变村庄面貌。张雄富认为，村庄基础设施建设是村庄发展的基础。高合村的转变也正是从那时开始的。2017年，新上任的村支书张雄富抓住了第一个机遇：美丽乡村创建。当时县里面给每个村下拨30万元资金用于美丽乡村建设工作。然而30万元对于一个村庄而言根本干不成什么大事，但是张雄富并没有认命。他认为既然政府给了高合村30万元的资金，就要把它用好。于是从基础设施开始，对村里马路两边开展沿线整治，对村庄道路进行拓宽。作为一名新上任的书记，如何让村两委的其他成员听从新书记的指挥是一件棘手的事情，张书记想到的就是自己带头做事。他认为，如果自己不带头干，那么村两委也不会跟着你干。作为一个新人，如果自己不能够做到亲力亲为，就谈不上去教育和带领村两委。于是，张雄富每天早晨6点多钟就到施工现场检查施工进度。村两委成员看到当书记的张雄富也来得这么早，他们被感染了，也跟着张雄富用心地干事。正是因为村书记的用心和村两委的团结，县里注意到了高合村肯干事、会干事和团结的村两委。于是，县里将原先划拨给其他村庄但没有得到妥善使用的资金划拨给了高合村，起初30万元的资金增加到170万元。有了这170万元，高合村的村容村貌整治工作更加顺利地进行了。利用这 170 万元，村里建设了村办公楼、村党建广场、党民服务中心等，水埠头得到改造，道路得到拓宽，村庄得到综合整治，村庄环境在美丽乡村建设的契机中，在政府和村干部的带领下有了很大的提升。通过乡村建设，高合村在全省美丽乡村建设中拿了一等奖，有幸成为浙江省美丽乡村建设创建中的一个点。

📖 专栏一：高合村土地流转难题及解决路径

由于需要建设新的场所，在美丽乡村建设的过程中涉及了土地流转问题。张雄富确保土地流转能够顺利进行的办法是：首先，在土地流转过程中发挥党建作用，即党员带头签署土地流转协议书，作为一名共产党员，带头为村庄发展做贡献；其次，发挥党员联户作用，如果土地流转涉及党员联户的家庭，则由联户党员出面做农户的工作，党员无法顺利协调的再由村两委出面。通过一层一层的责任分配，很难有事情无法顺利进行。在实际进行的过程中，高合村新党民中心所用土地的流转是比较困难的。新党民中心在村庄所处的位置非常优越，农户想用来自己造房子。同时，该地块上的农户没有联户的党员，需要村两委去协调。然而农户态度十分坚决地拒绝流转，包括张书记在内的村委会成员只能轮流每天去农户家中沟通，依旧得不到支持。不得已，村两委转换思路，前往在衢州市中心工作的该户主的女儿女婿处，动之以情晓之以理，对其为村庄发展付出的贡献做出肯定。同时，保证将召集村民代表大会，就为村庄发展做出贡献的这类农民的收益进行讨论。由于该土地流转行为不属于国家征用，失地农民无法得到失地保险。为了保证这部分农民的利益，张雄富提议，将这部分农民的名单列出来，按照征用土地的多少，等到日后村集体经济有分红的时候，会适当向这部分农民倾斜。这一做法得到了村民的理解，也使得村民在征地工作中更加配合。通过上述处理方式，新党民中心的土地得以顺利流转。同时，日后的土地流转工作也都在该方式下高效保质地完成。

（三）美丽乡村迎来美丽经济

2018年，变身美丽乡村的高合村迎来了自己的又一个转变机遇。浙江省委、省政府、省委组织部和省国资委提出"千企结千村，消灭薄弱村"计划，即浙江省一千个企业结对帮扶一千个村庄。高合村有幸与浙江省金融控股有限公司（以下简称为省金控）结对，成为其帮扶对象。说到这一段，张雄富感慨道："省金控认了我们高合村这个穷亲戚。"2018年5月3日，省金控的董事长带队伍到高合村考察，确定省金控与高合村结对，帮助高合村脱贫。张雄富在与省金控董事长的交流过程中不约而同地认为，结对帮扶不是帮扶企业每年给村庄直接资助作为村集体经济收入，这样的话，帮扶早晚会结束，这种经济支持是没有造血功能且不可持续的。而张雄富一心想要抓住这个结对帮扶的机会，于是他提出要发展产业，发展产业能够提供可持续的造血功能，同时为村集体带来可持续的经营性收入。省金控董事长与张雄富书记一拍即合，由省金控资助高合村发展产业。

一开始，省金控建议高合村开发开化县最大的清水鱼养殖基地，总投资约六七百万元，由省金控提供资金。结果，由于刚接手村支书工作的张雄富缺乏经验，在立项的时候被告知选中的土地是永久性保护农田，不能被用作开发清水鱼塘。永久性保护农田作为耕地红线，是任何人都不能触碰的底线。高合村遇到了产业发展的第一个困难。但是张雄富认为，机会不能错过，这块地方不能养鱼，那就换一块地方。于是张雄富与省金控对接，希望将清水鱼塘建设在另一块土地上。新的土地性质不是耕地，而是灌木林地，同时拥有良好的地理位置并靠近水源。因此，张雄富建议省金控和县政府将清水鱼塘建立在这块共计30亩的新土地上。2018 年 7 月，省金控的董事长再次来到高合村，这次考察他带来了更加庞大的队伍，包括省金控入股的杭州京西山庄、朝阳大酒店、天目山庄、浙江旅游投资公司等单位的董事长，几十个人齐聚高合。张雄富将自己的想法与一行人讲了一遍，他们都认为这个位置比之前的还好，就在基本上要定下来的时候，省金控的董事长认为，这么好的位置应该用来建酒店。张雄富书记听了省金控董事长的这个想法，真是又喜又忧。一方面，他认为高合村要掉馅饼，建一个酒店，首先投资是很大的，远不是 600 万元可以解决的事情。另一方面，开化没有哪一个村子有一个酒店。酒店建在高合，是第一个吃螃蟹的行为，谁来住是一个需要解决的问题。于是张雄富现场就提出了质疑。省金控董事长身边的助理给了让他安心的回答。她承诺，在酒店建成之后，会由省金控将其经营起来。省金控在客流和客源方面具有优势，有许多在城市里生活的人，喜欢到农村体验舒服、安静的生活，省金控负责将这些希望到乡村疗休养的客人引流到高合村来。助理的回答打消了张雄富的疑虑。

📖 专栏二：结对帮扶推进难题及解决路径

考察结束后，张雄富信心满满，并将考察的结果跟村两委汇报。村两委成员对于这天上掉馅饼的事情都持怀疑态度，认为谁会拿这么多钱到一个村庄投资，果然，省金控在第二次考察完之后便一个多月没有音讯。这时候张雄富发挥了他肯干事、能干事的特质，与镇里联系，希望镇里能够派人和他一起去杭州走一趟，干等早晚会与机遇失之交臂。镇委副书记给了张雄富积极的反馈，同意与他一起动身前往杭州。第二天，张雄富便与镇委副书记一同启程。他们首先去京西山庄找之前的助理，当时她承诺会联系设计师前往高合村进行设计。结果没有找到人，找到了当时正在主持工作的一位姓陈的董事。这位董事告诉他们，助理已经调走了。张雄富不由感慨，幸亏有这趟杭州之旅，否则建酒店的事情将一直拖着。这时，陈董事跟他们说，这是一个扶贫项目，省金控一定会管到底，这件事情现在由他负责，过几天他就安排设计团队过去。就这样，张雄富用自己的真心真情，打动了省金控，也使得酒店项目顺利地推进下去。

从那之后，张雄富便紧紧咬住这个机会不放手，一旦项目进程慢下来，张雄富就和省金控及相关主体去对接。张雄富认为这不是天上掉下一个馅饼，他作为一个村庄的领头人，应该主动抓住机遇，将机遇变成自己村庄发展的机会。当然，在后来项目推进的过程中，也倾注了所有人的心血。通过开化县"一事一议"项目投资，高合村拿到了县政府600万元的资金支持，同时，省金控出资1300万元用于建造酒店。建造这样一个酒店，光建设用地的指标差不多就是20亩，20亩的建设用地指标对于一个县而言是非常大的，如今建设用地指标的市场价格已经达到150万元一亩了，高合村酒店建设用地指标的价格已经达到好几千万。高合村建造酒店的事情也得到了县里很大的关注。时任开化县县长鲁霞光给高合村的酒店项目排了最高的优先级，对于一些材料的审批均开启了绿色通道。得益于上级单位党委、政府的重视，高合村酒店项目顺利得到审批。当然，整个流程村两委都一一亲自对接。2019年11月15日，酒店项目正式招标。由于疫情原因，2020年3月26日才拿到规划局许可证和施工许可证并开始正式施工，于2020年年底建成，并取了一个好听的名字，叫作"金溪漫居"（见图3）。酒店于2021年9月正式营业，2021年6月28日，这个项目还举办了一个落成典礼暨共富版未来村庄启动仪式。省金控的董事长、开化县委书记等均参加了落成仪式。

图 3　金溪漫居酒店

　　高合村的前途愈发光明。张雄富书记就酒店的经营方式与省金控进行商讨，最终确定"金溪漫居"由京西山庄经营，产权属于高合村集体。具体分红方式为，前十年酒店由高合村租赁给京西山庄运营，由京西山庄支付租金。当年营业额不超过 150 万元时，京西山庄支付给高合村村集体 10 万元，这部分为支付给高合村的保底收入。当营业额超过 150 万元时，超过部分按照 15% 支付给高合村村集体。以年营业额 500 万元为例，高合村靠酒店获得的村集体收入可以达到 62.5 万元一年。实际上，要做到 500 万元的营业额是很简单的事情，"金溪漫居"一共有 52 个房间，提供吃饭、住宿、小型会议室服务。这部分村集体收入，拿出 30% 返还给高合村村民，剩下的用来扩大投资，共同富裕似乎初现希望。

（四）乘胜追击，壮大产业

　　在"金溪漫居"酒店落成典礼之后，省金控与高合村展开了更紧密的合作。接下来，省金控将帮助高合村建立一个中蜂产业园，总投资为 5400 万元。这是省金控下面的精彩未来与高合实业有限公司合资的一个企业。说到合资，高合村的资金从哪里来？这里不得不讲述一下张雄富的决定。在美丽乡村精品村建设中，高合村获得了1000万元的直接补助，这1000万元，原则上是要求拿来做基础设施建设的，而张雄富评估村庄环境之后，认为高合村目前的基础设施已经达到中等以上水平，因此他决定用这笔钱来继续发展与美丽乡村相关的产业，因此在与省金控商量的基础上，接下来要做两件事情来带动共同富裕。

第一件事情，就是清水鱼养殖。实际上，高合村本身有一个清水鱼养殖基地，47口老鱼塘全是农户的，然而农户养的鱼不多，一年只养十几条自己食用，浪费了很大一片资源。于是村两委决定，要把这一块闲置的资源利用起来。由村两委出资，将老鱼塘打造成20亩的精品鱼塘，精品鱼塘外形美观，规模大增，并且养出来的鱼没有鱼腥味。精品鱼塘建成之后，由村集体与农户合作养鱼，共同分红。实际养殖过程由村集体统一分配鱼苗，统一养鱼，村集体利用农户的土地但不付给农户租金，等到养鱼有利润的时候，由村集体和农户五五分成。张雄富认为，这个想法是非常好的，既可以给高合村引进清水鱼养殖产业，带动村民共同富裕，同时也能把闲置的资源利用起来，并且为高合村创造额外的景观，一举多得。对于清水鱼塘项目，高合村共计投资360万元，在我们调研之际，该项目正在施工（见图4）。

图4　清水鱼塘未来图景

图5　中蜂产业集群未来图景

　　剩下的640万元，就投资到中蜂产业园中去（见图5）。中蜂产业园具有很大的体量，他们称之为甜蜜产业，也叫合蜜工坊。它包括一个集低温仓储、无菌取蜜、自动灌装和电商销售于一体的蜂产业园，以及三个蜂蜜基地和一个体验基地。通过对第一产业的数字化改造，整个蜂产业集群可以提供农业文旅体验。同时，由于全产业链实现数字化，蜂产业园生产的蜂蜜是可溯源的，从而可以建立品牌标识并获得更高的市场价格，当然也为消费者的食品安全做出了一份贡献。高合村将美丽乡村精品村补助剩下的640万元投入蜂产业园，高合村占股19.8%。实际上，高合实业有限公司就属于高合村集体。高合实业有限公司的控股人是高合村股份经济合作社。据估计，等到产业创收的时候，高合村每年能够分红200万元，这笔钱如果拿出三分之一返还给高合村村民，那就能够真正实现每家每户都有分红。

图 6 小甜枣基地

值得一提的是，在省金控集团的帮扶之外，高合村还自己发展了小甜枣种植基地（见图 6），这既沿着河两岸提升沿线景观，又为村集体经济注入了新的动力。这表明，高合村村两委不是坐享其成，等着结对企业将资金送到他们手上，他们一直在用心促成村庄的发展。在任何时候，他们都在带动村庄的发展，促进村庄的变化。"千企结千村"对于高合村而言是一个机遇，但机遇绝不是高合村成功的主要原因。之所以能够一次又一次抓住机遇，是高合村两委谋划的结果，是他们主动联系、不断对接的结果，是他们真心实意干大事的结果。

三、村庄生态文明建设

高合村以产业发展作为推动乡村发展的动力，在养老、村庄环境治理、文化娱乐方面也颇具特色。

每年中秋节，村里会给 80 岁以上的老人发放月饼和水果。九九重阳节，村里会组织 70 岁以上村民包饺子，并组织村民在村委会门前的广场上举行饺子宴（见图 7）。对于整 80 岁、整 90 岁的老人，村里会给他们送蛋糕祝寿，并发放

100元的红包（见图8）。这些事情每年都在进行，让村里的老人感受到了村两委的关怀。对于未来，张雄富说道，现在村子里的产业还没有真正实现营收，等到高合村不负债了，集体收入高了，村两委会考虑负责70岁以上老人的医疗保险。

图7　饺子宴

　　至于村庄环境，通过美丽乡村建设，高合村的面貌已经焕然一新。同时，村庄面貌的提升也减少了村民乱丢垃圾的行为。通过浙江省人居环境整治，每户农户门口都放置一个垃圾桶，村民会将垃圾倒入桶里。村里的保洁人员每天早晨都会将垃圾桶里的垃圾清运出去，村庄环境得到很大的改善，甚至比城市都要干净。

　　在文化娱乐活动方面，广场舞早已成为每个村庄的必备项目。同时，高合村还引入了一套卡拉OK系统，村民每周二到周五都可以在村卡拉OK室一展歌喉。此外，高合村每年还会举办高合村"村晚"，取"春节晚会"的谐音，叫作"村节晚会"。活动地点在高合村文化礼堂，每年观看"村晚"的村民人数众多。

图 8 给老人祝寿

四、高合村支书治村模式探讨

高合村之所以能够在"千企结千村，消灭薄弱村"结对帮扶项目中脱颖而出，成为实现共同富裕的先行示范村，离不开村支书在谋划村庄资源、动员村庄成员等各方面的努力。本节结合高合村实际发展历程对村支书发挥的作用做出梳理，从而给其他希望带领村庄谋求共同富裕的村支书一点启示。

第一，村支书强化村级组织与村民关系。通过完善村级组织的功能与村民之间建立密切关系，从而在一定程度上恢复村级组织在村民中的权威，为之后村庄公共设施建设奠定组织基础。当然，对于团体而言，集体行动的成功是建立在共同分享的价值基础之上，克服以往的社会分裂更需要树立一种团体道德。在村庄日常治理中，支部围绕乡风文明这一主题，通过塑造村民道德风尚，村庄集体荣誉感、责任感提升，在之后开展的一系列公共事务中能够形成一致行动。

第二，强化党员队伍建设。党员作为一种政治身份，在中国政治语境中具有不同于普通大众的含义，意味着在思想觉悟上要高于普通大众。因此，在村庄治理的过程中，应当凸显党员特殊身份，发挥党员凝聚效应，形成"村支部—党员—村民"的紧密连接体系，推动村庄发展建设顺利进行。

第三，村支书积极谋划村内资源，寻求发展机会。改善村庄公共资源供给，本身是一件值得村民参与的事务，村支书带领支部与村庄党员和群众交涉，将自身个体和私营经济资源中一部分转化为村庄公共建设资源，搭建起集中村内各种资源谋划村庄发展的平台，为村庄未来发展打下扎实的基础。

第四，积极响应政府政策，主动出击吸引外部资源。首先，村支书必须正视并且认真对待上级政府下达的各种政策，因为往往政策信号中伴随着潜在的发展机会，而村支书的任务在于发现并抓住有助村庄发展的机会；其次，要积极引进外部资源帮助村庄发展建设，一个村庄的能力是有限的，政府的帮扶能力也是有限的，因此，村支书需要善于利用多个平台，整合资源，吸引外部力量的加入。

第五，除了村支书在具体工作职能上的作用，村支书本身的态度是村庄能否发展的关键要素。张雄富结合自己四年多的村支书任职经历，总结了作为村支书应该做到的三个"舍得"：一是要舍得用自己的脑子。如果村书记不舍得用自己的脑子，不去谋划村庄的发展，即便碰到了机遇，也无法抓住记住。谋划村庄不是说今天一个想法、明天一个想法，而是要和村两委、镇政府一起不断讨论，达成一致。二是要舍得用自己的心。事情谋划好了之后，还要用心去落实。如果所有事情都是一拖再拖，则项目迟早拖黄。只有每件事情都用心去对接，才能够办成大事。三是要舍得用自己的腿。村支书就像村庄发展的黏合剂，当事情确定下来之后，村支书要去对接，用双腿跑部门、跑单位、跑企业，促成项目的推进。这三个"舍得"说起来平常、朴实，但如果一个村的村支书能够做到这三点，他一定会给村庄带来变化。

五、经验启示

从高合村的转变历程来看，实现共同富裕的几个关键要素在于：

第一，吸引具有担当的乡贤回归。一个村庄的发展，领路人的作用可见一斑。在高合村的发展历程中，张雄富领导的村两委不断为村庄改变做出贡献，从最基本的村庄面貌改变做起，以实际行动感染本村村民，促成村庄基础设施改善，并且获得上级政府的支持。村庄面貌的改变，又使得高合村抓住了促进产业发展的机遇。同样也是通过村两委的不懈努力，让机遇落地，扩大了高合村集体经济。并不是完成日常村务就是一名合格的村支书，村支书应当发挥领头雁的作用，结合村庄资源禀赋，谋求村庄长期发展，带领村庄走出一条适合的发展路径。

第二，发挥政府部门主导作用。在高合村的转变过程中，政府部门同样发挥了不可或缺的作用。所谓高合村发展过程中遇到的机遇，实则是政府部门给村庄创造的条件。无论是美丽乡村精品村建设还是"千企结千村"项目，政府都给真正想要发展的村庄提供了谋求改变的通道。同时，无论是高合村"金溪漫居"酒店建设时"一事一议"项目的拨款，还是开化县20亩建设用地指标的划拨，上级政府部门都给高合村开了绿灯。这表明，在发展的过程中村庄的力量往往有限，此时政府应当发挥主导作用，给村庄提供足够的便利和资源。

第三，引进私人企业的力量。总结高合村转变的案例，其结对企业浙江省金融控股有限公司提供的帮助也是高合村发展过程中浓墨重彩的一笔。省金控不仅给予高合村产业发展方向上的指导，最重要的是给高合村提供了稳定的资金支持。对于初始资产为负的高合村而言，省金控的援助使得高合村能够将谋划变为现实，同时，省金控的鼎力支持也给高合村注入了一针强心剂，为高合村日后产业的发展兜底。

第四，赋予村庄造血功能。村庄必须寻求具有造血功能的发展路径，使得村庄始终保持活力。对于全国数不清的村庄而言，每一个村庄都有其自身的特点。对于浙江省衢州市开化县而言，山清水秀是它最大的特点。开化县提倡将"绿水青山就是金山银山"理念与辖区内村庄发展相结合，因此，对于还没有走出自己发展特色的村庄，应当牢牢抓住现有的生态资源，提前筹划做好准备。当政策东风吹来之时，伺机而动，将相关产业引进来，将村庄未来照亮。

访谈时间：2021 年 7 月 25 日

访谈地点：高合村村委会

访谈整理：吴智豪

建群村：
养猪书记先富带后富，循环农业引领新发展

调研员：王吟（浙江大学中国农村发展研究院硕士生）

受访者名片：
汪佑财，男，建群村村支书

"我觉得共同富裕就是大家都有钱，但也不是同等程度的有钱，更多的是指大家都有相同的机会通过自己的努力成为有钱人。在我们村要实现这个共同富裕，我觉得首先要做的就是给所有人提供致富的基础条件，像宽阔平整的道路、完善的医疗保障体系、从小受到好的教育等等。其次，社会要发挥一定的兜底作用，像一些身体不好或者有残疾的群体，社会应当尽力帮扶，满足他们的一些基本生活需要。最后，我觉得特别重要的一点就是这个'富裕'一定要是可持续的。一个是说这个发展不能以破坏当地生态环境为代价；另一个是说这个地域的发展不能全都靠的是国家的政策和帮扶，不能政策支持一来，这个地方有钱了；政策一走，又返贫了。得是这个地方有了赚钱的基础设施，这个地方的人民也有了赚钱的欲望和本领。"

——汪佑财

一、村庄概况与历史沿革

（一）村庄概况

马金镇建群村位于浙江省西部，衢州市开化县马金镇的东面，距乡政府所在地 4.5 公里。西接淳开公路，距开化县城 29 公里。区域环境独特，自然环境优美，交通十分便捷。马金镇建群村是 2011 年由柴坑、上江坑、下江坑三个村合并而成的行政村，全村有 11 个承包小组，426 户，1246 人，其中 15 岁及以下 192 人，16—40 岁 358 人，41—60 岁 426 人，61 岁及以上 270 人。总人口中男性人口占比 51.52%。总人口中不识字或识字很少的占 26.08%，小学或初中学历的占 49.04%，高中、技校或职高学历的占 14.85%，大专及以上学历的占 10.03%。全村共有留守儿童 18 人，留守老人 11 人，留守妇女 25 人。本村劳动力总数 862 人，其中常年外出务工人数 465 人。本村劳动力中第一产业从业人员人数 226 人，第二产业从业人员人数 325 人，第三产业从业人员人数 311 人。2020 年举家外出户数 35 户。

辖区区域面积 4.53 平方公里。本村地形主要为山地。村依山沿溪分布，本村耕地总面积 643 亩，其中水田 474 亩，旱地 169 亩。本村林地面积（包括退耕还林）5594 亩，其中生态公益林 1459 亩。本村被征用土地面积 29.3 亩，其中耕地 24.1 亩，空闲地、荒山、荒地、荒滩、荒沟等未利用地 5.2 亩。本村农业生产用水来源主要为泉水，生活用水来源主要为自来水。

（二）经济发展

建群村村民的主要收入来源为农业和外出打工收入，2020 年村人均纯收入达到 18496 元。2020 年本村农业经营总收入 1214.46 万元，其中种植业收入 295.23 万元，畜牧业收入 894.24 万元，林业收入 24.99 万元；2020 年本业收入 922 万元，其中建筑业收入 566 万元。

本村耕地共 643 亩（含水田 474 亩和旱地 169 亩），种植的农作物主要为水稻。2020 年建群村具体播种和灌溉情况如下：水稻播种面积 412 亩，小麦 41 亩，玉米 110 亩，大豆 120 亩，其他豆类 54 亩，薯类 60 亩；有效灌溉面积 474 亩，机耕面积 165 亩。2020 年本村种粮农民直接补贴总额为 51635 元。

本村畜牧业发展迅速。2020 年本村出栏生猪 1622 头，肉鸡 7883 只；存栏生猪 388 头，肉鸡 298 只。本村生猪出栏数为 1—49 头的有 57 户，出栏 100-499 头的有 1 户，出栏 1000 头以上的有 1 户。肉鸡出栏 1-499 只的有 45 户，出栏 5000 只以上的有 1 户。2020 年末本村养殖场占地面积 35 亩，其中标准化养殖场占地面积 30 亩。2020 年末本村兽医与防疫员 2 人。2020 年本村未发生上级政府认定的重大流行疫病事件。

建群村 2020 年种植业遇到的灾害种类主要有水灾、旱灾和野猪拱食；畜牧业则为疫病。2020 年本村参加农业保险的农户比例为 65%，组织形式为村里统一组织。2020 年末本村拥有农民专业合作社 2 个，入社总户数 15 户。本村最早的专业合作社成立于 2009 年，为村民自主创办，提供的最主要的服务为开发加工农产品。

2020 年末本村集体资产总额 1283.27 万元，本村集体存有生产性固定资产总额 1212.80 万元。2020 年本村集体固定资产投资完成额 157.40 万元，2020 年末本村集体债权总额 1283.27 万元，债务总额 260 万元。

（三）村庄治理

2020 年建群村党支部委员会共有 3 名成员，平均年龄 52 岁，平均受教育年限为 10 年。现任村支书受教育年限为 11 年，他从 2011 年建群村完成并村后一直担任村支书一职，同时兼任村主任一职。2020 年本村村民委员会委员的平均年龄为 47.5 岁，平均受教育年限为 12 年。

2020 年底本村共有党员 45 人，其中 60 岁以上的 10 人，40 岁以下的 11

人；高中及以上文化程度的 20 人，初中及以下的 25 人。

村里设有选举委员会，7 人组成，均为村民代表。在村主任选举的最后一轮投票中，现任村主任获得 92% 的支持率。2020 年村里举行了一次"一事一议"，讨论了村里的道路建设问题。2011 年，本村成立了村务监督委员会，由 3 人组成，主要负责村务决策、集体资产管理和村建设工程项目经费使用情况监管等事务。2020 年县乡共组织村干部召开了 60 次会议。2020 年村里发生盗窃事件为零，土地纠纷 2 起。

（四）社会发展及生态建设

农村公共设施较为完善。2020 年建群村道路硬化比重 98%，自来水普及率 100%，液化气普及率 90%，电话普及率 90%，接入互联网的户数比例 75%，安装有线电视的户数比例 75%，卫生厕所普及率 95%。

适龄儿童上幼儿园的比例达 90% 以上。2020 年本村农业技术推广培训 10 人次，开展农技推广服务和培训 2 次。村里建有卫生院 1 个（配有 2 个床位），获得从业资格的医生 1 位。2020 年本村参加新农合的 897 人，享受低保的 82 人，新型农村社会养老保险参保率为 95%。本村拥有的文化设施为 1 个图书室，1 个网络场所，1 个信息服务站。

本村实行垃圾分类，用于村民投放生活垃圾的垃圾桶总数为 750 个，还配有 3 辆垃圾车和 3 名清洁人员。村里的所有污水均流入村内统一的管网。

二、主要发展经验：村书记先富带后富，党建引领共同富裕之路

该村村委会认识到，要实现乡村振兴，必须首先打赢脱贫攻坚战，这样才能为实施乡村振兴战略更好地提供动能与保障。为此，村委成员和村里的党员

主动克服"等、靠、要"的思想，积极谋求发展进步，借助浙江省推行人居环境整治和村级集体经济"消薄"工作的东风，结合自身地域及自然条件优势，增强自身造血功能，带动贫困户实现脱贫。同时，按照省市关于乡村振兴的各项政策和部署要求，改造村里的各项基础设施，改善村民人居环境。对于因病、因伤而丧失劳动能力的贫困户，则采取兜底扶贫政策，保障其基本生活水平。根据调研和访谈，可以将建群村的发展特色归结为以下几点。

（一）村书记科学养猪，先富带后富

村支书汪佑财和儿子汪小山经营着一家"产供销一体化"的生猪养殖场（见图1），有着自己的猪肉品牌——山溪谷土猪肉。汪佑财的养猪场采用的是现代化养殖方式。他们的猪吃的是生态猪草和玉米面，喝的是山上引来的山泉水，住的是宽敞整洁的徽派建筑，每天还会让猪仔们接受"音乐的熏陶"。养殖场里还特别建有给小猪们跑步的操场。汪右财骄傲地说："我们养猪场里的猪都是快乐的小猪。"

图 1　生猪养殖场

近两年，他们父子俩还从外面引进了先进的粪污处理设备，该设备通过固液干湿分离、添加微生物和其他新兴净水材料进行作业，处理后的污水无色无臭，可以还田、还林，做到了养殖场粪污无害化、资源化利用。同时，他们有着六家专卖店，年销售额上千万元。这种新型的销售模式不仅提高了利润率，更减少了中间环节，让他们能更加直接地对猪肉品质进行管控，也让"山溪谷土猪肉"这个品牌越来越有名。

汪佑财的养猪事业是从2011年开始的，最开始就买了十几头猪，做到现在已经有4000多头猪了，2020年出栏了将近1400头猪。当被问到是怎么把养猪场做到现在这个规模的时候，汪佑财说："我觉得养猪场能办得越来越好的最大的原因是用心和有毅力。去年非洲猪瘟，好多养猪场都遭了殃，但我们就非常注意防疫，该做的防疫工作一点不敢偷懒，所以我们养猪场去年几乎没有猪染上非洲猪瘟。除此之外就是爱学习，我一直都会从各种渠道学习和养猪相关的各种知识。培训机构宣传的新技术，我都要想想能不能用在我们的养猪场里。最开始是我在做，后来有一次我摔伤了，儿子就把外地的工作辞掉了，和媳妇回来一起办养猪场。他们都是大学生，他们的加入也给养猪这个传统行业注入了新鲜的血液。引进新技术、做品牌、做营销，一步一步地养猪场就有了现在的规模和名气。"

除了养猪的技术问题，另一个需要解决的是村里的道路交通基础设施问题。道路基建落后，即便猪养得再好，可能也会影响销售。因此，汪佑财带着村两委，以基础设施建设为抓手，花了大笔资金将道路进行拓宽，大力促进村里生猪业和其他产业的发展。建群村的地理位置并不优越，到县里有几公里的山路要走，之前的路只有3米宽，大车不好开，在村党支部的带领下对道路进行拓宽之后，现在路面有5.5米宽，车辆来往非常方便。这也为建群村以后发展家庭农场奠定了基础。之前村民开车进出村子是件难事，现在通过道路加宽和村庄道路硬化，小汽车可以开到每家每户门口。

当村里的村民被问到这几年村庄发生了什么特别大的改变时，很多人都表示村庄的道路拓宽（见图2）是这几年发生的一件大事。有一位村民说道："建群村的道路这几年拓宽了很多，我们村附近都是山，进出村庄必须得走好几公里的山路，以前进出村子的路只有3米宽，车辆来往既不方便也不安全。从2017年道路拓宽后，进出村庄就容易了很多，去镇里再也不像以前那样困难，而且村里的水泥路通到了每家每户，现在车能直接开到家门口，便利了很多。"

图2　村庄道路

　　除了道路交通外，汪佑财还把村里的养猪产业和未来的土地利用规划结合起来。汪佑财这样说道："建群村的土地数量是不少的，村里有很多山地和旱地，还有很多荒山，我想将村里的所有土地整合起来，如果将这些土地向村集体经济组织流转，由村委会统一经营，就能增加集体收入，带动村民致富。"汪佑财希望通过自己在土猪养殖和销售方面的独到经验，以及对循环农业、生态农业的理解，来带动村集体实现共同富裕。目前，汪佑财经各方协调流转了700亩荒山到村集体，进行统一规划，计划在未来三到五年内将荒山改造成梯田，并以梯田坡面养猪，地上种田或者建造果园的模式建成小型家庭农场。汪佑财经过专家指导，了解到每亩地配养六头猪，可以实现猪粪做肥料，秸秆等农业废弃物做饲料的循环农业，这样将每六亩地作为一个农场承包给农户，农户可以根据土地情况以及自身规划进行种植，并可以延伸出观光农业、采摘园等增收方式，为农户提高经济收益。

（二）党建引领共同富裕发展之路

近年来，建群村一直强调村两委班子的建设。村两委干部坚持把村里的事当成家里的事，把群众的事当成自己的事，赢得了全体村民的信任和拥护。特别是党支部书记汪佑财，10年来，他垫钱给村里修路，为村里大大小小的事到处奔走。除此之外，他还通过对理论的学习和把握，围绕与本村群众切身利益息息相关的热点、难点问题，深入浅出地宣讲党的方针政策，生动阐释建设社会主义新农村的重大意义，实现党的政策与农民需求的"无缝对接"。在他的带动下，村干部牢记党的宗旨，尽心尽责为群众办好事、办实事，充分发挥党员的先锋模范作用。村两委拧成一股绳，增强凝聚力和战斗力，成为基层治理"主力军"。加强党员队伍建设。建群村党支部按照发展党员工作的总要求，坚持标准、严格程序、严肃纪律，优化党员队伍结构，党员整体素质不断提高。

在村两委的领导下，建群村以民主政治建设为抓手聚民心。一是在决策方面实行"三合一"会议制。由党支部定期召开由党员代表、村干部和村民代表参加的会议，村里每一项决策都要在会议上通过，并进行公示才能生效。二是在执行上实行理事会制度。民主推举村里的党员、德高望重、有专长的村民组成各项目理事会，项目理事会负责运作各个项目，"三合一"大会则负责动态监督和审计。三是制定村规民约。由村党支部牵头，村民共同探讨，针对乡风公俗、土地、建房等制定了一套完善的村规民约并推广宣传教育。

（三）人居环境专项整治取得显著成效

浙江省近些年大力推进美丽乡村建设，在所有村子实施了人居环境专项整治，涉及厕所革命、垃圾治理、污水治理、村庄规划、房屋改造、修建道路、道路绿化、道路路灯、村庄绿化、村庄亮化等多方面的工作。

虽然生猪产业容易对人居环境产生破坏，但是在党员群众的带领下，通过生活垃圾处理、河道整治、生活污水处理等方面的整治，建群村的人居环境不断改善。首先，建群村严格落实垃圾分类制度，同时村里配备3名保洁员，1名清运工，做到垃圾集中收集。刚开始村民参与的积极性并不高，还是有乱扔垃圾的情况出现，村里讨论后决定由党员负责联系其所负责的区域的农户，分片到人，互相监督。村里还组建了以党员和村委成员为骨干的清理小组，定时检查并清理。其次，村里定期派人清理打捞河面废弃漂浮物、河边垃圾、河道障碍物，还为了推进卫生环境综合整治，落实了卫生保洁员制度、河道保洁制度和河长制。除此之外，建群村2014年实施建设农村生活污水处理工程，现已全部完成，确保农户生活用水、厨房用水及牲畜污水集中收集、处理，建成后农户受益率达100%。几年来，建群村整治拆除了所有的露天厕所，自来水，公厕、绿化带也均已配备到位。村里还鼓励农户参加美丽庭院建设，鼓励村民做到院内无垃圾、污物、污水，村里还组织人员为农户做小花坛、种花苗。2017年建群村获得了省级卫生村的荣誉。

笔者调研的时候正好是刚下过大雨，村里空气非常清新，有一层薄薄的雾气笼罩着周围的山林。村里的路面也非常整洁（见图3），一路走来都没有看到路上有丢弃的生活垃圾，也没有看到很多积水。河道也非常干净（见图4），浅浅的溪水流过整个村庄，清澈见底，甚至还能清楚地看到有一些小虾。虽然建群村的村庄规划和房屋外立面跟浙北发达地区的农村相比还有差距，但是和之前相比已经有了很大的改变。受访村民说："几年前村里的河道没有像现在这么干净，那时候大家的生活污水有的直接倒在河里，下雨的时候河道甚至会有一些臭味。但这几年村里装上了统一的污水处理设备，大家的污水都通过管道排到统一的处理装置里，所以河道里的水也就越来越干净了。生活环境越来越好，大家生活在村里也觉得越来越舒心。"

图 3　路面情况

图 4　河道情况

（四）精神文明建设成果进一步巩固

建群村有三个新建祠堂、一个文化礼堂、一个图书室、一个公共网络场所、一个农业信息服务站、室外公共活动场所和体育健身设施。文化礼堂和祠堂起着丰富村民精神文化生活、弘扬主流价值、传承优良传统文化、展示村庄形象的作用。

至于为什么要建设三个祠堂，汪佑财答道："因为现在的建群村最初是2011年由三个自然村合并而来，这里有着汪氏、鲁氏和姜氏三个姓氏。如果只修某一个姓氏的祠堂，其他两个肯定不服，更不利于村庄的团结。所以我们商量之后就决定要修就修三个。"

而图书室和公共网络场所则丰富了村民们的文化生活，也增加了村民获取知识的途径。农业信息服务站起着为村民们提供产前、产中和产后信息等作用。

三、主要瓶颈与挑战

虽然建群村通过养猪产业的带动，极大地提高了农户的生活和收入水平，但是在村庄转型发展过程中，依旧面临不少困境，主要包括以下三点。

（一）生猪产业后续发展面临较大不确定性

建群村通过生猪产业实现先富带动后富，产生了积极的经济效益。但是生猪产业后续发展面临较大不确定性，主要体现在两方面：一是国家对于生猪养殖的相关支持政策面临不确定性。我国是生猪养殖产销量居世界首位的养猪大国，生猪产业不仅促进农村经济增长，而且有利于农民增收，更起到了食物保障的作用。但是生猪产业同样可能带来较大的污染问题，2014年4月，《中华人民共和国环境保护法》颁布，生猪养殖行业正式步入环保严管期，给生猪产业的发展带来了较大影响。2016年，政策发布频率和落实强度又有所加强，后续相关政策又几经变化和调整，因此未来的政策如何还不明朗。二是生猪价格的不确定性。生猪的价格与相应的支持政策和猪肉供给息息相关。比如非洲猪瘟的爆发导致猪肉供给大幅度减少，猪肉价格升高；但是随着国家政策对于生猪养殖产业的刺激，导致猪肉供给大幅增加，猪肉价格进而下跌。作为村内的主导产业，猪肉价格的暴涨暴跌，势必会对养猪农民的收入和福利产生很大影响。

（二）农业经营风险较大

除了生猪产业外，建群村村民大部分还从事着传统的种植业和养殖业，其受自然灾害、市场行情、疫病等因素影响较大，虽然村集体有为村民统一购买农业保险，但一旦遇到风险，农民获得的农业保险赔偿较低，收入还是会受到较大影响。除此之外，建群村的农业经营主体依然较为单一，只有一个家庭农场、两个专业合作社。并且专业合作社的功能也较弱，参加率也很低。2020年末建群村加入合作社的总户数为15户，仅占3.5%，原有的农业生产基本都是供农户自用，农户通常不是很清楚合作社的用处，再者，大多数合作社往往有名无实，无法给农户提供有效的帮助以及具体的实惠，未产生其应当具备的价值，农户害怕在开拓新产业方面冒进，自身也不具备很强的承受风险的能力，因此农户的参与积极性往往也不高。除此之外，村民接受农业技术推广培训的比例依然较低，2020年建群村接受农业技术推广培训总共只有10人次。村民的种植技术依然较为落后，农业机械化水平依然较低，种植新品种、优良品种的农民比例较低。

（三）精神文明建设面临老龄化的压力

老龄人口的健康与幸福是精神文明建设成功的重要指标，但是目前建群村面临较大的老龄化压力。建群村目前常住人口668人，其中61岁以上的有223人，超过三分之一。但现实是不少家庭的年轻劳动力全都外出打工，难以照顾家里的老人，农村社会化养老需求不断增加。而在调查中发现，该村暂时还没有社会化养老机构，距离最近的养老机构建在城区，而且接纳人员有限，农村养老设施建设还不能满足需求。人口老龄化伴随着社会发展而备受关注，众多发达国家诸如日本等，都面临着严重的老龄化问题。人口的老龄化会对社会产生较大冲击，而老年人精神文化生活和社会供给量之间的矛盾会阻碍精神文明建设成果的进一步巩固，这也是建群村面临的重大挑战之一。

四、经验启示与建议

针对上述总结的建群村乡村建设过程中面临的困境，本文认为以下几个方面应当予以重视。

（一）通过增加收入来源来抵御风险

建群村有一些原有的特色产业，如藏制豆腐、番薯干、土猪肉、中蜂等等，但近几年这些产业并没有得到很好的发展。村里可以鼓励村民在经营种植业之外经营一两种特色产业，并寻求政策支持，在国家大力开展乡村振兴的前提下，应当紧随时代潮流，乘上发展的巨轮，把握机遇，壮大自身，促进产业的发展，最好能在藏制豆腐、土猪肉等特色产品方面做出典范效果，这样一方面可以得到更多认可，获得更多政策上的支持，另一方面也可扩大村子的名气与影响力，通过这些渠道来增加收入来源，提高产业的抗风险能力。"鸡蛋不能放进同一个篮子里"，发展产业更是如此，只有多方面齐头并进，当面对自然因素、市场因素、政策因素等多方面的变化时，村子自身的发展才能尽量少地被影响。当然发展也不能只依靠国家，更要靠自己，需要自身过硬，要主动出击，主动与企业谈合作、谈发展，不能只想着输血，更要想怎么造血，将这些特色产业发展起来。同时，可以培育新型农业经营主体，提高农民的专业化程度，农户自身素质的提高也意味着竞争力的提高，产业的建设能够吸引更多的人才参与进来，当对外部人才的吸引很难进行时，可以考虑自己"制造"人才，用强硬的实力来谋取发展。

（二）巩固家庭在农村养老中的基础作用

现阶段在村庄里开设养老机构依然较为困难，还是应该巩固家庭养老的基础性作用。通过制定乡规民约、签署子女赡养服务协议等方式，强化家庭赡养的主体责任，营造敬老孝老良好氛围。除此之外，鼓励"以老养老"，鼓励有劳动能力和学习能力的中老年人员接受培训，在提高农村居民、护理人员收入的同时，又能缓解护理人员不足的窘况。

（三）因地制宜，提升农业技术培训实效

根据农民农事忙、知识水平参差不齐等特点，精准摸排培训需求，因地制宜选用培训模式，把技能培训服务精准送到每家每户，最大程度提高学习效果。一是"集中授课"，在各村文化大院进行系统知识培训。二是"田间教学"，邀请专家深入田间地头做技术示范，把书本知识转化为实践技能，让农民在实操过程中少走弯路。三是"现场观摩"，组织学员到省内农业科技示范基地观摩。

实现共同富裕是社会主义的本质要求，是人民群众的共同期盼。改革开放40多年来，我国农业农村工作取得了长足进步，但相较于城市，无论是在富裕程度还是发展水平上，农村要走的路还很长。共同富裕一个不能少，广大农村地区和农民群众无疑是实现共同富裕的一块短板，也是重中之重。

就浙江省而言，实施乡村振兴战略的蓝图已经绘就，目标任务和行动计划已经明确，但如何才能走好共同富裕的乡村振兴之路，需要我们坚持问题导向，从思考"做什么"转变到"怎么做"，着力攻坚破题。建群村自身基础不算薄弱，其产业发展有着广阔的前景。

正大村：
养蚕带动集体经济，党员带头新村治理

调研员：史明睿（中国农业大学农学院硕士生）、吴智豪（浙江大学中国农村发展研究院博士生）

受访者名片：

余业兴，十六岁时外出创业，早年在医疗行业打拼；事业有成后，心系家乡，回到正大村担任村党支部书记。截至访谈之日，已担任村支书两年，两年时间内带领正大村从负债 50 多万元的贫困村变身成为马金镇集体收入位居前列的榜样村。

我理解的共同富裕是首先让村子富起来，产业强起来，这样才能为村民带来更多的实惠，才能带动村民共同富裕。

——余业兴

一、村庄概况与历史沿革

正大村位于衢州市开化县马金镇的一隅，所处区位偏远、地理位置恶劣，距离开化县城 35 公里，距离镇政府 11 公里，地形多为山地。村庄内只建有小学及幼儿园，最近的农贸市场及中学都在 11 公里之外的马金镇中心。早在 20 世纪 80 年代，正大村就开始了养蚕的历史。到 90 年代，受市场供求的影响，蚕丝价格受到打击，加上相对落后的技术和较低的产能等多方面的原因，村民养蚕积极性受到巨大打击，村庄整个养蚕产业在之后的很长一段时间里未能跟上发展的脚步，甚至使得正大村负债累累。正大村的发展缺乏产业支持，农民增收难，集体经济薄弱，正大村成为政府认定的典型贫困村。

目前来看，正大村总面积约 6000 亩，宅基地有 221 宗，总耕地面积共 537 亩，水田面积 412 亩，旱地面积 124 亩，鱼塘面积 14 亩，林地 3786 亩，园地面积 106 亩。正大村有 221 户农户，只务农的农户有 30 户，完全不务农的农户有 40 户，本村总人口为 703 人，在村常住人口有 265 人，其中男性占比为 51.63%。年龄构成方面，15 岁及以下有 95 人，16—40 岁有 216 人，41-60 岁有 238 人，61 岁及以上 154 人，村庄老龄化问题比较严重；教育程度方面，文化水平为小学的有 163 人，文化水平为初中的有 232 人，高中文化水平的有 221 人，大专及以上文化水平的有 47 人，村民接受高等教育的比重不高；就业方面，第一产业从业人员有 117 人，第二产业从业人员有 15 人，第三产业从业人员有 171 人，村民主要从事农业和一些低技能需求的服务业。村庄内青壮年劳动力以外出务工为主，村中具有主要劳动能力的人口 425 人，但其中 295 人长期外出务工，留守老人有 38 人，留守儿童有 13 人，留守妇女有 12 人，举家外出务工的有 41 户，在村内务农的则主要是 70 岁以上的老人，空心村的情况越来越严重。

然而，在村庄的社会、经济、环境要素并不具备优势以及被冠以"贫困村"帽子的背景下，2021 年，正大村的总经济收入 319.1 万元，种植业收入 104.4 万元，畜牧业收入 204.3 万元，林业收入 10.7 万元；工业收入 15 万元全部为建筑业收入；第三产业收入 11.1 万元。正大村在村集体经济收入上实现了巨大的飞跃，其中主要收入依靠的是畜牧业，尤其是通过与正大村颇有渊源的蚕桑产业。究竟是什么原因使得曾经的贫困村转变成如今村集体经济扎实的榜样村？调研队员就此与正大村现任党支部书记余业兴进行了访谈，梳理正大村的治理与转变历程，总结正大村存在的问题及解决路径，对于理解共同富裕的深刻内涵和实现路径具有重要的意义。

二、新村治理与产业发展共铸正大新面貌

（一）还清债务，强化治理

医好旧疾，村庄才能谋发展。当时的正大村集体负债近 50 万元人民币，时有债主上门讨债，而毫无产业支撑的正大村根本没有途径偿还这 50 万元欠款，村庄发展之路渺茫。2019 年，在外创业的正大村村民余业兴临危受命，受邀回到家乡马金镇正大村担任村党支部书记一职，上一届村党支部领导班子将带动正大村发展的希望寄托在余业兴的身上。余业兴一上任便投入村庄的治理中。

开展工作伊始，余业兴将第一步的工作目标确定为还清村庄债务。余业兴认为："村集体的欠债问题不解决，村两委在村民中没有威信，对外没有信誉，村庄怎么可能发展，怎么能找来企业合作？"深知还清债务对于治理正大村重要性的余业兴第一时间寻求开化县人民政府的支持，希望能够在县政府的帮助下还清债务，这样才能团结村民共商家乡的发展之路。一开始，县里只同意借欠款的一半，即 25 万元用于偿还正大村的债务，但余业兴认为只有将债务全部还清，并按时发放村两委工作人员的工资，才能够得到村民以及村两委工作人员的信任和支持，为后续工作的开展奠定坚实的群众基础，并打造齐心协力的团队。因此，余业兴坚持借款 50 万元并以自己的信用担保将在半年内偿还借款，终于，县里被余书记的决心打动，同意借款 50 万元给正大村用于还清全部欠款。

📖 专栏一：正大村还债难题及解决路径

要想在半年之内还清县里提供的 50 万资金，对于一个产业基础薄弱、经济发展落后的村庄而言并不容易，通过什么样的渠道才能够快速获取一笔资金这个问题困扰了余业兴很长一段时间。通过不断与相关政府部门对接以及查阅相关的政策文件，余业兴找到了一个建设用地复垦项目。在深入贯彻党的十九大关于实施乡村振兴战略重要部署的背景下，为妥善解决农村旧住宅、废弃宅基地、空心村等农村建设用地闲置问题，助力支持脱贫攻坚和美丽乡村建设开展，根据文件指示，村庄每完成一亩复垦土地的建设指标，便可以拿到 20 万元奖励性质的拨款。余业兴认为这是一个千载难逢的好机会，既可以响应号召贯彻落实乡村振兴战略，又能够解决正大村的燃眉之急。

但是建设用地的土地从哪里来同样是一个棘手的问题，大多数村民不愿意配合。一方面，安土重迁的思想使得村里的老百姓舍不得自家土地；另一方面，由于对村里没有足够的信心，很多村民生怕土地被收了去，村里却不能提供相应的保障，最终人地两空。即使村民表现出极度不配合的态度，余业兴也没有放弃这一项目。由于村里存在大量村民外出务工的情况，于是余业兴便带着合同，全国奔走，一对一联系外出务工的村民，以人格担保，用真诚游说，终于使得建设用地复垦项目得到推进，最终以 2 万元一亩的价格从村民手里获取了 11 亩建设用地，并按照相关文件的要求，对土地进行整理、建设。经过几个月的努力，达标的复垦土地有 9 亩，为村子带来了 180 万元的项目款，最终帮助正大村在与县里约定的半年期限之内还上了欠款，真正摆脱了村集体经济负债的困境。

在村民过年返乡期间，余业兴把土地款发放给贡献土地多的农户，大家都喜笑颜开。有村民表示："当时担心得不行，生怕地财两空，早知道这么爽快，肯定立马就答应了，余书记办事果然可靠。"通过这件事，村民对村两委的工作更加认可，对余业兴的信任程度也有所加深。在村庄治理过程中，与村民打交道是根本要事，得到村民的信任和支持，村庄就能形成一股不小的凝聚力，从而在面对各种状况和困难的时候能够团结协作，共谋村庄发展。

除去旧疾，奠定村庄改变的基础，完善村庄治理才能取得长足发展。还清债务后，在谋求正大村经济发展的同时，余业兴开始加强村庄治理工作。适逢浙江省下达农房整治相关要求，文件规定一户只能拥有一处宅基地，需要拆除多余违规建筑。余书记回忆起这项工作时说道："这项工作的开展充满了困难，起初村民们更是骂声一片，但对于村委会而言工作还是要开展，毕竟是国家的政策，同时也是为了更好的乡村治理，再多困难也要克服。村庄如果不进行有效的治理，就很难真正地寻求发展。"好在余业兴在带领正大村还清债务的过程中积累了一部分群众基础与信任，农房整治工作虽然困难，但具备一定的基础。基于此，余业兴要求村里的党员发挥带头作用，主动拆除自家的违规建筑，给其他村民做出榜样。此外，由于正大村村民具有很强的家族观念，家族长者的意见往往能左右其他家人的意见，因此，余业兴便将游说的重点转移到村里有名望的老人身上，尤其是村子里一些备受尊重的老党员，通过改变他们的态度从而实现全村村民的配合。最终，在余业兴的积极劝说下，在党员和乡贤长者的带头下，农房整治工作得以有条不紊地推进，如期完成省政府的要求。除此之外，村里的党建事务、应急管理工作、综合治理工作、工程项目管理、团委工作以及乡村文化讲堂工作都分别由党员带头领导，村庄的治理工作也更加有条不紊地进行。这说明，将"不忘初心、牢记使命"这句话落实到基层村民自治中去，发挥党员在乡村治理中的领导作用，对于强化乡村治理具有巨大的作用（见图1）。

图 1　村头标语

📖 专栏二："祠堂＋文化"为乡村治理赋能

祠堂是凝聚一个村子人心与力量的重要纽带，祖规祖训往往对村民有着极强的约束作用，也是乡风文明建设中重要的一环。随着中国特色社会主义进入新时代，农村社会生产力水平不断提高，人民对美好生活的向往也愈发强烈，这种强烈的需求不仅体现在对物质生活条件的需求上，还体现在对精神文明建设的需求上。精神文明建设中最重要的就是乡风文明或乡村文化的建设，乡风文明是农村精神文明建设的重要内容，事关乡村的和谐稳定和振兴崛起。只有培育好文明乡风，才能促进乡村经济、政治、文化等方面的全面振兴。2005 年 8 月 12 日，时任浙江省委书记习近平在浙江日报《之江新语》专栏《文化是灵魂》一文中写道：

"文化的力量，或者我们称之为构成综合竞争力的文化软实力，总是'润物细无声'地融入经济力量、政治力量、社会力量之中，成为经济发展的'助推器'、政治文明的'导航灯'、社会和谐的'黏合剂'。"

中华文明根植于农耕文化，乡村是中华文明的基本载体和乡风文明的集萃地。乡村文化是中国文化的基床和根脉，乡风文明则是积极的、向善的、放大了的乡村文化，也是乡村文化软实力极其重要的组成部分。正如塞缪尔·亨廷顿所言，一个文明是一个最广泛的文化实体，是放大了的文化，各个乡村、地区、种族群体、民族、宗教群体都是在文化异质性的不同层次上具有独特的文化，也创造了多样文明。

近年来，将古祠堂打造成为新时代农村基层优质文化供给与服务的新载体，探索"祠堂＋文化"的基层文化发展路径已经成为众多基层组织进行乡村治理的有效工具。正大村在发挥"祠堂＋文化"作用中也贡献出浓墨重彩的一笔。正大村祠堂（见图2）近年经过装修改造，突破原先的宗族局限，已成为正大村具有超高人气的活动中心。在调研过程中，调研团队看到有不少村民在祠堂内聊天、交谈、下棋等。此外，正大村还以村内祠堂为载体，建立了党建红色驿站和党群服务站，以祠堂为纽带，积极开展党群联系活动以及举办慈善敬老宴等活动，使得乡情得到进一步凝聚。如村里为留守老人设置的阳光粥棚，60岁以上的老人只需要花3元钱就可以吃一顿午饭，70岁以上的老人则只需要花2元钱，而80岁以上的老人则不需要付钱，这是村庄对于留守老人的关怀，也是尊老敬老村风的体现。正大村以祠堂文化为推手，推动优质公共文化服务供给与群众需求有效衔接，促进乡村有效治理，推动乡村振兴，实现共同富裕。

图2　村内祠堂

（二）养蚕带动集体经济，多点并进迈向共同富裕

　　乡村治理奠定了正大村打好经济翻身仗的基础，而摸准未来发展方向，找到产业着力点则是壮大村集体经济的具体措施。余业兴上任后一直在寻找一个适合村庄，能够带领村庄发展，改善村集体经济水平的产业。考虑到正大村地处马金镇内部，地形多为连续但不平整的山地，又时有野猪骚扰，因此余业兴认为这些土地并不适合粮食作物的规模化种植。此时，他联想到正大村养蚕的历史，再联系到如今蚕桑产业能够带来不菲的经济收益，于是余业兴决定从蚕桑产业入手，壮大正大村集体经济。

通过债务偿还以及农房整治工作见识到以余业兴为首的村两委的办事态度及能力之后，村民对村两委的信任程度更高，此时村两委工作也相对容易开展。很快，通过村两委带动和党员带头，村集体从村民手中流转到了 210 亩的撂荒山地。同时，通过项目申报和国家的扶贫项目专款，正大村拿到了 198 万元项目款，使得第一批占地面积 25 亩的桑园得以建设落地。此外，在县政府的牵线搭桥下，正大村与万事利集团签订合同，形成了长期稳定的采购关系，正大村以 25 元每斤的价格将蚕丝出售给万事利集团。通过计算，每亩桑园大概可以获得 8000 元的收入，这份收入已经远远超过了普通的农业生产所得。

"既然守着这绿水青山，就要为村民带来应有的实惠。"余业兴如是说。自然资源禀赋本身就是一种生产力，扎根于自然乡土的广大农村地区具有天然的生产力基础和优势，而正大村连片的山丘恰好为发展蚕桑产业提供了不可多得的机会，帮助正大村因地制宜发展集体经济。在项目开展的第一年，蚕丝的销售就为村集体带来了 10 万元的纯收入，项目的成功也具有里程碑式的意义。集体经济薄弱村通常是指集体经济年收入低于 20 万元的村庄，消除经济薄弱村是各地乡村振兴工作的重点，而正大村凭借蚕桑养殖一举消薄，这对于正大村未来集体经济的壮大具有显著的激励作用。余业兴计划在第二年将蚕桑养殖扩大到 100 亩的面积，实现 80 万元的盈利，在第三年把生产面积扩大到 200 亩，实现 160 万元的盈利。余业兴对于正大村蚕桑产业的发展充满了信心，而对于如何让集体收入惠及村民的问题，余业兴表示，蚕桑产业其实是一个劳动密集型产业，需要大量的人力资源，村里在蚕桑养殖过程中组织了养殖队、产桑队和培育队。养殖队主要负责日常照料蚕苗，包括清除蚕沙、消毒、喂叶等工作，产桑队主要负责桑叶采摘等工作，培育队则负责培育蚕苗。养蚕的收入以工资的形式发放给参与生产工作的村民，而提供了土地的村民则以土地形式入股，每年得到分红，剩余的收入则用于扩大生产规模，为村集体的进一步发展提供资金。

明确产业抓手，多点并进才能走稳致富道路。除发展蚕桑产业之外，正大村还通过国家扶贫政策的扶持，投资了一系列"抱团项目"来为村集体增收。

2017年，与三江公司签订项目投资合同，村集体投资10万元人民币，每年可以拿到2万元的分红。2018年，正大村享受到了光伏项目的优惠政策，拿到了20万元的项目款，投资光伏项目，每年能够得到约5万元的分红。2020年，正大村参加了县里的白草莓种植项目，拿到30万元的项目专款投资到白草莓种植项目中，每年可以拿到6万元的分红。国家扶贫政策的落实，使得正大村这一类薄弱村能够在政府的科学领导下，参与到多种产业中去，拓宽村集体经济增收渠道，降低村集体经济脆弱性以及村庄返贫几率，为乡村产业振兴添砖加瓦。

除了受到国家扶持，村集体结合自身经济、环境条件，也在努力寻找更多致富办法。正大村本来有500亩的油茶种植基地，但因为村庄经济落后，交通不便和劳动力不足等多方面的原因，无人承包，荒置多年，造成了巨大的资源浪费。余业兴算了一笔账：如果修整500亩油茶基地，妥善经营，这500亩的油茶能够创造170万元的年产值。但项目投资有风险，余业兴决定第一年先由自己小规模尝试经营，确保能够获得收益后再带动村民共同参与。所幸，余业兴第一年经营油茶园便获得了9万元的收入。

在修整完成后，余业兴将油茶园分片承包给有意愿的村民，带动村民共同致富，勤劳致富。此外，余业兴还试图发展相关林下经济，套种中药材以及土鸡养殖等，使资源得到充分利用，也探索更多的致富途径和致富的可能。村庄的发展绝对不是一个人两个人的事情，但是必须有这样站出来为大家探路的人。中国的农民受其视野的限制，很多时候不愿意承担风险，风险承受能力不高，但是也相对有着更加勤劳、更加务实等优点，一旦探明了这条路走得通，能够走向更加幸福的生活，村民们往往愿意付出更多的努力、更多的劳动、更多的艰辛，朝着美好的目标努力。所以村干部往往需要有这样的担当，调动起村民的积极性，为村民们探明方向，凝聚起人心，把工作更加顺利地开展下去。

（三）落脚民生，长远规划

虽然集体经济发展势头正猛，但实惠于民才是发展的根本目的。提及村里的民生问题，余业兴表现出担忧："村民外出务工，主要从事的是油漆粉刷、木工等建筑行业的工作，虽然也能赚钱，但却是以牺牲身体健康为代价的。就正大村而言，我们村的癌症患病率很高。我希望能够通过产业的发展，提供给村民在家挣钱的岗位，吸引更多外出务工的村民回乡，减少建筑行业对他们身体的损害，并且以村庄为载体实现共同富裕。毕竟人才是一个村庄的灵魂，没有村民的村子还能叫村子么？"余业兴希望自己的工作不仅能建设家乡，更能改善每一位村民的生活质量。就选择发展蚕桑产业而言，不仅是因为之前有产业基础，更是因为养蚕的经济效益以及对劳动力的需求可以带动更多的村民参与到产业中来，可以带动更多的村民共同致富，而不是项目被少数人承包，钱都被少数人赚走。

余业兴反对将资金用于面子工程，而是一定要将资金投资到具有造血功能的项目中去，只有先把蛋糕做大，村集体经济才能够进一步改善。余业兴将他的观点完全贯彻到他的做法中去。调研团队在参观正大村的过程中，没有看到宽阔的柏油路地面，也没有看到高大美观的地标建筑，甚至连村委会都设在几间平房之中。对于不了解正大村真实情况的人而言，或许会认为该村面貌丑陋，发展落后。实则，如今的正大村村集体每年都有不菲的收入，平平无奇的村庄面貌之下别有乾坤。究其原因，是村两委决定把集体经济收入都用在扩大再生产上，而不是取得了一点点业绩之后就大搞面子工程。改善民生是长久之事，笔者相信等到真正实现共同富裕的那一天，正大村的面貌也就会焕然一新。

三、存在的问题与解决思路

（一）人力不足，工作开展难

和大多数村庄一样，正大村面临严重的空心化问题，大量年轻人外出务工，留在村庄的往往是劳动能力较弱的老人、妇女和儿童，不仅是农业生产，整个农村地区的工副业、文教科研和卫生部门都因此出现严重的人才短缺。以调研过程为例，在调研团队收集村庄相关信息和数据时发现，正大村甚至没有一个专职的会计。青年人代表着社会发展的活力，具有一定文化知识的农村年轻劳动人口如果能够成为农村各项事业发展的主要承担者，必定能够对乡村振兴起到推动作用。然而现实却是，农村中青年劳动人口大量外出，使得农村人口结构严重失衡，带来了一系列问题。农村人口的空心化不仅仅导致农村自身人才流失，进而还会衍生出养老、教育等一系列社会福利负担，进一步制约当地乡村的发展。因此，村庄应当利用自身优势，吸引年轻人回乡就业，这对于一个乡村的长期发展而言是极为重要的。当前，受村庄自身发展限制，人才在基层的流动还不够顺畅，福利待遇缺乏保障，也影响着人才流动的动力和热情。因此，在保护传统村落的大前提下，坚持以人为本，充分利用美丽乡村建设专项资金，实施"最后一公里"工程，修缮村落基础设施，规划污水处理设施，改善乡镇及村卫生所的医疗卫生条件；利用政策资金杠杆作用，指导村民修缮老住宅，改善老住宅的居住功能；制定优惠政策，吸引和留住中小学教师，改善中小学教育环境。补齐人才短板，让青年回归家乡建设，不仅需要个人发扬"好儿女志在四方，更要回归故乡"的奉献精神，更需要从制度上为人才引得进、留得住、用得好提供保障。

（二）撂荒土地多，土地流转难

近年来，随着国家对野生动物保护力度的加大，禁止猎杀野猪造成的野猪泛滥问题对粮食生产构成了很大的威胁。村民种下去的粮食，一旦被野猪破坏，收成往往就只有正常年份的一两成。在国家禁打野猪的政策下，野猪肆无忌惮糟蹋粮食，导致正大村无法种植粮食。村民也曾试图组织起来轮流值守赶走野猪，但村中以老年人居多，土地又多是山地，24小时轮流值守的安全隐患巨大，值守活动执行没两天便被余业兴紧急叫停，村民粮食生产积极性也随之大打折扣。再加上现在粮食生产带来的经济收益相对较低，大型农业机械受地形条件限制无法进行作业，正大村土地撂荒情况愈发严重。

但与全国其他村庄的状况一样，村中老人思想较为保守，不愿进行土地流转，这对于减少土地撂荒、盘活土地资源以及保障粮食安全极其不利。国家早在2013年就提出要用最严谨的标准、最严格的监管、最严厉的处罚、最严肃的问责，确保广大人民群众"舌尖上的安全"，确保粮食安全，坚守18亿亩耕地红线。土地是农民赖以生存的倚靠，更是一个国家的根基，做好土地工作，保障农业生产是基层工作中极为重要的一环。所以，应当由政府牵头梳理各级土地流转中心、国土、林业等部门的土地管理职权，加强农村宅基地、耕地的管理，集中整治闲置、抛荒土地；同时积极推进美丽乡村建设，鼓励村民集中居住，推进和落实传统村落中闲置宅基地、抛荒耕地集中流转。对于野猪影响粮食生产的情况，有关部门也应出台相关方案方法，加强联防联治，保护农户的生产积极性。土地是村庄的骨架，村民是村庄的血肉，只有调动起农户的积极性，提高土地的利用率，村庄才能健康持续地发展。

（三）基础设施薄弱，民生保障难

调研团队在正大村的访问过程中发现，该村相关的配套基础设施十分落后（见图3）。首先是交通方面，虽然公路通到村口，但公路质量较差，为路窄难行的山路，村内水泥道路狭窄，汽车难以通行。落后的交通不仅造成村民生活的不便，也不利于村庄产业的持续发展。其次村民的用水安全也存在一定的隐患，虽然每户都接通了自来水，但是多为地下水或者山泉水。多数村民反映水质存在问题，饮用水源发绿且带有轻微异味，长期食用可能对身体造成一定的危害。最后村子里除了祠堂这一标志性建筑外，其他设施落后，也亟待进一步建设与修缮。

图3　村子一角

对于基础设施薄弱问题，要统筹县域城镇和村庄规划建设，合理定位县域城镇功能，重点强化县城政务、经济、社会和文化等综合服务能力，把乡村建成服务农民的区域中心，加快补齐农村公共服务短板，促进城乡公共服务均等化。同时要保护传统村落和乡村风貌，避免大拆大建。利民之事，丝发必兴；厉民之事，毫末必去。增进福祉民生是发展的根本目的，怀着真情干实事、拿出真心干好事、善用真招干成事，才能赢得群众心底的信任。激发党员干部干事创业的劲头，是关键一招。干部干事的劲头有多足，他们在群众心中的形象就有多高，唯有真担当、真奉献、真作为，才能赢得群众真满意、真高兴、真点赞。

四、经验启示与建议

改革开放以来，从大城市到小乡村，各个方面都取得了伟大的成就。在从振兴乡村到走向共同富裕的过程中，对于乡村振兴和规划，要不断借鉴乡村规划的优秀案例，进行深刻的研究。整体而言，正大村作为一个刚刚脱贫的村子，在村支书的带领下，两年内便快速还清债务，并使村集体经济得到快速的发展，是村两委与村民共同努力的结果，也是国家政策为其保驾护航的重要成果。实现共同富裕的过程需要立足本村实际情况，找到适合自己的发展道路，挖掘找寻发展资源。当然，发展无法脱离村民，只有凝聚人心、团结力量，才能让村庄产业得到高效的发展，最后，发展的成果更不能脱离村民，除了扩大产业，将实惠普及于民也是调动起村民积极性的重要抓手。

优化乡村治理制度与乡村治理政策是实现农民共同富裕的关键所在。要增强乡村治理制度与乡村治理政策供给的系统性、精准性、有效性，深化农村土地制度改革，激发农村经济发展的活力，深化农村集体产权制度改革，推动资源变资产、资金变股金、农民变股东。要破解城乡发展过程中的不平衡不充分难题，健全城乡发展一体化体制机制，推动城乡深度融合发展，促进农业现代化与工业化、城镇化以及信息化同步发展，加快推进城乡一体化进程，保障农民享受到共同富裕的福利待遇。

共同富裕包括物质富裕和精神富裕，要完善农村文化设施，提升农村文化公共服务的制度供给，提高乡村文化软实力，打造农村精神文化高地，让更多农民在"身有所栖"之后"心有所寄"。要在"马上就办"的同时强化制度的执行力，打通实现农民共同富裕的"最后一公里"，让乡村治理制度与乡村治理政策从农民共同富裕的"绊脚石"变成为"垫脚石"。实现共同富裕，仍然需要一个漫长的探索过程，在这过程中需要不断地对取得的成果进行总结，挖掘乡村价值，做好政治建设、文化建设、生态建设、经济建设，走出一条符合本土实际情况的振兴之路。

访谈时间：2021 年 7 月 27 日

访谈地点：衢州市开化县正大村祠堂

访谈整理：史明睿

川南新村：
光伏增收保民生，知青文旅助发展

调研员：雷馨怡（浙江大学经济学院硕士生）

受访者名片：

金梅，女，汉族，1970年9月出生，浙江开化人，中共党员。2020年7月，因出色的工作能力和群众的信任，金梅被推选为开化县杨林镇川南新村党支部书记、村委会主任。曾获"全国抗疫最美家庭"、浙江省"最美家庭"等荣誉。

我想象的共同富裕，反正在家里大家都有事做，有收入，共同富裕了。再增加一些娱乐场所之类的，精神上面、物质上面都能够提升了，就可以说大家都富裕了。

——金梅

一、村庄概况和历史沿革

川南新村隶属衢州市开化县杨林镇，位于钱江源重要支流龙山溪源头，与江西省玉山的三清山和江西省皈大乡相连，九景衢铁路、杭新景高速、351国道穿境而过，是开化国家公园西南边际。川南新村区域面积24.3平方公里，其中耕地面积2546亩，森林面积29408亩（其中公益林23408亩）。截至2021年，该村总人口3029人，共有873户，其中只务农的农户有860户，完全不务农的农户有13户，村民小组有22个承包组。村集体统一购买70岁以上老年人医疗保险和全体村民的农业保险，村民收入来源以农业和外出务工为主。

（一）川南新村的历史发展

川南新村于2011年由5个自然村合并而成，分别是川南村、青峰村、南齐村、柏林村和叶南坞村。川南新村生态资源丰富，历史底蕴深厚，民风淳朴，古有"海内文人才士徒慕名于西湖而未知梅川（指今日川南）景更足取耳"之说，也有"螺丝把水口，富贵在源头"之称。明永乐十六年（1418），翰林院侍读学士、奉训大夫、同修国史、庐陵曾棨书《梅隐堂记》："开阳龙山源西南隅有地曰梅川，涧水西流，钟山东峙，灵淑之气于焉；人文巍起，掇巍科，登高地，纡青拖紫者，代有其人，地杰人灵。"清代节孝坊刻记："盖闻贞固不移之谓节，承顺无违之谓孝，守节难，尽孝难，节而能孝则尤难，如梅川。"

川南新村依山傍水，拥有自然生态宝库——云雾山，康熙《衢州府志》中首次记载："云雾山，在县北七十里，与德兴、玉山二县交界，周五十里。"云雾山属怀玉山脉，与三清山相连，集诸山之精华，山谷河水清澈见底，是浙江母亲河钱塘江的重要水源地，森林覆盖率达90%，古木参天。清初，李渔自常山抵达开化途中，曾赋诗："云雾山中虎豹眠，千年松子大于拳。自从柯烂无人伐，万丈奇杉欲上天。"

（二）川南新村的经济现状

经济发展水平方面，2020年，该村经营总收入280万元，以农业经营收入为主，兼以二、三产业的发展，农业经营总收入占71.4%，工业总收入占17.9%，第三产业总收入占10.7%。具体来看，农业经营总收入200万元（其中种植业收入80万元，畜牧业收入50万元，渔业收入20万元，林业收入30万元，其他农业经营收入20万元），工业收入50万元，第三产业收入30万元。2020年末该村集体资产总额519万元，集体存有生产性固定资产总额156万元，集体固定资产投资完成额482万元，集体债权总额180万元。

农业发展方面，2020年，该村种植业生产结构多样。该村播种稻谷900亩，总产量36万公斤；播种玉米300亩，总产量15万公斤；播种大豆200亩，总产量1.5万公斤；播种甘薯500亩，总产量10万公斤；播种其他瓜果80亩，总产量2万公斤；播种茶叶270亩，总产量0.5万公斤；播种油菜籽900亩，总产量9万公斤。畜牧业生产以生猪、蜜蜂养殖为主，2020年末分别存栏400头和1200箱，出栏350头和500箱。渔业生产以草鱼养殖为主，采用人工养殖的方式，水面面积40亩，2020年末总产量0.5万公斤。

人口构成方面，该村2020年总人口为3029人，常住人口约2170人，常年外出人口约920人。总人口中年龄状况为：15岁及以下的有438人，占人口总数的14.5%；16—40岁的有901人，占人口总数的29.7%；41—60岁的有1060人，占人口总数的35.0%；61岁及以上的有630人，占人口总数的20.8%。16—60岁占人口总数的64.7%，因此该村人口年龄结构为成年型。总人口中男性人口占比60%，少数民族人口占比6.6%。

其他社会经济指标方面，该村自来水普及率达100%，天然气/液化气普及率达100%，安装有线电视的户数比例达100%。

二、主要发展经验：光伏扶贫保民生，文旅产业助发展

（一）保障民生，光伏照亮乡村致富之路

能源，作为人类进步的基石、经济可持续发展的动力，是国家综合实力的重要体现。近年来，太阳能、风能、核能、生物质能等新能源被广泛应用于人类生产生活中，与风电、核电等相比，太阳能发电具有无噪声、零排放的特点，安全性能更高，取之不竭，是最具发展潜力的可再生能源。随着全球能源短缺和环境污染等问题日益突出，太阳能光伏发电因其清洁、安全、便利、高效等特点，已成为世界各国普遍关注和重点发展的新兴产业。

2016年12月，国家能源局印发的《太阳能发展"十三五"规划》[1]中指出，光伏发电与农业、养殖业、生态治理等各种产业融合发展模式不断创新，已进入多元化、规模化发展的新阶段。开展多种方式光伏扶贫，包括创新光伏扶贫模式、大力推进分布式光伏扶贫、鼓励建设光伏农业工程。由此可见，国家利用光伏产业为发展特色农业和促进农民就业、增收提供了大力的政策支持。

开化县已被列入浙江省首批整县推进光伏规模化开发试点县[2]，2021年8月，开化县首个试点示范项目成功并网发电，年发电量约为52.8万度。通过创建整县推进光伏规模化开发试点，到2025年，开化县新增光伏装机将是"十三五"期间的两倍，将不断提高可再生能源在能源消费中的占比，不断优化调整能源结构，有效减少二氧化碳排放，助推开化县早日实现"碳达峰、碳中和"（见图1）。

---

[1] 国家能源局.关于印发《太阳能发展"十三五"规划》的通知：国能新源〔2016〕354号［A/OL］，（2016-12-08）［2021-08-31］. http://zfxxgk.nea.gov.cn/auto87/201612/t20161216_2358. htm.

[2] 开化发布.浙江衢州开化整县推进分布式光伏试点示范项目成功并网发电［EB/OL］.（2021-08-09）［2021-08-31］https://power.in-en.com/html/power-2394059.shtml.

图 1　川南新村屋顶光伏

　　据开化县杨林镇川南新村党支部书记金梅介绍，川南新村的光伏产业是全县最好的，川南新村屋顶光伏项目于 2017 年 7 月开建一期工程，2018 年二期工程动工，主要利用来料加工厂房、办公楼、老学校等公共建筑屋顶安装光伏发电板，到 2019 年底全村装有屋顶光伏 355.32 千瓦，年平均发电量在 31.26 万度左右。

　　川南新村的屋顶光伏产业离不开县财政局的大力支持。一期和二期工程总投资 227 万元，其中 100 万元是财政补贴，通过县财政局年度扶持村集体经济发展试点项目获得；另通过民政部门获得补助 70 万元，自筹 57 万元（自筹部分全部来源于村集体资金）。2020 年村里再次获得 80 余万元补助作为减负资金，其中 40 万元用于直接投资，新增光伏发电 102 千瓦。现在村里屋顶光伏电站覆盖面积达到了 4000 多平方米，一年可为村集体增收 30 余万元。

　　金梅总结道："光伏产业是我们前任书记跑来的项目，光伏发电作为村集体经济收入的重要来源，前年（2019 年）收入是 25 万左右，去年（2020 年）也是 25 万左右，今年（2021 年）的收入差不多有 30 万，这个是比较稳定的。"

川南新村光伏发电所增加的村集体收入，主要用于 70 岁以上老年人的医疗保险、村干部工资和村庄整治，村庄整治包括道路修缮、水渠修缮等方面。

除了光伏产业外，2021 年川南新村为增加村集体收益、促进农民增收，实施"来料加工场所建设工程"，包括屋面、天棚、水电、大门、围墙、进场道路修筑等工程，计划改造提升川南老学校，作为来料加工场所并出租，增加村集体收益，同时给当地村民提供更多的就业岗位，增加村民收入。

集体经济是农村最基本的经济成分，其壮大与发展对农民稳定增收和实现共同富裕具有重要作用，川南新村以发展光伏产业为出发点，以特色产业带动集体经济发展，同时开展多样化的项目工程，为村集体经济发展提供了新思路。

📖 专栏 1：光伏下乡、光伏扶贫

一般而言，"光伏下乡"是指在农村推广应用光伏产业，为贫困人口或者贫困村集体提供收入保障，并解决环境生态问题，充分发挥其环境效益、经济效益和社会效益。国务院扶贫办（现为国家乡村振兴局）2015 年将"光伏扶贫"确定为"十大精准扶贫工程"之一，在农村地区住房屋顶、农业大棚等光照条件较好的地点铺设太阳能电池板，帮助农民或村集体增加收入，达到扶贫开发与新能源利用相结合的目标。光伏扶贫项目开启了扶贫开发由"输血式扶贫"向"精准扶贫"的转变，以实现一次投入、长期受益。

能源扶贫是农业经济学领域研究的核心话题，近年来，出台的一系列政策旨在促进我国光伏产业健康发展、加快实施光伏扶贫项目，真正做到惠民、利民，为农民增收提供新思路。2005 年 7 月，国家发展改革委在《关于无电地区电力建设有关问题的通知》中提出，大电网延伸不到且没有水能资源的地区，可以利用太阳能光伏发电方式或风光互补发电方式进行解决。2010 年 10 月，国务院发布的《关于加快培育和发展战略性新兴产业的决定》中指出，加快培育和发展战略性新兴产业是推进产业结构升级、加快经济发展方式转变的重大举措。加快太阳能热利用技术推广应用，开拓多元化的太阳能光伏光热发电市场。2012 年 2 月，国家能源局在《太阳能光伏产业"十二五"发展规划》中提出，坚持并网发电与离网应用相结合，以"下乡、富民、支边、治荒"为目标，支持小型光伏系统、离网应用系统、与建筑相结合的光伏发电系统等应用，开发多样化的光伏产品。积极培育多样化市场，促进产业健康发展。

2014 年 10 月，国家能源局、国务院扶贫办（现为国家乡村振兴局）发布《关于印发实施光伏扶贫工程工作方案的通知》，计划利用 6 年时间，到 2020 年，开展光伏发电产业扶贫工程。一是实施分布式光伏扶贫，支持片区县和国家扶贫开发工作重点县（以下简称贫困县）内已建档立卡贫困户安装分布式光伏发电系统，增加贫困人口基本生活收入；二是片区县和贫困县因地制宜开展光伏农业扶贫，利用贫困地区荒山荒坡、农业大棚或设施农业等建设光伏电站，使贫困人口能直接增加收入。2016 年 12 月，《太阳能发展"十三五"规划》中进一步指出，应大力推进屋顶分布式光伏发电。结合新型城镇化建设、旧城镇改造、新农村建设、易地搬迁等统一规划建设屋顶光伏工程，形成若干光伏小镇、光伏新村。2021 年 6 月，为实现"碳达峰，碳中和"与"乡村振兴"两大国家重大战略，国家能源局发布了《关于报送整县（市、区）屋顶分布式光伏开发试点方案的通知》。

参考资料：

［1］徐晨曦.光伏扶贫——脱贫梦想的依靠［J］.中国战略新兴产业,2016(13):66-67.

［2］刘泽华,李绍林.产能下乡的双重效应分析——以光伏扶贫为例［J］.西部皮革,2018(3):125.

〔3〕国家发改委办公厅.关于无电地区电力建设有关问题的通知〔EB/OL〕.（2005-07-11）〔2021-08-31〕http://www.nea.gov.cn/2011-08/16/c_131051810.htm.

〔4〕国家能源局.太阳能光伏产业"十二五"发展规划〔EB/OL〕.（2012-02-28）〔2021-08-31〕.http://www.nea.gov.cn/2012-02/28/c_131435015.htm.

〔5〕国家能源局，国务院扶贫办."关于印发实施光伏扶贫工程工作方案的通知〔EB/OL〕.（2014-10-11）〔2021-08-31〕.http://www.cpad.gov.cn/art/2014/11/3/art_46_59822.html

〔6〕国家能源局.太阳能发展"十三五"规划〔EB/OL〕.（2016-12-08）〔2021-08-31〕.http://zfxxgk.nea.gov.cn/auto87/201612/t20161216_2358.htm

〔7〕国家能源局.关于报送整县（市、区）屋顶分布式光伏开发试点方案的通知〔EB/OL〕.（2021-06-20）〔2021-08-31〕.http://www.chic.org.cn/home/index/detail?id=1100

（二）血色青春，重温川南知青记忆

20世纪60年代计划经济时期，由于城市人口积压，城市劳动力就业难、负担重，而农业生产急需发展，党中央根据国情探索出了一条就业之路，中共中央政治局在《一九五六年到一九六七年全国农业发展纲要（草案）》中指出："城市的中、小学毕业的青年，除了能够在城市升学、就业的以外，应当积极响应国家的号召，下乡上山去参加农业生产，参加社会主义农业建设的伟大事业。"1968年12月，毛主席下达了"知识青年到农村去，接受贫下中农的再教育，很有必要"的指示，席卷中国大地的知青上山下乡运动由此展开。这场运动对知青、家庭、社会、历史都产生了深远的影响，彻底改变了一代人的命运。习近平总书记曾回忆道："7年上山下乡的艰苦生活对我的锻炼很大……最大的收获有两点：一是让我懂得了什么叫实际，什么叫实事求是，什么叫群众，这是让我获益终生的东西。二是培养了我的自信心。"[1]

不忘初心，方得始终，经得起生活的磨练，也承受得住岁月的洗礼。在杨林镇川南新村有一群人，他们想重温年轻时的记忆，便打造出川南知青文化阵地。金梅说道："那时候有知青下乡到我们村，他们（知青）都是住在那里的，条件环境是很差的，现在老的房子还在，他们（知青）建议我们把房屋修起来，也想到农村里住上一两晚，重温一下年轻时的记忆。那么按照他们的要求，我们也争取到了，这是算在农业局的一个项目，已经公开招标结束了，项目正在施工中。"

"历史文化村落"指保存文物特别丰富并且有重大历史价值或者革命纪念意义，能较完整地反映一些历史时期的传统风貌和地方民族特色的镇（村），历史文化村落的保护与发展是关系中华优秀传统文化根脉的基础工程，是中华优秀传统文化传承与发展的基本载体[2]。浙江省千村示范万村整治工作协调小组办公室公布的第八批（2020 年度）历史文化（传统）村落保护利用一般村备案名单中，开化县共 11 个村庄入选，杨林镇平川村和川南新村两个村庄也在名单中，杨林镇依托南华山、云雾山、桃花源以及杨林畈、柏叶畈等拥有的生态资源优势，将自然生态、历史文化与人文气息相结合，规划保护古村落。"历史文化村落保护与利用一般村建设项目工程"作为杨林镇川南新村 2021 年重要的在建工程之一，主要涉及四部分的建设内容，包括知青房修缮工程、反修夺峰渡槽工程、红军集结地工程和云雾山摩崖石刻及龟池工程，项目预算总投资 51 余万元。

农村人文旅游资源的开发与利用是一个系统性的工程，除了关注旅游资源本身，与之配套的食、住、行等多方面也都应纳入规划中。2015 年 7 月，川南新村组织开展农家乐培训，50 多位农家乐经营户和意向户参加了为期 5 天的专业培训。培训中，职业技能培训学校的老师讲解了如何利用本地资源烧好

［1］人民网.习近平为何说上山下乡对他影响深远？［EB/OL］.（2012-12-11）［2021-08-31］.http://www.people.com.cn/n/2012/1211/c33232-19859617.html.

［2］姚建伟.历史文化村落保护与发展研究：现状、问题与对策——以浙江丽水为例[J].丽水学院学报,2021(3):64-69.

特色菜、如何提升农家乐经营管理等内容，并进行点心面食教学，东方大酒店客房部经理对经营户进行了客房整理等现场培训，有效提升了他们的实际操作技能，为川南新村农家乐发展奠定基础。川南新村于 2016 年和 2018 年获得了农业局农家乐项目补贴（4000 元／间），截至 2018 年，该村共计有 16 家农家乐，96 个床位。但由于旅游产品和旅游体验同质化严重，该村农家乐经营状况不佳。为提升当地农家乐经营水平，2017 年，川南新村举办农家乐厨艺大赛，11 家当地农家乐的大厨们同场竞技，展示厨艺，希望通过厨艺大赛加强农家乐服务水平，吸引更多的游客。2021 年开展的知青房修缮工程是推动乡村旅游业发展的关键一步，知青房作为传统农家乐的改造升级版，是乡村红色旅游工程开发的重要延伸部分。

保护好知青文化、红色文化，提升村级人文景观，带动当地知青文化旅游发展，并进一步带动村庄经济发展，传承乡村旅游历史文化，争做传统文化的保护者、发扬者、创新者，是未来乡村建设的突破口。

（三）生态宜居，共谋美丽乡村建设新篇章

光伏扶贫所增加的村集体收入保障了美丽乡村建设，美丽乡村建设又为文旅产业提供了必要的发展基础，而文旅产业又是实现共同富裕的重要路径。川南新村努力推广先进农业技术、发展绿色农业、使用新能源，建设环境友好型新农村，以美丽生态联动共同富裕。截至 2020 年末，川南新村测土配方施肥耕地面积达 2746 亩，绿色产品种植面积占农作物总播种面积的 80%，生产主要采用太阳能。同时，该村通过广播电视宣传、课堂讲授、实地培训等方式积极推广农业技术，2020 年共有 48 人次参加农业技术推广培训。此外，2020 年重金属污染情况减轻，土壤肥力有所改善，极端天气、农作物病虫害、家畜疾病均有所减少，但存在工程性缺水问题。

在环境管理方面，该村环境管理工作人员有 10 人，专职生活垃圾清运人员和村容保洁员有 14 人。垃圾分类处理，全村用于村民投放生活垃圾的垃圾桶有

873个，用于村民投放生活垃圾的垃圾堆放处有4处，清运生活垃圾车辆数有2辆，生活污水流入村内统一的管网，病死畜禽体采用填埋的方式处理。

在人居环境治理方面，2021年川南新村开展"美丽乡村提升工程"，主要建设内容包括道路拓宽、房屋修缮和路面硬化，力争打造全县最美村道（见图2）。

在医疗卫生与社会保障方面，川南新村现有医疗站1处，获得从业资格的医疗人员2名，并积极谋划"青峰居家养老服务中心建设项目"，计划改建青峰大会堂为居家养老服务中心，打造青峰移民文化阵地，以满足人民多元化、多层次的生活需求。现有2023人参加新型农村合作医疗，新农合参保率达66.8%，新型农村社会养老保险参保率达90.0%，享受低保65人，五保户3人。

图2　川南新村风貌

📖 专栏 2：一位村书记眼中的"共同富裕"

　　和川南新村的金梅访谈中，她谦虚地说道："我是刚上任不久，你叫我讲什么经验，我讲不出来。"村部庞大，经济薄弱，从交流中，可以体悟到管理村庄的艰辛与不易。金梅在访谈的结尾回忆起上任一年来的点点滴滴，她说："既然这么相信我，把我选出来了，我就尽力做好任务。第一个季度评比，川南得了倒数第一，我是两个晚上都睡不着，我都这么辛苦了，还是倒数第一。我们村人多，因琐事报警的人也相对较多，别人几百个人的村，规模小，管理相对容易；我们由五个自然村组成，我每个村去走一趟，半天都走不下来。但是接了这个担子就要坚持住，努力做好，在后来第二个季度就排到第 4 名了。"不辜负村里的信任，担起自己的这份责任，尽最大努力做好事情，是金梅的原则。

　　她说："我想象的共同富裕，反正在家里大家都有事做，有收入，就共同富裕了。因为我们农村里没地方去，在家里又没什么事做，都是年纪轻的在外面，年纪稍微大点都带小孩，老人都不能出去。如果共同富裕，如果我们村里可以增加一点什么东西，可以让老百姓天天在家里不论多少都有一点收入了，那么大家就都富裕了。他们在家里要求也不高，一天有几十块钱他们也就可以了。我们这个山村里面主要有一个地域的问题，交通不方便，人家也不愿意过来。大家都有事做了，条件好起来了，再增加一些娱乐场所之类的，精神上面、物质上面都提升了，就可以说是大家都富裕了。要共同富裕，要有人来到村里投资办厂办企业什么的，能够解决农民就业岗位问题，我们这个村现在是没有什么企业的。"朴实的言语中透露出金梅的向往，让我们看见一幅美好的村庄发展蓝图：老百姓都有事做、都有收入，解决农民就业问题，解决交通问题，增加娱乐设施，实现物质层面、精神层面的共同富裕。这幅蓝图不仅是村支书的美好愿景，更是广大人民对未来乡村发展的殷切希望，也是人民为之努力奋斗的目标（见图3）。

图3　金梅和当地村民交流

三、发展瓶颈与核心挑战

然而，通过本次实践的深入调查，川南新村在走向"共同富裕"的过程中主要面临以下两个方面的问题。

（一）基础教育设施不足，农村劳动力培训体系不完善

目前，川南新村尚未开办幼儿园、小学等，曾经的川南小学被改造为来料加工厂房，当地儿童一般随外出务工的父母在外上学。村内还有留守儿童 120 人，留守老人 270 人，一些留守儿童长期与老人生活在一起，容易产生一定的心理问题，导致学习动力不足，而早期人力资本的投入在个人成长发展中发挥着重要作用，并影响着未来劳动力市场的供给水平。此外，目前该村的技术培训仅限于农业方面，非农技术的培训几乎没有。因此，在以人才振兴实现共同富裕的过程中，应着力解决该村基础教育设施投入不足、农村劳动力缺乏非农技术培训的问题。

（二）休闲农业未品牌化，第三产业发展有待提高

据川南新村党支部书记金梅介绍，该村于 2016 年和 2018 年获得了农业局农家乐项目补贴（4000 元／间），2016 年新建农家乐 11 家，有 66 个床位，2018 年新增 30 个床位，共计 16 家。但是川南新村的旅游产品和旅游体验同质化严重，后期宣传力度和品牌化效应不足，加之开化县大酒店拥有先天的交通区位优势，且和企事业单位间有较为稳定的合作关系，因此对周边农家乐的影响较大，导致该村农家乐经营状况不佳。如何依靠当地自然和人文资源发展旅游服务，通过第三产业增加农民收入，值得进一步考虑。

四、经验启示与建议

针对川南新村主要发展经验与成效，本文总结两点可供借鉴的启示，并根据乡村建设过程中面临的瓶颈与挑战，提出四点针对性建议。

（一）大力培育新兴产业，壮大村集体经济

川南新村是由五个村合并而成的大村，由于村里没有经营性产业，经济薄弱，2017年，杨林镇政府协同川南新村两委开始积极探索，经详细考察后，决定发展屋顶光伏工程。

光伏富民强村工程是以农村股份经济合作社为投资主体，通过信贷支持，利用公共建筑屋顶，或租用条件较好的农户屋顶，以"整村设计、整村实施推进"的方式建设光伏发电系统，所得利润作为村集体经济收入，同时带动有条件的农户投资建设屋顶光伏，增加农村居民收入。

川南新村是开化县首个以农村股份经济合作社为投资主体建设光伏富民工程的村庄，借鉴该村的发展经验，在选择适合村庄发展的新兴产业时，要以农民增收为出发点，牢记可持续发展观。

（二）以历史文化推动乡村旅游业发展，拓宽农户增收渠道

川南新村依托当地的知青文化，计划完成知青房修缮工程，打造出川南知青文化阵地，一方面，可以带动当地旅游业的发展，通过餐饮、娱乐、交通、住宿等方面增加农户的非农收入；另一方面，通过外来人员与当地农户的文化交流，提升农民的文化素养。

（三）加大基础教育投入，努力培养具有现代视野的新型乡村人才

教育扶贫作为我国精准扶贫的基础性工程，以人的全面发展为落脚点，是实现共同富裕的必经之路。习近平总书记曾强调："发展乡村教育，让每个乡村孩子都能接受公平、有质量的教育，阻止贫困现象代际传递，是功在当代、利在千秋的大事。"[1]扶贫必扶智，当前我国义务教育普及率不断提高，但对一些农村地区、贫困地区的教育倾斜力度还不够。目前对农村劳动力的教育投资主要通过正规学校教育和成人培训两条途径，其中正规学校教育由农户家庭和地方政府共同投资。根据川南新村人口构成情况，应开办托管所、幼儿园、小学、初中这类基础教育学校，聘用县域内受过良好教育、经验丰富的人作为乡村教师，加大财政倾斜力度，提高乡村教师生活待遇，切实提高农村基础教育水平。在保障获得农村九年义务教育的同时，应加大农村高中教育力度，鼓励更多农民子女通过大学教育改变命运。此外，应完善农村劳动力培训体系，一方面，让农民真正掌握种植技术的重难点，利用新型农业技术武装自己，对农产品"产前—产中—产后"构建新的认识，对有条件的农民，在自产自用之余，特别注重对农产品销售环节的培训，结合"互联网＋农业"，打开农民致富的新思路，培养出具有现代视野的新型农民。另一方面，调动农民参与非农技术培训的积极性，引导部分农村剩余劳动力与乡镇企业对接，进入第三产业。

交流与沟通是村庄治理和发展中必不可少的一环，川南新村可以拓展乡村振兴讲堂的开展形式和受教群体，不局限于课堂讲授的形式。可以请当地和邻村的乡村能人互相交流村庄基层治理方式，或与种植大户交流种植经验，以先富带后富。除此之外，川南新村农民进城务工、上学的现象普遍存在，但"贤人回乡"却十分罕见，政府应积极引导企业下乡和外出劳动力返乡创业，加强城市和乡村人才的双向流动，这是培养乡村人才的有效途径，也是促进乡村振兴的关键一环。

---

[1] 新华社. 习近平主持召开中央全面深化改革领导小组第十一次会议 李克强等出席 [EB/OL].(2015-04-01)[2021-08-31]. http://www.gov.cn/xinwen/2015-04/01/content_2841427.htm.

（四）打造川南休闲农业品牌，促进生态资源向美丽经济转化

《2021年开化县政府工作报告》中指出，要发挥文旅消费的龙头作用，深化省文旅消费试点城市建设，积极打造大花园耀眼明珠，争创国家全域旅游示范区。首先，该村可以"回归自然，慢生活"为主题开展一些特色农业活动，吸引游客观光，如采摘果园、农活体验、心灵养吧等，充分发挥农家乐的特点，增强游客的体验感；其次，开化县大酒店对农家乐提供指导帮扶，突出以县域为重点的新型城镇化牵引作用，目的在于健全农家乐基础设施，提升农家乐卫生水平和服务水平，并根据需求发展不同经济档次和风格的农家乐，推进乡村旅游规范化、集中化、特色化；最后，农家乐可与当地云雾山风景区、文化阵地相结合，为游客提供"吃、住、娱"一系列服务，立足于丰富的生态资源，打造出川南休闲农业特色品牌，以休闲旅游和乡村经济的良性互动发展，为农民增收提供新的途径，为实现共同富裕发挥重要实践作用。

五、结语

实施乡村振兴战略，是党的十九大为贯彻新发展理念、建设现代化经济体系作出的重大部署。2017年10月，习近平总书记在党的十九大报告中明确指出："农业农村农民问题是关系国计民生的根本性问题，必须始终把解决好'三农'问题作为全党工作重中之重。要坚持农业农村优先发展，按照产业兴旺、生态宜居、乡风文明、治理有效、生活富裕的总要求，建立健全城乡融合发展体制机制和政策体系，加快推进农业农村现代化。"到2035年，基本实现社会主义现代化，到那时，城乡区域发展差距和居民生活水平差距显著缩小，人的全面发展、全体人民共同富裕取得更为明显的实质性进展。

浙江省作为全国高质量发展建设共同富裕示范区，其村庄致富之路值得全

国推广借鉴。乡村振兴之路任重道远，实现农村经济高质量持续发展仍是需要探究的课题，如今，在杨林镇政府协同、川南新村两委积极探索下，川南新村在农民增收、文旅发展和生态宜居方面提出了有效的改善措施，为未来乡村建设与发展提供浙江经验。该村以光伏产业、来料加工场所建设壮大农村集体经济，给当地村民提供更多的就业岗位，增加农民收入；通过保护历史文化村落来提升村级人文景观，加强乡风文明建设，维护农村传统文化，带动当地知青文化旅游发展；改建青峰大会堂为居家养老服务中心，打造青峰移民文化阵地，以推动人民精神层面的共同富裕，增强人民幸福感和获得感。

但是，该村也面临着基础教育设施短缺、人才培养不足、休闲农业未品牌化的问题，为此，笔者提出两点针对性建议，一是加大基础教育投入，努力培养具有现代视野的新型乡村人才，二是打造川南休闲农业品牌，促进生态资源向美丽经济转化。

访谈时间：2021 年 7 月 30 日

访谈地点：浙江省衢州市开化县杨林镇川南新村村两委

访谈整理：雷馨怡

杨林村：
农业现代化支撑共同富裕之路

调研员：甘雨（浙江大学中国农村发展研究院博士生）、蔡青文（浙江大学中国农村发展研究院博士生）

受访者名片：

吕永贵，杨林镇杨林村党支部副书记，同时也是村里的粮食种植大户。吕主任积极发挥村干部和大户的领导示范作用，早年开始引入水稻生产机械设备和技术，目前拥有插秧机、收割机、植保无人机等设备，2020 年规模化种植水稻 260 亩，年产量达 11.7 万公斤。

我认为共同富裕包括三个层面，一是基础设施好起来，二是产业大起来，三是农民富起来。

——吕永贵

一、村庄概况和历史沿革

杨林村位于开化县杨林镇东部，距镇政府所在地3公里，村域总面积约9.3平方公里，下辖11个自然村。2020年，全村共有18个村民小组，总户数524户，总人数1881人，其中正式党员50人（35周岁以下6人，60周岁以上22人，外出党员18人），村党支部工作团结有力，充分发挥核心作用。村内民风淳朴、环境整洁、社会稳定，村民农业经济收入主要来源于八月炸、火参果和红心猕猴桃等特色农产品，人均纯收入为1.6万元。2020年村集体经济收入71.4万元，经营性收入11.96万元，村级整体经济实力相对较弱。

杨林村的劳动力以外出务工为主，2020年外出务工人数1228人，占全村总劳动力人数约80%。杨林村人口识字率为93.8%，初中及以下学历占比约为66.1%，高中学历约占7%，大专及以上学历占5.4%；在年龄结构上，杨林村15周岁及以下的人数为278人，60周岁及以上的人数为380人，小孩和老人占全村常住人口比例约87%。杨林村年轻劳动力严重缺失，常年居住在本村的大部分是老人和小孩。年轻劳动力流出为该村耕地大规模流转创造了条件，同时也提高了杨林村的经济收入。

杨林村农业用地面积大，土地资源禀赋为农业产业的发展提供了优良条件。全村林地面积7000亩，耕地面积1920亩，其中水田面积1500亩，旱地面积250亩。杨林村属于典型的粮食生产功能区，拥有1750亩的连片田畈——杨林畈（参见专栏1），为省级粮食生产功能区。杨林村生产的主要农作物包括各类粮食作物、油菜籽、瓜果以及中药材，特色经济作物为八月炸、火参果和红心猕猴桃。2020年，杨林村水稻播种面积约900亩，平均亩产达430公斤；玉米播种面积260亩，总产量130000公斤；小麦播种面积130亩，豆类作物80亩，薯类作物70亩。油菜花播种面积1484亩，生产油菜籽总量达120000多公斤。瓜果园地面积总计30余亩，总产量超过10万公斤。中药材播种面积约130亩，平均亩产达到2000公斤。2020年种植业总收入达410

万元，畜牧业、渔业、林业收入水平较低，分别为 18 万元、5 万元、2 万元。2020 年第二产业和第三产业总收入达 240 万元，其中工业收入为 220 万元。

近年来，杨林村积极响应"新农村建设"的发展要求，依托财政部、水利部、农业农村局等部门的政策支持，为发展农业生产和保证农民生活提供公共服务设施，不断完善交通邮电、农田水利、教育文化等生产和生活服务设施。在农业生产性基础设施方面，杨林村得到开化县的全面支持，改建高标准农田，复垦抛荒地，改造提升农业基础设施，提高粮食生产率；在生活性基础设施上，杨林村卫生厕所、自来水普及率均达 100%，天然气 / 液化气普及率约 90%，80% 的农户使用电话和手机，几乎每户家庭都已经安装有线电视和互联网；在人文基础设施方面，杨林村建有县内公管规模最大的标准化幼儿园，还有文化礼堂、图书室、健身中心等文化设施，为缺少收入来源的老人和小孩提供文化生活保障。

杨林村紧扣开化县"生态立县"的方针，以农业现代化发展为产业发展主线，依托丰富的自然资源，积极引入现代化生产技术和新型经营管理模式，逐步实现粮食生产规模化、机械化、绿色化，以家庭农场为主导发展八月炸等经济作物产业，积极探索稻耕文化、稻鱼共养等特色项目，加速推进产业转型。杨林村的各项工作得到政府的广泛认可，2020 年更是获得"产业发展先进集体"的荣誉称号。

📖 **专栏 1：省级粮食生产功能区——杨林畈**

杨林镇有 4 个省级粮食生产功能区，其中杨林畈位于杨林镇杨林村，共有 1750 亩，分布于 317 省道两侧，距杭新景高速杨林出口仅 800 米。近年来，依托水稻产业提升、农田水利改造工程等项目，杨林畈的基础设施不断完善。随着机械化技术和现代化管理模式的引入，杨林畈逐步实现农业规模化生产。2020 年，杨林村水稻播种面积共 900 多亩，总产量达 38.7 万公斤（见图 1）。

图 1　杨林畈稻田

　　为建设"设施完备、土壤肥沃、技术先进、机制健全"的高标准粮田，开化县提出了"到 2015 年，建成各级粮食生产功能区 106 个、总面积 50840 亩，其中省级 12 个、市级 15 个、县级 79 个"的目标，杨林村依托国家方针政策及政府的大力支持，将杨林畈打造成开化县 12 个省级粮食生产功能区之一。配套建设大规模、高档次、集中连片的农业、水利、农机和社会化服务体系，不断加速推广适用先进新技术、新品种、新农机，不断加强新型社会化服务体系和服务方式建设，为实现粮食生产现代化打下坚实基础。

　　为促进粮油协调发展，杨林村积极推广"稻油"轮作模式，充分利用冬闲田和秋冬阳光种植油菜，增加农民收入。杨林畈结合良种良法配套、农机农技融合和油菜多功能开发等先进技术，依托新型主体，推动油菜产业高质量发展。据杨林镇杨林村党支部副书记吕永贵介绍，2020 年杨林畈共种植油菜 1484 亩，其中浙大 622 为 1000 亩、浙油 51 为 326 亩、中双 11 为 158 亩。油菜籽的产量每亩可以达到 200—

500公斤，出油量65—75公斤，菜籽油每公斤能卖25—30元。

近年来，杨林畈迎来许多发展新机遇。国家把"三农"问题摆在重中之重，强农惠农富农政策力度持续加大，浙江省经济转型升级正进入新阶段，内外部经济发展的环境不断优化，为杨林村农业经济特色化、绿色化、品牌化升级提供了新路径、新空间。开化县正进入发展新阶段，杭新景高速、九景衢铁路全线建成通车，极大改善了综合交通条件；2015年，整个杨林畈完成"高标准农田"的改建，建设了17条3米宽的机耕路以及配套的灌溉水渠，总长度达一万多米，有效提高了农业机械化的水平；创建国家全域旅游示范区、实施"多规合一"及省重点生态功能区示范区等系列试点，将带来一系列的政策和财政投入，给农业产业发展带来重大机遇。

杭新景高速的开通为杨林畈新阶段的发展提供了便捷的交通条件，形成了良好的区位优势。杨林村响应国家"农旅产业融合发展"的号召，利用杭新景高速，在杨林畈周边开展油菜花节、无花果采摘基地、真人CS游乐场地等项目，探索农旅产业融合发展。自2015年开始，杨林镇杨林村已经连续参与举办了五届稻耕文化节，受到了游客们的广泛好评。稻耕文化节内容丰富，包括特色创意稻草人设计、稻田趣味运动会、扎草堆比赛、稻田寻宝、运粮比赛、美食品尝等多个项目。稻耕文化节活动通过深度挖掘传统优秀农耕文化，丰富农事体验活动内容，进一步打响杨林的"稻耕文化"品牌，以此吸引游客，带动村庄经济发展。2016年，杨林畈获评衢州市休闲观光农业示范点，2019年上榜浙江省100个"最美田园""浙江省110条休闲农业与乡村旅游精品线路"的名单。杨林畈不断丰富油菜花节、稻耕文化节等主题文化活动，充分利用杨林畈的土地资源，在保障粮食生产的同时，发掘其背后的生态、文化价值，在水稻种植生产的每个环节融入旅游创意，实现了生态环境、农耕文化、乡风文明一体化，达到"有东西看、有事情做、有东西买"的生态农场经营运行目标，成功将杨林村建成了杨林镇的农旅先进村。

二、农业现代化在杨林村的实践

推进农业现代化建设是实现共同富裕战略目标的重要途径。城乡发展不平衡是我国现阶段的突出现象，虽然近年来城乡差距有不断缩小的趋势，但是城乡发展不平衡现象仍然十分突出，对我国实现共同富裕构成重大挑战。党在新时期"三农"工作的决策部署中强调，推进农业农村现代化是解决发展不平衡不充分问题的重要举措，是推动农业农村高质量发展的必然选择。农业现代化战略依托农业科技和装备、生产结构布局、新型经营管理主体，提升农业综合生产能力，从而拓宽农民增收空间，培育乡村发展新动能，使得农业农村焕发出可持续的发展动力，这对于缓解我国城乡发展不平衡问题具有重要作用，有利于加快实现共同富裕的目标。

近年来，杨林村围绕"加快农业农村现代化"的战略目标，在村干部的积极领导下，主动吸纳政府资金和社会资源，不断提升本村的农业生产能力和供给能力。具体来看主要有三点，一是杨林村着力提高本村粮食生产的规模化、机械化水平，二是积极培育新型农业经营主体，三是大力发展特色农产品和经济作物产业，共同推动农业现代化发展。

（一）规模化、机械化的粮食生产方式

近年来，杨林村紧扣开化县"构建现代农业产业体系"的整体要求，加快农业科技创新，依托杨林畈省级粮食生产功能区建设，进一步加快、规范土地流转，引入现代化机械设备和种植技术，培育发展新型农业经营主体，打造优质农产品品牌，粮食生产逐步向现代化转型。杨林畈作为开化县"产业转型新布点"之一，在乡党委、政府的领导下，坚持农业现代化发展的基本方略，发挥粮食生产功能区的带头示范作用，在提升农业产业化水平、加快现代农业转型升级方面发挥了重要作用，减缓了技术水平、产业发展不平衡的问题。

杨林村首先抓住了县、市、省整治土地的大好机遇。近年来，开化县实施全域土地综合整治与生态修复项目7个，工程总面积39025公顷，计划总投资63.5亿元。杨林村依托上级政府政策，积极采取"土地预流转"机制。杨林村采取户主会、村民代表会等形式确定土地租金、项目类型等内容，并通过村集体统一与农户签订土地预流转合同，通过"土地仓库"招租的形式进行土地流转。土地流转集中了原本零散的土地资源，土地集约化管理得到了快速发展，让土地焕发出"新活力"。吕永贵副书记在采访中谈到，由于外出务工和创业的村民多，全村空闲土地比较多，土地流转盘活了许多闲置的土地资源。全村目前共流转出去1000余亩土地，其中，3个种粮大户流转了近700亩土地，租金为每亩每年200—400元。土地流转在实现土地统一整治的同时，也给农户带来了收益。

土地整治为农田设施优化改造和机械设备使用提供了前提条件。田成方、林成网、路相连、渠贯通、旱能浇、涝能排的农田格局在杨林村逐渐形成，推动了高产高效的机械化农业生产进程。目前，杨林村的水稻生产机械化程度达95%以上，拥有插秧机、收割机、植保无人机等现代化农业机械设备，以及太阳能病虫害防控装置等设备。杨林村的种粮大户最早于2005年开始购置粮食生产机械，现如今粮食插秧、施肥、收割等各个环节均实现了机械化。

据吕永贵副书记介绍，传统模式下的人工打药不仅效率较低，作用效果也不佳。同时，由于近年来大部分家庭劳动力向城镇等经济发展水平较高的地区流出，农村劳动力供给减少，价格提高，激发了种植大户对植保无人机的需求，推动了先进机器设备替代人力劳动。植保无人机每天可以作业约500亩，喷洒效率是传统人工打药的30倍，同时避免农民暴露于农药的危险。不仅如此，无人机的喷雾喷洒技术可以节约农药使用量和用水量，提高农药的使用效率，大大降低了生产成本，促进了粮食生产的集约化和绿色化。

在经营管理模式上，杨林村加快发展多种形式的适度规模经营，培育了种植大户、家庭农场、农业专业合作社等新型农业经营主体，有效地激发了市场、要素、主体之间的活力，加快推进了杨林村粮食生产的规模化、设施化、标准化和规范化。目前杨林村共有3个种粮大户，7个工商注册的家庭农场，3个农业专业合作社。村民郑启庭是村里典型的种粮大户，创办有"杨林农机化专业合作社"、"开化仙庭家庭农场"（参见专栏2）、开化县高畈农业专业合作社、联合社等农业经营企业，采取"种植大户＋家庭农场＋农户"的生产模式，每年水稻种植面积达350余亩，年粮食销售收入超30万元，雇佣当地农民约60人次，为杨林村村民提供了就业机会。

📖 专栏2：开化仙庭家庭农场——粮食规模生产的典范

郑启庭早年注册了"杨林农机化专业合作社"，组织提供水稻生产所需的机械化耕作、插秧、收割、病虫害防治等服务。经过几年的经验积累，郑启庭于2013年创办了"开化仙庭家庭农场"，经营粮油作物种植、农产品批发零售等业务，入选了2015年省级示范性家庭农场。2018年，郑启庭扩展了家庭农场的经营范围，纳入了农业技术信息咨询服务、农业技术引进试验示范等业务，2020年被评为"省级家庭农场"。

郑启庭最早于2007年流转了50亩土地，起初承包的土地大多是外出打工村民留下的荒地，土地质量不高，近年来依托杨林畈"高标准农田建设"项目，不断扩大土地流转面积，至2020年流转了耕地面积360亩。凭借种植大户和家庭农场主的双重身份，他获得了许多实实在在的政府补助，如农机购置补贴资金、规模种粮补贴、生产贴息贷款、"以奖代补"等。郑启庭回忆说，2007年至今，在购买农业机械设备及维护修理上的投入达300多万元，机械的使用提高了水稻种植、养护、收割等各个环节的效率，尤其是植保无人机，一天不到的时间就能完成300多亩土地的农药喷洒，大大提高了农药喷洒效率（见图2）。

图2 左为大户的机械设备，右为太阳能害虫防控设备

郑启庭种植的粮食作物主要有早稻、单季稻和连作晚稻，2020年共种植水稻360亩，年末总产量超过15.7万公斤，获得销售收入39万元，扣除种子、化肥、农药、机械、雇工、仓储等费用，一年的净收入有20万余元。规模化、机械化提高了粮食生产率，提高了传统农业产业的经济效益，使得种粮大户实现增收成为可能，极大提高了种粮户的积极性，进一步保障国家的粮食安全。同时，郑启庭在采访中谈道："我自己先富起来，先富带后富，带大家共同富裕。"杨林村的大户积极发挥带头作用，为没有机会外出打工的村民提供"在家门口就能找到工作"的机会。

（二）家庭农场主导的新型种养模式和经济作物产业

相比于小农户，新型农业经营主体具有较大的经营规模、较好的装备条件和较强的经营管理能力，对创新技术的接纳程度较高，同时有更多的市场信息获取渠道，能够促进农业产品的商品化，有利于缓解人力资源、资源分配不平衡的问题。杨林村的种植大户、家庭农场、农民专业合作社等新型经营主体，积极探索"稻鱼结合"种养模式，发展了八月炸、五彩黄瓜、火参果等经济作物产业，实现了创业增收，这些新型经营主体还发挥"先富带后富"的领头作用，带动村民提高收入水平。

近年来，杨林村在种植传统水稻产业时也"苦下功夫"，种粮大户充分发挥主观能动性，积极引进新模式，以立体种养模式为主，在稻田中进行"稻田鱼"养殖，极大提升了水稻质量，提高了农户收益。

杨林村爱君家庭农场主郑启秀就是其中的代表人物。郑启秀种植水稻 240 亩，其中利用 20 亩稻田作为"稻鱼结合"立体种养示范田。在试推行"稻鱼结合"之前，郑启秀前往台州、江山等地多次学习取经，回来后又结合当地的土壤实际情况做了研究，开沟放水、种稻养鱼，共投入鲫鱼、鲤鱼等 6000 尾。据郑启秀介绍，利用稻田水养鱼，既可获得渔产品，又可利用鱼吃掉稻田中的害虫和杂草，为水稻生长创造良好条件。稻田养鱼、立体生态高效种养模式拓展了水产养殖空间，提高了稻田的综合效益，促进了农业增效。

杨林村除了大力扶持以水稻种植为主的传统农业外，还发展了八月炸、五彩黄瓜等经济作物种植产业，通过发展家庭农场、农业合作社、龙头企业等多种现代化农业经营主体，推进现代农业生态转型和质量效益提升，带动农户创业增收。

华利家庭农场主郑利洋就是杨林村经济作物种植的典型代表。郑利洋原本在杭州萧山从事汽车车床行业，2015 年前后，因为需照顾父亲，郑利洋放弃在杭州的事业返乡创业。郑利洋经萧山工作时结识的朋友介绍得知了八月炸果肉味道鲜美，食用价值高，能创造较大的经济收益，因此他成立了华利家庭农场，计划投资建设八月炸种植基地。时任杨林村委会主任陆振华了解情况后十分支持，为解决种植基地的土地问题，由村集体出面说服村民统一流转土地后承包给郑利洋开展种植。然而，初次试种却并不顺利，因为种植技术经验有限，郑利洋种植的第一批种苗全部死亡。但郑利洋并未放弃，为了学习种植技术，获取优质的八月炸种苗，郑利洋几经周折联系到了安徽六安农科院的专家，并前往安徽参加种植培训。2016 年，郑利洋从安徽六安农科院获得种苗和专家的技术指导后，种植八月炸 128 亩，这批种苗于 2019 年开始结果并产生盈利。2021 年产量达 6 万斤，销售均价为 12.6 元 / 斤。在销售渠道方面，八月炸销售以订单为主，主要销往广西、湖南；从 2021 年开始，华利家庭农场还与百果园签订了 1 万斤的订单合同。此外，郑利华通常会委托加工厂进行精油加工或是制药加工以处理品相不佳的残次果，提高了总体收益率。

八月炸的成功让华利农场开始扩大生产规模，并积极丰富种植品类。2021 年，经过周密的市场考察后，华利农场开始了火参果和五彩香瓜种植，其中火参果亩产 4000—6000 个，市场收购价在一个 2 元钱左右，每亩地收入平均能达到 1 万元。五彩香瓜每亩地收入在 1 万元左右，且属于半季熟作物，可以种一季水稻后再种香瓜，收掉香瓜后还可以补种一季小麦。目前，火参果和五彩香瓜仍处于试种状态，鉴于收益预期较好，农场后续将逐步扩大生产规模。

郑利洋的华利家庭农场通过种植八月炸等经济作物获取可观收入的同时，也带动了当地乡村发展。据郑利华介绍，他的农场每天都有 40 多人的雇工需求，且都是雇佣当地周边村民，以雇工每人 100 元 / 天计算，郑利华每月的雇工支出在 10 万元左右。这样一来，既解决了杨林村村民就地就业的问题，还带动了村民增收。对于后续的发展规划，郑利华希望能建立自己的水果品牌，并在杨林村建设八月炸深加工工厂，延长八月炸水果产业链，将产业链主体更多留在村域，带动当地村民就业和经济发展。郑利华还与吕永贵副书记研究合作，组织村民转变原本种植一季水稻、一季油菜的模式，尝试种植五彩香瓜，由华利农场负责统一销售，提高农民收入，以产业助力乡村振兴及共同富裕。

📖 专栏 3：八月炸、火参果等经济作物简介

八月炸，植物学称三叶木通，雅名叫"北方白香蕉"，是一种野生藤本水果，味道鲜美、营养丰富。其果形为橄榄形，成熟时开裂，有带籽内瓤，其果外皮生时青绿，熟时紫红，其果皮约 5—7 厘米长，果实

一般两个对生，也有 4 个对生，少数的仅有一个（见图 3）。八月炸营养丰富，果实可直接食用，果皮、果籽等具有很好的开发价值。八月炸的干燥果实为预知子，可作为中药，味苦性寒，具有疏肝理气、止痛活血以及利尿等功能；野生浆果可理气舒肝，对肝与胃气症以及胸肋痛有一定的治疗效果，具有一定的经济效益；果肉食用香甜。八月炸蛋白质中氨基酸种类较齐全，富含 VC、脂肪以及可溶性糖（主要为果糖），老少皆宜，有美容养颜功效。

火参果又名刺角瓜，是葫芦科黄瓜属植物，一年生草本攀援植物。果实独特，像海参，表皮坚硬、凹凸不平，有尖刺。生长期果皮亮绿色，完全成熟后果皮为金黄色，肉质细腻多汁，口味清甜。原产于非洲卡拉哈里沙漠。新西兰、美国、澳大利亚、德国和中国等地均有引种栽培。火参果属典型的短日照作物，抗病性强，耐热、不耐寒，适合在炎热、干燥的气候条件下生长。火参果肉质细腻，多籽，像黄瓜一样呈凝胶状，口味清甜，味道似香蕉、柠檬和黄瓜的混合味。

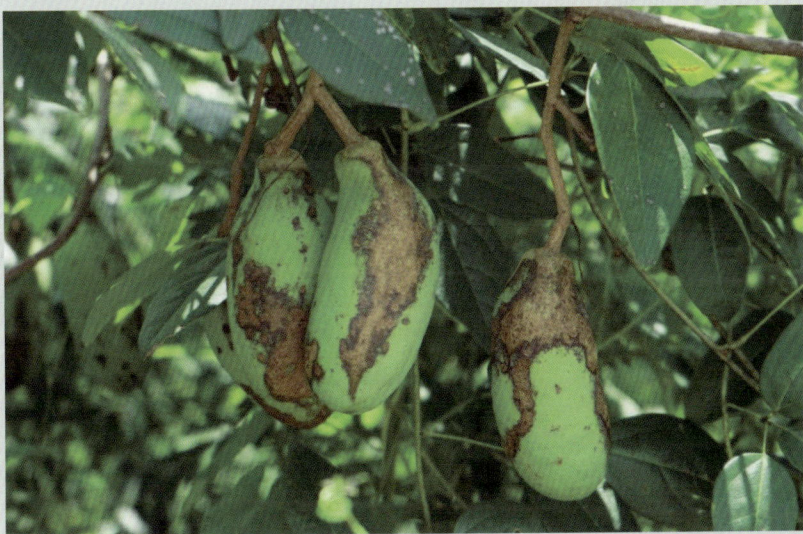

图 3　经济作物八月炸

三、农业现代化对实现共同富裕的重要作用

杨林村以农业产业发展为主线，探索出以农业现代化发展为支撑的共同富裕之路。本文对杨林村现有的发展特点进行归纳、分析，总结出杨林村共同富裕发展经验主要有以下四点。

一是盘活土地资源，缓解农村资源利用不充分的问题。土地流转是农业规模化生产的前提，是当前发展现代农业的必由之路。杨林村集体经济组织采取"预流转"的土地流转制度，为农业经营主体开展土地流转服务，降低了土地流出者和流入者之间的交易成本。土地流转解决了承包地细碎化、耕地闲置等问题，土地资源的利用得到优化，土地租金增加了农民的收入来源。同时，土地集中流转为引入和应用粮食规模化生产技术提供了重要的前提条件。

二是推广现代化农业技术，提高粮食生产收益。粮食产业效益低下、竞争力不强是影响地方抓粮积极性和农民种粮积极性的重要原因，造成粮食安全目标和农民致富目标之间的矛盾。有效利用现代化粮食生产技术可以在一定程度上协同两个目标的发展，不断提高粮食产业的效益，实现粮食安全和共同富裕相统一。杨林村依托1750亩的省级粮食生产功能区杨林畈，配套建设大规模、高质量的农业、水利、农机和社会化服务体系，不断加速引进、推广农业先进新技术、新品种、新农机，逐步实现粮食生产规模化、机械化。农业技术的融入提升了生产效率，提高了粮食的产量与质量，为杨林村的粮食产业创造了发展空间；技术进步为经营大户创造了增收空间，并通过雇工、技术扩散等方式带动其他村民，为杨林村村民收入的整体增长创造了空间，有利于缓解不同区域、产业、收益之间的不平衡，推动实现共同富裕的发展目标。

三是培育发展新型农业经营主体和服务主体，提高生产资源利用效率。发挥新型农业经营主体的能动性，不断增强其发展实力、经营活力和带动能力，是关系农业农村可持续发展的重大战略，对推进农业供给侧结构性改革、助力共同富裕具有十分重要的意义。杨林村培育了承包大户、种粮大户、家庭农场主、

农民专业合作社等新型经营主体，其在当地农业发展的各个环节都发挥了作用。主要体现在：促进了上级政府农业补贴、扶持政策的落实到位和精准执行，促进了财政资金的整合和统筹使用；促进了农资农机租赁服务、农作物统防统治等农业社会化服务以及优良品种、绿色管理方法、机械化操作设备等更有效地延伸到田间地头；促进了市场需求更加及时、准确地反映到各个生产环节当中，使得杨林村逐步完善农业产业结构。人力资源的优化提高了资金、土地、劳动力、机械设备等生产资源的利用率，从而实现农业高效化、现代化。这对农村产业、农民生活的可持续发展都具有重要意义，是"三农"事业在共同富裕目标中的重要体现。

四是村集体发挥领导作用，物质文明和精神文明一起抓。杨林村建设了一支战斗力强、有带头作用的"三农"工作者队伍，更好地发挥政府在统筹引导、政策支持等方面的积极作用。在生产建设方面，杨林村村集体全面落实土地政策，构建连接土地资源和新型生产主体之间的桥梁；进行高标准农田改建，改造提升农业生产基础设施；坚持多元化的农业发展方针，鼓励、引导、支持农户种植八月炸、火参果等高产出高收入农产品，推广稻油轮作、稻鱼养殖等种植模式。在精神文明建设方面，不断加强人文基础设施建设和公共服务，建设幼儿园、文化礼堂、健身中心等文化设施，满足村民的文化需求；举办油菜花节、稻耕文化节等活动，提升村民们的精神文化生活。

四、启示与建议

杨林村共同富裕发展之路的格局已初露雏形，但未来仍然存在很大的发展空间，本文尝试总结杨林村发展中的不足之处，并提出进一步发展的对策建议。

一是创新推动品牌发展，延伸产业链、提升价值链，不断提高农业质量和效益，增创产业发展新优势。杨林村在粮油作物、经济作物的规模化生产上已具较大的优势，但是产业链、供应链体系化建设还比较薄弱。要构建更高水平的农业产业体系，全面推进乡村振兴战略的实施，走品牌化农业发展之路是有效途径。在发展新阶段，杨林村应着力引进适合当地生态环境、种植习惯、满足市场的优质品种，推动创建农产品特色品牌；提升经营主体的市场意识、品牌意识，积极推进产品认证、食品安全、品牌价值评价等标准体系；建设农业标准化示范区、现代农业产业园等有利于绿色农业品牌化发展的平台载体，通过乡村旅游、节日展销、现代信息平台等，加强对优秀品牌的宣传推广工作；完善针对区域农产品品牌发展的物流服务体系，深化与大型物流企业、新型零售主体的合作，从而深化农产品加工、销售、品牌创建等工作，构建产业链，形成具有地域特色的农业产业发展优势。

二是充分利用农业资源和旅游资源，推动农旅融合发展。虽然杨林村拥有良好的区位优势，邻近开化根官佛国、三清山、婺源等著名景区，但是目前没有突破旅游资源在空间上不集中的限制。杨林村应结合本村特色，发展创意稻耕农业，发展以杨林稻耕文化为主体的农旅融合田园综合体、产业庄园、特色小镇等，与周边景区形成良好的旅游产业生态圈；同时，完善食、宿、行等配套设施，开展"家庭农场＋农事体验""农业景观＋农耕文化"等特色模式，从而加快杨林村的农业和旅游业的深度融合发展。

三是创新现代农业经营体系，探索壮大村集体经济的可行方案。由于自然资源禀赋、区位、地理条件等限制，杨林村集体收入来源单一，产业规模发展受到制约，产业不够稳，产业链不够长，抵御市场风险能力不足。杨林村应从资源上突破，努力释放乡村中宅基地、建设用地、森林湖泊、田园山水等资源，将资源变为资本，吸引更多资金进入乡村，根据自身地理位置、外部环境、资源状况因地制宜发展村级经济。除了大力扶持现有的猕猴桃种植产业、推动建设来料加工创业大楼外，还可以考虑与村内家庭农场、种植大户合作，或吸引工商资本落地，探索开发林场、果园、养殖场产业，成立村级创新创业平台，积极兴办农副产品加工企业，拓展农副产品加工、储藏、运销等多个环节上的产业链延伸，将产业链主体尽量留在村域，促进村集体增收，带动村民致富。在政策方面，要多渠道整合政策资源，尤其是在用地政策上应争取上级支持。

访谈时间：2021 年 7 月 28 日

访谈地点：开化县杨林镇杨林村委会

访谈整理：甘雨　蔡青文

友好村：
抓住机遇谋民生，四大产业求发展

调研员：王泽轩（浙江大学社会学系硕士生）

受访者名片：

王全明，在开化县杨林镇友好村两委工作已有 20 年，2020 年 9 月起担任友好村党支部书记、友好村委会主任。

友好村的共同富裕不能靠传统的小农经营，而是要靠产业，只有把产业做大做强了，让村民有事可做，乡村才能富起来。

——王全明

一、村庄概况

友好村隶属于衢州市开化县杨林镇，是杨林镇的"东大门"，东南面沿351国道，紧邻桐村镇的裴口村。友好村由分散的11个自然村组成，土地总面积达14.5平方公里，区域内多为丘陵地形，有钱塘江源头之一龙山溪穿村而过。2020年有耕地587亩（约0.39平方公里），其中水田570亩，占总耕地面积97.1%，旱地17亩，占总耕地面积2.9%。

2020年，友好村共有人口1020人，其中15岁及以下180人，16—40岁273人，41—60岁367人，61岁及以上200人；男性占比51%，少数民族占比1%。总人口中，有常住人口390人，16—40岁常住人口20人，占该年龄段总人口的7.3%，41—60岁139人，占该年龄段人口的37.9%，而61岁及以上常住人口178人，占该年龄段人口的89%，占总常住人口的45.6%。友好村正面临严重的老龄化和农地抛荒问题。

在经济发展方面，友好村经营收入以第二产业、第三产业为主，第一产业收入占比较少。其中，2020年工业经营收入120万元，占总收入的56.9%，第三产业经营收入80万元，占比37.9%，农业经营收入11万元（其中种植业6万元，畜牧业5万元），占比5.2%。

在种植业生产中，友好村主要作物结构多样，种类丰富。粮食作物中，友好村2020年种植禾谷类的水稻130亩、玉米105亩，豆类共计80亩，薯芋类共计25亩；经济作物中，友好村2020年种植油料作物油菜籽305亩，饮料作物茶叶20亩；蔬菜类共计全年累积种植1275亩，瓜果类中火参果约100亩；另有林地药用作物铁皮石斛3000亩。在种植业生产过程中，530亩耕地实现机械耕种，130亩耕地实现机械收获。全村农户在村干部的组织和牵头下，全部参加了农业生产保险，保险覆盖作物为水稻和油菜。

在畜牧业生产中，友好村主要呈现畜养规模较小、现代化程度较低的特点。2020年，友好村拥有肉鸡养殖户2家，年底存栏共1000只；蛋鸡养殖户2户，年底存栏共 200 只；蜜蜂年底存栏 87 箱；蛋鸭、肉鸭基本为农户散养，年底存栏各 50 只；生猪养殖主要为乡村年猪形式，养殖户 22 家，年底存栏 15 头；肉羊年底存栏 12 只。友好村的畜牧业生产禽畜集中养殖区占地 5 亩，村中有防疫员 1 人。

集体经济与村财政方面基础比较薄弱。2020 年末，友好村集体资产总额为 1158.3 万元，村集体的生产性固定资产总额为 99.2 万元，均由村委会管理。2020 年，友好村经营收入 14.1 万元，发包收入 9.1 万元，获上级政府转移性收入 54.1 万元，其他收入 1.8 万元。2020 年由于集体投资新增负债 30 万元，预期未来使用工程款偿还。

乡村公共设施方面，2020 年友好村有商店 3 家，水库、池塘 2 个；自来水普及率 100%，村民接入互联网比例达 88%，接入有线电视比例达 95%，卫生厕所普及率 90%，垃圾集中堆放点 2 个，道路硬化比重 95%。总体来说，友好村基础设施较完善，但由于距离城镇较远，村中没有农贸市场，所以个体农户将农产品运出的成本较高。

二、主要发展经验：因地制宜谋产业，保障民生基础

在友好村的发展过程中，呈现出几个重要问题：

第一，友好村地处群山之中，地理位置偏僻，距离城镇较远，到最近的杨林镇车程 7.1 公里，而到开化县城车程足有 37 公里。

第二，年轻人普遍选择外出务工以追求更高的收入，村中多为留守老人，土地抛荒情况严重。

第三，户均耕地面积小且分散，不利于土地流转。

这些问题一定程度上限制了村庄发展，但有些问题也可以转化为优势。友好村基于自身禀赋，经过不断摸索，逐步确立了四大产业的发展之路、致富之道。

（一）矿泉水产业

琪琅山背靠主峰海拔 1166.2 米的南华山，有茂密的森林和清新的空气。这些得天独厚的自然条件带来了得天独厚的生态资源和山泉水资源，其水质常年保持达到 I 类水标准。那么，怎样才能在不破坏生态环境的前提下，将这山泉水资源转化为经济优势呢？

早在 20 年前，就有本县人在琪琅山上开设了矿泉水厂生产瓶装水。2017年，通过杨林镇政府的招商引资，浙江南华山山泉有限公司发现了这一块"风水宝地"，入驻友好村，收购老厂并扩建了新厂。目前，该公司拥有两条完整的全自动山泉水生产线，包括水处理、吹瓶罐装、装箱码垛等多道工序，矿泉水厂用水旺季每日可生产 15000 箱瓶装水，2021 年目标产值 3000 万元，收益 1500 万元。[1][2] 村支书表示，该矿泉水厂为村集体带来了一年 5000 元的水资源使用费收益，虽然租金不多，但是水厂优先录用当地村民，目前带动了20 余名村民在家门口就业。

下一步，企业还将配合杨林镇的旅游项目，开展工业旅游，利用杨林镇好山好水的优势，在进一步扩大企业效益的同时带动杨林经济发展。[3]

（二）铁皮石斛产业

与矿泉水厂比邻的是铁皮石斛基地。

友好村地处群山之中，多丘陵，地理环境在很大程度上决定了友好村大部

[1] 开化县人民政府.浙江南华山山泉有限公司走上复工复产快车道［EB/OL］.（2021-03-12）［2021-09-05］.http://www.kaihua.gov.cn/art/2021/3/12/art_1229090896_59004258.html.
[2] 浙江新闻.目标产值 3000 万！杨林南华山山泉水正式投产［EB/OL］.（2021-01-11）［2021-10-15］.https://zj.zjol.com.cn/red_boat.html?id=101097414.
[3] 开化县人民政府.政府企业双重奏 杨林南华山山泉水正式投产［EB/OL］.（2021-01-06）［2021-10-06］.http://www.kaihua.gov.cn/art/2021/1/6/art_1346200_59001804.html.

分土地不适合像平原地带那样发展大规模农业。但正所谓"一方水土养一方人"，面对绵延无尽的丘陵，友好村找准机会，依托山林资源，发展林下经济[1]。

2019 年，通过县、镇村招商引资，浙江森古生物科技有限公司被友好村一带的森林资源所吸引，入驻友好村，在琪琅坑流转集体林地 3000 亩，建立了"铁皮石斛"基地（见图 1）。目前基地已开发近野生铁皮石斛生长区 500 余亩，并套种了灵芝、黄精等中草药材 80 余亩。该项目不仅因地制宜，充分利用了林地资源，也在很大程度上避免了传统林业对山林水土和生态环境的破坏，村集体更是可以收到每年 8 万元的土地流转费。

图 1　铁皮石斛种植基地

---

[1] 根据中国林学会 2018 年的定义，林下经济是指依托森林、林地及其生态环境，遵循可持续经营原则，以开展复合经营为主要特征的生态友好型经济，包括林下种植、林下养殖、相关产品采集加工、森林景观利用等。相对木材生产的传统林业，林下经济可以缩短林业经济周期，增加林业附加值，促进林业可持续发展，开辟农民增收渠道，发展循环经济，巩固生态建设成果。

2021年8月，开化县政府发布了《开化县中药材产业扶持政策》，其中提出："大力发展林药经济，对林下套种铁皮石斛、灵芝、黄精、三叶青、白芨、前胡连片50亩以上，且种植规范、管理精细、生长良好、产出高效的，按照省林业局建议的套种密度进行验收折算成实际种植亩数后给予补助，其中：铁皮石斛、灵芝一个生长周期一次性补助1500元/亩……"[1]并且对购买中药材加工转化设备、质量安全检测费用、主导制定行业标准、订单销售、发展药膳产业、研发中药文创产品、保险产品开发等提供不同额度的补助或奖励。预计新政策将进一步提高友好村的林下经济效益。

石斛基地还带动了琪琅坑的旅游业和农家乐，在当地取得了多方共赢的效果。当地在介绍该基地时说："石斛谷依托琪琅山原始森林的丰富资源，以绿色、生态、环保为目标，以中医药旅游文化和康养服务为主题，配以和环境有机融合的高山中药材观光道、森林冥想区、观瀑区及体验休息区等配套设施，打造形象美丽、生态示范、文化浓郁的森林康养度假、科普研学为一体的中药旅游目的地和农村一二三产发展示范点。"村支书表示，他希望石斛产业能和村里的农家乐结合起来，形成生产、加工、销售一条龙，使友好村的铁皮石斛基地逐步走向科学化规划、规模化发展、基地化建设、规范化管理、产业化经营、市场化运作的轨道。

（三）开化清水鱼产业

清水鱼养殖基地坐落于横岭脚下。

开化清水鱼是开化县特产，在2020年被农业农村部批准为全国农产品地理标志产品。开化清水鱼的养殖需要山区自然山泉或溪流，并且不能有三废污染，背靠群山的友好村恰好满足了这些条件。与此同时，开化县政府近年来持续鼓励清水渔业的发展，许多投资者加入这一产业，友好村也在其中看到了发

---

[1] 开化县人民政府. 开化县中药材产业扶持政策［EB/OL］.（2019-09-02）［2021-09-05］. http://www.kaihua.gov.cn/art/2019/9/2/art_1346229_37419084.html.

展产业的机会。近两年，依托原有的自然生态资源，依山就势、依河就景，通过开化县招商引资，芹阳农业开发有限公司入驻友好村，投资 580 万元，流转村集体土地 40 亩，在横岭底建设了清水鱼养殖基地（见图 2），同时完善村居基础设施，优化人居环境和生态环境。截至 2021 年 7 月，清水鱼养殖基地项目一期工程建设了 2 个 1000 平方米的鱼塘、72 个 30 平方米的精品鱼塘，投放近 3000 斤鱼苗，并完成了渠道、排水沟、道路等基础设施建设。

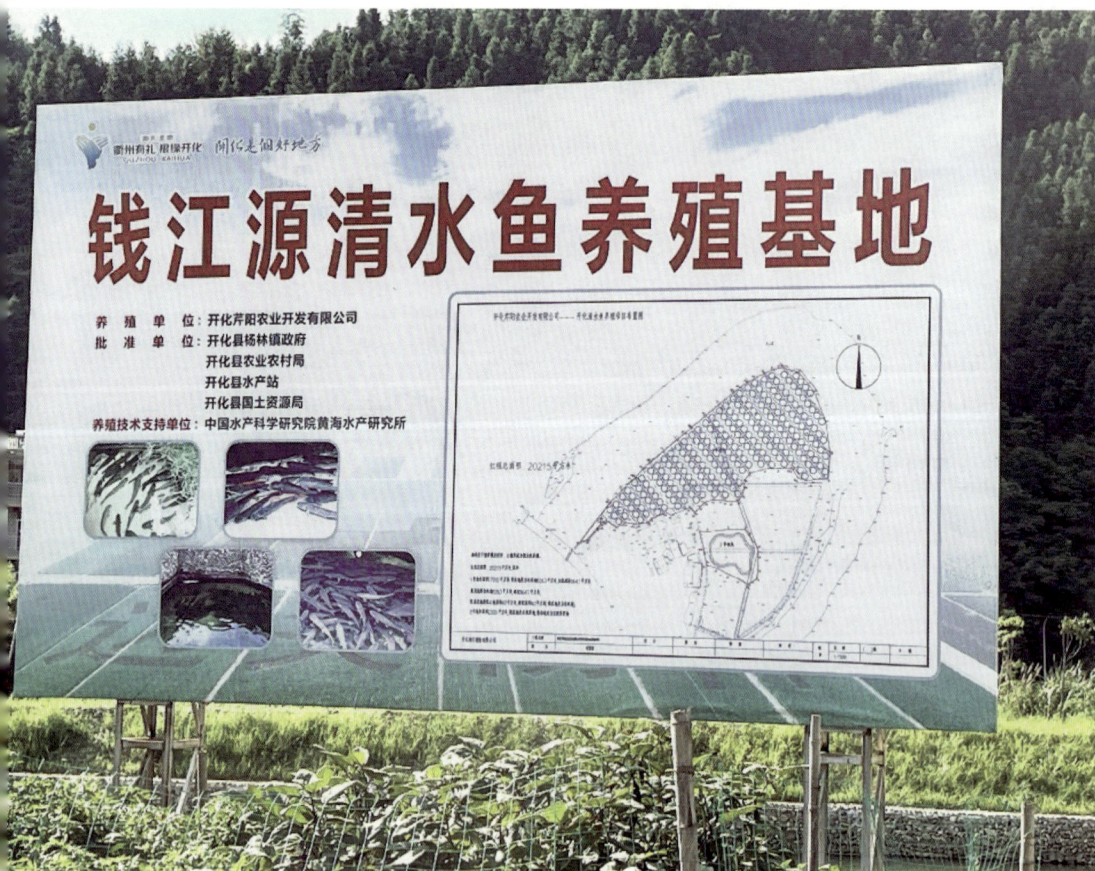

图 2　友好村清水鱼养殖基地

在村支书和公司的规划中，这并非只是一个单纯的生产基地，而是一个兼具旅游功能的"休闲鱼庄"。项目二期工程计划由该公司投资200万元，深化景观节点打造、道路绿化以及门楼等基础设施建设，希望将基地打造成一个生态休闲观光农场。截至2022年9月，二期工程基本完成。

友好村村委与芹阳农业开发有限公司签订的土地流转协议有效期为15年，村委每年获得5万元的土地流转收益，签订10年后土地流转费将逐年递增。

📖 专栏1：开化的清水鱼产业

开化清水鱼是开化的一大特产。全国农产品地理标志查询系统中显示：开化清水鱼体形修长、背部溜黑、腹部亮白，无泥腥味，肌肉紧密结实而富有弹性；鱼头滑爽适口，鱼肉细嫩、味道鲜美、口感好，营养丰富，带有瓜果蔬菜香味。开化清水鱼内在品质指标：粗蛋白 $\geq 18.0\%$，粗脂肪 $\leq 1.2\%$，氨基酸 $\geq 17.0\%$。

开化清水鱼生长于特定的自然环境。开化县域85%为山地，森林覆盖率达80.4%，森林面积268.9万亩，其中有19.5万亩的原始森林，山林资源十分丰富，空气中氧含量较高；开化县域内水资源丰富，长年流水不断，水质pH在7.1左右，生化耗氧量 $\leq 0.2mg/L$，溶氧量 $\geq 9.0mg/L$，富含多种矿物质。这种常年流水、矿物质含量丰富、含氧量高的流水生长环境造就了开化清水鱼独特的外观形态和内在品质。[1]

开化清水鱼的生产需要满足特定的标准。据全国农产品地理标志查询系统记录："3.1 产地选择与坑塘内容"中规定，开化清水鱼养殖坑或塘选择在山区自然山泉或溪流附近，产地环境无三废污染，水源为自然山泉或溪流水，且常年充足，水质优于Ⅱ类地表水标准，符合或超过 NY 5051（无公害食品、淡水养殖用水水质）的规定；养殖鱼池或坑面

---

[1] 农业农村部全国农产品地理标志查询系统.开化清水鱼.http://www.anluyun.com/Home/Product/29185.

积 10-100m²，水深 0.8—1.5m。"3.2 品种选择与苗种放养"中规定，选择来自本地、体表光滑、鳞片完整、无病无伤、活动力强的草鱼种为养殖品种，草鱼规格：100—500g/尾，放养密度：5—15尾/m²，鱼种质量必须符合 GB/T 11776（草鱼鱼苗、鱼种质量标准）的规定，坑、池中同时可搭配少量鲤鱼、鳊鱼、鲫鱼等品种养殖，但搭配比例不超过10%。"3.3 生产过程管理"中规定，饲料以新鲜、适口的青饲料为主，遵循"四定"投饲的原则；水量调节要求每天塘水更换 2 次以上，及时清除进排水口杂物，保持流水畅通，经常清除塘内鱼粪及残饵，保持水质清新；每天早晚巡塘一次，观察水质、水温变化和流水量以及鱼的活动情况，闷热天、雨天加强夜间巡塘。"3.4 生产记录要求"中规定，全养殖生产过程做好记录，具体记录内容包括：清塘消毒、鱼种的来源和放养；饲料种类、来源、投喂方法及数量；水质调控、排污等日常管理；病害防治用药品种、来源及使用方法；产品捕捞、销售等。记录要求完整、真实，保存二年以上。"3.5 产品起捕"中规定，养殖时间一年以上，规格为 0.9—1.3kg/尾，小型坑塘用捞网起捕，较大面积的坑塘或池塘用拉网或放水起捕。"3.6 产品运输"中规定，运输工具不得影响产品质量安全，暂养和运输用水应符合 NY5051（无公害食品、淡水养殖用水水质）的规定，保活运输需供氧。[1]

在政策支持方面，2018 年开化县招商局发布了《2018 年开化县加快开化清水鱼产业发展的实施意见》。该《意见》中制定了 2018—2022 年开化清水鱼产业发展目标：到 2022 年，实现"千亩水面、万口坑塘、万户参与、万元增收"，即清水鱼养殖面积 3000 亩、流水坑塘 1.2 万口，从业人员 1 万户，户均增收 1 万元。清水鱼产量 4000 吨，综合产出 5 亿元，实现清水渔业经济总产出 10 亿元；清水鱼价格稳步

---

[1] 农业农村部全国农产品地理标志查询系统 . 开化清水鱼产品详情 .http://www.anluyun.com/Home/Product/29185.

提高，市场售价达到普通同类鱼的6—8倍；产业结构和布局优化，病害防治水平、市场供给保障能力明显提高；清水鱼品牌美誉度进一步提高，产业竞争力、品牌价值、综合实力达到全国一流水平。

《意见》还确定了五大基本原则：

1. 政府引导，市场主导。制定产业发展总体方案、行动计划，优化产业布局，加大政策保障，强化工作落实，充分调动各类资源要素，激发市场和主体活力，提高社会参与度。

2. 协调发展，重点突破。坚持问题与发展导向，协调推进清水鱼产业发展潜力带、核心区和重点村建设，突出扩面增量、基础夯实、品牌打造、产销对接、链条延伸等重点环节，培育产业发展新动能。

3. 生态优先，产业融合。充分发挥生态资源优势，牢牢守住绿色生态红线，注重产业传承与环境保护，推动清水鱼产业可持续发展，不断优化产业结构，加快形成一、二、三产深度融合的产业发展格局。

4. 科技支撑、创新驱动。运用互联网、物联网技术，联合科研院所开展技术攻关，解决困扰产业发展的病虫害等难题，系统分析清水鱼的营养成分，突出清水鱼的比较优势。

5. 深耕品牌、延伸链条。坚持品牌战略，注重品牌宣传，加强品牌保护，争创知名品牌；培育产业龙头，夯实产业基础，延伸产业链条，提升综合实力，打造发展新模式、新业态、新样板。[1]

最新的政策文件是开化县政府于2021年6月出台的《开化清水鱼产业扶持政策》[2]与7月印发的《开化清水鱼产业扶持政策实施细则》[3]。

---

[1] 开化县人民政府.2018年开化县加快开化清水鱼产业发展的实施意见［EB/OL］.（2018-05-25）［2021-09-05］.http://www.kaihua.gov.cn/art/2018/5/25/art_1229093627_203021.html.

[2] 开化县人民政府.开化县人民政府办公室关于印发《开化清水鱼产业扶持政策》的通知［EB/OL］.（2021-07-08）［2021-09-05］.http://www.kaihua.gov.cn/art/2021/7/8/art_1229093629_2310564.html.

[3] 开化县人民政府.关于印发《开化清水鱼产业扶持政策实施细则》的通知［EB/OL］.（2021-08-27）［2021-09-05］.http://www.kaihua.gov.cn/art/2021/8/27/art_1229093629_2332556.html.

该政策致力于持续推进开化县清水鱼产业高质量发展，全面提升清水鱼产业市场竞争力，强化清水鱼产业富民增收作用；在基地建设方面，鼓励发展精品鱼塘、提升基础设施；在产品营销方面，鼓励鱼塘流转、订单销售、门店开设；在品牌建设方面，加大品牌宣传、建设溯源体系、加强清水鱼古鱼保护；在服务保障方面，设立专项资金用于清水鱼病虫害防治、养殖模式比较研究和技术培训、交流考察。

📖 专栏 2：全国农产品地理标志

全国农产品地理标志是指来源于特定地域，产品品质和相关特征主要取决于自然生态环境和历史人文因素，并以地域名称冠名的特有农产品标志，由农业部负责登记工作，农业部农产品质量安全中心负责农产品地理标志登记的审查和专家评审工作。省级人民政府农业行政主管部门负责本行政区域内农产品地理标志登记申请的受理和初审工作。经登记的农产品地理标志受法律保护。

在农产品的登记方面，申请地理标志登记的农产品，应当符合下列条件：

（一）称谓由地理区域名称和农产品通用名称构成；

（二）产品有独特的品质特性或者特定的生产方式；

（三）产品品质和特色主要取决于独特的自然生态环境和人文历史因素；

（四）产品有限定的生产区域范围；

（五）产地环境、产品质量符合国家强制性技术规范要求。

农产品地理标志登记申请人为县级以上地方人民政府根据特定条件择优确定的农民专业合作经济组织、行业协会等组织。

在标志使用方面，符合一定条件的单位和个人，可以向登记证书持有人申请使用农产品地理标志，登记证书持有人不得收取使用费。申请通过后，使用人可以在产品及其包装上使用农产品地理标志；可以使用登记的农产品地理标志进行宣传和参加展览、展示及展销；同时应当自觉接受登记证书持有人的监督检查；保证地理标志农产品的品质和信誉；正确规范地使用农产品地理标志。

在监督管理方面，县级以上人民政府农业行政主管部门应当加强农产品地理标志监督管理工作，定期对登记的地理标志农产品的地域范围、标志使用等进行监督检查。地理标志农产品的生产经营者，应当建立质量控制追溯体系。农产品地理标志登记证书持有人和标志使用人，对地理标志农产品的质量和信誉负责。[1]

截至 2021 年 8 月，浙江省衢州市共有包括开化清水鱼、江山猕猴桃、常山猴头菇等 11 项农产品地理标志产品。

（四）火参果产业

如果说矿泉水、石斛和开化清水鱼这三大产业是"与天斗，与地斗"，那么新发展起来的第四大产业"火参果"，更像是"与人斗"。

火参果，也称刺角瓜，原产于非洲卡拉哈里沙漠，是葫芦科黄瓜属植物。茎蔓生、绿色、5 棱，茎密生刺毛，茎节具卷须，叶椭圆形，互生，雌雄异花同株，花冠黄色。果实独特，像海参，表皮坚硬、凹凸不平，有尖刺。生长期果皮亮

---

[1] 农业农村部.中华人民共和国农业部令 第 11 号［EB/OL］.（2008-01-04）［2021-09-05］. http://www.moa.gov.cn/gk/tzgg_1/bl/200801/t20080109_951594.htm.

绿色，完全成熟后果皮为金黄色，肉质细腻多汁，口味清甜。[1]

火参果入驻友好村，并非一蹴而就，亦不能单纯归因于天时地利，其背后是农业经营主体的投资意向和杨林镇土地预流转政策的碰撞与结合。

友好村劳动力大多通过外出务工以追求更高的收入，村中常住人口多为老人，精力有限，因此，友好村有大量田地抛荒。耕地的抛荒不仅是对耕地资源的一种浪费，对乡村的景观、旅游业的发展也造成了不利影响。此外，即使耕地不荒、自主经营的，以老人为主的小农户大多缺乏资金、技术，户均耕地面积小且分散，囿于过去的种植经验，严重限制了土地的经济潜能开发。

为了解决这些难题，同时促进村中产业的发展，杨林镇利用土地预流转的方式，建立起了"土地储备库"，使有用地意向的农业经营主体可以"拎包入住"。而在经营主体"入住"前，该耕地仍由原承包农户自主经营。经过多年的预流转，终于在2021年，开化芝麻开门中药材专业合作社找上友好村，流转土地100多亩种植火参果。每年由村委征收土地流转费每亩地300元，第一年的200元发给原承包农户，另100元用于荒地的平整。此举不仅提高了土地利用效率，为村集体实现增收，还为30余农户创造了家门口的就业机会。截至2021年8月底，该流转项目已经吸纳周边友好村农户用工600余人次，发放用工工资7万余元。预计全年用工1000余人次，发放用工工资10万余元。[2]

村支书表示，他希望火参果产业能够与乡村生态旅游业融合发展，经营好火参果采摘观光园，对火参果进行创意化设计，形成以火参果果实、果树、花朵及其吉祥寓意为原型的各种创意性景观、休闲空间等体验项目。

［1］程志国.非洲蜜瓜的特征特性及露地栽培技术[J].现代农业科技，2017（9）:101,103.
［2］开化县人民政府,山水吸睛更"吸金"衢州开化杨林镇土地预流转引来共富效应［EB/OL］.（2021-08-09）［2021-09-05］.https://www.kaihua.gov.cn/art/2021/8/9/art.1346244-59011120.html..

📖 专栏3：杨林镇的土地预流转

友好村所在的杨林镇，是一个劳动力流出大镇，各村普遍存在青壮年劳动力外出现象和田地抛荒现象，分散经营的小农经济缺乏资金、技术等生产要素，土地难以实现规模化和集约化。农户之间的自发土地流转效率低下，又容易发生矛盾纠纷，外商想要投资，往往要经历一个漫长而充满不确定性的土地流转过程。这些问题限制了乡村的生产力进步和农民收入的提高。

为解决这些难题，杨林镇探索出一条"土地预流转"的道路。土地预流转，指的是镇政府成立预流转工作领导小组，做好土地预流转的宣传和引导；随后由村的经济合作社牵头，在土地流转"自愿、依法、有偿、规范"原则的基础上，与农户挨家挨户签订委托流转协议，从而实现由村集体代理土地流转事宜，建立起"土地储备库"。在招商主体进入前，该土地依然由原承包农户自主经营；而招商主体进入后，则由镇政府组织投资商与村经济合作社洽谈签订土地流转合同，投资商无需直接与农民接触，节约大量成本和时间，从而实现有投资意向的招商主体的"拎包入住"。

土地预流转机制有许多积极意义。第一，该机制能够整合土地资源，以形成规模产业。原先农户间的自发土地流转，存在土地流转供需信息不畅的问题，导致土地资源得不到有效配置。土地预流转机制促进了农村土地资源的整合。这些整合的土地一旦遇上资金、技术，就能极大提高农村生产力，提高市场竞争力，原农户也可以通过收取土地流转费和受雇于引进的种养大户、家庭农场、农民合作社、农业龙头企业等新型农业经营主体，从而增加收入。第二，该机制能够规范土地流转，减少矛盾纠纷。自发的土地流转以私下协商、口头协议为主，缺乏正规合法的手续或凭证，存在纠纷隐患。预流转机制通过统一、正规的协议签订，能够有效避免土地流转纠纷。第三，该机制能够优化创业环境，吸引客商投资。[1]

2014 年 8 月，杨林镇成立了专门小组进行深入调查研究与尝试，摸清全镇适合流转的耕地、林地总面积 7000 余亩。[2]截至 2021 年 8 月，全镇已预流转土地 3300 亩，培育发展规模家庭农场 35 家，农业大户 15 户，建立起以种植大户为主的"家庭 + 农户 + 基地"农田种植产业链，拓宽致富路径。[3]

依靠四大产业的不断发展，村集体拥有了一笔稳定的收入，这笔收入集中用于保障民生项目的建设。村支书表示，"修路、垃圾处理、防汛、防火，还有些公共设施、民生的项目，都需要村里去投资。消薄所需的资金也主要来自产业收入"。友好村还有一个"房产保险"项目，也是由村集体统一出钱包揽。村民外出打工，无暇修缮村里老旧房屋，偶有台风过境刮起土房瓦片或吹歪吹倒墙体，就可以通过房产保险而获得补偿。据村支书介绍，曾经有一户村民土房墙体倒塌，获赔一万余元。

（五）未来规划

谈及未来规划，村支书王全明为我们展示了友好村"一线五区"的五年发展总体规划：一线指以龙山溪流域治理为主线，五个功能区指上照现代农业产业种植区（火参果种植区）、河背党建文化区、琪琅坑林下经济体验区（铁皮

---

[1] 汪新华.浅谈杨林镇土地预流转机制 [J].经济视野，2017(4):139.
[2] 程志国.非洲蜜瓜的特征特性及露地栽培技术 [J].现代农业科技，2017（9）:101, 103.
[3] 开化县人民政府.山水晴更"吸金"衢州开化杨林镇土地预流转引来共富效应［EB/OL］.（2021-08-09）［2021-09-05］.https://www.kaihua.gov.cn/art/2021/8/9/art.1346244-59011120.html..

石斛）和饮用水产业功能区（矿泉水厂）、横岭底清水鱼养殖、螺蛳湾农家乐。

结合村庄发展五年规划思路，村支书计划以党建为统领，以龙山溪治理景观项目为主线，抢抓乡村振兴机遇，依托未来村居建设，今后主要开展以下四大项目谋划。

一是河背打造党建阵地，建设党建文化广场。位于河背的村委会，不只是单纯的村委会，还是村里的医疗室，每天都有卫生院安排的医生下乡，为村里的老百姓提供基础的医疗服务。建设党建文化广场，提供优质的公共服务，有利于培育村庄凝心聚力，并通过党员联户机制强化党的领导作用，上下一心，更好建设"未来友好"。

二是琪琅坑创 3A 级景区村，完善生态河流、创意农业、人文景观、自然景观等项目提升，拓宽景区道路，提升停车场、公厕等基础设施。以铁皮石斛产业园区为依托，建设产业兴旺未来村居，引导群众参与，逐年扩大规模，加大种植灵芝、重楼、多花黄精等精品药材。

三是衔接龙山溪流域友好村上照段与桐村镇裴口村段游步道及流域生态环境，以螺蛳湾自然村为起点，总长度约 8 公里。计划在螺蛳湾建造旅游标识牌，清理河道两侧的杂树以及违规建筑，修建防洪堤、游步道，打造景观节点，栽植苗木；清理整顿沿溪居民居住区的村道，修建龙山溪流边排水沟渠；以党建文化、产业文化美化主干街道两侧墙体。预计龙山溪流域整治项目实施后，龙山溪沿岸村庄防洪能力能得到加强，友好村生态环境得到改善，沿溪群众生活环境得到美化，生态旅游经济活力得到 增强。

四是加大集体经济消薄能力，计划未来五年壮大村集体经济基础，夯实产业富民基础。做好农户的思想工作，预流转土地 180 亩，由村集体合作社统一经营，进一步做到科学利用土地资源。

三、发展瓶颈与挑战

虽然近年来友好村发展起来的四大产业一定程度上带动了村民的就近就业、提高了农户和村集体的收入，但目前仍面临许多问题和挑战。

首先，友好村缺乏属于村集体的产业。如果能够发展起自己的产业，那么随着村财政的宽裕，村集体就能够更好地发展乡村、服务村民。而现有的四大产业均为招商引资的产物，村里主要收取少量土地流转费和水资源使用费，虽然一定程度上避免了经营不善造成的风险，但也限制了村集体收益。而发展村集体的产业存在限制，如村支书所言，他十分希望发展村股份基金合作社，将人、地集中到一起发展大规模、集约性农业，但是缺乏人才。虽然友好村也走出过本土大学生，但村里的条件却不能留住他们。

其次，友好村试图发展的旅游业并不新鲜。近年来，全国各地乡村都试图开发旅游业，这种竞争如果不能扩大城市白领们的旅行、度假需求，最后或许会演变为"零和博弈"。开化县地处浙西群山之中，友好村地理位置更为偏僻，地理交通上的劣势一定程度上削弱了风景优美的优势。"全国县域旅游综合实力榜"名列前茅的安吉、长兴等旅游大县已经牢牢占据了乡村旅游生态位，开化县在竞争中不具备先发优势。如果不能打造出鲜明的、足够招徕大批客户的地方特色，开化旅游业在这场"内卷式竞争"中很难发展起来。开化县许多农家乐面临着客源不足的难题，与此同时更多的农家乐正在建设中。友好村乃至杨林镇能否将旅游业发展起来，避免前功尽弃，是一个严峻的挑战。

最后，在未来，友好村和其他许多农村一样，都将面临一个严峻的形势：随着外出打工者年龄增长，他们会回到乡村。据友好村年龄结构与常住人口数据推算，平均每年有10人返乡。如果没有合适的就业机会，这一批归乡人极有可能"重操旧业"，走上传统农业的老路，限制农业经济的进一步发展。但就友好村现有的四大产业而言，其提供的就业机会并不多。一旦他们回归到"田园生活"，必然与现有预流转机制产生一系列矛盾。

四、经验总结与建议

2018年9月21日，习近平总书记在中共中央政治局第八次集体学习时强调："在我们这样一个拥有13亿多人口的大国，实现乡村振兴是前无古人、后无来者的伟大创举，没有现成的、可照抄照搬的经验。"

乡村振兴、共同富裕究竟是什么，到底该怎么做？不同的人给出了不同的解释和途径。友好村的村支书给了我们一个偏重经济的思路：乡村振兴、共同富裕就是要因地制宜，因时（环境、政策）制宜，把村里的产业搞起来，让村民有事可做。近年来友好村发展起来的四大产业，带动了村民和村集体增收，改善了村里人居环境，提高了农业生产力，促进了友好村的现代化，也在一定程度上印证了这一说法。

与此同时，对友好村而言，乡村振兴与共同富裕仍然是机遇与挑战并存，一刻不能松懈。针对其现有的挑战与困境，本文提出以下三点发展方面的建议。

其一，引凤归巢，助力农村发展。为了留住人才，一方面，可以通过定向培养、政府补贴等方式培养和留住一批新型乡村建设人才。例如友好村的村支书希望有人才能带动村里股份基金合作社的发展，进而带动整个村的田地使用集约化。在这批人才承担起以点带面、推广经验的责任的同时，也应允许他们适度"先富起来"，形成良性循环，让更多人愿意投入祖国的乡村建设中来。另一方面，中年和中等教育水平以上的农民拥有一定的资本，可以进行乡村创业尝试。如果村委与县、镇政府一道，为他们创设良好的创业环境，配备创业返乡鼓励政策，并提供合适的技术指导和销路指引，就能有效提高他们的创业意愿。如果创业成功，不但能解决他们自身和周围人的就业问题，更能避免返乡农民和预流转机制的冲突。

其二，差异化发展，打造特色旅游品牌。各级政府乃至村委会要与社会多方合作，打造当地特色旅游产品，在各个产业间形成旅游产业链，共同做好品牌建设，探索新传媒时代下的旅游资源推广新形式，用城市居民喜闻乐见的方式推广开化的秀美山河，同时也应注意规模和方向，不宜太铺张、无效投资。

其三，推动物质文明与精神文明协调发展。在共同富裕途中，不仅要关注经济上的富裕，还要关注社会保障、文化层面上的富裕。经济上的富裕不能直接带来后二者的富裕，但后二者的富裕可以促进经济上的富裕。未来的友好村在产业兴旺的同时也应留意村诊所、图书阅览室、体育运动场所等基础设施和服务的建设和升级，让村民在更多维度上享受到乡村发展成果。

访谈时间：2021 年 7 月 29 日
访谈地点：开化县杨林镇友好村委会
访谈整理：王泽轩

对门村：修路带动村民共富

调研员：武卓尔（浙江大学中国农村发展研究院博士生）

受访者名片：

徐建平：

现任音坑乡对门村党支部书记、村委会主任。

　　我认为的共同富裕是提升村庄整体面貌；是以开发村物业经济用房的途径，壮大村集体经济；是建设美丽乡村，丰富乡村文化。

——徐建平

周新良：

汉族人，36 岁，对门村新时代文明实践、乡村振兴讲堂管理员。

我认为的共同富裕是充分把握交通地理优势，保护村庄青山绿水，开发村落，带动村民致富。

——周新良

徐昌黎：

1984 年入党，1989 年担任对门村经济合作社社长，1991 年起担任音坑乡对门村党支部书记，2017 年卸任。

于本村而言，共同富裕是依托工业发展带动就业，变外出务工为本地务工，充分利用对门村的绿水青山，在交通助力下发展旅游业，为对门村增添人气。

——徐昌黎

一、村庄概况与历史沿革

音坑乡对门村位于 205 国道旁, 距县城 5 公里, 四面环山, 最高峰海拔 885 米。村庄坐落于山的向阳面, 山泉溪水顺势而下, 百姓房屋沿河两旁而建, 大门朝向河对面, 因此而得名对门村 (见图 1)。

图 1 对门村村景

2011 年, 对门村由原对门、后村两个行政村合并而成, 现有对门、上坑、汪坞、汉山坞、九龙、后村 6 个自然村, 13 个村民小组。2020 年底全村共 498 户, 人口 1706 人, 其中男性 889 人, 女性 809 人。党员 44 人, 其中 35 周岁以下党员 6 人, 35—60 岁 15 人, 60 岁以上 23 人。村民代表 54 人。该村总面积

10364 亩，耕地 1559 亩，其中水田 999 亩，旱地 560 亩，山林 7405 亩。村民主要以种植业、养殖业及外出务工为主，主要种植作物为水稻、玉米、油菜、大豆、番薯等。2018 年人均收入 15000 元，村集体没有企业，是音坑乡经济基础较弱村之一。

二、对门村发展经验与成效：修路助力经济腾飞

（一）交通旧史：开山辟路的村书记

对门村依山傍水，风景优美，距离县乡近，本应有大好的发展机会，但因其地形地貌的约束，对门村未能得到充分发展。"要想富，先修路"，作为第一个看到交通对村庄发展重要性并付出实际行动的村支书，徐昌黎敢为人先地"开山辟路"，为这个山坳里的村庄打通了到县城的新路线。自此，交通慢慢为这个村庄打开一条宽阔的发展之道。

徐昌黎今年 66 岁，1991 年至 2018 年担任对门村的村支书。作为任职长达 27 年的老书记，徐昌黎说："不开隧道我当不了这么久的村支书。"

被选为村支书的那一年，徐昌黎在开化县搞副业，做一些拉土方的工作。作为党员的徐昌黎当时已被选为村支书，只因为当时对门村的党委班子五个人中四个人都是历任的村支书，徐昌黎觉得自己经验不足，无法胜任村支书一职。而那时因为工厂欠电费，供电部门停了电，整个村 15 天没有电。回忆到这里时，徐昌黎笑道："我那个党委书记到开化县城找到我，对我说：'你是不是党员，有没有按照党章宣誓过？'我说我是党员，当然宣誓过。他就问我党章中有没有这句话：'下级服从上级。'我说有的。书记说：'那你今天回去，你不服从组织安排不行。你这个村照明用电都没有了，你作为党员却还在外面。'其实当时已经选好了是我当书记，只是我怕自己经验不足，不敢接受任命，所以

跑到县城去了。"

经历了一番波折，徐昌黎成为对门村第十二任村支书。

作为村支书，徐昌黎清楚地看到道路不通给对门村造成的阻碍。徐昌黎回忆道："我以前在开化县城搞副业，拉土方，骑自行车去县城需要先翻越86.4米高的山岭，我要一直把自行车背到横坑村才可以骑。那时我就下了决心，没有路不行，当书记一定要把路建好。"

而真正开始着手安排开隧道时，三个现实的困难摆在面前，一是县和乡政府是否同意，二是资金困难，三是隧道占用了农户土地需要赔偿。对于当初没有集体经济收入的对门村而言，修隧道仿佛异想天开。徐昌黎说："打通对门村到其他地方的路这一想法前几任书记也曾设想过，最开始是打算修盘山公路，但这样可能会拉长对门村到县城的行驶距离。"而徐昌黎在外打工时曾看到其他村修建过隧道，因此萌生了直接开山打隧道的想法。

但这一想法最初不被村民看好与支持。徐昌黎经受过父亲的训斥、村民的不理解，甚至被嘲笑"蚯蚓变成龙"。但这些声音让徐昌黎更加坚定了修建隧道的决心。在几次讨论修建隧道的支委会上，徐昌黎强调说，修隧道中途不要打退堂鼓，打通道路不是为了眼前一两年的利益，而是为了今后几十年的发展，相当于公益事业。

在规划隧道用地时，靠近隧道那边是横坑村的土地，有一些不配合的农户甚至要闹到法院去。为此，徐昌黎少不了跟农户协调赔偿。徐昌黎举例说："有不配合的农户被占了三亩地，我一亩赔偿他50块钱，解决了这个问题。"

说到这徐昌黎又笑了，他讲道："我开始打隧道时，县长还批评过我，说我这个村书记胆子太大了，这个工程县里都害怕。但后面他支持我，专门为我开了一个协调会，募集了十万块钱。那个年代十万块钱对我们村庄来说，意义重大。在那个协调会上交通局、县林场、林业局负责的人都来了，基本敲定了这件事。我这个人本事没有，运气很好，我猜想可能是感动他了。"协调会是一个良好的开端，这之后，乡党委帮助徐昌黎在对门村组织了一次募集会，很多乡干部都为对门村的隧道工程贡献出自己的力量，200元、300元、500元……

在乡干部的带领下，对门村村民也自发地进行捐款。如今，对门村的隧道洞口还刻有当初捐款的人员名单。

最终，对门村与修隧道的公司签订协议，先付 20 万元，隧道打通之后再按照工程计算，最后欠的五万块钱，按银行利息分期还。对门村隧道（名为昌兴洞）于 1994 年 10 月开始建造，1996 年 7 月 16 日全部打通（见图 2）。

图 2　2021 年隧道（昌兴洞）洞口面貌与捐款碑记

在隧道建设过程中，需要首先用火药炸开山体，清理断面，用手扶拖拉机拉走碎石，再用人工平整地面。打隧道的工作承包给了水电工程处，而隧道打通后的清理工作就需要村里人工完成。徐昌黎说："后面工程没钱了，只能全部派义务工，村里能上的都上。我自己带头上，党员都上，最多的时候一天有一百多个人参加。因为这时候大家都已经看到隧道打通的希望了。"当时村里欠农户五万多块钱，徐昌黎说先要解决百姓的困难，再给村干部发工资。农户的钱全部解决了后，徐昌黎在其他地方又借了一万块钱来给村干部发工资，让他们回家买年货，置办过年用的东西。

原先从对门村出发去开化县城要经过王家店、汶川口、城边、密赛、桃溪，1996 年隧道打通后路线缩短了 8 公里，经桃溪即可直达县城，极大地便利了对门村村民来往县城、外出务工与子女教育，因为道路畅通，修房子的材料能够运进来，村民的房子都修得更漂亮了。徐昌黎说："三年一换届，我已经当了 27 年书记，我如果不打通这个隧道，当不了这么久。60 岁以后，我递交了五次退下来的报告，本来我这次退下来，乡镇、村党委还不同意，坐在我家里不走。我说公务员的事业编制也就到 60 岁，我年纪大了，吃不消了。"

然而对于自己的成就，徐昌黎说这离不开大家的支持。他说："县里的县长，乡里的书记、乡长，矿冶局、县林场的人，没有收我们一分钱，都帮我们做事。所以我到现在为止都记得他们的名字。还是那句话，我当书记到现在离不开大家的支持。"

（二）交通新史：国道建设下的新机遇

1996 年开通的对门村隧道至今已年代久远。对于一个急需发展的村庄来说，只有隧道是远远不够的。作为离乡政府和县城较近，区位优势明显的村庄，205 国道的改建工程使对门村的发展如虎添翼。205 国道音坑至华埠段全长 29.6 公里，其中新建段 15.547 公里，改建段 14.093 公里，沿线经音坑乡、芹阳街道、工业园区、华埠镇。新建路段刚好穿过对门村。

205 国道的改建给对门村集体经济发展带来了新的便利，更使得对门村招商引资成为可能，也为年轻人返乡创业提供了更为有利的条件。据徐建平讲述，205 国道的改建征用本村土地 256 亩，被征地者有资格购买失地农民养老保险，确保了 50 岁以上妇女的收入来源。截至 6 月 30 日，对门村村委已为 145 名农户办理了失地农民养老保险。从 7 月份起，符合条件的农户即可每月领取保险金 1980 元。对于这项政策的实施，徐建平介绍道，失地农民养老保险的名额根据失地面积确定,用于修建国道的征地面积越多,可购买保险的人数越多。

📖 **专栏 1**

"千古百业兴,先行在交通。"205国道开化境内段全长62.81公里,途经6个乡镇,日均车流量达到8460车次,南北向串联起芹阳、朝阳、华阳三大城区组团,既是开化的交通大动脉,也是经济大动脉。自2003年建成通车以来,默默服务着开化的经济社会发展和群众生活出行,每一位开化人都对205国道有着深厚的情感和特殊的情结。近年来,随着城市能级的不断提升和城市版图的持续拓展,加快205国道音坑至华埠段改建已经成为开化群众的热切期盼和开化跨越发展的迫切需求。

205国道开化县音坑至华埠段改建工程全长29.6公里,概算总投资约26.67亿元,包括新建和改造提升两部分。项目总占地136.875公顷,新征用地95.077公顷。其中,新建段起自音坑乡王家店附近,经社坞村、对门村、丰新村、汶山村、高坑坞村,在青联村接回205国道,终于开化南接线交叉口,路线长约15.457公里,设综合服务站一处,采用一级公路标准设计,设计速度80公里/小时;改造段起自开化南接线交叉口处,终于下界首大桥开化段桥头,长约14.093公里,按一级公路标准改造提升,在现有公路中间增设硬隔离,两侧增设辅道、非机动车道,对交叉口进行合理归并。

📖 **专栏 2**

开化县人力资源和社会保障局、开化县财政局、开化县自然资源和规划局、国家税务总局开化县税务局《关于做好开化县被征地农民参加基本养老保险政策衔接工作的通知》

各乡镇（芹阳街道），县属各单位：

为贯彻落实省人力社保厅等 4 部门《关于进一步做好被征地农民参加基本养老保险有关工作的通知》（浙人社发〔2020〕61 号）文件精神，切实保障被征地农民的合法权益，结合我县实际，经县政府同意，现就做好开化县被征地农民参加城乡居民基本养老保险（以下简称"城乡居保"）、企业职工基本养老保险（以下简称"职工养老保险"）衔接有关事项通知如下：

一、被征地农民参加基本养老保险政策衔接

（一）2020 年 1 月 1 日后产生的被征地农民，按以下标准参加基本养老保险：

1. 达到法定退休年龄或不选择参加职工养老保险的被征地农民，可以参加城乡居保。参加城乡居保的缴费标准及缴费补贴为被征地农民参加城乡居保设立专项筹资，在参保时实行一次性筹集。其中个人和村集体经济组织出资额为 23000 元；缴费补贴为 95150 元，参保时年满 60 周岁的，年龄每增长 1 岁，按对应的个人账户养老金计发月数，适当降低缴费补贴，依次递减至 70 周岁，70 周岁以后不再递减。

增设一档高缴费档次（以下简称增设档次）供被征地农民选择，增设档次的缴费标准参照个体劳动者参加职工养老保险最低年缴费水平确定，为每年 6800 元。参保时年满 60 周岁的，年龄每增长 1 岁，一次性补缴增设档次金额降低 5%，依次递减至 70 周岁，70 周岁以后不再递减。

2.未达到法定退休年龄的被征地农民，可以参加职工养老保险。参加职工养老保险的缴费补助，被征地农民征地后随用人单位参加职工养老保险的，其个人缴费享受补助；征地后以灵活就业人员参加职工养老保险的，其缴纳的职工养老保险费按当年灵活就业人员最低缴费标准享受补助。享受的缴费补助总额（含达到法定退休年龄后按规定延缴期间的缴费补助）参照同类人员参加城乡居保的缴费补贴标准，其中达到法定退休年龄前的缴费补助不超过10000元。缴费补助采用"先缴后补"的方式按季发放，享受其他社会保险补贴的，缴费补助按"不重复享受"原则补差确定。如有余额，不向个人支付。

3.筹集社会保险缴费补贴资金。在征地时筹集的社会保险缴费补贴资金，按 N（调节系数）× 上上年度开化县城乡居民月人均可支配收入 ×18%×139 的标准进行筹集，其中调节系数 N 根据本地实际情况确定为 1.7。社会保险缴费补贴资金可用于按规定参加城乡居保的一次性筹资中的缴费补贴和参加职工养老保险的缴费补助等。

（二）2019 年 12 月 31 日前产生的被征地农民，按浙人社发〔2020〕61 号文件第二条第（二）款的规定，分别参加职工养老保险、城乡居保，已参加被征地农民基本生活保障且不愿意选择增设档次缴费的被征地农民，可以继续按规定领取被征地农民基本生活保障待遇。

二、有关人员业务处理

（一）2020 年 1 月 1 日至 2020 年 12 月 15 日前已产生的被征地农民，参加基本养老保险办法，参照浙人社发〔2020〕61 号文件第二条第（二）款执行。

（二）为做好衔接，原已参加被征地农民基本生活保障的，被征地农民基本生活保障资金（含政府补贴部分）不再折算职工养老保险缴费年限。被征地农民基本生活保障资金中的个人和村集体经济组织出资部分可退还本人，政府补贴部分可作为参加职工养老保险的个人缴费补助向本人支付；也可用于抵扣应当一次性缴纳延长缴费期间的费用。

三、其他

以上各项标准等根据经济社会发展变化情况，由县人力社保局、县财政局、县资规局和县税务局联合适时调整。

本通知自 2021 年 6 月 16 日起施行，有关被征地农民参加基本养老保险政策按浙人社发［2020］61 号文件规定执行。已有规定与本《通知》不一致的按本《通知》执行，今后国家和省有统一规定的从其规定。

开化县人力资源和社会保障局　开化县财政局
开化县自然资源和规划局　　国家税务总局开化县税务局
2021 年 6 月 16 日

（三）物业经济用房与新村规划

为了发展壮大村级集体经济，提高村级经济组织为民办实事的财力，对门村于 2019 年在 205 国道旁桑淤新村规划区内建设了一栋物业经济用房。这一项目预算总投资约 300 万元，占地面积 600 平方米，建筑层数 3 层，其中第一层用作仓储、商场，第 2、3 层作来料加工等厂房，并在周边完善一系列配套设施。该项目旨在将对门村打造成县城配套的生产、加工、仓储、服务中心，弥补县域功能空缺，有效推动乡村振兴，解决产业发展瓶颈，增加村集体与村民收入。目前经济物业用房已经建好并通过验收，也在公共平台上开始招租运营。

对门村面积不大，但有 1300 多人口，人口比较密集，因此对门村两任书记均计划修建一个新村。新村规划地点是 205 国道旁边的村集体土地，由于其在桑淤岭附近，故新村得名为桑淤新村。对于新村的规划建设，徐建平心中已有一套完整的方案，建设好新村，鼓励农户迁移至新村，随后就可以开展道路拓宽、道路绿化、停车场修建等一系列美化老村的措施，而目前的村中心则可以改建成精品菜园或小公园，为休闲观光业的发展提供可能（见图3、图4）。

图3　对门村村景

图4　对门村俯视图

（四）精神文明建设

产业兴旺、生态宜居、乡风文明、治理有效、生活富裕，二十个字的总要求，反映了乡村振兴战略的丰富内涵。乡风文明，是乡村振兴的紧迫任务，重点是弘扬社会主义核心价值观，保护和传承农村优秀传统文化，加强农村公共文化建设，开展移风易俗，改善农民精神风貌，提高乡村社会文明程度。

对门村以前的文化活动非常丰富，其中舞龙非常有名。在衢州市2015年公布的非物质文化遗产名录中，对门村的竹编花篮制作技艺、板龙灯（见图5）位列其中。徐建平目前规划的文化礼堂修建项目，也是希望重拾对门村的特色文化。

图 5　对门村板龙灯活动

在精神建设方面，对门村一直葆有团结互助、甘于奉献的精神，它尤其体现在 20 世纪 90 年代村庄基础设施建设未完善时村民的团结行动中。据徐昌黎讲述，村里以前有个小水库，是很早以前人工做的，年久失修，有一年水库漏水了，但村里一分钱都没有，因此徐昌黎号召全体党员，齐心协力把水库补好了。在修隧道时，对门村村民也一如既往地甘于奉献，无论是自发捐钱筹集隧道修建资金还是隧道打通后道路清理工作，对门村村民无私奉献，共同完成了这一历史任务。

"对门村好了还不行，对门村旁边的兄弟村也要好起来。"徐昌黎在任期间，村里原来的学校是危房，他便重新建学校；村里河道原来没有路，他便组织大家把河道的路修好。在对门村与后村 2011 年合并之前，徐昌黎也为后村的发展建设贡献力量。有村民开玩笑地对他说："你现在当后村书记了。"

谈到对门村的经济发展与精神建设，村新时代文明实践管理员周新良说："我希望先让我的家乡从精神层面站起来，所以从 2017 年开始，每年端午节我都会组织年轻人开展'孝老爱亲，爱的延续'活动，钱款由年轻人在群里募捐。我去买包粽子的材料，村里的母亲们来包粽子（见图 6、图 7）。此外，由对门村的微信公众号评选出具有代表性的孝顺子女五位，由组织者对他们进行颁奖。五位入围者需要给母亲写上一封信或说一段话。我们将以他们为榜样，继续传承与发扬对门村的传统美德。"

图 6　端午节包粽子场景

衢州市第一例器官捐献者也是来自对门村的村民。正如对门村的一位村民所说："我们家乡的父老乡亲是纯朴和善良的。"2017年4月1日中午和傍晚，央视新闻两次播出《一份送给器官捐献者家属的礼物》；4月5日"杭州之声"也发布了《感人！杭州67岁阿姨换上小姑娘心脏！5年后不知真相的她做了一件事，让两家人泪流满面》。

图7　第一届对门村"孝老爱亲"爱的延续活动

📖 **专栏3**

全国助人为乐模范：候选人徐萌仙事迹

徐萌仙，女，汉族，1972年6月生，浙江省开化县音坑乡对门村村民。

徐萌仙在承受丧女之痛时，无偿捐献出女儿所有有用器官，让六名患者重燃生命之火。同时，她和丈夫也签下了人体器官捐献意愿书，在她的大爱精神感召下，到目前为止，衢州市已有 70 多人签订了器官捐献意愿书。

徐萌仙曾在开化县城里做保洁员，丈夫是泥水匠。 2011 年，经过一家人努力，在亲戚的帮助下，她家把破旧的老房子推倒重建，女儿徐雨文考进开化中学。日子刚刚有了奔头，不幸却不期而降。9 月 14 日，徐雨文被查出患有脑部胶质瘤，从杭州到北京，每个医生都说，这个病没法治，哪怕砸下几十万，最多只能拖一年。"几十万！"这对一直生活在农村、靠四处打零工挣钱的徐萌仙来说，简直是个天文数字，但她却和丈夫决定，花再多的钱，也要治好女儿文文的病。徐萌仙到处借钱、想办法，在亲友帮助下文文终于住进了江西上饶肿瘤医院，后因病情进一步恶化，被转至浙医一院重症监护室。 2012 年 6 月 11 日，文文永远地闭上眼睛。

女儿去世前，徐萌仙带着她四处求医，许许多多素昧平生的好心人关心过她，帮助过她，令她感动。她带女儿看病期间，跑过十多家医院，看到了太多和她一样痛苦的母亲，她萌生了捐献女儿器官帮助他人的念头。当徐萌仙这一决定传到家乡时，父亲骂她发神经了，让她以后别回娘家；朋友打电话来斥责她，说她的心比狼还狠；乡亲邻居对她指指点点，说她出卖女儿的身体。压力如山，可徐萌仙还是不为所动。6 月 11日晚上，文文被确诊为脑死亡。徐萌仙和丈夫便在"中国人体器官捐献登记表"上签下了字，无偿捐出了女儿的肾脏、肝脏、眼角膜、心脏，使六位患者得到了救助，用特殊的方式延续了爱女的生命。

大爱仍在继续……2012 年 7 月 11 日，徐萌仙和丈夫在女儿去世一个月后，共同签下了人体器官捐献意愿书，自愿在去世后无偿捐献所有器官。在她的大爱精神感召下，截至目前，衢州市已有 4 例器官捐献志愿者，70 多人签订了器官捐献意愿书。徐萌仙一家被誉为"最美一家人"。

徐萌仙荣获浙江省道德模范荣誉称号。

三、对门村的发展困境

（一）土地流转难题

桑淤新村的规划从老书记在任时就开始了，如今，新村迟迟无法落地建设的原因是受土地流转的制约。徐建平说："主要卡脖子的事情就是土地流转。土地流转不出来，其他计划都无法实施，不管是新村建设、文化礼堂建造还是停车场修建。"徐建平解释道，对门村农田不到一千亩，规划新村需要从新村附近的地方调整用地，大面积的农田是不可以调整为建设用地的。农村地区现有土地分为农用地、农村集体建设用地和四荒地。农用地又包括基本农田和一般农田。基本农田属于重点保护的耕地种类，非特别情况不得占用；而一般农田可以变更为建设用地。徐建平说，对门村的土地类型大多数为永久基本农田。举例来说，如果村里有1000亩永农地，建设用地需要50亩，而永农地无法变更，则需要在其他地方改变田的类型，补上这50亩。改变田地的方式，包括旱田改水田，也可以进行土地复垦。目前对门村有6个自然村，2个禁建区，1个限建区。限建区即已有房子可以拆掉重建，但现有地重新批建房是批不下来的；而禁建房是只能拆、不能重建。因此村委目前的工作是统计村中限建区和禁建区的土地面积，然后再决定从其余地方变更多少土地。徐建平补充道，土地流转是一个复杂的过程，至少需要五年的调整周期。此外，土地流转过程中，对农户的补偿也是一项重要的工作。目前，对门村计划按照国道修建的补偿标准，以每亩5.4万元的价格补偿给农户。而补偿之外，农户更希望新村修建好后可以拥有一块更大的地基。而目前土地流转的困难，则是限制发展的主要问题。

此外，文化礼堂也是另一个受土地指标限制的待建项目。文化礼堂计划建设700平方米，大概投资200万元，本应2021年建好，9月份投入使用，正因为土地没有顺利批下来，因此举步维艰。同样受限制的包括文化礼堂休闲广场、体育健身场等项目。

这些问题，徐建平在乡镇开会时就曾向乡党委书记反映过。国土的严格限制使得村庄发展受限，而土地指标往往优先分配给已经具备发展优势的村落。因此，在农村发展中，如何流转土地、怎样考虑土地指标分配的问题值得深究。

（二）人才返乡：乡村振兴的新动力

对门村和中国很多村落一样，有大量的外出务工人员。这些外出务工者或在开化县城、在杭州、在义乌，或在离家乡更远的地方打拼。他们也许在春节时返乡，也许在其他地方安了家不再回来。于一个村庄的发展而言，大量的外出务工意味着村庄老龄化和空心化，而老龄化不仅意味着村庄人口中老龄人口的占比增加，更意味着参与村庄治理的工作者已经跟不上时代的脚步。

周新良正是对门村中可贵的年轻力量代表。他18岁外出打拼，在杭州工作14年后回到故乡。多年外出务工的经历反而更让他珍惜家乡的一切，因此他希望以一己之力为家乡发展做出贡献。2017年4月11日，周新良报名参选村主任，虽未入选，但如今他成为了对门村的新时代文明实践、乡村振兴讲堂管理员，在村中负责整理资料、做台账的工作，对于周新良来说，年轻一辈不能忘本，不能忘记养育自己的故乡，因此在2017年他便组建了一个属于对门村年轻人的微信群，在里面积极组织年轻人为对门村的发展贡献力量。

作为年轻一代人，在互联网、大数据的环境下成长，周新良将数字化治理体现在工作的方方面面。比如对门村从2020年开始，村两委秉着尊老精神，由村集体经济（比如项目扶贫、土地出租等收入）出资，进行补贴发放，70岁以上老人发放100元，80岁以上发放200元，90岁以上发放300元。而具体发放到谁，给谁发多少，手工筛选1700多人的名单十分耗时耗力，而数字化条件下，这项工作只需要通过软件筛选识别村民身份证，每一类受补贴村民的名单立刻就出来了。另外，在对门村积极接种新冠疫苗时，由于需要统计各年龄人口数、村里接种疫苗人数、接种疫苗针次情况、是否外出务工及在务工地打疫苗等情况，如果没有数字化筛选，这项工作将难度很大。在周新良的努力下，村两委对数字化技术也是越来越认可和支持。

目前，周新良在开发一款记录村基础数据的应用软件，目前已经到了测试阶段。对于萌生开发软件这一想法，周新良说，省里大多数的大数据平台拥有高质量的、大的框架，但框架搭得再好也需要基础数据的填充。以前村的数据统计工作就是应用 Excel，把所有条目放入一个大的表单中记录，但这样筛选时过于繁杂。而目前开发的这段软件数据包含了 70 多个子项目，包括独生子女数、退伍军人数、残疾人数、技能人才数等村各类数据，这样就可以分类检索，极大减少工作量，提高工作效率。在一次开会时周新良也向副县长汇报了自己的想法，并受到了鼓励。在后续跟大数据中心主任的聊天过程中，周新良了解到，对于村基础数据，政府层面不允许公开，但不介意个人开发软件用于村庄治理工作。他举例道："我负责的党建工作中，需要每月在七个系统上面完成数据工作，包括时代先锋、乡村振兴、网格治理等。如果能将我开发的软件落地，就可以自建选项，选择需要导入系统的各类数据，从而大大提高工作效率。"

因工作原因，周新良走访考察过 180 多个村，了解村庄的发展经验，探究村庄的发展特色。周新良认为对门村的文旅发展缺少一个宣传平台，"现在不管什么行业都需要视觉营销，视频是很重要的宣传方式"。他早年的从业经历使得他回到家乡后，依然在摄影方面具有盎然的兴趣，自发地把对门村的美好风光拍成视频，宣传给大家。

对于即将建成的物业经济用房，周新良希望能够设立一个类似于物流的中心，结合电商园，发展电商经济、物流经济。周新良认为，在建成的物业经济用房中开设一个多元多功能的摄影工作室，集中开化县热爱摄影的年轻人，一起做一些事情。周新良说："我自己也成立了一个无人机的群，整个开化县喜欢无人机的年轻人都加进了群。前两天受洪水影响，县上说有人失踪了，我就叫了两三个人拿上无人机在河面上飞，寻找失踪的人。从这一点就能看出无人机用途巨大。"

生长在依山傍水的秀美村庄里，做自己喜欢的事情，慢速生活，这是当下快节奏社会中一批年轻人向往而又期盼的生活模式。周新良做到了这一点，在自我实现的同时，他也为家乡的发展贡献自己的力量。

四、经验启示与建议

对门村目前为我们展示了一幅漂亮的蓝图，在这幅蓝图中，以205国道修建为抓手，借助对门村区位优势，建设物业经济用房，吸引人才流入，打造电商直播平台，招商引资，壮大集体经济，提高村民收入；建设桑淤新村，提升全村面貌，丰富精神文明，拓宽道路，清理河道，整治人居环境，保护青山绿水，打造美丽乡村，从物质、精神、生态各层面实现共同富裕。

对门村未来的发展潜力是巨大的，但是路怎么走也是很关键的问题。徐建平心中有五年规划，有共富之路。以周新良为代表的一批有着富强乡村志向的对门村年轻人心中也有对家乡发展的期许与想法。"要想富，先修路。"即使是具有先天优势，离县城与乡政府很近的对门村，若没有通达的道路，其发展也是受限的。因此，将道路通到每一处偏远的村庄，降低要素流动成本，吸引资金、人才进入、开发已有资源是实现村庄经济腾飞的可行之路。

土地流转是另一个现实而关键的问题。在坚决制止耕地"非农化"、防止耕地"非粮化"，稳定发展的要求下，如何保护农田，发挥建设用地的最大价值，值得考虑。受建设用地指标总量及未来新增建设用地指标趋紧限制，面对土地指标不足的问题，要实现村庄发展，一方面应集约节约已有建设用地资源，另一方面应转换思路，将村庄已有资源，例如文化、风光开发成为旅游资源，并吸引人才，将资源股份化，实现高效发展。

面对农村空心化严重的问题，如何吸引更多像周新良一样有情怀、有知识、有想法的年轻人回归乡村，以年轻的思想与活力参与到乡村治理中，为乡村振兴提供源源不断的人才支撑，这是每一个村庄在发展中都应思考的问题。当下难以实现大量年轻人返乡创业的现实因素包括城乡在公共资源、教育、医疗、卫生、收入等方面的巨大差异。如何破解这些难题，使得乡村工作、乡村生活富有吸引力，变成潮流的工作选择？首先，要完善好农村基础设施，使得农村生活条件向城市看齐，提高教学质量，为返乡年轻人提供生活、子女入学的保障。或像对门村一样利用区位优势，发展交通，降低到县城的时间成本，为年轻人高质量生活提供便利条件。其次，应当提供适合的创业、就业条件，使得年轻人尤其创业带头人的新技术、新想法有地方发挥，有平台实践。再次，应该给年轻人更多参与乡村治理的机会，吸收年轻人进入村两委，参与乡村决策、乡村治理，用新颖的、适合时代发展的眼光踏实工作，为村两委注入活力。最后，应当利用微信等聊天平台将本村年轻人组织起来，密切联系，关注年轻人的打工、就业、思想动态，回应他们对乡村的期盼。

访谈时间：2021 年 7 月 24 日

访谈地点：开化县音坑乡对门村村委办公室

华联村：
生态产业化的共同富裕之路

调研员：甘雨（浙江大学中国农村发展研究院博士生）、赵静雯（浙江大学中国农村发展研究院本科生）

受访者名片：

郑建明，开化县音坑乡华联村党支部书记、村委会主任。2020年任华联村监委主任，均墀网格长，2021年任华联村支部书记。

我所认为的共同富裕，是华联村的山更青、水更绿，村里的猕猴桃园和甜柿园能有好发展，清水鱼项目能顺利开展，村民在家门口就能找到活干，老人们都能无忧无虑地安享晚年！

——郑建明

一、村庄概况与历史沿革

华联村位于音坑乡西北部，距音坑乡政府 5 公里，距开化县城 16 公里，开马线、老 205 国道与黄衢南高速公路穿境而过，交通便利。村庄邻近钱塘江源头马金溪，依山傍水，风景秀丽。2010 年，由于开化县行政村规模调整，原有的均墠自然村和考坑自然村合并入华联村。截至 2020 年，华联村全村区域面积约为 1.4 平方公里，村域土地总面积 4350 亩，其中耕地 810 亩，园地 90 亩，林地 2135 亩，人均耕地约 0.58 亩，种植作物主要以水稻、油菜、茶叶为主。

华联村现有村民小组 9 个，农户 425 户，共计村民 1388 人，其中本村常住人口约为 809 人，劳动力人口约为 790 人，常年外出务工人口约 430 人。在年龄、性别构成方面，华联村总人口中男性人口占比 51.1%，15 岁以下人口占比 14.4%，16—40 岁人口占比 29.7%，60 岁以上人口占比 21.1%；在村民文化水平方面，华联村民识字率为 98.9%，初中以下学历占比约为 54.8%，高中及职高学历占比 35.5%，大专及以上学历占比 8.7%；在劳动力就业去向方面，华联村常住人口中农业从业人员占比约 27.8%，工业从业人员占比约 32.3%，服务业从业人员占 39.9%，2020 年村民人均年收入 13750 元。

目前，华联村建有中型山塘水库 2 座，280 平方米大会堂 1 座，360 平米文化礼堂 1 座，2020 年末村集体资产总额 399.6 万元，其中生产性固定资产 65 万元，2020 年全村经营收入 52460 元，上级政府拨款收入 303101 元。在公共设施建设方面，华联村道路硬化比重、卫生厕所、自来水普及率均为 100%，液化气普及率 60%，互联网接入户数比例 10%，有线电视户数比例 90%。

二、主要发展经验：生态产业化探索富裕密钥，美丽乡村助力精神文明建设

（一）生态农业助推乡村发展

由于开化县"生态立县"的战略定位，华联村的产业发展方向主要以农业为主，近年来，华联村利用自身的自然条件资源，在上级政府的资金和技术扶持下，陆续发展了猕猴桃休闲采摘园和日本甜柿园项目，经过多年的艰难探索，逐渐走出了一条兼顾生态与产业的发展之路。

据现任华联村支书郑建明回忆：2013 年，在时任华联村支书郑孝福的带领和上级政府的帮助下，村里与浙江农林大学开展合作，由县里投资 10 万元用于树苗购买、土地流转及相关基础设施建设，共引进了猕猴桃树苗 600 余株，种植面积 35 亩。猕猴桃园最初属于村集体产业，由村集体雇佣专人统一管理，然而，由于管理经验不足、栽培种植技术有限，到 2015 年，该猕猴桃园已难以维持正常运转，村集体为维持果园正常经营，考虑将猕猴桃园承包给个人，但由于村内鲜有村民懂得猕猴桃种植且负担得起高昂的投入成本，猕猴桃园承包项目挂出后迟迟没有人承包，迫于无奈，上任村支书郑孝福的妻子叶玲华以个人名义承包了猕猴桃园项目，试图挽救濒临破产的猕猴桃园。2015 年底，叶玲华以每亩每年 570 元的价格从村集体手中承包了 35 亩猕猴桃园的 10 年经营权，由于该果园的土地原本是由村集体统一从农户手中流转而来，并非村集体的自有地，因此，叶玲华实质上是与村民直接签订了土地流转合同，自此产生的收益与村集体没有直接关系。在承包果园后，叶玲华积极与浙江农林大学方面沟通合作，不断学习摸索种植技术，经历多次失败后，到 2017 年猕猴桃果园开始挂果，2018 年开始正式盈利。到 2020 年，35 亩猕猴桃果园产量达到 2 万斤，销售收入 33 万元，除去生产要素投入成本 7.45 万元，猕猴桃园的净利润达到 25.5 万元。在销售模式上，叶玲华采用休闲采摘、电商平台直售、

自行市场销售等多种模式，其中休闲采摘为该果园的主要销售模式，2020年叶玲华共承接旅游休闲采摘猕猴桃1.4万斤，销售额高达28万元（见图1）。

图1　叶玲华的猕猴桃园

　　果园在为叶玲华个人带来增收的同时，也解决了本村村民的部分就业问题，带动村民致富。除每年固定的2万元土地租金外，猕猴桃园年雇工需求大约为100工时，可以为周边村民带来约1.5万元的兼业收入。调研组在实地访谈时也了解到，近年来，由于叶玲华个人承包的猕猴桃园经营管理良好，营收保持稳定，部分转出土地的村民向村委会反映希望能适当提高土地租金。此外，村支书郑建明则希望能以村集体名义将猕猴桃园收回，或以村集体出资入股共同经营，并继续争取上级政府的有关政策，扩大果园的种植规模，将旅游采摘项目和华联村相关产业结合，并与周边的下淤村形成生态文旅合作，进一步带动该产业发展，增加村集体经济收入，带动村民致富。

除猕猴桃园产业外，华联村也在不断探索乡村生态产业发展的其他可能，日本甜柿种植就是村庄近年来的一个大项目。由于华联村地形以丘陵为主，属于"九山半水半分田"，人均耕地面积较少，土地较细碎，部分村民的土地靠近野生林，易受到野猪等野生动物的侵袭。同时，目前村内年轻劳动力流失严重，土地抛荒情况严重。为缓解这一现象，在当地政府的引导下，2010年开始，华联村集体流转石柱尖抛荒土地100亩作为日本甜柿种植基地，但由于后续项目资金不足且疏于管理，果园难以维持正常运转，导致果园大面积荒废。直到2019年在新任书记的带领下，村集体重新组织人员进行柿园经营管理，正常经营果园30亩，但由于果园恢复管理时间较短，种植技术经验不足，2020年果园年产量不足4000斤，且销售市场有待进一步开拓。如未来能解决管理和销售问题，预计可为村集体带来15万元左右的收益。

📖 **专栏1：音坑乡生态产业化的发展——以下淤村为例**

下淤村位于音坑乡东南部，距离华联村4公里，与华联村一样同处马金溪畔，全村共有5个村民小组，村民880人，耕地766.5亩，人均耕地0.87亩，林地672亩，茶园70亩，村民原本收入主要依赖农业生产。2013年以来，下淤村依靠优质的生态环境和区位优势，大力发展乡村旅游，先后创建了汉唐香府民宿、马金溪水岸烧烤园、水上游乐园、未来农业园等配套农旅产业设施。2019年，下淤村委会与著名艺术家赵丽华、陈进、周相春等签订入驻协议，以免租金的形式提供3

栋前期收储的老民居，由村集体出资改造，3 位艺术家负责方案设计及工程监理，改造完成的民居作为艺术家们的工作室，供其进行创作展示和体验，艺术家们每年要在本村待足 100 天，举办艺术文创活动 3 次以上，创作的作品将全部标明"中国开化下淤村"，以此打造下淤村的文创产业。此外，为了因地制宜引进民间工艺师与旅游经营管理人才，下淤村采取村集体出资装修、经营者设计监工、经营者交租金的形式招商引资，培育乡村文旅业态，以文促旅，以"两堂融合"促乡村振兴提档，成为开化"党建红，生态绿"的重要窗口，目前已吸引"艺宿家""吴府竹艺""霞洲有礼"等文创企业入驻，成了远近闻名的乡村旅游典范村。据数据统计，2020 年前 6 个月下淤村共接待游客 18.92 万人次，旅游收入 455.78 万元，其中餐饮收入 377.21 万元。近年来，下淤村先后获得了国家级生态村、农业农村部"美丽乡村"创建试点村、国家 3A 级景区村、首批中国乡村旅游模范村、2016 年度中国十大最美乡村、2017 年国家第一批绿色村庄、2017 年浙江省老年人养生旅游示范基地、2017 年浙江旅游总评榜之年度美丽景区村、浙江省美丽宜居示范村、浙江省特色旅游村等多项国家、省、市、县级荣誉称号。

（二）美丽乡村建设提升乡村风貌

2021 年发布的《浙江高质量发展建设共同富裕示范区实施方案》中明确提出，将"彰显生态之美，努力成为全域美丽大花园建设的省域范例"作为建设浙江省共同富裕示范区的重要发展目标，而在乡村层面，打造全域宜居的美丽乡村尤为重要。近年来，华联村在音坑乡政府的支持下大力推进美丽乡村建设，重点开展了农房整治、污水垃圾治理以及一米菜园整治项目，加快美丽乡村、美丽庭院建设。

在农房整治方面，华联村 2017 年至 2019 年接受上级政府美丽乡村建设拨款 30 万元，村内共拆除危旧房、一户多宅、旱厕共 103 幢，对村中农房整治拆除的地基，由村集体与农户签订协议统一回收并向上级政府申报建设项目，用于村道拓宽、复垦、绿化及村庄环境提升，提高拆后利用率，促进村风貌提升。2020 年，华联村农村生活公共设施投资额 10 万元，村内陆续建成了文化礼堂、农家书屋、网络场所、体育健身场以及信息服务站，村民的生活质量有了极大提升。2020 年制定的《华联村未来 5 年发展规划》中已纳入建设规划的项目包括考坑自然村中心建设、寺后自然村村口道路扩宽工程、马金溪均形溪交汇点防洪堤加固及环境提升建设、均墒生态公墓建设，预计要继续投入资金 100 万元左右。

尽管近三年来华联村农房整治工程取得了一定成果，但由于后期缺乏资金，还存在部分农户拆后土地未得到充分整治利用的情况。现任村支书郑建明 2020 年上任后，为了解决村民眼下最关心的问题，推动华联村村庄环境建设再上新台阶，经过新支部班子多次现场勘查，征询农户意见，并在上级政府的指导下，制定实施了"一米菜园"的建设方案。"一米菜园"是 2019 年衢州市妇联以"巾帼助力乡村振兴"行动为指引，围绕浙江省委省政府深化美丽浙江建设部署和"大花园行动"计划，结合全国妇联"美丽庭院""美丽家园"建设工作，创新性提出的建设项目，目的在于做好村域农房整治"后半篇文章"。具体实施方式为农户利用自家庭院、房前屋后、拆后闲置地、村里零星空地等土地，充分利用拆违料，将老砖头、破瓦片、小石头变废为宝，把竹篱笆、陶瓷、石磨碎片镶嵌成农耕文化墙，打造一米见宽、便于生产劳作、游玩采摘的高颜值、高效益"一米菜园"，不仅种菜，更是"种"风景、"种"乡愁、"种"时尚、"种"文化，使菜园变景观、乡村成景区。华联村在"一米菜园"建设过程中，安排一名村委专人负责，项目由村组织实施，资金从其他复垦项目补助中列支，材料由村统一采购，人员工资按点工计算。截至 2020 年，均墒自然村一米菜园建设工作已实施完成（见图 2）。

图2　一米菜园

在村域环境整治方面，华联村在每家每户设置了公共垃圾桶，由妇女主任、文书等村委成员定期上门宣传垃圾分类知识，定期检查垃圾分类情况，同时聘请村民为保洁员，由专人负责全村农户家庭垃圾回收。据村支书反映，近年来村民垃圾分类意识有明显提高，村内居住环境也有了显著提升。2020年，华联村用于人居环境整治总支出达到15万元，其中建设垃圾集中存放点2处，垃圾处理支出7万元，污水处理支出1万元，厕所改造支出3.5万元，村容村貌改造支出3.5万元。

（三）山海协作助力清水鱼产业发展

开化县作为浙江省的山区26县之一，一直是浙江省政府的重点扶持对象。2002年开始，浙江省启动了"山海协作"工程，通过政府的鼓励、引导和推动，促使发达地区的企业和欠发达地区开展优势互补的经济合作，促使省直有关部门和社会各界从科技、教育、卫生等方面帮扶支持欠发达地区，随着19年的发展，浙江探索出一条造血帮扶、双向互动、合作共赢的发展之路。

2019年开始，开化县与桐乡成功签订了以土地指标换收益助"消薄"的山海协作"飞地"产业园项目，通过委托桐乡运营获取收益并用于全县30个村"消薄"。该项目共分二期，总投资3000万元，涉及土地指标30亩，采取"县域统筹、股份经营、保底分红"的"飞地抱团"模式，引导开化县30个集体经济薄弱村以土地指标和资金入股，以跨市土地指标调剂等土地新政为"催化剂"，变土地指标为经营收益，以空间置换激发村庄发展活力。目前，桐乡市提供已建设完成的市村集体经济壮大工程濮院抱团项目作为合作平台，年化收益率达10%，每年约产生240万元收益，为30个薄弱村增加集体经营性收入8万元。

华联村作为开化县30个经济薄弱村之一，2019年底获得"飞地抱团"项目的第一笔收益5万元，2020年5月经村民大会讨论决定，将该笔收益资金用于开发清水鱼养殖（见图3），计划建设均墀清水鱼塘产业园一期工程，在上溪滩建设清水鱼养殖场15亩，同时开展引水、道路等配套设施建设，预计建设完成后能实现年产值60万元，带动村集体增收20万元。此外，清水鱼养殖场二期工程也已初步规划完成，包括道路美化、农家乐提升、清水鱼加工、休闲垂钓等文旅项目将陆续落地。然而，2021年，县政府为响应中央一号文件精神，保障粮食生产安全，防止耕地"非粮化"，于5月开展了专项清理工作，华联村已经规划完成的清水鱼塘项目因此也受到了影响，目前处于暂停状态。

图3　清水鱼养殖塘

📖 专栏3：开化县清水鱼产业发展概况

开化县地处钱江源头，区域内溪流密布，许多乡村沿溪而建。农户充分利用山区独特的地势落差，引山泉溪流水来建造流水坑塘，塘内有进水口和出水口，一进一出，水流长年不断。流水坑塘以养殖草鱼为主，搭配少量红鲤鱼、鲫鱼等；草鱼投喂青饲料，鲤、鲫等搭养鱼类以残渣和草鱼排泄物为食。随着"生态立县、特色兴县"战略的深入实施和人们对食品安全和质量的日益重视，开化清水鱼由农户零星养殖逐渐向规模化发展，由自用为主向增收致富发展转变。自2009年起，开化县政府将清水鱼产业列入农业主导产业并扶持，实行县领导、部门负责人、重点工程领导联系制度，形成了全县上下齐抓共管、合力推进的工作格局。在政策引导和市场需求带动下，开化山泉流水养鱼步入发展快车道，养殖面积从何田、长虹、苏庄、中村、齐溪等少数乡镇的220亩，逐渐发展到全县范围。据中国渔业协会数据显示，截至2018年，开化县清水鱼养殖从业农民6200多户，产量2000吨，总产出2.1亿元。

2021年，开化县人民政府印发的《开化清水鱼产业扶持政策》中明确提出将补助农户发展精品鱼塘，按水面面积一次性补助100元/平方米，1000平方米起补，单个项目最高补助50万元。同时，为提升鱼塘养殖利用率，鼓励鱼塘流转，对流转鱼塘期限5年以上、数量10个以上，并以不低于20元/斤价格出售超过3000斤/年的，奖励养殖户5元/斤，单个主体最高奖励20万元/年。在销售方面，鼓励订单销售，以不低于20元/斤价格单笔订购超过10000斤/年的，奖励收购商3元/斤，单个主体最高奖励20万元/年；以不低于25元/斤价格单笔订购超过10000斤/年的，奖励收购商5元/斤，单个主体最高奖励20万元/年；以不低于50元/斤价格单笔订购超过1000斤/年的，奖励收购商10元/斤，单个主体最高奖励10万元/年；销售奖励金额与消费满意度指数挂钩。对新开设开化清水鱼门店的，经营面积在 20 平方米以上，按照统一店招形象，店内装修开化清水鱼元素占 50% 以上的，给予一次性补助。省会、副省级及以上城市按实际面积 1500 元 / 平方米，其他城市按实际面积 1000 元 / 平方米，单个项目最高补助 20 万元。政府还将每年安排 100 万元专项资金，用于山泉流水养鱼系统核心保护区保护与发展、开化清水鱼宣传推介、省级以上品牌申报、文化节庆活动等公用品牌建设。

（四）德孝文化推动乡风文明建设

党的十九大提出实施乡村振兴战略，要按照"产业兴旺、生态宜居、乡风文明、治理有效、生活富裕"的总要求，推进农业全面升级、农村全面进步、农民全面发展。推进乡村振兴，乡风文明是保障，而弘扬尊老敬老的德孝文化则是乡村精神文明振兴，实现精神富裕的起点。

华联村历来重视德孝文化传承，广泛开展传统道德文化教育，村里成立了党员志愿服务队，引导广大群众培养乐善好施、勤俭持家、邻里互助的良好美德，村内还定期组织村干部主动入户和困难群众拉家常，帮助贫困户解决实际困难，拉近干群党群关系，帮助困难群众树立"自尊、自信、自强、自立"的新观念，以传统文化扶心扶智，助力村民增收。

为使尊老敬老的德孝文化在华联村落到实处，2015 年开始，经时任华联村支书郑孝福提议，村集体会议一致制定并通过了对村内老人的补贴标准：每年重阳节对村内所有 60 岁以上老人补贴 100 元现金，每年年底对 60—80 岁老人补贴现金 100 元，80—90 岁补贴 200 元，90 岁以上补贴 300 元。此外，对村内家庭较为困难的老人，尤其是子女在外务工，自身失去劳动能力的老人每年给予 300—500 元不等的现金补贴。尽管村集体收入有限，但华联村委会依旧自发将这项政策落实并维持至今，这项善政也得到了村内老人的高度评价。

近年来，由于村内大量青壮劳动力外出务工，村民老龄化问题不断加剧，村内"空巢"老人较多，生活无人照料。部分高龄老人连吃饭都无法得到基本保障，经常吃剩饭、冷饭，极大影响了老人的身体健康和生活质量。为切实解决好村内独居老人的吃饭问题，村集体萌生了利用村内文化礼堂的空间资源开办幸福食堂的想法，面对资金和人员方面的困难，村集体提出了"乡贤捐助一部分、争取上级补助一部分、村集体贴补一部分"的解决思路。2020年，上级政府支持华联村5万元用于食堂建设，截至目前，华联村幸福食堂建设已经完工，预计接下来将对村内老人开放。预计食堂开放后，70岁以上老人每人每天中晚两餐10元，80岁以上老人免费接待。

此外，村内也对青少年文化教育十分重视，除了在村中形成一股重视教育、重视学习文化知识的风气外，村集体自2010年开始便主动对村内考上大专以上的年轻人予以奖励，对考取大专院校的本村村民奖励500元，考取本科院校的村民奖励800元，考取重点院校的村民奖励1000元。据村支书介绍，华联村每年都有七八个人考上大学，如2021年村内农资店老板的外甥就通过强基计划考取了北京大学。

📖 专栏4：开化县的"乡村比孝"活动

针对开化县空巢老人、独居老人较多等现象，自2018年开始，开化在全县推行"乡村比孝"活动，每月公布一批孝心故事，每季开展一次"孝星"评选。开化的"乡村比孝"有明确的标准，列出13项子女孝亲清单，对经济供养、生活照料、精神慰藉等方面做出量化规定。例如是否给父母零花钱、是否给父母添新衣、是否与父母常联系等。对照标准，开化县结合党员联户工作，推行比孝四步工作法：网格员推荐、党小组评议、村民代表投票、党支部定孝。2018 年，开化县开展孝道主题文化活动 133 场，评选表彰"孝子女""最美婆媳"等孝道典型275 个。"孝星"的故事，还被做成墙画，在各村文化长廊里展示，供村民们学习。评选出来的"孝星"，除了在用工推荐、入党等方面享有优先权，还能享受金融贷款等方面优惠。开化县联合金融机构成立"最美信贷"，"孝星"可以凭借个人信用享受贷款利率优惠，贷款额度更可以放大至评定结果的 1.2—2 倍。目前"最美信贷"已为"孝星"发放贷款 560 余万元。开化县还成立关爱公益基金，优先对有困难的孝道典型进行慰问，目前已发放关爱资金 18.6 万元。

三、面临的主要困难

通过对华联村现有发展特点的归纳分析，本文总结出华联村在迈向共同富裕中主要面临以下困难：

第一，村集体经济相对薄弱，难以进一步带动村民增收和村庄发展。究其原因，一方面是华联村自然资源条件有限（地处山区，人均耕地面积不足 0.4 亩），以及受到严格的林地保护政策和基本农田红线的影响，华联村产业发展受到一定限制。另一方面，尽管华联村集体在上级政府的支持下进行了一些生态产业化发展的探索（如猕猴桃园和日本甜柿园建设），但在具体的经营管理中，由于技术、资金、人才等多方面因素导致经营不善，难以真正实现产业的可持续发展。事实上，共同富裕是做大蛋糕前提下的共同富裕，而高质量发展村集体经济则是实现乡村振兴与农业农村现代化的重要支撑，华联村在迈向共同富裕的乡村建设过程中亟须建立现代化的农业经营体系。

第二，生态产业发展模式有待探索。农业农村部、浙江省人民政府 2021

年 8 月发布的《高质量创建乡村振兴示范省推进共同富裕示范区建设行动方案（2021—2025 年）》中提出重点任务包括"延伸乡村产业链条推动共同富裕""拓展农业多种功能带动共同富裕""发展绿色生态农业促进共同富裕"，而反观华联村现有的猕猴桃采摘园与日本甜柿种植园，其发展形式主要以种植为主，在农产品加工、流通等产业链环节仍存在发展空间，在农业的其他功能（如休闲农庄、农家乐、主题民宿、采摘基地等的文旅功能）带动共同富裕方面仍有拓展余地。此外，在发展本村生态产业的同时，如何与周边村庄（如下淤村）形成联动发展格局，实现农业产业集聚发展，如何优化产业布局，集中建设优势特色产业集群，也成为目前需要重点解决的问题。

第三，劳动力流失严重，乡村建设缺乏内生动力。如前所述，华联村当前劳动力外流情况比较突出（村内外出务工人口占比达到 31%；非农就业人数占比高达 72.2%），生态产业发展和乡村建设缺乏人才支撑。当下华联村劳动力外流的情况实质上也是浙江省大部分乡村地区劳动力就业情况的真实写照。客观上，造成这种现象的原因主要有几个方面：一是市场经济下，农村劳动力被外部定价，其工资和收入往往参照城市工业或服务业水平，农业为主的经营收益或服务农村的工资水平难以支持日常开支；二是青年与在地的乡土社会脱节，长期在外打工或求学的青年人受城市文化价值观念影响，与农村文化以及社会关系疏离，难以融入村社生产；三是回村农人或外来新农人的财产关系存在不确定性。以乡村振兴推动共同富裕发展过程中，人才振兴是关键，华联村如何吸引人才、留住人才，是其真正实现村庄生态产业创新发展所必须处理的难题。

访谈时间：2021 年 7 月 23 日

访谈地点：开化县音坑乡华联村委会

访谈整理：甘雨 赵静雯

儒山村：
规划生态文旅，古村落里寻找村庄未来

调研员：李冬青（中国农业科学院农业经济与发展研究所博士生）

受访者名片：
叶春华，儒山村村支书。

　　我所认为的共同富裕，是在政府资源公平分配的基础上，村庄借助上级政府启动资金，在稳定的基础领导班子带动下，充分利用村庄的山水资源，吸引社会投资和外来游客消费本村产品，推动村庄的长期发展。

——叶春华

乡村旅游不仅是新时代促进居民消费扩大升级、实施乡村振兴战略、推动高质量发展的重要途径，也是统筹城乡经济发展、缩小城乡差距、实现共同富裕的一个重要着力点。2018年国务院办公厅印发《关于促进全域旅游发展的指导意见》，将全域旅游上升为国家战略。在全域旅游理念提出后，乡村旅游开始呈现"井喷式"的发展态势。[1]2019年，中国乡村休闲旅游总量达32亿人次，旅游消费规模超过8500亿元。[2]据农业农村部预测，到2025年，中国乡村休闲旅游年接待游客人数将超过40亿人次，经营收入将超过1.2万亿元，年均复合增速将达到3.8%。[3]尤其是在新冠疫情过后，人们"回归自然、寻找诗和远方"的需求将会更大，乡村旅游产业也将迎来更大的发展空间。

各个层级的市场主体纷纷参与乡村休闲旅游这个万亿级的市场，内部竞争凸显。根据农业农村部数据，截至2019年底，休闲农业与乡村旅游经营单位超过290万家，全国休闲农庄、观光农园等各类休闲农业经营主体达到30多万家，7300多家农民合作社进军休闲农业和乡村旅游。同时，国家和地方也大力推介乡村旅游示范区。例如，至2020年底，国家级休闲农业与乡村旅游示范县389个，国家级休闲旅游和乡村旅游示范点641个，乡村旅游重点村共998家。2020年世界旅游日主题是"旅游与乡村发展"，文化和旅游部整合全国乡村旅游资源，集中推出300条全国乡村旅游精品线路。

我国现代意义上的休闲农业和乡村旅游，"始于四川,兴于湖南,精于江浙"。2020年，农家乐经营户总数2.12万户，累计创建高星级（四、五星级）农家乐经营户（点）944家，乡村休闲农业总产值442.7亿元，接待游客2.5亿人次。[4]A级景区村达到10083个，其中3A级景区村1597个。处在乡村旅游迅速发展阶段的浙江省，面对逐渐增加的竞争压力，准备进入乡村旅游市场的儒山村有着怎样的资源优势，如何发展以及在发展中面临怎样的问题？

[1] 于法稳,黄鑫,岳会.乡村旅游高质量发展:内涵特征、关键问题及对策建议[J].中国农村经济,2020(8):27-39.
[2] 数据来源:http://zw.china.com.cn/2020-04/28/content_75986802.html.
[3] 资料来源:http://www.moa.gov.cn/xw/zwdt/202103/t20210301_6362519.htm.
[4] 数据来源:http://tjj.zj.gov.cn/art/2021/6/16/art_1229129214_4664560.html.

一、儒山村基本情况

儒山村位于衢州市开化县音坑乡，距离音坑乡政府所在地 1.1 公里，距离开化县城 12 公里，是个交通方便、环境优美的城郊村庄。儒山村辖有 3 个自然村，共 610 户，户籍人口 1900 人，常住人口 1000 人。目前，非农就业是村庄居民收入的主要来源。该村庄的劳动力外流现象普遍，村庄居民非农就业去向多为开化县城或浙江省其他城市（杭州居多），居民就业行业类别不一，不存在本村村民集中于某一个行业的现象。常年居住在村庄的人以 40 岁以上的中老年人和学龄小孩为主，面临人口"空心化、老龄化"等问题。

儒山村耕地资源有限，户均耕地面积较小。截至 2020 年，儒山村共有耕地面积 1127 亩，水田面积 600 亩，旱地面积 527 亩。从经营方式看，家庭经营的耕地面积 1077 亩，村集体经营的耕地面积 50 亩。目前，儒山村仍然从事农业生产的农户约有 470 户，但各户的耕地规模较小，户均承包面积 2.56 亩，略高于音坑乡的户均承包面积 2.44 亩（见图 1）。本村有种植大户 1 户，经营面积在 50-100 亩之间。农户的主要种植作物有水稻、玉米、油菜、大豆、蔬菜等，农产品的市场化程度较低，多用于自食。此外，儒山村林地面积为 4795 亩，这些林地处于生态保护较多，开发利用较少，少数为农户种植的茶园、果园。

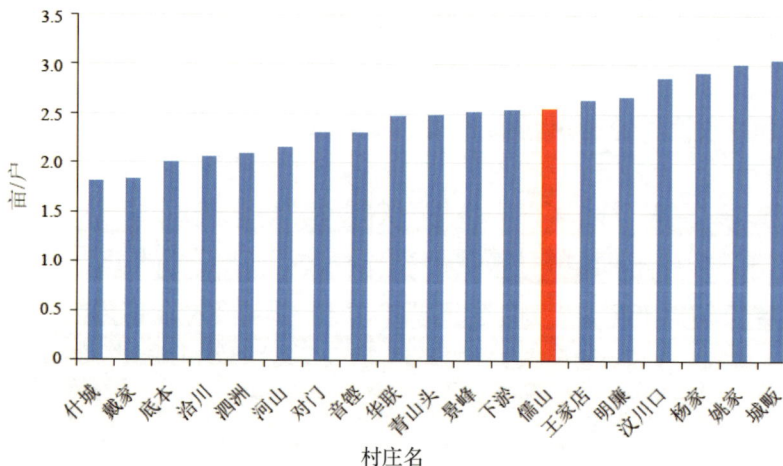

图 1　音坑乡村庄均耕地承包面积

儒山村村庄主体的基础设施比较完善，人居环境已经基本得到治理。2021年，儒山村围绕生活垃圾治理、生活污水治理、道路绿化亮化等内容，开展了进一步的村庄人居环境整治。目前，儒山村道路硬化比重为100%；卫生厕所普及率接近100%；村委会通过为农户个体提供公共垃圾桶、垃圾清洁服务、开展垃圾分类试点等措施，村庄生活垃圾得到有效治理；通过修建村生活污水处理终端，居民生活污水初步得到有效治理。不足之处在于该村的读经源自然村四周环山，远离村庄主体，加之古村落保护措施的实施，居住在读经源自然村的村民的饮水、卫生等人居条件有待进一步改善，该自然村整体的居住环境治理有待加强。

二、儒山村发展条件

（一）外部条件

外部条件1：浙江省推动共同富裕示范区建设带来契机。2021年5月，中共中央、国务院印发的《关于支持浙江高质量发展建设共同富裕示范区的意见》指出，浙江省在探索解决发展不平衡不充分问题方面取得了明显成效，具备开展共同富裕示范区建设的基础和优势，也存在一些短板弱项，具有广阔的优化空间和发展潜力。推动高质量发展建设共同富裕示范区，缩小城乡区域发展差距、城乡居民收入和生活水平差距，需要立足当地特色资源推动乡村产业发展壮大，完善利益联结机制，让农民更多分享产业增值收益，壮大共同富裕根基。为此，2021年，浙江省《农业农村现代化"十四五"规划》提出培育"十业万亿"现代乡村产业，千亿级乡村休闲旅游业是其中之一，重点发展休闲农业、旅游观光、生态康养等。

外部条件2：衢州市推动文化创意产业发展带来契机。2005年，时任浙江省委书记习近平同志在衢州调研时指出，衢州历史悠久，是南孔圣地，孔子文化值得很好挖掘，大力弘扬，这一"子"要重重地落下去。秉持文化创意产业是衢州市经济增长和高质量发展的重要动力，优秀传统文化的创造性转化、创新性发展成为衢州的发展方向。2020年，衢州成立南孔文化发展中心，推进南孔文化创新性转化、产业化继承，"南孔圣地·衢州有礼"成为最鲜明的城市标识。结合新时代的乡村振兴和"绿水青山就是金山银山"理念，衢州市打造"衢州有礼"诗画风光带，将三衢大地的山水美景、人文风光串点成线。具体地，以"一江两港三溪"（衢江、常山港、江山港、马金溪、石梁溪、庙源溪）两侧各2—3公里为重点，打造纵贯市域6县（市、区）的诗画风光带，总长约280公里，总面积约1000平方公里，覆盖了全市近11%的土地面积，集聚了近40%的户籍人口。

外部条件3：开化县的生态立县战略和音坑乡的艺创小镇发展思路带来契机。开化县的自然资源条件是"九山半水半分田"，森林覆盖率达80.9%，有"华东绿肺"和"中国天然氧吧"之美誉，肩负着"一江清水送下游"的钱塘江水源保护重任。自1997年起，开化县就在全国率先确立并实施"生态立县"发展战略，致力于生态文明体制的探索，先后成功创建了国家生态示范区、国家级生态县，在保护"绿水青山"中谋求长远利益和永续发展。近年来，开化县更是践行"绿水青山就是金山银山"重要思想，积极开展国家、省级重点改革试点，2018年入选为生态环境部推选的第二批国家生态文明建设示范市县。在乡村振兴中，乡村旅游业是符合"生态立县"发展战略的重要产业，将过去的"挖挖砍砍"打造成"走走看看"，在游客的"走走看看"中获得经济效益。音坑乡地处开化县中东部，是钱江源"大花园"的重点区块，也是"百里金溪画廊"[1]的中心。近年来，音坑乡重视生态产业和乡村文旅发展，高质量推进"艺创小镇"、乡村未来社区建设。音坑乡围绕"霞洲艺创、品质休闲"特色亮点，以"艺术＋生态＋旅游"为标杆，以"生态＋产业＋治理"为主题，带动文化、智慧等其他产业不断融合发展，增加农村居民收入。

---

[1] 开化县结合浙江省主体功能区规划，将马金溪两岸的规划与县域总体规化规划、旅游发展总体规划相衔接，串景成线，靠水生财，打造生态优美的"百里金溪画廊"。

综合来看，儒山村发展乡村旅游面临很好的外部机遇。从浙江省到儒山村所属的音坑乡，各级政府均高度重视生态发展，将乡村旅游业视为有前景的产业，并出台一系列政策支持美丽村庄建设。但在全域推动乡村旅游发展的大背景下，儒山村也面临着外部的竞争和挑战。以衢州市乡村旅游发展为例，至2019年底，衢州市共有3A级景区村庄129个。2019年，住建部、文旅部、国家文物局、财政部、自然资源部、农业农村部六部门联合公布了第五批列入中国传统村落名录的村落名单，衢州27个村入选。面对较大的市场竞争，儒山村有着怎样的独特资源，使其进入并能立足于乡村旅游大市场？

（二）内部条件

迎接外部带来的发展机遇，儒山村存在以下优势来发展乡村文旅：

一是儒山村具有潜在的、可开发利用的、比较独特的生态、文化资源。儒山村位于开化县"百里金溪画廊诗画风光带"沿线，绿水清澈、青山连绵、环境优美，良好的生态环境具有一定的开发利用价值。儒山村读经源自然村是中国传统村落，具有潜在的文化价值。读经源自然村是住建部、文旅部、国家文物局、财政部、自然资源部和农业农村部2019年审查认证的"中国传统村落"（见图2）。读经源自然村群山环抱，整体依山就势、顺山势而建，错落有致、古树遮阳，具有较好的旅游资源。村内以土坯房为主，另有以纯土木结构建筑为主的古屋古房，还有数幢20世纪五六十年代的石墙房，整体建筑风貌古朴、幽静。现共有传统建筑46座，是音坑乡乃至开化县拥有土坯房数量最多、保存最完好、村民居住率最高的传统古村落。

图2　儒山村读经源村获中国传统村落称号

二是区位优势明显，市场潜力较大。儒山村距离开化县城 12 公里，是个交通便捷的城郊村庄，距区域市场较近，是其发展乡村文旅的一个区位条件。儒山村毗邻"中国美丽休闲乡村"下淤村（见专栏报告），与下淤村不同的生态文旅资源，也使得儒山村的古村落开发能和下淤村形成互补，成为下淤村将来带动周边村庄发展的前沿。

三是儒山村的土地资源条件为其进一步发展打下基础。一方面，相比于邻近村庄，儒山村的耕地面积集中连片、地势平整，适合发展规模化的城郊农业。儒山村综合考虑自身土地资源优势，发展蔬菜种植等城郊农业，积累集体资产[1]。通过付给农户租金和雇佣本地村民参与经营来带动村民增收，所得利润（约 10 万元／年）用于村集体的公共建设开支。另一方面，村民承包土地在村庄层面完成了"预流转"，也就是说，外来项目涉及租赁土地的，可以与村委会统一对接，避免土地纠纷，减少交易成本。

📖 专栏：儒山村近邻——"中国十大最美乡村"下淤村共同富裕之路

下淤村位于开化县音坑乡，是儒山村的近邻。辖下淤、陈边两个自然村，共 284 户、978 人，耕地面积 600 余亩，林地面积 1470 亩。2014 年成功创建了下淤水岸国家 3A 级景区村，2015 年被国家旅游局首批命名为中国乡村旅游模范村，2016 年被评为中国十大美丽乡村；同时，下淤村也是浙江省新农村建设示范村、美丽宜居示范村、国家级生态村。2020 年村民人均收入达到 3.3 万元，超出开化县农村居民平均水平 65%，也高于浙江省农村居民平均收入水平的 3.2 万元。从土

---

[1] 儒山村蔬菜基地位于高山自然村，共 50 亩，种植品种主要是当地日常消费的蔬菜。蔬菜基地的土地是村庄统一从各户承包地流转而来，每亩每年的租金为 500 元。蔬菜的种植和经营由村集体雇工，雇工来源是本村村民，每工时 100 元。目前的销路主要是开化县单位食堂和大型超市，村里负责运送。

地资源禀赋来看，下淤村不及周边村庄；但是，下淤村在共同富裕道路上走在了前列，尤其是乡村旅游发展势头强盛[1]。总结起来，有以下几点经验：

1. 稳定村庄基层治理班子，坚实乡村振兴治理有效的基础。目前，下淤村载誉满满，这些荣誉的背后，离不开一个延续20年的村领导班子。稳固的村领导班子（尤其是稳固的村领导核心）不仅有助于村庄延续一条发展路线，吸引各方资源持续投入，也有助于村民和村干部之间的关系融洽，团结村民参与村庄发展。

2. 紧跟时代，确立"绿水青山就是金山银山"的发展理念。单纯依靠农林牧渔产出养活不了下淤村民，共同富裕更无从谈起。对于下淤村的发展，介于其资源禀赋，"靠山吃山、靠水吃水"的本质不会改变，变的是发展理念。在生态文明建设的时代背景下，将下淤村打造成展示开化生态保护和"两山"转化的重要窗口，一改过去发展理念。

3. 整合内外资源，因利因时壮大集体经济。在村庄发展新理念的指导下，下淤村明确了村庄"生态治理→生态产业"的主要发展方向，并因势利导地整合内部资源、政府资金和社会资本，走向"未来乡村"的建设。首先，从"千万工程"治理人居环境开始，到"五水共治"，充分利用政府财政投入，有效有为地治理本村环境，夯实产业振兴基础。其次，整合村庄土地资源，"确权不确地"，将土地资源统一流转到村集体，吸引社会资本参与村庄建设。最后，成立自己的旅游公司，自主经营加对外合作，壮大集体经济，吸引外部人才，打造"生态＋文化＋艺术"的未来乡村样板。

4. 建立共享机制，促进村民增收增益。村民共享式的村庄发展才是乡村振兴和共同富裕建设的本原目标。在不断的探索中，下淤村建立

---

[1] 于法稳，黄鑫，岳会. 乡村旅游高质量发展：内涵特征、关键问题及对策建议 [J]. 中国农村经济，2020(8):27-39.

了一套村民共享共富机制：一是农民土地收益机制，集体统一流转的土地享有"租金＋分红"，每亩每年收益 1500 元，远高于当地流转租金和农业生产净收入。二是提供给农民就业岗位，旅游服务、餐饮带来的就业岗位，由本村村民参与。三是给村民提供福利。村旅游公司的一部分利润用作村民福利发放，涵盖医疗、养老和扶贫等多个方面。

下淤村通过探索并坚持践行"绿水青山就是金山银山"的理论，走出一条特色的乡村振兴、共同富裕之路，用生态产业、乡村旅游实现了"人人有事做，家家有收入"，从一个穷山村变身为开化县经济富强村，并带动周边村庄发展。

三、儒山村发展现状

近年来，儒山村试图抓住外部机遇，立足于城郊区位优势和自身土地、生态和文化资源优势，推动美丽乡村的建设和生态文旅产业的发展。美丽乡村建设方面，儒山村借势国家和省级的发展政策，利用公共财政资源不断改善农村污水处理、垃圾集中处理、道路、住宅、卫生、绿化、公园等各项基础设施。

生态文旅是儒山村的重要建设规划和重点发展方向，也是儒山村未来村集体收入的主要来源。依托区域范围内独特的生态和文化资源，开发读经源古村落（见图3）、衔接百里金溪画廊诗画风光带、发展生态文化旅游，是儒山村实现共同富裕的重要一环。2021年5月，"开化县音坑乡儒山村读经源自然村美丽宜居示范村建设规划"方案论证会召开，衢州市住建局、开化县住建局、文广旅体局和音坑乡政府等相关部门就读经源自然村发展规划设计的内容进行了深入的分析和探讨，形成以下规划内容和发展指导性意见：①读经源古村落应着重于古建筑的保护，需要明确修缮建筑的位置；②在开发中，村内道路的材质选择要与古村落风貌相协调，使用老石板、卵石等乡土材质，并保留现状基础较好的石板老路；③优化村庄污水设施规划图，明确现状污水处理终端位置，并根据村庄常住人口预测污水处理量，合理规划布局污水处理管；④增加村庄标识标牌设计，明确村庄公厕布局。

图3　儒山村读经源村景观

生态文旅的发展是在保护中开发，首先要确定具体的保护对象。读经源自然村传统村落保护发展规划保护的对象主要包括：一是保护读经源传统村落内的巷道、古建、田园及水系构成的历史空间结构和肌理；二是保护读经源传统村落内的传统民居、祭祀传统与宗教信仰村庄、传统生活家具、室内装饰、生活用品、手工劳动工具等；三是保护读经源传统村落内的自然环境和历史环境要素，包括渠塘水系、山体景观及古树名木及传统巷道、水井、铺地、驳坎、台阶、围墙、碑刻、题记等构筑物以及生产区和生活区的历史风貌、传统格局；四是保护读经源传统村落内的传统艺术、文化节庆和历史文化内涵，保护反映村民的社会生产、生活习俗、生活情趣、文化艺术、礼仪风俗等各方面的历史文化遗产。

其次是要形成可行可靠的开发思路和开发路径。配套造景、聚集人气是开发的第一要务。一是，要建设并完善旅游基础设施和配套服务体系。具体包括：设置游客中心、生态停车场，完善旅游交通体系（公路、游憩道路等），完善景区导视系统、环卫设施和安全防护设施。二是，要改造提升旅游产品。提升核心的景区资源，吸引游客"走走看看"，配套农家乐等旅游资源，形成规模化、品质化和规范化的景区。三是，要吸引资金投入。读经源古村落开发项目总投资 535 万元，其中规划设计投资 16 万元，拆危、拆旧项目投资 9 万元，美化项目投资 345 万元，洁化项目投资 105 万元，绿化项目投资 60 万元。资金主要来源于开化县住建局财政转移支付和儒山村读经源自然村美丽宜居示范村建设项目招标。读经源古村落项目近期建设年限为 2021-2023 年，投资预算为 191 万元，主要用于村主入口及主要节点景观营造、村落空间整治美化、路面围墙水渠等设施提档改造。

最后，在读经源古村落建设中也要解决一些现实问题。其中最大的问题是部分原村民的移居和就业安置。由于要开发旅游项目、建设传统民宿，需要将居住在读经源自然村的部分村民迁移出来。目前一些村民的迁移意愿不强，迁移补偿方案（包括迁出后的就业）有待进一步完善。加之开发项目筹划期长，可能影响当地村民的生产和生活。根据访谈，此开发项目已经提出了 7—8 年，在此期间，有关政策不允许村民修建新的住房，村民对此有不满，需要相关部门在开发和保护中顾及村民利益，找到平衡点。

四、儒山村发展挑战

在儒山村生态文旅的规划建设以及将来的发展中，面对如下的挑战：

第一，村庄产业发展和建设规划执行中的资金筹集问题。目前，儒山村生态文旅的开发建设主要依靠上级财政拨付，建设资金筹集渠道单一，影响古村落的开发建设进度。根据实地访谈，受访人提到最多的是"没钱"来进行投资建设。"没钱"主要体现在三个方面：一是村集体经济尚不充实，集体经济来源有限，缺少足够的积累进行产业扩大和古村落建设。二是上级财政支持的重点建设村落不是儒山村，该村获得的公共资金资源相对较少。三是因投资量大、投资收益的回报周期长，社会资本参与古村落开发建设有限。

第二，生态文旅开发建设、后续经营的村民参与问题。儒山村开发古村落、发展生态文旅，不仅在于壮大集体经济，也在于增加村民收入，实现共同富裕。因而，在开发建设和经营管理中，不仅需要政府部门的投入，也需要激发受益主体——村庄居民——的活力，培育更加活跃、更有创造力的乡村旅游经营主体，壮大共同富裕根基。目前来看，儒山村的古村落开发建设一直处于政府部门发力的状态，村民的积极性尚未完全调动。

第三，有待解决的基层"治理有效"问题。实现乡村基层的"治理有效"，建立健全村规民约、村务公开、民主决策等各项民主管理制度是基础，而治理人员的意愿和能力发挥着更加关键的作用。村庄基层治理终究是乡土中国的治理，富有乡土人情，而非层级行政机构。多数村民服从的是村干部的模范和威望，而非行政带来的权力。选拔"有意愿、有眼光、懂经营、有思路、顾大局"的村干部带头行动，将有助于村庄发展。而激励这些人员参与到村庄治理，不仅需要村干部选拔任命体制机制的完善，也需要基层治理人员工资福利制度的完善。目前，在基层治理人员工资性收入尚不充足、其他收入渠道受限的背景下，如何激励基层治理人员参与村庄建设、激发基层治理人员最大发挥治理能力是需要考虑的现实问题。

第四，新旧产业融合问题。通过访谈，目前儒山村有足够的土地资源来发展生态农业、扩大蔬菜等作物的种植。但伴随着规模扩大，销路、灾害（自然灾害和病虫害）管理、种植技术等问题的解决尚未有明晰的方法，影响扩大规模的决策。在将来发展中，如何结合生态文旅，增加特色、绿色餐饮，拓宽本村蔬菜销路，也是儒山村面临的一个问题。

五、儒山村发展前景

《关于支持浙江高质量发展建设共同富裕示范区的意见》指出：到 2025年，浙江省推动高质量发展建设共同富裕示范区取得明显实质性进展，人均地区生产总值达到中等发达经济体水平。2020 年，按开化县人均计，儒山村人均 GDP 接近 6 万元，要达到中等发达经济体水平的人均 GDP[1] 还有很长的路要走。假设依靠生态文旅产业带动儒山村 100 位村民实现共同富裕，到 2025 年，该村的生态文旅产业产值需要达到两千万元左右，这显然是有困难的。这就表明，单纯的依靠生态文旅无法使儒山村快速实现共同富裕。村庄发展需要在开发文旅资源、打造乡村旅游品牌的基础上，整合资源资产，步入区域联动发展。首先，集聚土地资源、发展生态农业，契合未来的需求。借助土地资源优势和已有的蔬菜种植基础，进一步发展城郊生态农业，满足更多的城镇需求和未来的生态文旅餐饮部门的需求。这就需要采用绿色生产技术、改变经营管理者的经营模式。其次，深挖提升本村的历史人文景点，开发读经源古村深度旅游。通过开发建设，挖掘读经源人文历史资源，提升古村文化旅游景点的观赏度，打造文化休闲养生品牌；通过宣传，扩大读经源古村旅游市场影响力。最后，借势下淤，联动周边旅游资源。充分利用下淤村带来的区域休闲旅游氛围和游

---

[1] 数据来源：http://zw.china.com.cn/2020-04/28/content_75986802.html.

客资源，与下淤村等周边景点进行联动发展，突出自身文化和传统的优势，发掘游客的潜在需求，差异化打造音坑乡"艺创小镇"区域大品牌。

总之，共同富裕是对当地自然资源、生态资源和人文资源的综合开发和有效利用，开发利用需要大量的投入，部分村庄不具备独立自主进行投入的条件，需要政府和社会资本的介入，以及村干部和村庄居民的积极参与。

第三章【温岭篇】

——齐头并进叙温情

　　温岭市地处浙江东南沿海，长三角地区的南翼，三面临海，东濒东海，南连玉环，西邻乐清及乐清湾，北接台州市区。全市辖太平、城东、城西、城北、横峰等5个街道，泽国、大溪、松门、箬横、新河、石塘、滨海、温峤、城南、石桥头、坞根等11个镇，90个社区（居）委会，579个行政村。2020年年末全市户籍总人口122.2万人，其中城镇人口57.68万人，乡村人口64.53万人。2020年，全市经济和社会发展保持健康良好发展态势，实现生产总值1136.87亿元，按可比价格计算，比上年增长3.8%。人均生产总值为93080元，增长3.8%。全市实现农林牧渔业增加值83.81亿元，按可比价计算，比上年增长2.4%。

寨门村：
统筹规划土地流转阻力尚存，
养老文教行而不辍未来可期

调研员：沈宇辉（浙江大学中国农村发展研究院硕士生）

受访者名片：

吕杏林，男，中共党员，担任寨门村与原蒲洞村文书十余年，对本村发展的各方面有全面的了解。

我们村的资源相对匮乏，要达到共同富裕首先要实现资源的高效利用。

——吕杏林

一、村庄概况与历史沿革

寨门村位于温岭市城南镇，居温岭东南，地形以山地丘陵为主。现在的寨门村是 2018 年 8 月由原寨门村和蒲洞村两个自然村合并而来。据《温岭县地名志》记载，这两个自然村在 1951 年时就同属于彭岭乡第 7 村，1956 年时同属于"为民社"，1961 年体制下放后才分为寨门大队和蒲洞大队，1983 年之后正式分为原寨门村和蒲洞村。合并后，现在的寨门村整村总面积约 5500 亩，其中耕地面积约占 20%，且耕地在地块上不完整，质量也参差不齐，村里更多的是林地，山林面积达 3012 亩。地形限制了农业的发展，寨门村的农业主要依赖于园地，包括 2286 亩的王龙口农业高新科技示范园和几家百十亩的果园，耕地上种的粮食、蔬菜多用于村民自食。

农业所需的自然条件的贫乏导致了村里外出务工人员的增加。寨门村共有 628 户人家，总计 1854 人，其中农业收入为主的农户数仅 283 户，村里常住人口仅 700 人左右。有一半多的人选择放弃农业出门务工谋生，留在村中的人中老年人和小孩居多。老年人与小孩所能提供的劳动力不足以长期支持山上的种植业，因此对于村民在山上的土地，村集体于 2012 年通过协商整合了约 300 户共 2286 亩土地出租给农业科技公司，提高了原本利用效率较低的山地和林地的收益，并能每年为村民和村集体带来稳定的租金收入，同时也为村民创造了一些就业岗位。

寨门村目前每年村民人均纯收入约为 1.1 万元，其中多数来自非农收入。这些非农收入主要包括村民外出务工收入和村域内社会服务业收入与文教卫生业打工收入。寨门村有低保户 28 人，这些人多因残致贫，属于劳动能力丧失。对于这些人，由于无法通过提供岗位使他们收入增加，寨门村在国家规定和地区政策的补助标准之上，由村里出资每年再补贴每人 400—500 元，帮助其维持生活。村委还对这些低保户参与养老保险给予全额补助。村里在籍的学龄儿童及青少年共有 300 人左右，每年约有 3—5 人进入大学学习。村庄常住人口中老年人比例虽高，但整村健康情况总体较好。村里为老年人开设了活动室、阅览室，并设有文化礼堂，举办各类文化活动。寨门村 47 号还免费为村民提供各类日常生活服务，是城南镇文明示范点。由于村民已 100% 参与新农合，且发电厂会为附近村民报销一定医保费用，故村里鲜有因病致贫现象。

自 2013 年起，寨门村开始将特色旅游产业作为乡村发展的新业态。通过向村民租借土地打造"花海"，寨门村的旅游产业近年来吸引了大量游客，高峰期旅游人次接近 30 万。然而，2020 年起受疫情影响，寨门村的旅游业和公共服务业短暂停摆。未来，寨门村计划在旅游上与隔壁两村合作形成旅游带，丰富旅游内容，提升旅游业的收益。寨门村还计划扩展公共服务到文教和养老领域。花海虽然暂时停种了，但是村里 "战狼"军事文化体验基地持续经营，该基地 2019 年曾获得"台州市退役军人教学实践基地"称号，目前主要是面向退役军人和市内中小学生开展军事文化教育活动。未来寨门村希望建设养老公寓，在满足村里老年人的养老需求之外，向社会也提供养老服务，通过这种形式将优美的环境转化为经济收入。村干部表示，虽然目前在土地流转和建设用地方面还存在一些阻力，但是他们相信未来村里公共服务业的发展一定会提升村民的收入和幸福感。

二、主要经验：以统筹观念引领村庄发展与转型

（一）村庄发展历程中的统筹观念

寨门村统筹规划的思想贯穿于整个村的发展历程，并随着村庄建设变得更系统更主动。"统筹"一词意味着通盘筹划，早年，寨门村内生发展动力不足时，村里通过接受上级政府统一规划、统一指导来发展经济。近年来，村里自发地、主动地通过联合村民对土地进行统一处理，通过引进外来资本和技术提升了土地的生产

率，降低了村民自身的农业风险，稳定了村民的收入。未来，寨门村对土地的统筹将不局限于农业，立足于自身生态环境较好、老龄化较高的特点，将重心立于环境污染小、社会效益好的公共服务业，在提升村民幸福感的前提下创造更多收入。

寨门村位于山地丘陵之中，耕地相对破碎，在家庭联产承包责任制实行早期，分到田地的农民从事农业的意愿比较高，村里的土地利用率也维持在高水平，人口多常住于本村。随着城市建设和二三产业发展，由于土地质量参差不齐和农业风险较大等问题的存在，部分农民选择离开收入波动较大的农业，去收入更明确更稳定的工业和服务业务工，伴随而来的是村里青壮年劳动力的流失和老龄化的凸显，一些农地的产出也由出售转为自食，甚至出现了部分荒地。农业劳动力的流失导致了村里农业生产率的下降，更导致了村民收入的下降，使得寨门村在温岭市曾属于欠发达地区。

在土地利用方面，寨门村有过多次统筹利用的实践。山地、林地农业对劳动力质量和机械投入要求较高，山林面积多和青壮年劳动力流失的矛盾让寨门村对山林的利用问题格外重视，如何利用好全村3000多亩的山林面积，使之更高效地增加村集体和村民的收入，成为寨门村对村民所有的山地和林地进行统筹规划利用的出发点。

1.农业高新技术示范园

如何"靠山吃山"，寨门村想到了"筑巢引凤"，将优质的山林出租给农业科技公司，开办高效农业。2012年，在上级政府牵头下，寨门村整合了300户共2286亩土地承包给浙江三合农业科技开发有限公司，合同承包期为70年。2012年6月，王龙口农业高新技术示范园在寨门村正式启动建设，总投资达2.4亿元。整个农业综合体目前主要建成了铁皮石斛和葡萄园基地。在规划中，整个山体被划分为"一心六区"，"一心"指的是位于园区中心的科技研发管理服务中心，"六区"指园区的六个功能区块，除了铁皮石斛和葡萄种植区，未来还将建起葡萄品种园区、名特优水果苗木种植园区、林木盆景园区、林下经济示范园区，除了第一产业项目，今后还将开发农产品加工（第二产业）和农业生态旅游（第三产业）项目（见图1）。

图1　山上的农业园区在建设中

对寨门村村集体和村民来说，租金的设置是增加收入的关键。根据土地流转协议，三合农业科技公司在承包的前35年，每年根据可调整的土地租金支付给村民和村集体相应的土地租金，后35年对项目投入进行评估并拆分股份，寨门村可获得30%的股份并据此享受相应的分红。除了稳定的土地租赁收入和分红收入，园区的建设也为寨门村带来了就业岗位，不少村民参与到园区的建设、生产和管理工作之中，每月能够拿到相应的工资，村里有约50人在园区内常年工作，而在生产旺季，园区会雇佣更多的村民，园区的工作岗位更是让部分原本外出的村民选择回到村里常住。根据协议上的约定，70年流转结束之后，园区的资产归寨门村所有，这种非掠夺性的农业经营观念，使得企业与村之间的合作更加紧密，村民能够享受到企业进驻带来的收入提升，企业也得到来自村集体和村民的支持并愿意同本地生态与社会环境互利共赢。

在这种承包模式下，原先山地林地生产的高难度和高风险由企业来承担。虽然近些年随着农产品的价格波动，山上的铁皮石斛销售价格并不理想，企业收益有所下降，但村民仍然可以保持稳定的租金收入和劳务收入。村集体也愿意根据农产品价格的降低适当减免企业的土地租金，2020年三合农业科技公司共付给村民和村集体约50万元租金，这是因近期铁皮石斛价格下行而下调后的租金数目。合约中双方责任与义务明确，却也不失应有的人文关怀，这样双方的合作关系才能行稳致远。

这些承包出去的土地，主要分布于王龙口山、坞岩后山、黄岩头山上，原先有些是火烧迹地，有些已经抛荒，通过村集体的统筹规划，借由农业科技公司之后，曾经的荒山如今摇身一变，恢复了绿意，更成为村民增收的"金山银山"。

2. 自来水公司

寨门村拥有纯净的水资源，因此温岭市供水有限公司城南分公司设于此，其水源来自桐岭水库。自来水公司的设立，使得寨门村的水资源得到充分利用，本村村民的日常用水水费得以减免，生活污水的处理也更加便捷。水库还配备有发电站，由于发电站对周围的环境存在一定影响，因此发电站会为一定范围内的村民报销新农合的费用。

3. 种植"花海"，发展旅游

除了自己村里的统筹规划利用，寨门村也积极参与了镇里的统筹规划建设，愿意与邻村协同发展。

早些年提起寨门村，温岭人脑海中都会浮现出成片的向日葵、柳叶马鞭草、百日菊等，每一年的花开时节，赏花人纷纷从四面八方赶来村里赏花，最旺的一年接待游客近30万人次，向全国游客展示了乡村花海的独特魅力（见图2）。

图2　寨门村"花香谷"

　　为什么会选择种植富有观赏性的"花海"？因为寨门村交通相对不便，鲜有企业愿意入驻，而邻村有农家乐，镇政府也有意发展乡村旅游，寨门村便积极参与乡村旅游带的建设。正好村里有一些利用效率较低的土地，于是村里在2013年向村民租田试种了60亩向日葵，当年就吸引了大量游客前来赏花，第二年村里又追加了60亩土地并增加了鲜花的品种。"美丽花海"增加了寨门村甚至城南镇的知名度和美誉度，游客可游玩的内容也更丰富，邻村农家乐的生意也因此更旺。

　　旅游季节村民也会选择向游客提供相关的服务，但为了避免无序和混乱，村里会统一进行规划，划定合适的经营区域和业务范围，一方面可以让村民享受到旅游业带来的额外收入，另一方面也是为了维持村里旅游业的良好形象，提升游客对寨门村的评价。

　　"花海"为游客提供的旅游体验获得一致好评，在台州市本地的网络论坛中，游客对于寨门村的美景均给出较高的评价，但其中也不乏对寨门村交通情况的吐槽，节假日村里的堵车现象尤为严重。增收方面，除零售外，也缺少吸引游客消费的点，很难将人流量转化为收入。旅游内容的建设让人眼前一亮，但配套设施和产业的不完善使旅游收入的增长陷入停顿。

　　2020年受疫情影响，村里的"花海"并未续种。邻村后岭村与凤溪村启动了"田园牧歌"和"后岭花开"两个旅游项目的建设，寨门村基于已有的知名度与开办旅游业的经验，积极参与乡村旅游的重建，通过与邻村的优势互补，帮助邻村丰富旅游内容，同时借由邻村的交通优势弥补自身交通欠发达的劣势，几个村计划通过股份制分享旅游的收入。

　　虽然"花海"暂停了，但"战狼"军事文化体验基地仍然持续运营。温岭战狼拓展训练有限公司成立于2017年11月8日，由3名退伍老兵经营，致力于普及青少年国防教育。选址于寨门村是因为其群山环绕的特殊山林地貌，适合进行野外锻炼。基地经营范围包括娱乐性军事训练、素质拓展、教育展览服务等。基地平时会接待中小学学生的研学，体验军事化的管理，也会承接青少年行为规范训练营。作为目前仍在寨门村运行的旅游项目，军事文化体验基地也被纳入了城南一日游精品路线之中。

4. 公共服务

在公共服务领域，寨门村也积极参与镇里的统筹建设，寨门村 47 号是城南镇文明实践示范点。"有困难，找 47 号"是周边村民的口头禅，47 号定期为附近村民开展免费志愿服务活动，对于部分有需求的村民，穿着红马甲的志愿者也会第一时间上门服务。从 2019 年开始，城南镇根据各村的特点，将彭下村、寨门村和凤溪村沿线串联起来，在彭古线沿线打造新时代文明实践示范线。其中，彭下村以文明婚丧礼俗宣传为主，凤溪村以最美人物宣传为主，寨门村以志愿服务宣传为主。作为三村的中心，示范点落户于寨门村，寨门村充分利用城南镇丰富的志愿服务资源，最大化地服务村民农户。

寨门村发展历程中的多次统筹规划、统一建设，多以政府主导、企业与村集体参与的形式开展。这种模式既有好处，也存在缺点。相较于村委，镇政府、市政府能够动用更多资源，也有能力制定更全面的计划与规划，另外两方参与者对合作的信任程度也比较高。但是政府主导一般只能持续一时，在政策思路转变后，政府的参与度下降，则其他两方需要对后续发展和合作形式重新商讨。前期投入主要依赖政府财政支持，财政主要负责建设投入支持，在后续经营管理方面以企业为主，村负责土地供给和村民协商，而本地旅游与公共服务业在创收方面做得并不出色，有许多改进空间，效益的低下让政府和企业在投入方面有所顾虑，久之，一些项目选择暂停，相应的土地也被空置。村里对于空置的土地，由于经营权已经转出，想利用也有心无力。

（二）立足实际情况制订转型目标

在农业、旅游业、公共服务业的统一规划、协作建设的实践，让寨门村形成了统筹全局的发展观念。寨门村总结了这些年以来参与各方合作、组织村民的经验，针对目前村里存在的耕地问题和老龄化问题，制定了适合本地生态环境、人口结构、经济发展水平的对策和转型方案。

1. 耕地流转，提升土地质量与效率

与多数村庄不同的是，寨门村的山林面积占比很大，这导致了交通的不便与耕地的破碎，引发了农业劳动力的外流和本村土地利用效率较低的问题。青壮年劳动力外流的原因在于农业收益的高风险和工资收入的不确定性。

针对本村农业发展的现状，寨门村村委希望通过土地流转的方式，将村民的耕地的使用权流转回村集体，并给予村民与面积数量相当的股份，并由村集体对原本破碎、高低不齐的土地进行平整化处理，将原本不多的平原耕地整合成片，同时对山上的村自有水库进行修缮，完善农田的配套灌溉设施，方便农业规模化经营，提高耕地的利用率。整理后的土地承包给个人或企业经营，土地租金归村民所有，本村村民有优先承包权。

《农村土地经营权流转管理办法》第四条指出，土地经营权流转应当因地制宜、循序渐进，把握好流转、集中、规模经营的度，流转规模应当与城镇化和农村劳动力转移规模相适应，与农业科技进步和生产手段改进程度相适应，与农业社会化服务水平提高相适应，鼓励各地建立多种形式的土地经营权流转风险防范和保障机制。农村土地流转是实现农业规模化、现代化、机械化的有效途径。

寨门村的设想是符合自身现实条件和长远利益的，将原先利用率较低的土地整合，实现统一经营，减少土地资源的闲置与浪费，提升区域内的农业生产效率。村民更是能从土地的转包中获得租金。对于原先从事自产自销农业或不进行农业生产的村民，租金形式的土地产出增加了村民的货币收入。而愿意从事商品化农业生产的村民，既可以选择承包村集体整理后的整片土地，也可以选择以自己的土地入股企业或合作社，无论哪种方式，农业生产成本都受益于规模效益而降低，从事商品化农业生产的村民的收入势必会有提升，寨门村的农业集约化程度也将大大提升（见图3）。

图3　现代化农业园区

2. 宅基地置换，统建养老公寓

劳动力的外流也导致了村里老龄化的加剧，对此，寨门村希望通过宅基地置换的方式来解决村民的养老需求。"养老置房法"在温岭市的另外两个村已经付诸实践，在征得村民同意将宅基地收回村集体的前提下，对收回的宅基地进行复垦，收益与村民分成。同时利用集体建设用地建成综合型健康公寓，配备完善的商业、医疗服务，为老人提供养老服务。这种做法结合了土地整治、农房改造等政策资源，通过宅基地置换的方式，使村里的独居老人老有所养，同时，也可以对村里原先无人居住房和破旧土坯房进行统一整治，利于村容村貌的改善。针对养老公寓居民未来可能产生的自建房需求，村委向所有参与集体养老项目的村民颁发置换凭证，许诺其在产生自建房需求时有权优先取回宅基地使用权；对于自愿永久放弃宅基地使用权的村民，则根据《中华人民共和国土地管理法》给予一定的经济补偿。养老公寓的建设不仅为老年人提供居住，也将带来创业与就业的空间，有效地改善村民的人居环境。寨门村目前计划实施的统筹养老项目旨在通过集中建房，发挥当地无工业污染、山水环绕的环境优势，吸引外来老年人到寨门村养老。届时，相应的配套商业、医疗需求也能吸引资本进入和劳动力回流，并为本村村民提供土地租金收入和就业岗位。

3. 争取公交路线，方便人口流动

对于前述两项工作设想，寨门村正想方设法让村民理解统筹规划的内容，向上级政府展示统筹规划的长远效益。而有一项短期内就可以完成的工作，那就是为村里争取一条公交线路。

长久以来，交通对于寨门村的发展限制是较大的。位于群山之中的寨门村，并不能直接连接到高速公路，需要经过山路穿过其他村庄，这导致企业进驻寨门的意愿偏低。在美丽乡村建设时期，村里将道路都修成了水泥路，方便了村民的外出务工。但是对于村里不能自行远行的老年人来说，没有公交车直达，成为老年人出行的最大障碍，最近的公交车站在邻村，需要走一段上坡路，对老年人来说，出行并不方便。

通公交车不仅是为了方便本村老年人出行，寨门村也希望通过公交车方便温岭市区的游客来村里进行短途旅行，人流量的提升对于村里的旅游业长久可持续发展至关重要，也能成为未来养老公寓项目的重要加分项。

三、统一流转阻力尚存

（一）村民有顾虑，但一户不能少

要想通过土地统一流转实现统筹规划，必须遵循自愿的原则。《关于引导农村土地经营权有序流转发展农业适度规模经营的意见》明确要求严格规范土地流转行为。土地承包经营权属于农民家庭，土地是否流转、价格如何确定、形式如何选择，应由承包农户自主决定，流转收益应归承包农户所有。没有农户的书面委托，农村基层组织无权以任何方式决定流转农户的承包地，更不能以少数服从多数的名义，将整村整组农户承包地集中对外招商经营。

在王龙口农业高新技术示范园的 2286 亩山林的承包过程中，300 多户的山林是村干部一户一户做工作、商量起来才整合起来的。当时对方公司给予了明确的租金，村民可以直观地看到山地林地出租带来的收益，并且山林部分原本就是村民种植意愿和产出较低的土地，租出去并不会给村民带来多少机会成本，租金几乎是纯收入。因此，当年山林部分的统筹利用在整个过程中并没有受到太多来自村民的反对意见。

而对于相对平整的平原耕地和自家宅基地周边的耕地，则会有部分村民不愿意拿出来。寨门村曾经种植过温岭特产高橙，在高橙发生"黄龙病"疫情后，在市农林局的指导下，村里选择了经济效益较高的油桃，并成立了油桃专业合作社，在建设桃园的过程中，村里也曾鼓励村民以土地的形式入股合作社，共同建设油桃产业园，但遇到过一户无论什么价格都不愿意进行土地流转的情况。

而寨门村目前设想的耕地整合和宅地基置换养老公寓工作，更是涉及村民更加在意的自留地和宅基地，初步调查中有 10%—20% 的村民不愿意进行自留地与宅基地的流转。一方面，村里老年人居多，部分老年人对于自留地和宅基地持有惜地观念，究其原因，是一些农民有后顾之忧，虽然村民的主要收入已不来自农业，但在其他收入来源出现问题时，有地起码可以靠自产自销维持日常食物消耗，而土地流出后他们担心没有稳定的就业和社会保障，流转后预期生活水平的不明确是产生顾虑的主要因素。另一方面，土地流转政策的理解工作也存在缺陷，部分农民认为土地流转就是卖地或者长期占地从而产生抵触，也有部分农民在土地政策刺激下，认为土地还能升值，不愿意过早流转。

对于寨门村的不愿参与集中流转的村民来说，预期土地租金的不确定也是重要考量因素。寨门村的集中流转设想中，对参与流转的村民给予一次性补偿，在村统一完成耕地平整整合工作之后承包给经营者，再按年金形式发放给出地者。问题就在于，由于土地整合的中间过程存在，目前村民并不能与未来的承包者直接商讨土地租金，因此未来土地租金的价格甚至是否有人愿意承包都还是未知数，一些村民因此选择先观望。

就宅基地置换来说，除上述观念、保障因素外，有老年人认为多层或高层较自己的土坯房，住宅面积会缩小，在生活成本上也会有增加。这种增加主要来自能源费用的增加，包括相较于土灶更高的管道燃气费、更多的电器带来的电费以及物业费用。

（二）长期收益难确保

当然，持保留意见的村民是少数，只是寨门村这些设想的阻力并不只来自于村民。这些项目的建设需要大量的前期资金投入，尤其是养老公寓的建设，虽然已有企业表示愿意承担建设工程，但村里仍然缺少建设用地指标，若无法在短期内放宽用地指标，那就必然面临先收回宅基地的村民在养老公寓建设期间的安置问题。此外，由于宅基地置换的做法目前只在少数村进行试点，开展时间并不长，还没有到成本回收阶段，因此，上级政府对于寨门村的设想，并不赞成立即付诸实践。而虽然寨门村村委认为养老公寓对高老龄化的本村人口结构的适用性很强，但由于缺乏明确的政策支持和指导意见，目前这些设想也仅停留于口头讨论阶段和询问意见阶段，村里也不敢贸然花费去做方案或者规划，如有明确的政策支持，村委在做村民工作时也能更顺利一些。

四、经验启示与建议

（一）经验启示

在自然禀赋方面，寨门村确实存在先天劣势，地处群山围绕之中，山林面积占多数，耕地质量参差不齐。将田地分到每家每户，在早期确实能激发村民从事农业生产的积极性。但农业的收益始终伴随着较大的风险，结合较差土地质量带来的低效率，也难免村民逐渐选择出门务工，导致村里劳动力年轻结构失衡，进一步降低村里土地的利用效率。对症下药，针对本村土地、劳动力现状制定合适的土地利用方案是寨门村增收的最大秘诀。

面对土地低效问题，寨门村已经有了不少成功的实践，包括王龙口农业高新技术示范园、油桃园、西瓜园，这些都是村集体整合土地统一转包流转给企业或大户的成功案例。在这些实践的基础上，寨门村希望进一步统一流转剩余的利用率较低的土地，这是在农业从业人数较少的村里建设高标准农田的有效途径。

养老公寓的设立亦是如此，村里老年人多的现状难以改变，且老年化会随着时间推移愈发严重。耕地的统一流转可以解决本村劳动能力下降后耕地利用的问题，而养老公寓的设立是为了应对本村人口老龄化后中老年人的生活质量问题。村里每年都在提供各类公共服务，但是由于地点固定，老年人出行不便的原因，公共服务的利用率一直不是很高。集中安置老年人一方面可以使老年人更好地享受到村里提供的服务以提高老年人的生活质量，另一方面也是为了收回附着物破旧的宅基地用以改善村容村貌和建设其他产业所需的配套设施。同时，养老公寓在服务本村人的基础上，增加一些对外营业的业务，也利于发挥环境优势，将绿水青山作为本地养老产业的闪光点，吸引外来老年人享受养老服务，在增加村民收入的同时带动有关商业、医疗服务水平的提升。

当然，任何土地的流转必须遵循自愿这个大原则，并非简单的少数服从多数。部分村民对于统一流转的保守态度在于他们对转出土地后生活保障的担忧，这主要是出于村民对可以看到的短期的实物或货币性质的成本收益的比较。村民对统一流转的收益的认识多停留在可获得的租金，而单户人家的土地数量所带来的租金或许比不上土地带来的安全感，而对于公共服务、就业岗位、相关产业等长期非货币性收益，村民很难有明确的认识。如何让村民实打实地感受到土地流转的非货币收益，是解决土地流转难问题的关键。

（二）建议

1.尽快形成书面方案，阐明项目利弊

目前寨门村耕地统一流转和宅基地置换养老公寓的设想仅停留在口头商议阶段。持保守意见的村民在于其对这些项目非实物非货币收益的不确定，口头的劝说很难完整地表明各类利弊，也容易导致有偏差的表述和理解。书面形式的方案更能系统分析项目的收益与成本，利于各方主体对项目形成长远期兼顾的认识，也便于大家对项目内容提出意见与补充。

2.从可行处入手

虽然目前寨门村在耕地和宅基地流转方面的两个设想受到一定阻力，但并非完全无可着手之处。两个设想的目的分别为提高耕地利用效率和提高村里老年人的生活质量。针对这两个目的，寨门村可以从修缮村自有水库和设立公交线路入手，这是实现两个设想的中间环节，也是目前可以提升农田质量和村民生活质量的有效途径。一步一步一处一处前进，让村民逐渐地切实地感受到村委的想法做法带来的效益。

3. 盘活土地存量

寨门村想要实现土地的高效流转，必须用好村里有限的土地指标，可以根据土地区块划分为不同的用地小区，利用同类用地的一致性，共享相近产业的正外部性，形成各类用地的集聚效应。在方法上，可以参考国有土地常用的"腾笼换鸟""转权换利"等方式，将劳动力转移与土地流转同步推进，为土地流转与流转后的高效利用创造条件。

4. 让村民多参与产业建设，享受产业红利

曾经寨门村的乡村旅游存在村民参与度不高的问题，由政府主导，企业、村集体合力建设，虽然是吸引了不少游客，但村民的参与仅限于零食服务，人流量并未有效转化为村民的收入。未来在产业转型与发展的过程中，势必会带动相关服务业的开展，寨门村应及时对村民进行有关培训，帮助村民形成能够适应新产业的人力资本，使新产业带来的红利能够被村民充分享受到，进而帮助村民增收。

新二塘庙村：
新型农业经营主体示范带动促进乡村产业兴旺

调研员：崔柳（浙江大学中国农村发展研究院硕士生）

被访者名片

陈连明，男，1960 年生，1976 年高中毕业于温岭市新河镇新河中学，1998 年开始担任温岭市滨海镇新胜村村民主任，2004 年担任新胜村村支书，2018 年开始担任温岭市滨海镇新二塘庙村村支书，村委会主任。

我所理解的共同富裕，是按照党和国家的方针政策，落实好上级政府的指示，不断缩小村民之间的贫富差距，让村民们都过上满意的生活。未来我们村还会继续在环境整治方面加大力度，只有乡村的环境变好了，才会吸引更多的年轻人回到村里，才能吸引更多的投资，进一步实现共同富裕。

——陈连明

一、村庄概况和历史沿革

新二塘庙村是浙江省温岭市滨海镇下辖的行政村，地处浙江省东南沿海地区，是典型的以农业生产为主的村落。村内拥有丰富的土地资源、肥沃的土壤、温润的气候，使得葡萄种植业成为重要的支撑产业，也是村民的主导产业，除了种植业外，农闲时村民们也会以编织笠帽或者附近零工作为辅助工作来增加家庭收入。新二塘庙村共有 2 个自然村，在 2018 年 8 月 15 日由新胜村和二塘庙村合并而来，陈连明书记回忆说道："我以前是新胜村的村书记，大概从 2003 年开始，做了将近 20 年的书记了，在两个村合并之后，大家投票又把我选上来了。"曾经的新胜村取得过一系列的荣誉（见图 1），先后荣获台州市"文明村"、滨海镇"优秀基层党组织"和滨海镇"实干论英雄先进集体"等荣誉称号。目前，新二塘庙村内共有土地 2550 亩。村内户籍人口 3001 人，常住人口约 2070 人，劳动力人数为 1090 人，其中第一产业从业人数 654 人，第二产业从业人数 305 人，第三产业从业人数 131 人。常年累计外出务工的人数有 931 人，务农的农户数超过村内总农户数的三分之二。村党支部共有党员 81 名，村委干部 7 名。2020 年村集体经济年收入超过 300 万元，农业经营总收入为 3225.4 万元，户均收入可达 16 万元。村内有在册登记的合作社 3 个，家庭农场 1 个。

图 1　新胜村荣誉墙

在国家大力推进乡村振兴战略发展的背景下，目前新二塘庙村在基础设施建设、精神文化建设、乡村治理、公共服务建设等方面都已经取得了显著成效，为探索实现共同富裕打下了坚实的基础。

（一）基础设施建设完善

新二塘庙村属于农村新型社区，村庄自 2016 年开展农村人居环境整治项目以来，统筹推进村庄各项事业发展。基本实现村容村貌整治、道路硬化、绿化、夜间亮化等一系列工作，道路硬化比例已达到 100%，通至每家每户。此外，村内自来水普及率 100%，保证了村民用水安全，稳定通电率 100%，天然气普及率达到 98%，互联网普及率达 85%。同时，新二塘庙村持续深化开展"千万工程"，不断推进农村垃圾、污水和厕所"三大革命"，不断改善农村人居环境治理。目前，村内共有垃圾集中处理堆 55 处，村内大力提倡垃圾分类处理，通过开展垃圾分类培训讲座，提高村民的垃圾分类意识，此外每户还配有分类垃圾桶，并配有专门负责管理垃圾的工作人员，垃圾回收后统一运到镇上的垃圾发电厂，实现垃圾的再利用。在污水处理上，村内拥有完备的污水处理系统，每户建有污水处理管道，将污水集中处理排放。改厕上，目前村内有公共厕所 4 处，卫生厕所普及率已达 100%。

（二）乡村治理成效显著

新二塘庙村在加快推进农村精神文明的过程中，始终坚持以"政治、自治、法治、德治"四治融合发展作为乡村治理的主线，不断丰富村民精神文化活动，最终"两风"建设取得显著成果，为实现全体村民的"精神富有"打下基础。新二塘庙村大力践行倡导社会主义核心价值观，制定村规民约，实施网格化管理。坚持基层党组织的领导，充分发挥基层党组织的带头作用。针对大事，采取"一事一议"制度，对于村内事务，做到及时公开，宣传到个人，同时做到"大事公开招标，小事发动党员"。目前，村内享有低保人数 47 人，大部分是因病返贫、丧失劳动能力人员。针对低保户，除国家和政府给予的补贴外，针对特困人群，由村领导发起，以村内种植大户为主，部分村民参与的民间组织——志愿者协会，每年捐助 3000 元给低保户。

（三）公共服务普惠共享

教育方面，村内没有幼儿园和小学，村委会到邻近村庄幼儿园的距离为 1.5 公里，村内建有初中 1 所，并配有食堂和宿舍，在校学生人数达到 1300 人。村内拥有卫生室 1 个，获得从业资格的医疗人员 2 人，到镇医院距离 1.5 公里，实现了公共服务优质共享。在养老方面，村内可以实现集中养老，在 2014 年，村内投资 80 多万元建造社区居家养老服务中心，内设老年活动室，阅览室、健身室、休息室、餐厅等为老年人提供各类服务。2015 年被评定为台州市唯一一家"五星级"社区居家养老照料中心。此外，村民享有医疗保险、养老保险、失土保险。其中，村民新农合参与率高达 99%。

（四）精神文化活动丰富

新二塘庙村的精神文化活动十分丰富。村内的文化礼堂会定期举办各种活动，基本可以做到每月组织一次，如端午民俗文化活动、元旦联欢活动、乡风评议活动等。此外，村内还建有 3000 多平方米的文化活动广场（见图 2），为村民提供跳舞、下棋等休闲娱乐活动场所，还会定期积极开展各种文化活动，尤其是在每逢节假日或葡萄收获后，农闲时会安排村民集体看电影、看戏等，极大丰富了村民们的文化生活。近五年，村内未发生过违法犯罪或民事解纷、土地纠纷、群众集体上访等事件，被台州市评为"文明村"。村两委关系和谐，团结一致，带领村民致富。

图 2　新二塘庙村文化活动广场

二、新二塘庙村产业发展成效

我国的传统农业生产以小农经济为基础。近年来由于信息化和城镇化进程的加快，分散的小农户在农业生产上面临着越来越多的问题。而新型农业经营主体成为促进小农户与现代农业有效衔接的重要载体。相比于传统的分散的小农户，新型农业经营主体更容易整合农业生产的人力、资金链，在促进农业规模经营、提高农业的效益、增强市场竞争力等方面具有一定的优势，培育和壮大新型农业经营主体，是解决农村"未来谁来种地"的重要途径，同时也是实现乡村产业兴旺、探索实现共同富裕的基础。党的十九大报告指出"培育新型农业经营主体，健全农业社会化服务体系，实现小农户和现代农业发展有机衔接"。2013年，中央一号文件中首次提出构建新型农业经营体系，此后历年的中央一号文件一直高度重视新型农业经营主体的发展。2019年中央一号文件强调要"突出抓好家庭农场和农民合作社两类新型农业经营主体"，2020年中央一号文件再次强调要"重点培育家庭农场、农民合作社等新型农业经营主体"。在此基础上，《关于加快构建政策体系培育新型农业经营主体的意见》《新型农业经营主体和服务主体高质量发展规划（2020—2022年）》等一系列支持新型农业经营主体发展的政策措施陆续推出。目前，我国新型农业经营主体的发展取得了显著的成效。截至2020年底，以家庭农场为例，全国家庭农场名录系统填报数量超过300万个，创建县级及以上示范家庭农场数量达11.7万个。

近年来，新二塘庙村通过打造农产品品牌和新型农业经营主体，在发展壮大乡村主导产业的过程中始终坚持以"绿水青山就是金山银山"为抓手，有效保证了优质环境的生态效益，经济效益农民收得到，将"绿水青山就是金山银山"转化铸成了"共富"的金钥匙。

（一）放大产业优势，发展生态农业

滨海葡萄的发展史可以追溯到 20 世纪 80 年代末，最早是由民益村开始种植，自 2000 年后随着葡萄技术的成熟、引进品种的丰富、市场知名度的提升，葡萄产业进入快速发展阶段，逐渐发展到各个村。2020 年，新二塘庙村农业经营总收入为 3225.4 万元，户均收入可达 16 万元。在葡萄的种植过程中，新二塘庙村始终坚持"绿水青山就是金山银山"理念，大力发展生态高效农业。在调研团队走访参观的家庭农场中，农场主拥有的三个种植区、总面积超过 130 亩的土地上，全部采用滴灌技术，同时使用测土配方肥等绿色生产技术，化肥使用以有机肥为主，保证农产品品质的同时也减少了对环境的污染。此外，村委领导与镇政府每年都会联合开展行动，组织对葡萄进行检测，保证葡萄的"绿色无公害"。在生产标准化的基础上，村两委在上级政府支持下还通过举办"葡萄节"等多种方式推广。此外，村内将 200 亩土地承包给大户用来开展农家乐，农家乐以孔雀园、特色采摘等项目为主，吸引大批游客前来参观游玩，实现了农旅融合发展、壮大集体经济的同时，在一定程度上解决了部分劳动力就业的问题。

（二）运用农产品品牌，提高知名度

"温岭葡萄"地理标志运用促进项目由温岭市市场监督管理局牵头，联合温岭市农业农村局和水利局等相关部门、行业协会和合作社于 2020 年 11 月共同实施，同时该品牌也被列入 2020 年台州市地理标志运用促进项目并获得了资金支持。2021 年 6 月，第三届葡萄节暨"温岭葡萄"地标品牌推广大会在新二塘庙村的孔雀园圆满落幕，在一定程度上扩大了品牌影响力，提升了温岭葡萄的知名度。整个滨海镇有着独特的地理优势，葡萄成熟期早于其他省份，同时也避免了台风等自然灾害，并通过该品牌实现了生态溢价。借助"温岭葡萄"这个地理标志农产品品牌，当前新二塘庙村产的葡萄的销路和价格都很好，

每年葡萄成熟期都会吸引大量的收购商前来收购，某些品种的葡萄前来收购的价格可达到 15 元 / 斤，实现了产品的优质优价。生态价值支撑的区域品牌成为村民致富的源头活水。新二塘庙村也不例外，每年葡萄成熟期都会吸引大量的收购商前来收购。但保证每年都有销路的前提就是必须保证葡萄的品质，在这一点上，村委领导与镇政府联合开展行动，每年都会组织对葡萄进行检测，保证葡萄的"绿色无公害"。

（三）发展多种经营主体，构建利益联结机制

村内大力支持家庭农场、农民合作社等经营主体的发展，现有在册登记的家庭农场 1 个，合作社 3 个，带动的农户数约 35 户。一方面，合作社和家庭农场充分发挥了其在农户培训和统一销售方面的作用。如在农户培训方面，不仅有上级政府与浙江大学农业试验站展开的合作，每年组织 3-4 次专家教授进行农业技术指导和培训，村民参与率较高，反响较好。另一方面，采访到的示范大户称自己也会积极主动地学习一些葡萄种植方面的先进技术、绿色生产技术，部分村民也会前来向她学习。在销售方面，村内葡萄的销售主要靠商贩收购为主，但也形成了"合作社 + 农户""知名企业 + 农户"等多种销售形式。

三、华红家庭农场案例

滨海华红家庭农场通过自身探索实践，走出来一条独具特色的规模化、绿色化、品牌化的发展之路，不仅自身取得了良好的经济效益，通过充分发挥自身的示范带动作用，在促进乡村全面振兴的过程中发挥了重要的作用，未来在探索共同富裕的道路上也将继续发挥不可替代的作用。

滨海华红家庭农场位于浙江省温岭市滨海镇新二塘庙村，于 2020 年注册成立。该家庭农场以种植葡萄为主，农场主谢雪红 1980 年出生，是本村人，

虽然他只有初中学历，但乐于学习和思考，敢于创新，易接受新技术。注册家庭农场之前已经种植葡萄10年，据农场主说，因为近年来国家出台了一系列政策保障粮食安全，非农用地受到了严格的控制，所以扩大葡萄种植面积是很困难的，注册家庭农场的初衷主要是扩大知名度，更好地种植葡萄，未来也打算引进新品种如阳光玫瑰等，或注册属于自己的品牌，提高家庭农场的综合竞争力。家庭农场劳动力5个人，常年雇工3人。家庭农场在种植过程中采用了滴灌、测土配方施肥等绿色种植技术，在提高经济效益的同时，也保护了生态环境，是村内乃至镇里家庭农场的典范（见图3）。

农场目前种植面积120亩，都是流转承包的周边村村民土地，全部种植面积采用来滴灌技术。以种植葡萄为主，主要品种是巨峰，2020年葡萄每亩产量可达3000斤，每年葡萄的成熟期在5月份，销售期大约2个月，售完在7月左右，成熟期较早，每年基本都可以在台风来临之前卖完，所以受灾害影响很小。品质最好的葡萄可以卖到每斤12元，品质相对较差的也可以卖到每斤5元。主要销售方式是商贩收购。

（一）吸收流转土地，开展规模化经营

家庭农场所在的滨海镇，是典型的农业强镇，凭借着独特的资源禀赋和地理优势条件，葡萄产业的发展具有很大的优势。近年来，外出打工和经商的人很多，尤其是新一代的年轻人，很少会选择回到村里，为土地实现规模化经营奠定了基础。从最开始种植葡萄到如今注册家庭农场，经历了近10年的时间，从最初的几十亩到如今的120亩，积累了丰富的种植经验。目前家庭农场共承包土地120亩，承包地平均价格约每亩2200元，高于滨海镇土地的平均承包价格。

图 3　家庭农场中使用的滴灌设施

（二）绿色化种植，注重提升生态效益

为保障土壤的质量，农场采用了测土配方施肥技术，聘请专家到地里对土壤进行检测，评估土壤肥力，有针对性地施肥，保护土壤的同时也提升了生态效益。葡萄的种植需要温室大棚，每年都需要重新更换塑料薄膜，农场主说在使用之后会进行统一处理。同时支持国家政策，减少化肥农药的使用，大量使用有机肥。在基础设施建设方面，农场主在所种植全部土地上都配备了滴灌技术的设备以用于喷洒农药和化肥，这种方式使得每亩地成本投入大概2万元。农场主介绍说，即使固定生产成本增加，他们也很愿意采用先进的技术，一方面是这些技术的使用确实带来了很大的方便，节省雇工，虽然开始投入巨大，但长期使用也降低了生产成本。另一方面是可以保护土壤和生态环境，有利于第二年种植。

（三）重视品牌化，注重提高品质

家庭农场所在县拥有"温岭葡萄"地理标志农产品品牌。滨海镇因为葡萄的成熟期相对较早，不仅每年都吸引了大量的商贩前来收购，销售到省内以及省外，而且也可以卖出很好的价格。农场主说，镇里每年都会有专业的人员前来对他们种植的葡萄进行检测，确保葡萄在生产和农药等方面符合一定的标准。在葡萄种植、管理过程中，大量采用绿色生产技术，也可以确保种植出来的葡萄的品质和口感。在葡萄的销售方面，也有稳定的收购商。农场主也考虑在未来注册属于自己的品牌，扩大知名度，提高综合效益。

（四）带动农户，提高村民收入水平

2020年，在不考虑自家劳工投入的情况下，家庭农场净收入达到100万元左右。相比于其他分散的小农户，这是一笔相当可观的收入。除了付给农户

一定数额的租金外，家庭农场也提高了本村和周围村部分农户的非农收入。家庭农场常年雇工 3 人，在葡萄收获时节，也会雇佣很多的散工，帮助部分村民在稳定农业收入的基础上增加了非农就业收入。此外，农场主说他们也会在技术使用和销售方面帮助本村其他农户，教他们使用技术或者帮助其他农户一起销售。

（五）参与培训，不断学习创新

在葡萄种植方面，上级政府每年都会聘请专家来进行指导，或组织讲座培训等，基本每 3 个月就会开展一次。农场主介绍说自己每年都会积极参加这些培训，此外，她还会积极主动与专家进行交流学习，积累经验。通过参加这些培训，自己不仅可以收获很多种植方面的知识，还开拓了视野，结识了很多可以分享和交流的人。

四、新型农业经营主体发展面临的困境

通过对滨海华红家庭农场的调研走访，可以发现，虽然当前家庭农场在发展过程中取得了一些成效，但其在政策支持、人才发展和信息化发展方面存在着许多问题，这在一定程度上也是当前我国村级家庭农场建设发展过程中面临的共性问题，严重阻碍着村庄的建设发展。新型农业经营主体发展中面临的问题也会影响其在促进乡村全面振兴以及探索实现共同富裕的道路上作用的发挥。

（一）政策支持力度不够

伴随着乡村振兴政策的落地实施，近年来，新二塘庙村在村庄建设过程中

已经得到了一系列政策的扶持，但专门针对家庭农场等新型农业经营主体发展的政策的效果并不好，主要表现在财政资金、土地流转政策两个方面。

在财政资金支持方面，一方面，主要由于目前落实到新二塘庙村的大部分财政政策都集中在以支持小农户生产经营、农业基础设施建设和村庄环境整治方面，鲜少有支持家庭农场等经营主体发展的政策。这一点在和农场主的交流时也得到了证实。另一方面，已有的部分财政支持资金的门槛很高，获得十分困难。尤其对于像滨海华红家庭农场这样成立不久的中小型农业生产经营主体来说，自身融资体系不健全，同时又需要大量的资金投入来购买生产设施，获得足够的资金支持十分迫切，而已有的金融贷款支持力度不够，贷款机构手续繁杂，使得资金成为制约新型农业经营主体发展的瓶颈。

在土地流转政策支持方面，新型农业经营主体也面临着困难，农村土地经营权流转政策效果欠佳，采访村书记也提到"现在很多村民就是想不通，不愿意将土地流转出来"。近几年来在国家一系列基本农田保护政策的影响下，农用土地限制十分严格，尤其像新二塘庙村以葡萄种植为主导产业，在土地开发使用方面获得的支持政策几乎没有，这也导致家庭农场等农业经营主体不能再继续扩大种植规模，难以获得发展所需要的土地资源。

（二）专业人才匮乏

滨海华红家庭农场农场主虽然年纪不大，但学历偏低，这也导致了目前家庭农场在管理上规范化程度不高，既没有建立起完整的规章管理制度、财务收支明细和农业投入产出记录等，也无法引进更加先进的生产技术，吸引优秀人才加入。新型农业经营主体的发展不仅需要有思想的人，更需要懂技术、会管理的专业人才。当前我国新型农业经营主体发展过程中在人才方面面临的突出问题就是经营人才匮乏和发展后继乏人。此外，村内新型农业经营主体的发展与村庄发展有着密切的联系。

纵观家庭农场所在的新二塘庙村，可以发现整体村民学历不高，村委会成员平均受教育年限只有 12 年，无论是文化素质还是思想道德素质，整体水平都不高，村内缺乏相关培训，农业专门技术人才匮乏，大部分村民学历偏低导致其观念陈旧，难以适应新的理念和技术，不愿意做出改变，缺乏动力，尤其在对现代农业信息技术的采纳和应用方面。此外，村内近几年都没有大学生返回从事相关工作，村民对于新鲜事物的学习和应用能力不足，难以适应时代的发展需求。村内从事农业种植的大多年纪在 50 岁以上，他们的下一代基本都外出务工或上学，未来也没有回来的打算。长此以往，村内也将面临严重的"谁来种地"的难题，这也进一步制约了新型农业经营主体对于人才的需求。

（三）信息化建设匮乏

虽然滨海华红家庭农场在种植过程中已经使用了滴灌、测土配方施肥等绿色生产技术，但在农业信息技术应用方面仍然比较薄弱，与真正的现代农业所需要的信息化相比仍然有较大的差距，主要表现在农业信息供求和农产品网络销售两个方面。

在信息获取方面，利用互联网渠道获取信息的水平比较低，导致了信息获取途径和内容单一，而在信息发布方面，主要依靠的还是手机等传统的信息传播渠道。据滨海华红家庭农场农场主介绍说，其在生产经营过程中主要依靠手机短信、电话等传统方式作为获取信息的重要途径，很少通过手机 App、农业信息站、政府信息服务机构、村内宣传栏等其他途径来获取信息。在内容方面，通常也只关注市场供求，较少关注农技推广类和生产经营类信息，遇到农业生产方面的问题时，更多地依靠经验或者寻求技术人员进行解决。

农产品网络销售在某种程度上可以展现地方农业信息化的水平。在农产品网络销售方面，滨海华红家庭农场主要以销售葡萄产品为主，每年的销售都是依靠多年相识的商贩前来收购或者熟人介绍买卖，销售渠道单一，没有充分利用好本村所具有的交通和互联网优势。但对于种植葡萄和其他瓜果类等生鲜产品的新型农业经营主体来说，其面临着农产品易腐易烂的问题，对包装和物流都有很高的要求，运输成本较高，很难远距离销售，同时缺少懂得使用互联网平台和经营技巧的人才，所以往往网络销售比例低。而发展农产品加工业又需要较高的投资成本，所以他们大多不愿意进行远距离销售。此外，大部分农业经营主体不愿意做出改变也是制约农业信息化发展的重要因素。大部分小农户更愿意依靠多年的种植经验，致使现代信息技术难以真正地应用到农业生产经营中。

五、大力发展新型农业经营主体的几点启示

通过对新二塘庙村家庭农场的分析，我们可以发现其在促进农村土地流转，加速农业产业结构调整，发挥示范带动作用，提高农户收入，进而促进乡村产业兴旺过程中发挥着重要作用，具体可以概括为以下三点。

（一）促进农村土地流转，解决"谁来种地"的难题

通过大力发展新型农业经营主体，可以实现对农村的土地实行统一规划、统一种植，通过促进土地流转实现规模经营，解决未来农村"谁来种地"的难题。新二塘庙村在发展过程中，也面临着劳动人口流失和人才不愿返乡的难题，家庭农场在发展过程中，承包了本村及周边村庄100多亩的土地，进行科学种植、规模化管理，在一定程度上，也可以解决目前农村劳动人口流失带来的土地闲置等问题。通过将土地流转，实现了规模化经营。此外，大力发展新型农业经营主体不仅可以留住农村劳动力，甚至是吸引人才返乡创业，尤其是拥有一定资金、技术或能力的人，为村庄发展注入强劲的动力。

（二）加速农业产业结构调整，延长农业产业链

实现乡村全面振兴的路上，离不开富民产业的发展。不能仅靠农业第一产业增收，因此应该大力发展具有地方特色的农业产业，充分发挥产业资源的优势，逐步将农业发展重心向二、三产业转移，推进农业三产融合，通过多种渠道促进农民增收。新型农业经营主体相对于分散的小农户，在整合农业生产的人力、资金链方面具有一定的优势，相比于一般的小农户而言，新型农业经营主体在发展过程中更容易开展多种形式的农产品的流通和交易，延长和优化农产品的产业链，发挥互联网线上交易功能，并且带动线下农产品生产、加工、包装、配送等环节发展，同时也可以为农民提供就业和增收机会。家庭农场可以充分利用温岭市的葡萄资源优势，并借用"温岭葡萄"地理标志品牌。

（三）发挥示范带动作用，提高农户收入

家庭农场在其生产经营过程中，充分发挥了示范带动作用。在家庭农场的带动下，大量的新技术、新品种和新设施被当地农户采纳，在采用新技术或者种植新品种上，如绿色生产技术，农场主介绍说，他们在大面积采用滴灌技术时，周围农户会前来向他学习，不少农户看到效果好，回去也会采用。在销售上，部分小规模的农户在销售农产品时会遇到销售难的问题，通过发展"家庭农场＋小农户""合作社＋小农户"的形式，可以有效地解决销售难的问题。此外，家庭农场不仅转包了村内农户的土地，给予农户土地租金，同时也会常年雇佣部分村内农户，提高他们的收入，尤其在每年葡萄收获采摘的季节，雇佣更多的农户，增加了非农就业收入，提高了农户的收入。新型农业经营主体一般具有更高的思想素质或者管理水平，敢于接受新事物、尝试新技术。在经营管理理念和使用先进生产技术方面，往往能起到好的示范带动作用，在一定范围内加速了农业产业结构调整。

六、大力发展新型农业经营主体、促进乡村产业兴旺的几点建议

（一）加大政策扶持力度

加大对新型农业经营主体的支持力度，尤其是在土地、培训和资金支持等方面。首先，政府要加大对土地流转的支持力度，建立健全土地流转服务体系，制定相关政策和程序，鼓励农户规范化流转土地，帮助新型农业经营主体解决土地流转过程中面临的问题。鼓励农户将土地向大户流转，加大财政支持力度。其次，要重视培育新型农业经营主体，积极开展培训和引导宣传，鼓励村内具有较高素质或技能的人率先开展规模化经营。加大对新型农业经营主体的金融支持力度，出台规范管理政策措施，增强对于新型农业经营主体的认定和培育。此外，也要加强对新型农业经营主体的管理，提高其经营能力和管理水平，加大对新型农业经营主体的指导和培训。最后，要加大对新型农业经营主体的资金扶持力度，对其给予补贴，降低新型农业经营主体的贷款门槛，适当放宽贷款条件，鼓励金融机构对新型农业经营主体实施贷款优惠政策，保障新型农业经营主体的资金供应。

（二）加大人力资本投入力度

加大对农村地区人力资本投入的倾斜力度，重视地区人力资本发展，坚持扶志与扶智相结合，加强职业技术教育和培训，提高经营主体的能动性。制定完善的人才培训政策，定期开展组织培训、参观考察等，提高新型农业经营主体的整体素质，大力培育出一批懂技术、有思想、懂经营的经营主体。同时新型农业经营主体也是培训职业农民的重要阵地，以新型农业经营主体为载体，对农户加大开展非农职业教育、相关就业技能培训和外出务工的扶持力度，加

快提升当地劳动力素质也可以发挥一定的作用。此外要加大政策投入力度，优化农村地区的就业环境，增强农村就业吸引力，鼓励大学生到农村地区长期学习实践，鼓励优秀人才到农村地区就业创业，尤其是要吸引在发达地区从事现代农业生产、农产品加工、电子商务运营等行业的人才返乡创业，实现技术、经验和资金的正向回流，大力发展多种新型农业经营主体。

（三）加强农业信息化建设

信息化建设和发展是农业农村现代化和产业转型升级的基础，也是实现农业高质量发展的关键。从农业信息的供给主体来看，地方政府要加大投资力度，既要保障农业信息化基础设施建设的资金，更要注重信息化建设之间的衔接，做好村级与县级以上信息服务机构之间在农业信息服务方面的信息互动，增强新型农业经营主体在农业生产、销售方面信息获取时的敏感性和便捷性；加强农业信息方面的宣传，从上到下普及，层层落实。政府应该针对农业经营主体之间的差异性，提供不同的信息以满足其发展的需求，同时要注重提高不同新型农业经营主体之间的信息传递，充分发挥辐射带动能力；从新型农业经营主体自身来看，要提高科技创新能力，增强自身获取信息和应用信息的能力，提高农业信息技术成果转化率。自身不断学习，勇于接受新鲜事物，提高自身对农业信息平台的应用效率；积极参加政府和其他科研机构组织开展的信息化方面的教育培训，避免由信息供需不匹配所造成的损失。

访谈时间：2021 年 8 月

访谈地点：新二塘庙村村委会会议室

访谈整理：崔柳

民益村：品牌助力农户增收共富
——以"滨珠"葡萄为例

调研员：韩子名（浙江大学中国农村发展研究院博士生）

受访者名片：

颜春生，男，1960 年 5 月生，浙江温岭人，中共党员。历任民益村支委、村委会主任，2020 年村"两委"换届后，按照"一肩挑"要求，担任民益村党支部书记、村委会主任。在任 20 年间，他始终牢记老书记陈匡森的嘱托，在大棚葡萄产业发展上做文章，推进民益村产业兴旺和乡风文明的有效衔接。

我认为实现共同富裕，首先就是要因地制宜，找对路子，推进产业振兴，这是解决农民收入问题的前提，其次就是要搞好工业化。我对乡村振兴的畅想也不多，就是希望老百姓日子越过越红火，环境越来越好。

——颜春生

一、村庄概况与历史沿革

民益村隶属于温岭市滨海镇，位于廿四弓河南岸，四福河东畔，南邻东楼、新二塘庙村，老湾河穿村而过。村内的行道树枝繁叶茂，随风摆动，构成典型的江南水乡风貌。村庄地处平原，遍布网格化混凝土道路，距镇政府所在地2.5公里，市政府所在地20公里，交通便利。周围两公里内幼儿园、小学、初中、卫生所、邮局、农资销售点等配套设施齐全，是县级新农村建设试点村。在试点建设背景下，民益村分别获评2008年、2010年、2011年度温岭市整治达标村和全面建设小康示范村，超过90%的家庭接入了生活污水处理的公共管道。2014年，村庄全面完成"美丽乡村精品村"工程项目。全村环境清洁环保，优美宜人。

民益村共有人口1440人，15岁以下的儿童和60岁以上的老年人分别有180人和460人。该村男女比例相对均衡，少数民族人口很少，村民受教育程度多半只有小学或初中。村庄共有近600户农户，其中300户左右只务农，200户左右在外经商，剩下的以在本地做小生意为主并兼顾农业。2020年，民益村人均收入在38850元左右。该村集体经济比较薄弱，年收入为16万元，主要依靠土地租金。

本村现有耕地1050亩，全村以种植葡萄为支柱产业，滨海葡萄合作社生产的葡萄还荣获浙江省名牌产品。民益村自20世纪80年代开始种植葡萄以来，目前种植面积已达840亩。2011年民益村凭借大棚葡萄种植入选全国首批"一村一品"示范村名单。村经济合作社还规划建设优质水果多样化栽培示范基地，目前首期80亩已基本完成。该村也有少量工业，如机械加工、齿轮制造、塑料制品及汽车坐垫材料制造等。

二、民益村大棚葡萄产业发展梳理

（一）起源——葡萄种植中的能人引领

民益村是个典型的农业村，村内土地曾以粮食种植为主。1985 年，该村党员陈匡森所在的大队分配到了巨峰葡萄的种苗。为提高土地产出率，陈匡森与陈济林、陈瑞春等 12 位村民尝试在村内的零星地块上种植葡萄。虽然种葡萄的收益好过种粮食，但由于当时葡萄大多是露天栽种的，容易受台风影响。再加上葡萄成熟得晚，村民的种植技术水平较低，病虫害较多，不仅葡萄品质不如外地，收成也不够稳定。为了提高葡萄产量，减少病虫害，陈匡森等人四处求学，在嘉兴学到了新的葡萄种植技术，并返回家乡继续种植葡萄。当年陈匡森就承包了 50 亩土地进行葡萄种植，第二年又发展到 78 亩。1994 年，陈匡森将露天种植的葡萄改为大棚种植，抗台风能力增强，葡萄的成熟期也得以提前，产量大幅提升，取得了较好的经济效益。于是，在热心肠的陈匡森等人的带领下，当地村民们纷纷效仿，开始种植大棚葡萄（见图 1）。

图 1　民益村的葡萄大棚

产量上来了，销路却成了问题。因为当年温岭种植葡萄的农户较少，葡萄收购商也基本不来这里，陈匡森就亲自跟着拖拉机，将一车车的葡萄运到玉环和松门的市场上卖，极大地开拓了当地的葡萄市场。2002年至2003年，葡萄种植开始在村里大面积推广，再加上所种巨峰葡萄品质优良，香甜可口，很受消费者喜爱。葡萄种植业的迅速发展，带农惠农效果显著，也给民益村带来了新的机遇。几年间，村里就铺上了水泥路，逐渐搬出了石板屋，住上了新房子。2004年，民益村成为浙江省大棚葡萄基地，并创建了滨海葡萄专业合作社。滨海当地人还给民益村生产的葡萄取了个好听的名字——"滨珠"葡萄，寓意为"滨海之珠"。一步一个脚印，民益村的大棚葡萄越来越有名，每到葡萄成熟的季节，全国各地的商贩都会前来收购。

（二）成长——农户的自主探索与共享发展

民益村牢牢把握"农业要发展，乡村要振兴，农民要富裕，就要培养壮大主导产业和特色产业"这条主线，从传统的农业村变成了远近闻名的葡萄种植特色村。其中，农户的自主探索和"传帮带"就发挥了十分重要的作用（见图2）。

图2 正在采摘葡萄的村民

随着越来越多的村民加入大棚葡萄种植的行列中来，如何提升种植户的葡萄种植技术，共同富裕，就成了一个重要问题。2002 年，陈匡森当选民益村党支部书记，开始使用"传帮带"的方法。一方面，他积极开展葡萄种植的技术培训，实地讲解示范，发动党员积极为有技术需求的农户解决葡萄种植中碰到的难题。这种党员与农户结对子、手把手教学的方式，大大降低了村民的交易成本，很多农户在较短的时间里掌握了葡萄种植技术。另一方面，民益村党支部因势利导，采用"支部 + 合作社 + 果农 + 党员志愿者服务队"的组织模式，实现了支部引领葡萄产业发展，促进乡村振兴。例如，该村的陈子建因病在 2010 年动了三次手术，负了债。依托党员先锋岗，村党支部指派该村党员，也是最早一批种植葡萄的村民陈瑞春对陈子建进行结对帮扶，指导康复后的陈子建种葡萄。如今，已年逾七旬的陈子建种有 5 亩葡萄，亩均收入能达到 1.4 万元左右，不仅还清了债务，老两口还过上了好日子。

在该村党支部的推动下，村民种植葡萄的积极性高涨，种植规模迅速扩大。截至目前，民益村有 1050 亩耕地，80% 被用于葡萄种植，此外还有 200 多亩水稻和 40—50 亩蔬菜。由于民益村面积只有 0.71 平方公里，村里的地不够用，不少村民便到周边村庄承包土地种葡萄，甚至还有人远赴云南、贵州等地承包土地种葡萄。"以前在房前屋后种，后来出村、出镇种，现在'追着太阳种葡萄'，我们将葡萄产业发展到了省外。"陈匡森说。

目前，民益村村民种植的"滨珠"牌葡萄，采用国内独创的连栋大棚栽培技术，让整个葡萄种植园连成一片。大棚内空间充足，修建的高度可以让农户在棚内自由行走。棚下方挖有水池，连接着水管，既有喷灌，也有更加节水高效的滴灌设备。农户充分利用当地特有的水土条件和气候特征，培育特色葡萄品种，主要为欧美杂交种的巨峰、欧亚种（提子）的京玉、红地球、美人指等，品种均经多年的改良与适应性栽培，吃起来香甜可口。

目前，村里已拥有陈济林的"滨珠"葡萄、陈小友的民益大棚葡萄、陈济善的温岭市田园果业等 3 个葡萄专业合作社，还形成了规模在 30 亩以上的家庭农场 7—8 家，村民种植的葡萄面积已达到 3000 多亩，种出的葡萄畅销全国各地，深受广大消费者的追捧，民益村也被农业农村部列为全国首批"一村一品"示范村。目前民益村大棚葡萄年产值在3500万—4000万元。据该村党支部书记颜春生说："我们当地村民种葡萄少则十亩二十亩，多则一两百亩，收入十分可观。粗略估算每亩葡萄纯收入一般有1万多元，一些种得好的甚至高达2.5万元。"由此可见，大棚葡萄的种植极大助推了民益村的产业兴旺，再加上这一产业具有生态化特征，与当前持续推进的乡村振兴和共同富裕要求十分契合。

（三）溢出——产业示范与公共服务推广

共同富裕的实现要重点保障低收入人群的利益，民益村通过葡萄种植斩断了穷根，为乡村振兴打下了坚实基础，为农户提供了坚实的公共服务保障，其模式也被滨海镇各村庄广泛采用。

1. 葡萄种植的规模效应

由于民益村所处的滨海镇濒临东海，海水冲击海岸形成堆积的泥沙，造就了滨海镇在温岭市众多乡镇中唯一的平原景象，为当地种植葡萄提供了很好的地理优势。再加上民益村的大棚葡萄种植（见图3）在整个温岭市都起步很早，其示范作用吸引了其他许多村庄的人来学习。以滨海镇的永康村、新二塘庙村为例，它们均与民益村毗邻，且最初都是依靠民益村的葡萄种植技术发展起来的，当然它们也表示并非照搬照抄民益村的葡萄种植模式，也都进行了技术革新和土地整合。例如永康村较早就实验了在葡萄种植中采用水肥一体化和测土配方施肥技术。20多年间，滨海镇葡萄种植面积从一开始的数百亩，

图3　民益村葡萄大棚外观

发展到现在的 2.5 万亩。2018 年，滨海镇实现了葡萄产量 3.8 万吨，年产值 4.5 亿元，占全镇农林牧渔总产值的 66.2%。

依托良好的产业基础，滨海镇培育出了"滨珠""约翰"等多个省内知名农业品牌。为了提高葡萄品牌的知名度，滨海镇政府牵头，带着"滨珠""吉园"等品牌多次参加各地举行的农产品推介会，让滨海品牌从本地市场，走向长三角市场，乃至华东市场，滨海葡萄的名气越来越大。与此同时，依托良好的生态环境、优美的田园景观、多彩的文化资源，通过"农业 + 旅游"的形式，滨海的休闲旅游观光农业发展迅速。近年来，滨海镇先后获得了浙江省农业特色优势产业强镇、省级生态镇、省级科普示范镇、农作制度创新示范镇、全国"一村一品"示范镇等荣誉称号。

2. 开展农村人居环境整治

为了提高土地的利用率，合理规划葡萄种植，民益村在滨海镇统一领导下，开展了土地集中整治工作，清理出来 150 多亩闲置的宅基地，来大力发展葡萄种植。2015 年左右，随着美丽乡村建设的推进，民益村的人居环境治理提上了议程，于是村委会利用上级扶持资金，大力改善居住环境。民益村过去家家户户随意排放生活污水变成了历史，现在大家统一使用由镇里修建的公共排污管道，方便了很多，也减少了对环境的破坏。村里有三条河绕村而过，过去河道里全是垃圾，一阵风吹过，到处都是臭味。现在通过对河道的清理，把垃圾运走了，还对河道两岸进行了砌石加固，并在河两岸栽满了树木，臭味再也没有了。民益村在原来垃圾处理厂的位置修建了村民的公共健身场地，在原来的小学基础上改建了文化礼堂，还对乡间小道进行了集中硬化。村民们可以来锻炼锻炼身体，打打牌，聊聊家常，看看书，对村委会工作的满意度和幸福感明显上升了。近些年来，垃圾分类工作日益受到重视，村委会在村里设置了 13 个垃圾分类定点投放垃圾桶，教育村民将垃圾按照可回收垃圾、不可回收垃圾、厨余垃圾和有害垃圾的分类标准分别投放，还在村里设置了 50 个左右的公共垃圾桶。目前，民益村的环境整体改善明显，大家对"绿水青山就是金山银山"

理论了解度更高，认可程度也更强。

3. 村级互助组织的运作

早期的葡萄种植带富了一群人，再加上浙江人敢闯敢拼的性格，部分人走出民益村，到其他地方创业工作，获得了很好的发展机会。通过访谈发现，民益村在外打工人主要流动地为上海、杭州、武汉、大连等大城市，大多在外经商，很少有务工的，从事的工作包括卖小菜、开服装店、开超市等，也有部分人员在政府、国企和事业单位上班，外出工作人口约占本村总人口的三分之一。如今这些人大多拥有较高的收入，对村庄的发展起到了积极作用。例如部分在外经商的"大老板"共同建立了慈善工作站，目前募集了10万多元，主要针对低收入农户予以资金帮扶，对患病村民提供每人3000元的生活补助。他们还热心公益事业，为村里修楼修路出钱。村里的党员们成立了党员基金会，为每位考上大学的本村大学生提供1500元的奖励，鼓励孩子们好好读书，接受教育，目前民益村已经有2名孩子考上了清华大学。慈善工作站和党员基金会的持续注资为村里各项事业发展提供了保障。

4. 教育和医疗保障

教育和医疗是全国群众都普遍关心的问题，民益村按照上级统一规划，积极保障村民的健康权和儿童的受教育权。当地整合教育资源，利用距离镇区较近的优势，撤销本村的幼儿园和小学，统一到镇上的滨海幼儿园和滨海镇第二小学就读，因为距离较近，只有一公里多路，孩子们不用住校，家长十几分钟就可以完成孩子的接送，教育质量也得到了保障。目前当地村民看病主要依赖新型农村合作医疗的报销，小病花费不多，合作医疗每年的保费为530元／人。但是，看病难，尤其是看大病难的问题依然存在，该村村民普遍反映自身身体健康程度一般，要是遇到小病还好，遇到大病的话，合作医疗很难覆盖，基本上会负债。近些年来，村里60岁以上患癌症的老人明显增多，村里边的低收入农户也多与身体残疾和生病有关。

三、共同富裕目标下葡萄品牌的发展困境

（一）新型农业经营主体发展不够

新型农业经营主体包括家庭农场、农民专业合作社和农业龙头企业等类型。从当前民益村的情况来看，虽然有少量农民专业合作社和家庭农场，但是发展形势普遍不好。以该村的合作社为例，目前民益村的三个合作社基本属于"空壳社"，其中两个已经没有实际经营活动了，仅剩的一个合作社表示它会为种植户提供技术帮扶，但这大多数属于领办人出于村民之间的情谊为种植户提供的友情帮扶。那么当地葡萄合作社的发展为什么不行了呢？经过调研发现，至少有三方面的原因。

第一，合作社被认为是弱者的联合，有天然的益贫性，具有"先富带后富"的鲜明特征。但在民益村，留守在村庄里的人80%以上都在种葡萄，且效益稳定，他们没有加入合作社的主观意愿。许多村民都表示，自己对加不加入合作社不太在意，即使加入合作社也只是希望以社员身份使用合作社注册的商标，提升自家葡萄在销售过程中的知名度。这就造成了合作社吸纳社员的空间有限。

第二，大多数合作社领办人均很早就开始大棚葡萄种植，对自己经营的大棚葡萄的各类资源具有绝对的支配力，他们不希望别人介入自家葡萄的经营。而且在规模报酬不变或递减的情况下，他们不会因为吸收社员而获得更多的利益份额，因此缺少发展合作社的主观能动性。而且，为了获得合作社的政策支持，满足《中华人民共和国农民专业合作社法》中规定的条件，领办人一般会拉自己的亲戚朋友一起注册合作社，确保对合作社的控制能力。

第三，合作社往往存在"大户吃小户"的现象，即经营规模更大的社员在合作社内拥有更大的权利，很多政策补贴和属于合作社的公共资产往往被他们据为己有，诱发了小农户因"不平等"而产生的退出机制。

再以该村的家庭农场为例，目前其经营的产品不只有葡萄，还有水稻、蔬

菜等农产品，但也基本上是失败的。一方面是由于老龄化的加重造成了劳动力的短缺，以家庭为单位的家庭农场难以弥补播种、收获和季节性用工的劳动力缺口。另一方面，水稻的收益本身比较低，若是出高价雇佣劳动力，会造成经营成本的提高，很多家庭农场不堪重负。

由此可以看出当前民益村的大棚葡萄经营主体以散户为主，多为十几亩规模的家庭化经营，合作社与家庭农场数量较少，吸收农户的能力和主动性都不强，难以在村里的葡萄种植户之间形成紧密的利益联结。此外，越来越高的农业经营成本也限制了新型农业经营主体的发展，该村目前分散的土地承包价格为每亩 800 元，连片的承包地价格已经达到了每亩 1800 元，一个大棚的修建基本会花费一万多元，再加上农药、化肥、季节性用工的成本，新型经营主体在得不到政府补贴或企业支持的情况下，获得较好发展的可能性不大。

（二）葡萄销售渠道有待拓宽

滨海镇各村种植的葡萄类型均以巨峰、阳光玫瑰等为主，产品同质化比较严重。由于当地农户大多将葡萄采摘后拉至固定的收购网点进行销售，且多为葡萄种植散户，市场议价能力比较低，很难和收购商讨价还价，葡萄的销售价格一定程度上被压低。众多新兴的销售业态在当地也没有获得较好的发展。

第一，葡萄贮存周期比较短，基本上放一周左右就会坏掉，当地农户很难通过电子商务的方式进行销售，一方面是因为物流时间有长有短，容易造成葡萄腐烂变质，另一方面则是要想葡萄保障运输速度和质量，需要更高的邮费，相比于本地销售不够划算。

第二，当地葡萄种植均采用搭建大棚架子的形式，人可以在架子下行走，部分种植户还会在棚里养鸡养鸭，很适合组织"葡萄采摘游园会"的形式，但是目前还没有这方面的尝试。主要是距离温岭市区较远，又缺乏配套设施，市民不愿意来。

第三，温岭地处沿海，容易受到台风袭击，这对葡萄生产影响很大，没法保障葡萄产量，限制了葡萄种植户发展订单农业和开展农超对接（即直接将农产品销售到城镇大中型综合零售超市）。一些种植户为了防止台风造成葡萄损失，选择提前把葡萄摘掉，品质问题限制了葡萄出售的价格。

通过与村民和村干部的访谈可以发现，民益村的葡萄销售情况可能要好一些。因为出名较早，品牌度高，会有很多人前来民益村采购葡萄，基本上不会有库存，保障了种植户的收益。目前村里销售的葡萄按照成熟期基本分为两茬，头茬产量较低，但因为刚刚上市销售价格较高，基本是每斤15元，第二茬产量较高，价格下降明显，基本是每斤4元。但村里的葡萄采购以个人和单位为主，销售渠道比较单一，在本地葡萄市场逐渐饱和的情况下销售竞争有进一步加剧的趋势。

可以看出当地大棚葡萄销售渠道窄的主要原因有两个：一是本地市场葡萄产品过多，同质化严重，竞争比较激烈，采纳各种新的销售业态，同样会导致其他种植户的模仿，造成新的竞争。二是葡萄种植以散户居多，没有形成强有力的市场联合，难以独立开拓外地市场，部分外销流通形式很难在当地被采纳。

（三）用地紧缺问题难以解决

2020年9月10日和2020年11月4日，国务院办公厅先后下发了《关于坚决制止耕地"非农化"行为的通知》和《关于防止耕地"非粮化"稳定粮食生产的意见》两个重磅文件，措辞严厉，强调保障粮食生产安全，为农村土地使用划定了红线，严禁压减粮食生产，违规在永久基本农田上种树挖塘，流转耕地改种其他作物。这些政策的出台无疑对葡萄种植产生了一定的负面影响，因为葡萄本身属于经济作物，并非粮食作物，而且占用了当地大量耕地，与"非农化"和"非粮化"的通知意见背道而驰。尽管在与村干部的访谈过程中得知当地目前尚未采取明确措施，仍遵循"已经种植的大棚葡萄继续经营，但不允许占用耕地新建葡萄大棚"的意见，但随着国家对粮食生产安全的日益重视，政策今后的走向仍不可知。

民益村虽然是由几个村庄合并的，但是村子的土地和人口规模并不大。长期以来，由于大棚葡萄的种植效益很高，激发了村民对葡萄种植规模化的需求。用地需求上升导致了土地价格的飙升，部分农户不得不忍受高昂的承包价格获得土地的使用权。随着人居环境整治和美丽乡村建设的开展，农村土地被严格规划，不允许农户像过去一样随意在房前屋后、田间地头种植葡萄，甚至有些土地闲置也不能开发利用，造成了土地供求紧张的局面。

目前我国的土地按照用途可分为农用地、建设用地和未利用地，三类土地均有明确的细分和指标限制，不可以未经审批随意占用非本用途的土地。当前民益村村干部和村民们非常希望发展集体产业。但是，办企业需要地，民益村拥有的建设用地指标极其有限，这意味着连原材料生产基地建设、工厂修建等工程都没办法完成。例如村里曾考虑修建葡萄酒工厂，这既能帮助农户销售葡萄，也可以带动村民就业，但是因为用地紧张未能成功。

（四）共同富裕的政策认知不够

2021 年 5 月 20 日，中共中央、国务院出台了《关于支持浙江高质量发展建设共同富裕示范区的意见》，指出共同富裕是社会主义的本质要求，是人民群众的共同期盼。浙江省在探索解决发展不平衡不充分问题方面取得了明显成效，具备开展共同富裕示范区建设的基础和优势，也存在一些短板弱项，具有广阔的优化空间和发展潜力。该意见从八个方面列出 28 条实施意见。调研过程中发现，当前绝大多数村民已经对"共同富裕"这个名词有所了解，但是基本停留在字面意思，缺少对共同富裕具体政策内容的认知。部分农户认为共同富裕就是所有人都具有较高的收入，而且收入水平一致，不能存在过大的贫富差距。部分农户认为共同富裕首先要做到公平，保障每个人的正当权益。还有少部分人把共同富裕看成是政府的工作，与自身无关。村干部们对共同富裕的了解相对较多，但是也表示对有关共同富裕的政策了解不多，认为很多还没有出台落地。

造成村民普遍对共同富裕认知欠缺的两个主要原因，就是村集体的模范带动作用不够和社会保障力度不够。

一方面，民益村通过葡萄种植让村民富起来了，但是村集体经济还十分薄弱，很难发挥联合农户、带动增收的作用，村集体缺乏足够的号召力和带动力。基层党支部作为各项工作的战斗堡垒，尽管能认真落实各项政策，但是限于党员年龄、文化水平等原因，对农户的带动作用不强。例如民益村现有48名正式党员，5名入党积极分子，但是有超过50%的党员在60岁以上，10余名高龄老党员连字都不认识，还有10名党员在外工作，除了重要会议和选举，很少回来。

另一方面，当前农村居民看病主要是依靠新型农村合作医疗，但是它的报销力度有限，小病基本上不用花医药费，但是大病基本上报销比例不高，很难解决实际的"看病难""看病贵"等问题。一些村民一旦生了大病，基本上就丧失了劳动能力，无法进行农业生产。该村在脱贫之前剩余的21个低保户，基本都是由生病残疾导致贫困的。再加上当前社会普遍存在的收入分配的不公平，收入差距持续扩大，更加剧了部分村民对共同富裕这一问题在认知上的偏差。

四、建议与启示

（一）建议

1. 鼓励大棚葡萄经营模式升级，培育壮大经营主体

目前民益村的葡萄种植以大棚为主，除了植株与灌溉设施，大棚内剩余空间较多，可以考虑立体化发展，在种植基础上发展林下养殖。部分有条件、上规模的农户可以对葡萄架进行适当装饰，提升葡萄园整体的美观度，发展乡村

旅游与采摘业。这样大家既可以在葡萄架下摘葡萄，又可以买到天然喂养的鸡鸭，提升了游客的体验感，也带动了农户增收。尝试打造"智慧农业"，充分利用当下火热的数字化、物联网技术。例如葡萄易受台风暴雨影响，可以在修建大棚时安装自动卷膜机，它可以根据气候变化升降薄膜，而且一系列操作利用手机就可以远程操纵完成，便捷高效。要大力发展喷滴灌设备，因其精准又减少浪费。种植户可以安装智能农业信息采集器，它能随时更新温室大棚里的温度、空气湿度、二氧化碳浓度、土壤水分等数据，帮助村民第一时间了解大棚信息。

政府和村委会要带头宣传新型农业经营主体，及时分享国家的相关扶持政策，做大做强"滨珠"葡萄品牌，鼓励在劳动力、资金、技术、规模等方面符合条件的种植户大力发展农民专业合作社、家庭农场等。鼓励农业大户的联合，积极引入农业龙头企业，采取订单销售的方式，减少种植户的经营风险。农民专业合作社要尽量吸收葡萄种植户加入，形成利益联结共同体，方便在市场中获取议价能力，提高销售价格。

2. 推动农产品向外流通，完善政府补贴

面对温岭市本地葡萄市场逐渐饱和的现状，种植户依靠传统的集市贸易、定点销售、批发市场很难满足销售需求，只会加剧同质化产品的竞争。一方面，种植户要主动向外学习，激发"二次创业"的积极性，尽快培育新型葡萄品种，不再单纯种植传统的阳光玫瑰、巨峰葡萄等品种，提高产品在本地市场的竞争力。另一方面，要依托"滨珠"葡萄现有的知名度，继续在品牌提升上做工作，充分利用手机网络、抖音、快手等平台开展线上营销，让更多人了解"滨珠"葡萄。村委会应该与种植户共同思考如何克服葡萄运输过程中易损坏的缺点，适当探索网上销售模式，可先在江浙沪等较近区域开展外销尝试。

但是，由于农户的资金水平有限，难以应对外销过程中高昂的运输、维护成本，需要政府的适当帮扶。相关农业部门要加大对葡萄种植、销售、流通环节的补贴力度，为葡萄种植提供最低的价格保证，同时积极为外销企业提供运输、贮藏等方面的支持。针对当前种植户普遍反映的葡萄受气候影响较大，质量和数量得不到保障的问题，农业部门还应该联合金融部门，尽快出台相应的农业保险政策，提高种植户参与农业生产保险的积极性。短期内政府还应当继续做好大棚葡萄遭受自然灾害时的直接性补贴。

3.开展共同富裕政策宣传，加强基层党建

目前农户的知识文化水平普遍不高，获取信息知识的路径比较闭塞，尤其是部分老年人不会使用手机上网。即使近些年来微信、抖音、快手等平台持续火热，在农村应用日益广泛，但大家对从中获取信息的主动性不强，对信息的真伪辨识能力弱，对信息的获取基本上依旧停留于新闻、报纸和村委会通知等方面，造成了农户在生产经营过程中严重的信息不对称。政府和当地村委会应当加强对共同富裕政策的宣传力度，引导村民了解共同富裕是社会主义的本质要求。要积极向农户宣传政府有关农业方面的支持政策，鼓励农户从事规模化生产，提高人均收入。政府应加强农业技术培训，鼓励农民专业合作社和家庭农场共同开展农户喜闻乐见的培训方式，帮助农户掌握技术。有条件的话，政府还可以积极组织本地农户赴外地观摩学习先进 技术。

党员在村里具有较高的辨识度，是基层工作的主力军。政府应当大力开展党员的理论学习教育，培育党员为人民服务的宗旨意识，提高党员的模范带头作用。要鼓励农村党员为农户提供技术帮扶，及时向他们传达上级指示和农业生产的帮扶政策。党组织应积极吸收年轻、高学历，有志向服务"三农"的人加入党员队伍，提高党员整体素质和办事服务水平。

（二）启示

民益村从传统的农业村转变成农业现代化水平较高的小康村，依靠大棚葡萄种植，找到了一条带动农户增收致富的好路子，为推进乡村振兴，实现全体村民的共同富裕提供了良好的产业示范。但是民益村面对当前日益激烈的市场竞争，产品销售仍面临一定考验，需要当地种植户、村委会和政府共同努力，打造和引进新品种，积极向外推销产品，提高产品质量。同时，以民益村的发展情况看当前浙江省开展的共同富裕实践,其仍有提升和改进空间,首先就是要提升农户对共同富裕的政策认知。

扎实推进共同富裕,既继承了马克思主义经典作家的共同富裕理论,也体现了中华民族千百年来孜孜以求的目标。站在新的历史起点,牢牢把握共同富裕这个社会主义的本质要求,全面建设社会主义现代化国家,就必须坚持以人民为中心的发展思想,自觉主动解决地区差距、城乡差距和收入分配差距,促进社会公平正义,坚决防止两极分化。要把提升国民人均收入,尤其是农村居民的人均收入作为工作的重中之重,逐步解决人民日益增长的美好生活需要和不平衡不充分的发展之间的矛盾。当然,在新发展阶段扎实推进共同富裕,我们要具有扎实的物质基础、制度基础和文化基础支撑,在此基础上需要针对社会主要矛盾的变化,人们反映突出民生问题等,采取有针对性、时效性的重大举措。

访谈时间:2021 年 8 月 1 日

访谈地点:浙江省温岭市民益村村委会

访谈整理:韩子名

红山村：
以红色资源带动乡村振兴的内在逻辑
与实践向度

调研员：李培欢（同济大学政治与国际关系学院博士生）

受访者名片：
邵增荣，温岭市坞根镇红山村党支部书记、村主任。

　　"共同富裕"要落实在"以人民为中心"的共享发展理念中，通过加强党建引领和网格化治理，进一步推动红山村"党史学习打卡地"建设，推动乡村振兴战略的实现。

——邵增荣

革命老区作为特殊的地域，在新中国的创建和发展历程中发挥了重要的作用、作出了巨大牺牲。但目前看来，很多革命老区虽然拥有丰富的红色资源，但经济上仍属于欠发达地区。如何帮助革命老区和红色乡村尽快摆脱贫困、让人民共享发展成果，过上更加幸福富裕的生活，成为我国当前必须解决的重要问题。乡村振兴战略的提出，为革命老区的振兴发展赋予了新的内涵，为其高质量发展提供了明确方向。

革命老区的红色资源开发起步较晚，早期大部分红色资源都未能进行系统性开发，且资源分布较为零散。进入新时代，以红色旅游为代表的红色资源开发开始进入全面市场化时代，产业链条多元化发展，规模逐步扩大，理论研究水平也显著提高。在旅游经济的热潮之下，革命老区如何突出红色资源和红色旅游的独特优势，把握新的政治机遇，将"红色资源开发"与"乡村振兴战略"相结合，最终推动共同富裕的实现，探索出具有一定范围适用性的开发模式，已经成为乡村振兴探路者和实践者不断探索的目标。

本节基于乡村振兴战略的时代背景，通过对浙江省温岭市坞根镇红山村在开发利用红色资源，促进乡村社会发展和治理转型，推动乡村振兴方面的做法进行经验描述，并对红色资源在红山村乡村振兴中的重要价值进行梳理，同时对当前红山村红色资源带动乡村振兴遇到的瓶颈进行分析，以期为红山村的红色资源开发和推动乡村振兴提出行之有效的实践路径。

一、村庄概况和历史沿革

浙江省温岭市坞根镇红山村地处坞根镇东北面，由原西山下村和大地山村合并而来，村域生态环境优美，总面积达 2.6 平方公里。目前全村有 8 个自然村，25 个村民小组，573 户，1755 人，党员 57 名，耕地 1020 亩，山林 870 亩，村集体年收入 10 万元，村民以农业和外出经商务工为主，村民年人均纯收入 1.6 万元。

改革开放 40 多年来，我国社会发生了巨大的变化，中国人民从站起来、富起来到强起来，人民的生活水平发生了翻天覆地的变化。作为浙南革命根据地的红山村在经济发展过程中，面临交通条件不便、经济基础薄弱、发展资源有限等突出问题，尽管居民收入水平相比于改革开放前已有大幅增长，但仍与其他地区存在明显差距。

党的十九大报告指出，我国现阶段的主要矛盾已经转变为人民日益增长的美好生活需要和不平衡不充分的发展之间的矛盾。在强起来的过程中，人民的精神生活需求日益提高。利用周末、假期离开城市，去乡村旅游观光已经成为日常生活潮流的一部分。在乡村振兴的时代背景下，红山村充分意识到要利用好自己独特的历史文化资源，利用红色资源来发展当地的旅游业，把经济效应和社会效应有机结合起来，达到旅游、观光与文化、教育于一体。在红山村党委带领下，红山村上下一致认为红色资源是我国革命时期先进社会价值观的代表和精髓，也是我们当代社会主义核心价值观的精神源泉的丰富经验。全村坚持新发展理念，致力于发挥红色资源优势，在旅游开发中积极主动地融入红色资源，以推进脱贫攻坚与乡村振兴有效衔接机制的探索，谋篇布局，抢抓机遇，立足村情，迎头赶上，在共同富裕示范区内总结经验做法，逐步探索出一条符合村情的，以"红色资源"带动"乡村振兴"的乡村有效治理之路，让红色文化在新时代的乡村振兴中闪亮发光。

然而，现阶段红山村红色资源开发及其利用也面临着诸如基层党组织引领作用不足、资源挖掘力度不够、宣传力度不足、基础设施尚未开发完善、产业带动效应不足等现实困境，亟需从制度和机制等层面着手，破解瓶颈，推进红山村乡村振兴实现以及村庄高质量跨越式发展。

二、红山村以红色资源引领共同富裕乡村振兴道路的经验做法与成效

红色资源是中国共产党在推进马克思主义中国化进程中形成的，是中国共产党人用鲜血和生命换来的历史记忆和历史见证，其主要包括历史遗存物、革命纪念场所等各类革命文化产品等物质形态，以及在这个过程中凝练形成的思想观念、政治主张、时代精神和道德规范等精神资源。红色资源是中国共产党在马克思中国化进程中的真实历史见证，也是党执政的历史依据，是对当代人进行教育的宝贵资源。红色精神、红色基因是中华优秀文化的传承和发展，是培养新时代新人的理论内核，也是激发当代人爱国、奋斗、拼搏的强大精神动力。精神层面的内容是红色资源最为核心的部分，红色资源具有内涵、地方特色、意识形态、史料真实、历史继承性等性质。[1]

坞根镇是中国工农红军第十三军第二师的诞生地，被誉为中国东部的延安。位于坞根镇核心区的红山村红色文化历史悠久，其境内有中国工农红军第十三军第二师烈士陵园（见图1），该烈士陵园由时间年轮、纪念碑、红军桥（见图2）、仰英亭、纪念馆、"廉政文化教育专区"等组成，先后被授予省级爱国主义教育基地、省级国防教育基地、省级廉政文化教育基地等称号。

[1]张春桃. 乡村旅游中的红色资源探索研究[J]. 农业经济与科技，2020（14）：55-56.

图 1　坞根镇红山村中国工农红军第十三军第二师烈士陵园

图 2　坞根镇红山村红军桥掠影

红色资源是红山村重要的历史文化遗产，它不仅是开展"初心"教育的重要场所，也是借势开发乡村旅游、助推乡村振兴的有效载体。革命老区坞根镇过去一直属于经济发展相对落后，基础设施不太健全的贫困落后地区，自精准扶贫、乡村振兴等政策方针实施以来，坞根镇经济开始发展起来，镇域整体的经济水平得到了明显提升。近年来，为助力脱贫攻坚，振兴乡村经济，红山村两委班子立足村情，主动对接市场，大力发扬红色文化，充分挖掘本村的红色旅游资源，助推村集体经济发展，带动农民增收致富。据红山村现任党支部书记邵增荣介绍，作为坞根镇红色乡村文化之旅的起点，红山村在未来的"美丽乡村"规划建设蓝图中，将以红色资源为依托，传承"红色文化"治村的做法，使它成为党员干部和人民群众接受爱国主义教育的红色基地。

当前，红山村村域内已经建成或正在建设的设施包括烈士陵园与纪念馆、军民广场、小塔下庙（坞根最早中共党组织成立旧址）、红军露营体验及行军步道、田园军事体验、VR 虚拟战争体验馆，这些红色设施和红色元素极大促进和完善了当地的红色村庄布局建设。在建党 100 周年之际，红山村积极参与策划"一次坞根行、一生红军情"红色文旅品牌活动，推出穿一次红军服、走一趟红军路、唱一首红军歌、吃一餐红军包、越一次红军谷、听一个红军故事、看一部红色舞台剧等"七个一"红色研学线路，获得中国新闻网、学习强国、《浙江日报》等主流媒体点赞。据相关统计数据显示，截至 2020 年底，红山村利用红色旅游资源累计吸引游客近 4 万人次，实现旅游收入 400 多万元，极大地推动了村集体经济的发展，让农民实实在在享受到了红色资源带来的福利。

三、红色资源在红山村共同富裕乡村振兴道路中的作用剖析及启示

党的十九大报告提出了乡村振兴战略的总体要求，即"产业兴旺、生态宜居、

乡风文明、治理有效、生活富裕"。[1] 这是衡量乡村是否振兴及其振兴程度的重要指标。"农村的现代化就是要全面实现这五句话的要求。"[2] 因此，红色资源对于乡村振兴战略的价值可转化为红色资源对于乡村振兴战略总要求的价值。可见，乡村振兴战略与乡村红色资源的发展基调基本一致，发展要求可以相互转化。

（一）红色资源是促进乡村产业兴旺的重要工具

产业兴旺是乡村振兴战略的重要支柱，这是从物质文明维度来衡量乡村振兴。只有依靠产业振兴，吸纳农村劳动力就业，解决村民就业问题，帮助乡村脱贫致富，才能夯实乡村振兴的基础。尤其是对于第一、二、三产业相对落后的"老、少、边"地区和像红山村这样的革命老区而言，开发红色资源，发展红色旅游等观光休闲产业是促进乡村产业兴旺的重要途径，能够促进第一、二、三产业，尤其是手工艺品、文旅、康养、电商等深度融合。从红山村利用红色旅游资源累计吸引游客近 4 万人次，实现旅游收入 400 多万元，推动村集体经济的发展的实际效果来看，尽管红色旅游经过多年的快速发展，已经产生了较为可观的经济效益，但在促进乡村产业兴旺方面依然有较大发展空间。

（二）红色资源是实现乡村生态宜居的有力抓手

生态宜居是乡村振兴的关键，这是从生态文明维度来衡量乡村振兴。具备良好的生态环境和宜居环境是乡村振兴的重要条件。缺乏这一条件，即便村民人均 GDP 再高、再富裕，住宅再大、再豪华，也难有获得感、幸福感。在实

---

[1] 习近平. 决胜全面建成小康社会 夺取新时代中国特色社会主义伟大胜利 [N]. 人民日报，2017-10-18.

[2] 陈锡文. 实施乡村振兴战略，推进农业农村现代化 [J]. 中国农业大学学报（社会科学版），2018（1）：5-12.

地调研中笔者发现，不只是坞根镇红山村村民在居住环境方面得到了较大的改善，整个温岭地区的乡村居住环境都显露出高大等现代化的属性，这在当地是非常普遍的现象。同时，我们也不能把生态宜居的"生态"狭义地理解为自然生态、自然环境，文化生态、文化环境也是人必须面对的且与自然环境发生交互作用的生存环境。同样，我们也不能狭义地理解"宜居"，它不仅意味着良好的生态环境，还意味着浓郁的文化气息。基于此，立足村情，结合实际开发红色资源，把其中蕴涵的与社会主义核心价值观相一致的、向上向善的伦理道德要素，以标语展示、故事讲授、影视播放、微信传播、研学结合等方式挖掘出来、弘扬起来、传播开来，不仅有利于红色资源和乡村生态宜居之间形成以"红"促"绿"、以"绿"养"红"的良性循环，也将有助于营造乡村良好的文化氛围，培育宜居的文化生态。

（三）红色资源是塑造乡村乡风文明的必然途径

乡风文明是乡村振兴的保障，这是从精神文明维度来衡量乡村振兴。实现乡村振兴，必须把物质"塑形"和精神"铸魂"有机结合起来，坚持物质文明与精神文明一起抓，不断丰富村民精神文化生活，提升村民精神面貌。文明的乡风有助于吸引更多的人到乡村生活定居、创业发展，可以成为乡村振兴的软实力，既可增强乡村内部的向心力和凝聚力，也可增强乡村对外的影响力和吸引力。培育文明乡风，不仅要发挥社会主义先进文化的引领和主导作用，彰显乡村优秀传统文化的底蕴和价值，也需要发挥红色文化资源对于乡风文明的促进和优化作用。开发红色文化资源，培育文明乡风，需要经历从良好家风、淳朴民风到文明乡风的渐进培育过程。在红山村的调研中，可以明确地看到，在村庄开展红色资源带动乡村振兴的过程中，村民们的精神文化生活和精神面貌都得到了大幅度提升，从微观的家风培育做起，推动了整个红山村宏观"乡风文明"的实质性建设。

（四）红色资源是推动乡村有效治理的精神基础

治理有效是乡村振兴的基础，这是从政治文明维度来衡量乡村振兴。唯有社会基层得到有效治理，才能最终实现国定邦安。而要实现乡村治理有效，必须"健全自治、法治、德治相结合的乡村治理体系"。长期以来，我国乡村的价值体系建立在"熟人社会"的基础上，村民对乡村价值体系的认同植根于乡规民约、家族谱系、道德风尚的乡土社会"礼治"逻辑。[1] 在乡村价值伦理、文化信仰、道德规范等因素的作用下，乡村基层社会逐渐探索出了一套"简约且有效"的治理方案，也形成了较为完整的乡村价值体系。伴随着社会现代化进程的快速推进，乡村剧变"不仅表现在乡村发展的外在形态上，更体现在乡村文化尤其是乡村道德文化的变迁之中"[2]。其中，红色资源的发展对提高党领导农村工作、创新乡村治理体制、重塑乡村价值体系依然具有重要的现实意义。在红山村的实地调研中，可以发现以红色资源为代表的乡规民约依然在推动乡村治理、实现乡村振兴进程中发挥着重要作用。

（五）红色资源是实现乡村生活富裕的坚强保障

生活富裕是乡村振兴战略的目标和根本，实施乡村振兴战略最终目的是让村民过上幸福美满的生活。相对于具体的产业兴旺、生态宜居、乡风文明、治理有效，生活富裕更为抽象。在新时代社会主要矛盾已经转变的背景下，对于生活富裕已不能仅从狭义的物质维度去理解，而应该从物质、精神、政治、生态等多个维度进行广义的理解，努力实现"口袋富裕—脑袋富裕—心态富裕—生态富裕"的立体循环，这才是乡村振兴的应有之义。就此而言，产业兴旺、生态宜居、乡风文明、治理有效可以被看作是生活富裕在物质、生态、精神、

---

[1] 费孝通. 乡土中国生育制度 [M]. 北京：北京大学出版社，1998：49.

[2] 孙春晨. 改革开放 40 年乡村道德生活的变迁 [J]. 中州学刊，2018（11）：10-16.

政治等层面的具体化[1]。当然,生活富裕包含但不局限于产业兴旺、生态宜居、乡风文明、治理有效。基于上述红色资源对乡村产业兴旺、生态宜居、乡风文明、治理有效的价值的阐述,笔者认为红色文化资源开发对实现生活富裕具有重要价值。

四、红色资源带动红山村乡村振兴与共同富裕的瓶颈阻碍

乡村振兴是一项系统性工程,也是一个社会性问题,其内容千头万绪,错综复杂。当前,红山村尽管在发展红色资源带动乡村振兴方面采取了不少行之有效的举措,但依然面临着不少现实瓶颈,影响着当地村民的参与热情和参与度,制约了乡村振兴战略的落地和乡村治理现代化的进程。通过实地调研来看,阻碍红山村红色资源带动乡村振兴的瓶颈主要体现在以下几个方面。

(一)基层党组织引领作用薄弱

推动实现乡村振兴,离不开坚强有力的农村基层党组织。作为党在乡村执政的基础,基层党组织是宣传党的主张、贯彻党的决定、领导乡村治理的根本抓手。随着我国市场化改革的逐渐深入以及乡村自主性的不断扩大,尤其在经济体制转轨和社会结构转型的双重作用下,传统的社会观念、社会关系和市场结构被持续瓦解,导致我国乡村基层社会一度出现"悬浮型政权"和"基层政权溃败"的矛盾。革命老区具有红色革命基因,如能发挥好基层党组织的引领作用,积极动员当地群众,投入革命老区的红色资源发展建设中来,就能够加速乡村振兴的实现。在实地调研中,红山村在以党组织引领红色资源带动乡村

[1]黄三生,凡宇,熊火根. 乡村振兴战略视域下红色文化资源开发路径探析[J]. 价格月刊,2018(9):90-94.

振兴方面仍存在不足。

一是基层党组织存在缺位和虚位现象。红山村虽然红色文化资源丰富，但在实际开发过程中，党组织的引领带动作用不足，主要表现在红色文化普及不到位、红色革命传统弘扬不积极、典型事迹弘扬力度不够，人们对当地的革命历史故事不熟悉等方面。二是基层党组织发展推动力不足，群众基础差。从主体上看，红山村目前集体经济规模并不大，村域内就业机会较少，村党组织在整合、提炼当地红色资源开发利用上的角色优势出现让位、虚位、错位等情况，基层党组织的群众推动力不足，长期发展下去，可能会有损基层党组织的公信力建设。三是基层党组织作用机制比较落后。一方面，基层党组织对红色资源的宣传机制落后，虽然村域内红色资源存量较多，但对当地的红色文化进行宣传时沿用的还是之前老旧、效率低下的方式，例如发宣传册、进行广播等，专门设置成立的红色文化导览室也已废置很久，宣传效果不佳。另一方面，基层党组织对红色资源的服务发展机制薄弱，红色资源的开发需要当地村民作为主要载体，虽然村支部对许多关涉红色资源开发的项目有专门的服务和培训，但对村民而言实际的就业渠道狭窄，无法有效转化为经济收益。

（二）红色资源挖掘力度不够

红山村有着丰富的红色文化资源以及厚重的红色文化底蕴，通过保护与开发利用当地的红色文化资源来发展红色旅游，使其成为红山村乡村振兴建设的特色优势。但红山村对当地红色文化资源的挖掘还不够深入，开发利用模式目前仅停留在建造革命纪念馆、革命烈士陵园等传统红色教育基地层面，未开发其他相配套的红色旅游项目以及红色文化创意产品，致使游客到红山村红色教育基地仅仅是进行参观学习，即只是单向地接受红色文化教育。可以说，红山村红色旅游的形式比较单一，不能满足游客对红色旅游的个性化、多元化的消费需求。长此以往，该村的红色资源开发力度和红色旅游吸引力将很难得到提升。

（三）红色资源宣传力度不足

红山村在红色文化宣传方面，主要是采取传统的宣传形式，比如通过修建革命历史类纪念场馆，打造红色教育基地进行红色文化的传播。另外，革命纪念馆的布展形式还是以传统的方式展示，主要是运用革命历史实物和图片，并附上必要的文字介绍等，缺乏相应的网络信息技术与数字技术作为支撑，而未能以革命历史材料建立相应的电子数据库，在一定程度上影响了革命历史资料的保管和传播。同时由于缺乏专门的线上平台进行展示，参观者也不能进行线上参观学习，影响了当地红色文化的传播广度，使得红山村的红色文化知名度无法得到有效提升。

（四）基础设施尚未开发完善

红山村在实施乡村振兴战略的带动下，虽实现了村巷道硬底化，安装了路灯，以及修建了公共厕所与污水处理站等，村内的生态环境和人居环境得到较好的改善，但从开发红色资源和发展红色旅游角度来看，当地与旅游项目相配套的基础设施建设尚未完善。一是交通运输服务设施不完善，红山村距离温岭市中心和国道干道比较远，旅客运输不够便利，不方便游客的交通出行。二是红山村服务于游客的住宿、饮食以及其他休闲娱乐的服务设施比较匮乏，游客旅游体验感得不到满足，导致游客在当地停留的时间比较短，目前的红色文旅线路和红色资源开发主要集中在研学项目，功能较为单一。这些因素在很大程度上限制了红色旅游的经济附加效益的发挥。

（五）产业带动效应不足

红山村目前虽已具备基本的红色旅游接待条件，但市场化程度仍然较低，离发展成为红色文化产业集群的目标相距甚远。相比较国内其他革命老区的先进开发模式，红山村红色资源开发和红色文化产业尚处于起步阶段。红山村的红色旅游还没有扩展到食住行游购娱等六方面，还未完全与区域内特色资源融合形成叠加效应，红色文化与文化创意产业、乡村振兴、乡村旅游、田园康养、古村落开发、生态文明建设等相关领域的融合程度还比较低，阻碍了红色资源开发推动乡村振兴目标的落地。

五、健全红山村以红色资源引领共同富裕乡村振兴道路的实践路径

红色文化独有的精神特质、功能优势与时代特性，在推动乡村治理，实现乡村振兴中有着独特的地位与作用。在乡村振兴的背景下，对红山村以红色资源开发为抓手，带动乡村振兴的实现进行逻辑分析，对于该村的未来转型与发展具有很好的指导意义。

（一）依托红色文化打造精神高地，为乡村振兴立标铸魂

首先，要将红色文化融入基层党建。乡村振兴需要基层党组织的坚强领导，需要充分发挥基层党组织战斗堡垒的作用，而红色基因是基层党建的思想支撑，既坚定基层党员的理想信念，又增强基层党员的纪律意识。在促进红山村红色文化与旅游融合的过程中，要牢牢把握党领导社会治理的主动权，明确乡村红色文化与旅游发展的正确前进方向，充分体现中国特色社会主义的强大号召力和领导力。其次，用红色文化引领乡村文明。要加强乡村治理，精神文明建设更不可少，既要开发红山村当地独有的爱国主义精神，也要传承乐于奉献的团结互助精神，还要传承自强不息、开拓创新的积极进取精神。

（二）加强乡村旅游经济建设，牢固乡村振兴的前进基础

首先，完善旅游基础和配套设施建设，为红山村红色文化旅游发展提供硬件支撑。具体而言，要加强红色旅游交通网络建设，合理设计景点内的交通线路，全方位地有效连接景区景点；大力推进旅游厕所、停车场等建设，合理添加垃圾桶、卫生间和停车场位，营造良好的游览参观环境；完善景区内住宿、饮食、娱乐等方面的硬件设施，提高住宿、餐饮、娱乐、购物等行业的服务水平和设施供给能力，延长红色文化与旅游融合发展产业链。其次，借鉴红色文化与旅游发展好的地区的经验，积极开展"红色旅游+"项目，加强红色旅游与农业、教育、文化、体育等相关行业融合，催生红色旅游新业态、新产品；结合当地特色农业与民俗文化，开展农耕体验、艺术写生、垂钓野营、采摘采购等旅游项目，发展红色文旅融合创意产业，努力增加相关产业造血能力，打实乡村地区红色文化与旅游融合共生发展的基础。最后，以数字经济为抓手，加大乡村地区信息技术投入力度，创新红色文化与旅游融合共生发展的保护、宣传和提供服务的技术路径，提高红色文化与旅游资源修复技术，增加红色革命经典故事的实景演绎，加强红色文化网络传播平台建设，建立游客信息咨询服务网络平台，满足游客多样化信息和服务需求。

（三）完善乡村红色文旅发展规划，努力营造良好发展环境

完善保护和开发乡村地区红色文化与旅游资源的政策，为红山村红色文化与旅游融合共生发展提供高质资源，促进乡村地区的产业兴旺和有效治理。地方政府应根据实际情况制定开发和保护乡村地区红色文化与旅游资源政策，避免资源过度开发；同时加强红山村发展红色文化与旅游用地保障，制定土地流转、土地使用的具体规定，健全投资主体落户乡村地区发展红色文化与旅游的一系列规章制度，规范乡村地区红色文化与旅游融合共生的发展环境，避免不合理占用和破坏土地资源现象的发生。加大财政支持力度，建立健全红山村金

融扶持和担保政策，完善金融服务体系，根据红山村金融需求制定合理的贷款方案，增加当地投资主体发展红色文化与旅游的融资渠道，同时以税收优惠政策辅之，吸引更多投资主体。明确政府、企业和村民三者职责，并构建紧密的利益联结机制，加强政府、企业和村民之间的合作，共同为发展红山村红色文旅建言献策。稳步提高美丽乡村建设水平，促进红山村红色文旅的发展。制定区域联动发展规划，整合周边地区红色文化与旅游资源，加强区域景区联系，扩展红色文化与旅游发展融合共生空间，形成区域性的红色旅游模块，为实现乡村振兴提供更多机遇。

（四）发挥多元主体的治理能力，打造独特的乡村红色文旅品牌

多元主体背景下的治理应相互协调配合。政府应成立乡村红色文化与旅游融合共生发展的工作领导小组，运用发展、长远的眼光进行布局和指导，明确目标和思路，制定科学合理发展规划，激发红山村红色文化与旅游活力；建立旅游专业人才引进体系，进行人才队伍系统化建设；加强培养新型农业经营主体、绿色农业带头人和适应自治、德治、法治要求的领路人[1]，实现乡村地区治理有效、乡风文明和生态宜居。乡村本土人才应努力抓住当地红色文化与旅游融合共生的发展机遇，提高自身综合素质和服务能力，充分发挥自身积极性、能动性和创造性，利用红色文化独特性发展餐饮、电商、民宿、导游、特色手办买卖等，增加收入渠道；加强家庭文化建设，高举优良家风旗帜，促进红山村乡风文明的实现。要培育富有地方特色和时代精神的新乡贤文化，积极引导发挥新乡贤在乡村振兴，特别是在乡村治理中的积极作用。投资商严格遵守开发红色文化与旅游资源相关法规政策，培养企业家精神，深度挖掘乡村地区独特民俗文化和特色农业的价值，开发红色文化旅游长廊，融合地域特色打造红

---

[1] 蒲实，孙文营. 实施乡村振兴战略背景下乡村人才建设政策研究 [J]. 中国行政管理，2018（11）：90-93.

色旅游产品，积极发展乡村旅游[1]，树立乡村地区红色文化与旅游融合共生特色品牌，同时充分考虑游客个性化、多元化需求，促进红山村红色文旅融合特色发展。

（五）积极引导和动员社会力量，加快乡村红色资源与乡村振兴的融合共生

首先，红山村要以多元化渠道宣传乡村红色文化与旅游。热爱红色文化的群体可以运用现代化传播媒介进行红色文化旅游直播和视频讲解，以动态、灵活的方式展示红色文化与旅游，赋予红色文化多重生命力，让人们感受红色文化的魅力；市级、镇级政府要号召企业和社会公益机构合作开发保护红色文化资源、宣传红色文化旅游的App，增加红色文化与旅游资源曝光度，帮助游客正确理解红色文化内涵，促进乡村红色文化与旅游全方位展示和宣传；当地的动漫和游戏公司以红色文化为主题进行创作和研发游戏人物等为题材。其次，加强专业人才的培养。上级政府应该重视并推动现代高校专门设置专业培养红色文旅的实用型人才，以红色文化与旅游融合共生作为独立的研究方向，引导鼓励学生进行理论和实践的系统化研究学习。最后，在全社会范围内积极宣传红色文化核心要义，将红山村当作试点单位进行深度考察，深化社会主义核心价值观的引领作用，提升人民群众的综合素质，共同努力建设红色乡村、文明社会，加速乡村振兴战略的实现。

［2］张高军，姜秋妍. 旅游发展对乡村振兴的促进作用——以川北醉美玉湖－七彩长滩乡村旅游区为例 [J] 陕西师范大学学报（自然科学版），2019（2）：76-83.

六、进一步思考

推进乡村振兴战略实施是实现国家治理现代化的基础工程，也是更好地满足人民美好生活需要的必由之路。在红色资源相对丰富的农村地区，以科学、合理、高效的方式对红色资源进行开发，促进乡村振兴的实现，不仅事关乡村社会自身的生命力持续和合法性建设，更是揭示党和国家践行以人民为中心发展理念的生动密码。在以红色资源开发推动乡村振兴实现的层面上，植根于中国广袤乡村大地的治理实践，也为乡村振兴的实现提供了可贵经验和大量"地方性知识"。革命老区红山村应当结合这些地区的先进经验和做法，立足村情、敢于担当、集中优势、突出特色，讲好新时代红色资源开发带动乡村振兴的"红山故事"。

本节在实地走访调研和半结构性访谈的基础上，形成了对红山村开发红色资源以带动乡村振兴的一般性认知，成文的结构也是在此认知的基础上得出的描述性研究。在红色乡村发展和红色旅游开发如火如荼的今天，如何确保每一个项目的落地和开花，仅凭经验的梳理是远远不够的。笔者认为，实施乡村振兴战略，最重要的还是人的因素，尤其是在"共同富裕示范区"内，村集体领导班子更要发挥敢想敢干、敢拼敢闯的引领示范作用，在国家制度优势转化为乡村治理效能的过程中发挥更为中坚的力量，扛起沉甸甸的担子，以推动实现红色资源开发带动乡村振兴战略，构建起新的乡村治理现代化图景。

后岭村：
特色产业铸魂乡村旅游，二者合力开启共富未来

调研员：李子怡（浙江大学公共管理学院本科生）

被访者名片：

赵加增，男，中国共产党党员，于2017年担任温岭市城南镇后岭村村支书，兼任村主任，他充分了解村内风土人情和现实情况，工作期间带领村干部持续开展村庄环境整治、景区建设和乡村旅游等一系列工程，为创建休闲宜居的人居环境、推进共同富裕和提高村民幸福感做出巨大贡献。

共同富裕不是我一个人就可以做到的，它需要所有村民一起努力。

——赵加增

一、村庄概况与历史沿革

后岭村隶属于温岭市城南镇的岙环管理区，与玉环县沙门镇接壤，地理位置偏南，紧挨沿海高速公路，其北面距台州湾沿海高速温岭南出口约 4 公里，南面距沿海高速玉环出口也约为 4 公里，距 76 省道小于 1 公里，距温岭高铁站约 24 公里，自驾或借用公共交通工具出行都十分便利，具有明显的地理区位和交通优势。

目前的后岭村于 2018 年由原后岭村和古岭下村合并而成。新行政村辖五个自然村，有农户 475 户，人口总计 1562 人，其中党员 73 人。地域总面积 1.9 平方公里，地形以山地和丘陵为主，1080 亩的耕地总面积中水田仅 480 亩。这一先天的自然条件促成了当地村民以外出务工或在沙门镇的工厂上班为主要谋生手段的现象，人均年纯收入 1.28 万元，非农收入就占据了 90% 以上。

目前，后岭村基础设施建设都在稳步推进中，已建成的文化礼堂、卫生室和活动中心可以满足村民文卫体方面的基本需求，改厕、房屋改造、污水处理、垃圾处理等农村人居环境整治中针对的问题也已几乎完全解决，一系列村庄美化的建筑工程更是提上了日程。后岭村将其进步的步伐与国家建设美丽乡村、促进共同富裕和乡村振兴的政策相配合，立志建成一个生活宽裕、乡风文明、村容整洁、管理民主的中国特色社会主义新农村。

二、走乡村旅游配套特色产业的发展之路

20 世纪 80—90 年代，邓小平同志多次提到中国未来要走共同富裕的道路，党的十九届五中全会也进一步提出，到 2035 年“全体人民共同富裕取得更为明显的实质性进展”。共同富裕是社会主义的本质要求，是中国式现代化的重要特征，也是人民群众的共同期盼，推动共同富裕是中国社会进步的必要任务，

具有重大的意义。在此背景下，2017 年后岭村在上级政府的指导下，通过招商引资的方式开发了"后岭花开"旅游项目，项目建设之初便承担了带动留守村民共同富裕以及帮助周边村庄打开发展大门的两项重要使命。后岭村通过发掘本村"金属锻造工艺"这一非遗项目的文化内核铸魂乡村旅游，让"后岭花开"项目结出了共同富裕的累累硕果。

（一）先天优势

后岭村风景秀丽优美，四周青山呈环抱之势，村前有一条大雷溪蜿蜒而过，自然条件不凡，再加上优越的地理区位条件，适合开发旅游景区。

同时，后岭村的雕塑文化源远流长，起源于 20 世纪 30 年代村内打小炉的手艺人，他们一炉一担，走街串巷，利用锡、铝等合金焊接金属器皿，做的就是将铜铁器具化"腐朽"为"价值"的活计。后来通过不断的摸索研究，手艺人们学会了锻造实用铜器，日益精通做模子、造黏土、烧制模型、熔炼钢材、浇铸等工艺程序。改革开放后，一小部分打小炉的手艺人开始从事钣金工作，他们的技艺也在声声敲打中得到进一步锤炼。随着手工技艺的代代传承，一些转型和创新悄悄发生，雕塑匠人们陆续从事金属雕塑艺术行业，而我国金属锻造雕塑行业也正是由后岭人开创，在行业发展过程中，后岭村的匠人们根据提供的别出心裁的设计稿，曾为中央美术学院、广州美术学院、上海美术学院等制作了若干件精美作品。设计与技艺的联袂，让许许多多美轮美奂的金属雕塑自能工巧匠手底下诞生，填补了中国雕塑史上锻造金属雕塑的空白。这段曾经的历史使得将上述诸多优秀美院的工作室引进后岭村的雕塑文创街并打造雕塑体验园成为可能，也为金属雕塑业铸魂乡村旅游拓宽了思路。

后岭村内也有能人带领了一批手艺人，自己创办公司，承接来自中国各地的订单，如江苏常州中华孝道园的"准提观音"、内蒙古赤峰市政府广场的"飞龙在天"、青海原子城的"纪念柱"、南京火车站的"梦舟"，一个个数十米、甚至几十米的巨大金属雕塑拔地而起，助力城市景观美化建设。不仅仅满足于国内市场，后岭村的雕塑行业勇敢进军国外并名扬四海，与美国、澳大利亚、哥伦比亚、新加坡等国的企业均有合作。这些能人为文化水平相对较低的村民们解决了部分就业问题，技术精湛的老师傅年老归乡后又可反哺出一批学徒。雕塑业和旅游业相结合后，为需要雕塑材料的产业园和文创街区提供技术含量不高的原材料搜集、制备和回收服务又再次替村民们创造了就业机会。

美丽的自然环境、便利的交通和悠久的历史，这些先天优势使得后岭村走乡村旅游配套特色产业的发展之路成为可能。2021年，农业农村部、浙江省人民政府印发了《高质量创建乡村振兴示范省推进共同富裕示范区建设行动方案（2021—2025年）》，其中提到促进乡村振兴和共同富裕的重点任务之一是优化提升乡村休闲旅游。培育一批中国美丽休闲乡村，打造一批休闲农业和乡村旅游精品园区、精品路线……这也为后岭村进一步发展乡村旅游提供了政策支持。

（二）旅游结合特色产业促进共富

1. 准备工作表决心

占地面积达500亩的后岭花开，由于涉及坟墓搬迁、土地征用、土地流转等一系列工作，在项目正式动工前就遇到了许多困难，为解决一系列的难题和矛盾，顺利推进项目开发，村党总支（党支部）带领村两委干部统一思想认识，要求涉及到政策处理的党员户带头签约，随后将其他政策处理户进行分组，由村两委成员、党员分别落实各组对应户的政策处理工作，过程中分组入户工作达千余次。在这一同步联动的工作模式的推进下，项目政策处理快速推进，三个月内完成土地流转280余亩，一个月内完成土地征用5.4亩，六个月内完成坟墓搬迁工作共计250余堆，全力确保项目的无障碍施工。

村干部的办事积极性和村民的高度配合都体现了后岭村对开发乡村旅游的支持和追求共同富裕的决心，也印证了村支书认可的共同富裕需要所有村民一起努力的想法。

2. 景区规划整合荒地

后岭花开是一个田园综合体项目，从 2017 年下半年开始计划，2018 年 4 月 26 日正式开工，历时两年，在 2020 年 5 月 1 日正式开业，以"一老一少""一白一黑""一静一动"为设计初衷，按照中式田园、天人合一的思想进行园区内景观、项目的规划，将目标客群定为全年龄段的游客，但以吸引青壮年和少年儿童为主。为满足各个客户群体的需求，后岭花开设计了多个特色各异的功能区，并进行合理布局，其项目建设也是以目标客群的先后重点为划分依据分期进行，共计两期。第一期建设以娱乐、游玩为核心，契合主要目标客群的兴趣喜好，将牧场、射箭基地、VR 体验、滑草等数十个体验项目作为建设的重点。第二期建设则将重心转移向休闲、养生、康养、度假项目，在功能区划分上则体现为进行健康养生休闲区、精品民宿区、共享果园区等的建设，目的在于进一步扩大对老年游客群体的吸引力。当前后岭花开已经基本完成第一期的项目建设，第二期建设正在稳步推进中（见图 1）。

图 1 后岭花开景区入口

后岭花开的一大重要作用就是在一定程度上缓解了后岭村山地严重抛荒的问题。首先，后岭村的地形以山地为主，对于耕作而言并非有利条件。其次，后岭村作为有名的"雕塑村"，很多村民都拥有一门做金属雕塑的手艺，他们往往选择出去打工。村支书赵加增提到："我们这个雕塑，好一点的，除去能1000元一天，不好的也有五百六百，做水泥老师的，也有350元一天，非常贵，谁家里还干活呢？只有岁数大的才干活种地。"不仅如此，邻近的沙门镇拥有工业园区，也能提供许多工作岗位，相比于收入不稳定、需要大量劳作且收益很有可能不高的农民，村中的青壮年往往选择其他工作，因此除一户种田大户外，后岭村基本只有老年人会从事农业生产。但老年人劳动能力较低，并且很多人耕作土地也并不以增加家庭收入为目的，可能是种来自食和送人，也有可能只是打发闲暇时间，在此情况下，后岭村自然而然就存在大量抛荒的山地。后岭花开恰好就是将抛荒的山地资源整合并重新利用起来，先按照田每年每亩1000元、地每年每亩800元的标准对土地被占用的村民进行补偿，一次性付清三年，随后每过五年将补偿金提高20%，合同期限为20年。经计算，一亩田总计能获得26840元的补偿，一亩地则获得21472元的补偿，对村民而言可以增添一笔财产性收入，有助于促进农民增收。

3. 景区建设带动就业

占地500亩的后岭花开无疑需要大量员工对其进行日常清扫和维护，这为后岭村村民就业提供了机会。对此，后岭村村支书赵加增表示，"带动就业就是后岭花开为我们村带来的最大的收益"。除去几位较为年轻的，后岭花开的四五十位员工都是后岭村的村民，年龄大多是在60多岁，平日主要承担园区内景观绿化、垃圾清扫等方面的工作，据了解，这一工作每月工资4600元，工作26天。这一岗位同时优先为后岭村相对贫困户开放，相较于直接给予资金补助更为可持续。

4. 景区建设增加集体收入

由于后岭花开的资本来源完全为社会资本，后岭村不拥有股份也不参与其运营管理过程，因此就现状来看，后岭村通过后岭花开获得直接性收入的渠道非常有限，一是通过把旅游区门口的小木屋出租给负责餐饮服务业的商家，二是由于节假日时后岭花开的客流量非常大，后岭村需要提供场地作为临时停车场和人员进行秩序维护，于是从中收取一定的费用。这种行为没有通过批准，也曾经一度被叫停。

因此，为扩大收入来源，后岭村的乡村旅游建设并不打算仅仅依赖一个后岭花开，另一个田园综合体项目田园牧歌正在建设中，并计划在未来也作为拉动后岭村的经济发展的项目之一。不同于后岭花开，田园牧歌是由镇、村、企业三方合资建设的，后岭村与凤溪村各有10%的股份，因此未来能在经营中获得分红收入，有望为村集体收入的提高做出贡献，进而提高当地基本公共服务保障水平，或实现收入共享，促进村民增收。在田园牧歌项目中，后岭村和凤溪村一起提供土地，整个田园牧歌旅游园区，凤溪村占地三分之二，后岭村占地三分之一。这一项目再次帮助后岭村重新利用抛荒的土地资源，促进村民就业，目前田园牧歌也招收了八位村民作为员工，日后项目建成，还会增添更多的工作岗位。

为与后岭花开做到差异化发展，田园牧歌的目标客群虽然仍是全年龄段的游客，但侧重于结合学生的研学主题。以作为田园牧歌游玩内容之一的家庭农场土地认领为例，游客支付租金后能够领取20平方米起步的土地，由农场免费提供耕作道具和耕种技术，游客亲身体验农场主和真实的家庭农场生活。其间农场会通知认领人在合适的时候进行除草、除虫、施肥、灌溉和收获，认领人需要定期或不定期到农场去打理土地，最终收获的农作物也会归属于土地认领人而非农场（见图2、图3）。在中国40年减少农民4亿人以上，农村人口也不断向城市转移的背景下，许多青少年并不清楚、也没有体验过农耕，种地对许多人而言是陌生的，而这一项目恰好能给青少年一个机会，拥有新奇体验的同时也能获取相关的农业知识。对成年人和老年人而言，则能够唤起回忆，跨越时空，短暂地重归质朴的农村生活。相比于后岭花开，田园牧歌项目起建日期更晚，虽然已对外开放了部分的项目，但目前作为乡村旅游主力军的还是后岭花开。

图 2、图 3　田园牧歌家庭农场土地认领项目

5. 发展雕塑业，为乡村旅游增添特色

得益于 A 级景区、乡村振兴培育村创建等项目，在前辈创立的铜匠手艺和钣金技艺的基础上传承和发展而来的后岭村金属雕塑艺术得到聚焦和宣传辐射，金属、雕塑文化氛围在本村更加浓厚起来。为了将雕塑艺术这一特色产业融入景区，反哺乡村旅游，后岭村在村内建设了雕塑广场，并以两尊由中国雕塑学会会长曾成钢教授设计、后岭雕塑匠人锻造的铜牛雕塑装饰村口和村中心，这两尊威风凛凛的塑像如今已成为后岭村的地标，雕塑广场上多座主题不同、大小各异的雕塑作品也都独具匠心，吸引游人的眼球。

村中还有能人带动这一产业的发展。张家祖辈皆以金属雕塑业为营生，作为第三代传人的张明远，他在悉心磨炼金属锻造技艺的同时，也为后岭村的金属锻造工艺申请温岭市非物质文化遗产代表性项目做出了不懈的努力，并于 2020 年申请成功，这为金属雕塑行业在后岭村的发展增添了底蕴。不仅如此，张明远还在村中设立了明远工艺品工作室，可供游客前往参观（见图 4）。

图 4　明远工艺品工作室负责人张明远

当前乡村振兴背景下，全国各地村庄都兴起了乡村旅游之风，但千村一面，仿佛按照一个模板建设旅游乡村，游客回头率低，村庄投入了资金却得不到回报。但后岭村抓住了其"雕塑村"的先天优势，发展雕塑业，让金属雕塑文化成为村庄的代名词，也使其旅游业与众不同且不可被复制，在千千万万的旅游乡村中脱颖而出，抓人眼球，真正地拉动了乡村振兴和共同富裕。

明白发展乡村旅游需要"因地制宜"的后岭村，继续对促进雕塑业和旅游业融合发力，在目前正处于招标状态的后岭村美丽乡村精品村建设工程中，雕塑文创街绿化工程、景观工程以及雕塑公园绿化、景观工程预计投资 862677 元，占工程总投资额约 24%。

6. 乡村旅游结合特色产业促进致富

随着金属雕塑业在家乡愈发受到重视，不少在外的匠人也选择回家创业，雕塑业发展蒸蒸日上。技艺高超的雕塑师傅回乡后传承技艺，带出一批优秀学徒，不仅给予了学徒能够养家糊口的能力，也为后岭村将来开放的雕塑文创街提供中坚力量。此外，村中留守农民文化水平较低，再就业能力有限，但未来雕塑文创街必然需要一些人员从事技术含量不高但又与雕塑业息息相关的职业，比如雕塑材料的搜集、制备和回收，培训村民相关技能既能满足将来的劳动力需求，又能为他们提供工作，形成良性循环，以旅游业促进就业，以就业促进共同富裕。

7. 发展旅游助力乡村美化

为发展乡村旅游，加快美丽乡村建设，后岭村意识到需要进一步美化村容村貌，为此采取了一系列措施。

第一，斥资 150 万元并耗时近一年半建造活动文化礼堂。礼堂于 2017 年起建，其设计类似于古色古香的大戏台，中间舞台和活动场地十分开阔，四周绕有双层小楼，辅以木质地板和栏杆装饰，集美观与大气为一体。除起到美化乡村的作用和承担其本身应有的功能外，文化礼堂还拥有文化讲堂、文化广场、舞台、供儿童活动的春泥活动中心等功能区，成为后岭村村民每日活动和重大节日集会或文化活动的中心（见图 5、图 6）。2020 年后岭村便举办了一次全村人民都参与的春节晚会，党员带头报节目，其他村民积极参与，在值得庆祝的日子里，这一活

图5、图6　后岭村活动文化礼堂和正在打太极拳的村民们

动极大地提高了村民的幸福感和归属感，促进了精神层面上的共同富裕。

第二，建设美丽乡村精品村项目。项目预计耗资360万元左右，政府补贴80%，乡村实际支出70余万元，重点进行村庄景观绿化和建设，房屋改造仍要继续推进，多方面发力，使村庄面容更加美丽。后岭村与后岭花开风景区以及正在建设的田园牧歌旅游项目非常接近，于是后岭村就成为游客的必经之地，精品村项目的展开在为改善村民居住环境的同时也配套于旅游项目的发展。

（三）其他努力

在大力促进乡村旅游的同时，后岭村也加快了乡村基础设施和公共服务的建设，进一步整治农村人居环境，让乡村本身硬件条件跟上旅游项目深入开发的步伐，提高村民的生活水平。

第一，"智能化进乡村"。这一政策由浙江省政府牵头，与电信公司合作，在后岭村等一小批乡村先行试点，目的在于将智能化系统覆盖到居民生活生产的各个方面，便利生活，满足人民日益增长的美好生活的需要。作为第一批试点的乡村，这一政策已经在后岭村部分落地，其第一步的智能化就是从安装监控防盗系统做起，优化乡村的治安。如今后岭村就已经做到处处有监控，力求无死角。村书记说，这个监控防盗系统出现后，不仅是对治安有帮助，当自然灾害来临时，也可以通过监控监测到具体损失的发生，带来了许多方便。由于后岭村原先的经济基础薄弱，村书记表示在与电信公司对接时，即使能够享受到政府的优惠政策，也还是要尽力与合作方协商压价，以减轻村中的经济压力。

第二步则是在工作生产过程中做到智能化，除了办公系统智能化，大数字系统也要走进农民生产，比如在大棚作物种植中进行控温控湿，让虫害和作物生长情况可以通过数字系统远程监控分析。后岭村大部分村民不再进行农业生产，转而将土地集中转包到农业生产大户手中，使得农业生产过程智能化就更有必要。第三步则是让智能化便利村民生活的各方面，目前在推进的项目是智能手环，正接政策规定逐步落地。智能手环对于大量老人独居、青壮年外出打工的后岭村而言格外适用，子女通过智能手环实时监控可远程得知老年人的身体健康状态，倘若老年人在家中发生什么健康险况，也能借助智能手环将消息及时通知到子女。同时，智能手环一开始是免费发放，后续是否付费、如何付费如今尚未知，但作为一个百姓期待的惠民工程，村书记认为未来即使收费，也在大多数百姓能够承担的范围，应当不会有太大的花费。此外，在未来的设想中，垃圾桶也会被智能化覆盖，进一步推进垃圾分类，村民是否乱丢垃圾、是否进行垃圾分类都能被实时记录。

第二，改进垃圾处理方式。后岭村原先是由村民自行将垃圾丢到政府规定的垃圾集中投放点后再进行统一处理，如今改为由专门人员每家每户上门回收垃圾。在社交圈更小更封闭的乡村中，这一措施有助于推进村民养成垃圾分类意识，毕竟是否分类、规范丢垃圾都可以被他人所知，也便于村委会精准处理垃圾处理中的问题，改善垃圾丢弃的环节，从而让村庄环境更加整洁。对于垃圾分类意识薄弱也更难培养分类意识的老年人，村中也采取了很多对策，如专门请宣传人员用方言对听不懂普通话的老年人进行垃圾分类宣传，用宣传片代替老年人更不爱听的广播，同时还用洗衣粉和肥皂之类的物质性奖励吸引老年人前去文化礼堂集中观看宣传片，宣传频率也较高，一个月就要进行两次宣传。

第三，提高教育、医疗和养老水平，但在这三方面后岭村仍存在许多不足之处。就未成年人教育而言，后岭村并没有幼儿园、小学和初高中，但好在周边的小镇能够满足教育需求，路途均在 2-3 公里左右。新的、专门的公交线路也正在计划中，如此，未来上学的交通条件也会大大改善，变得更为便利快捷。在成人教育方面，后岭村本身不举办如农业技术、就业技术等培训，仅仅起到县乡政府和村民之间的牵头作用，将县乡政府提供的培训告知村民，并将有意愿参与的村民名额上报。在医疗水平方面，村中存在专门的卫生室，就职人员也具有专业的执照，但受疫情防控要求的影响，如今村民看病只能去温岭市区的大医院就诊。村中医疗保险的覆盖率达到百分之百。由于后岭村边上有一个垃圾焚烧厂，为了化解邻避效应，医疗保险由政府全额补贴，村民和村中财政无需额外出钱。在养老方面，后岭村只有一个私人的养老机构，村中并无集中的老年机构，但村中不乏老年活动室，作为平日基本活动场所的文化礼堂也环境优良，老年人有能够满足需求的活动场地（见图7）。

图7 在活动文化礼堂看戏的村民

三、发展困境

承认后岭花开这一乡村旅游项目存在众多优点的同时，为了使其未来能更好地作为后岭村乡村振兴和促进共同富裕的动力引擎，也应当发现其仍存在的不足之处，并寻找改善或解决的方法与道路。

首先，后岭花开项目当前游客多是来自周边地区，受众有限，因而存在未来能否长久地发展下去、持续扩大客流量，或者说维持一个相对稳定的年客流量的忧虑。

其次，上文提到后岭花开为村集体带来的收益有限，结合当前后岭村仍存在山地抛荒、村集体收入不高、基础设施建设投入大导致入不敷出的情况，寻找更多的渠道以及思索如何更大程度利用后岭花开谋利成为必要。后岭村也意识到了这个问题，尝试利用后岭花开项目带来的人流量为往来游客提供民宿和农家乐服务，从而增加收入。

再次，后岭花开项目仍未做到与特色产业紧密结合。坐拥知名"雕塑村"这一历史文化方面的优势，后岭花开并未将这一长处彻底利用。其园区内的装饰物与雕塑业并无关联，反而体现出大量日式文化，具体体现在景区石板路两旁以日式灯笼、风铃和鲤鱼旗为装饰，甚至出现了达摩不倒翁构成的装饰墙。可以理解这些装饰物的布置是为了追求美观，符合当下"网红打卡地"潮流的追求，也考虑到了当前年轻人审美，但这些景观都是可以复制的，未经过时间的沉淀与打磨，美则美矣，但缺乏灵魂。后岭村村内虽然设有雕塑广场和文创馆，文化礼堂内部也专门开辟了一个房间放置优秀金属雕塑作品实物以及相关相片，并附有文字介绍相关文化历史，但仍存在改进空间。

最后，上文提到存在节假日需要设立临时停车场和出动人员维护交通秩序的现象，既然这一收费的举动不被批准甚至曾经叫停，那后岭花开必然要找寻相应对策，进行优化。

四、发展建议

悠久的历史、独特的技艺、众多的能人、优秀的作品和辉煌的成就，这一切都体现了后岭村雕塑文化的丰富多彩。作为当地的特色产业，雕塑业倘若能够进驻后岭花开，为后岭花开提供独特的文化内涵，进而就能够解决大部分其目前暴露出的短板，同时后岭花开可为雕塑业吸引更多的目光，也能为后岭村带来更多的人流量。二者合力发展，相辅相成，共同促进，以特色产业铸魂乡村旅游，为后岭村民提高收入带来更多可行之法，开启共富未来。为此，笔者提出以下五点发展建议。

第一，建造专门的金属雕塑展览馆，以详细多面介绍后岭村的雕塑文化。目前后岭村的文创馆面积过小，仅为两间平房，展示的雕塑作品非常有限，环境也不够优美。文化礼堂虽然能起到介绍发展历史的作用，但也仅仅是介绍了历史和些许展品，仍旧是空间有限，并未提及身为非物质文化遗传项目的金属锻造工艺的具体内容。并且，文创馆和文化礼堂分处两地，不方便游客前去参观，因而需要建造专门的展览馆，将介绍和展示合为一体。展馆除去以上两个基础功能，还可安排许多别的功能区，如设置透明的匠人工作车间、游客亲手制作小型金属雕塑的体验馆、贩卖工艺品的礼品店等，展览馆具有许多可以自由发挥的空间。

第二，打造和完善雕塑文创街区。为利用后岭花开带来的大量客流，增加其带来的隐形收入，后岭村目前正在村内建设农家乐和特色民宿，从而弥补不占后岭花开股份、当前收益有限的缺点。据了解，未来也会开设小吃一条街，以满足游客饮食方面的需求。在提供饮食与住宿后，后岭村不妨也为游客提供娱乐内容，在民宿、农家乐、小吃街附近开设雕塑文创街区，丰富后岭村旅游功能。

第三，让金属雕塑进驻旅游区，成为后岭花开的特色景观。前文提到后岭花开没有表现出独特的文化底蕴，这一问题恰好可以通过结合金属雕塑业解决。

可根据不同功能区建造相应的雕塑，配合现有的建筑作为装饰物或景观置于其中，借助后岭村"雕塑村"的美名，使自身成为一个有文化、有特色的田园综合体项目。游客们可以在别的地方和日式景观合照打卡，但千姿百态的雕塑景观只能在后岭花开见到。旅游区更是可以和雕塑展览馆合作，售卖雕塑纪念品。当雕塑成为后岭花开的一个新特色，不可被其他旅游区所替代，借以适当宣传，也能够吸引更多的游客前来游玩，从而为后岭花开维持一定的客流量。

第四，设立特色雕塑节或者相关活动。雕塑节和相关活动的举办应当由乡村和旅游区共同负责，以限时、新奇的活动为卖点，吸引游客前来游玩的同时让游客时时刻刻能感受到后岭村的雕塑文化。

第五，优化乡村雕塑及其周围景观。后岭村和后岭花开在地理区位上紧密相连，后岭村的村容村貌必须跟上后岭花开发展的脚步，这也有助于当地雕塑业进一步焕发活力。

目前，后岭花开和田园牧歌都尚未彻底建成，当未来两方旅游项目都能以完整的姿态呈现在游客的眼前时，再配合上后岭村本身的基础设施升级和村容村貌优化，以及附近乡村的特色旅游项目，形成一个能做到一条龙服务的旅游带，满足游客吃喝玩乐各方面的要求，游玩项目也更丰富多彩，彼时应当更具有吸引力。后岭村应继续通过将特色产业铸魂于乡村旅游，推动特色产业和乡村旅游同步升级，乡村更要利用旅游带来的人流大力发展配套的第三产业，作为村民增收新动力。在不远的将来，后岭村将持续开展村庄整治、景区创建、乡村旅游等一系列工程，不断改善休闲宜居条件，让人民群众获得感、幸福感不断提升，推动精神文明建设，提高村民文化素养，以"绿水青山就是金山银山"理论为依据，建造美丽乡村，促进乡村振兴、共同富裕。

访谈时间：2021 年 8 月 5 日
访谈地点：台州市温岭县城南镇后岭村活动文化礼堂
访谈整理：李子怡

白璧村：耕海牧渔托举集体小康，山海底蕴共建美丽乡村

调研员：刘晔虹（浙江大学公共管理学院博士生）

受访者名片：

林行舜，男，1958 年 8 月生，浙江省台州温岭人，中共党员。2005 年任温岭市坞根镇白璧村支委，2016 年为温岭市党代表，2017 年被选举为坞根镇白璧村村支部书记，2020 年继任坞根镇白璧村村支部书记兼村委会主任。曾获 "温岭市劳动模范"（2016 年 4 月）、"温岭市优秀党员"（2016 年 6 月）、"台州市优秀党员"（2016 年 6 月）、"台州市抗击新冠肺炎疫情先进个人"（2020 年 12 月）、"温岭市优秀村社党组织书记"（2017 年）等荣誉称号。

共同富裕不是平均财富，而是通过全社会的共同努力创造更多的财富，让我们农村的人也可以享受和城市里的人同样的教育和医疗条件。

——林行舜

一、白璧村概况和历史沿革

白璧村位于浙江省温岭市坞根镇西部，距温岭市区有15公里（见图1、图2）。东临茅陶、蒋山村，南依玉环市，西邻乐清湾，北与国家地质公园雁荡山隔海相望，因地处白璧山西麓而得名。白璧村包括白璧、下吞两个自然村，共有810户，在籍村民2366人，其中党员75人。近年来，村集体经济收入超过300万元。据统计，2020年全村人均纯收入超过3万元。

图1　白璧村村口牌坊

图2　白璧村共同富裕景象

　　白璧村属于沿海丘陵区，是温岭境内最早的海边块状村落。白璧村整体形状似长方体，总面积3800亩左右，其中海域面积1400亩，水田1080亩，旱地900亩。村落拥有背靠山、面向海的资源优势，山海风光秀丽。《温岭地名志》中有"海风拂面波作镜，青山绕宅翠为屏"的古联句描写白璧村的山海旖旎的景象。

　　白璧村历史文化底蕴深厚。民国时期，白璧有许多财主，至今留下了"三透九明堂"三合院式豪宅[1]和石旗杆[2]等古迹。在清末民初流匪猖狂，为了防范侵略，白璧村村民自发集资建造了7座炮台，至今完整保留的仅剩3座，分别是白璧村林鱼楼炮楼、白璧炮楼和林家炮楼。2011年，现存的3座碉楼作为浙江省一级保护文物留存，成为白璧村独特的文化资源。此外，白璧还有温岭、玉环、乐清三县的烽火台和坞根红十三军第二师部会议和烈士家属的遗址。悠久的历史、浓郁的文化气息、优美的环境，成为白璧村乡村振兴战略的生态资源和历史馈赠。经过多年努力，白璧村已建成浙江省历史文化保护利用一般村、

[1] 据访谈者介绍，"三透九明堂"三合院式豪宅为双透里、中央透、上下透的三透明堂三合院式豪宅，典型代表为村内的徐家欧式豪宅。
[2] 石旗杆是以条石凿成的，有方形、圆形之分，高2—3米，石上再竖一面旗，俗称"石旗杆"。

美丽乡村特色村、1A、2A景区村庄。

白璧村以港湾养殖著称，塘外有塘，塘连塘，优良的养殖条件为白璧创造了丰富的水产资源，浅海及港湾养殖达千余亩，养殖大军遍布沿海省市。在美丽乡村建设的今天，白璧村利用沿海古村落的资源，建设独具特色的山、塘、海绿色村庄。习近平总书记指出："共同富裕是社会主义的本质要求，是人民群众的共同期盼。"[1] 近年来，白璧村以乡村振兴为契机，通过美丽乡村建设大幅改善了人居环境，以集体经济带动了农村家庭经济条件的普遍发展。这些成绩为推进共同富裕奠定了良好基础。

二、主要发展经验和成效

（一）特色养殖业：致富奔小康

白璧村位于业内居世界第四、亚洲第二、国内第一的江厦潮汐试验电站南麓，与国家地质公园雁荡山隔海相望，南依玉环市，西邻乐清湾，地理位置优越。村境内有海域面积1400余亩。白璧村依山傍海，邻近海域咸淡水相汇，非常利于虾类、贝类等水产品的育苗和生长，海水养殖已是当地主要的支柱产业之一。在2013年，白璧村荣获"海水养殖示范村"的称号（见图3）。

图3 白璧村海水养殖

---

[1] 习近平. 关于《中共中央关于制定国民经济和社会发展第十四个五年规划和二〇三五年远景目标的建议》的说明［N］.人民日报，2020-11-04（2）.

谈起白璧村海水养殖的历史，村支书林行舜特地邀请了在他之前担任了近30年村支书的杨梅青爷爷[1]为我们讲述白璧村村民"沧海桑田"的故事。白璧村地处海湾山区，平地少山地多，缺少大面积种粮的条件，夏秋季经常台风肆虐，粮食生产受到很大的影响。特别是经历了三年困难时期后，村民常常吃不饱饭，贫穷笼罩着这片村落。1969年7月，县、区整建党工作队进驻白璧村，大队党支部恢复因"文革"而中断的党内活动，选举产生党支部，杨梅青爷爷任党支部书记。在他的带领下，白璧村全村村民发扬愚公移山、排山倒海的精神，合力劈山19米深贯通道路，带头重建围塘。村民们向海涂要田，向海要粮，集体开挖白璧、下岙两个水库，围垦革新塘、瞿屿塘、联胜塘等海塘，抵御了海潮侵袭良田，保障村庄安全。村民也开始摸索海塘养殖，从此结束了挨饿的历史。

1983年，浙江省农科院在白璧村成立了一个水产养殖基地。省里的技术员来村里指导水产养殖技术。次年，村委会提出大力发展"两水一加"，鼓励村民们在山上种植水果等经济作物，在滩涂养殖水产品和兴办水产品加工业，白璧村村民积极学习养殖技术，通过村里的社会关系网络广泛传播和实践，积攒了小康生活的第一桶金。然而，好景不长，1985年由于省里经费不足，水产养殖基地被撤销。打击接踵而至，次年，台风灾害频繁，围筑的养殖海塘屡遭倒塌。白璧村村民并不气馁，村里一方面积极向上级政府部门争取资助，一方面发动村民重新围筑养殖塘，加强基础设施建设。为了养家糊口，一部分拥有水产养殖技术的白璧村村民外出至江苏、山东、福建沿海等地，承包海塘、滩涂进行水产养殖。如今，老书记说起这事，脸上依旧泛起骄傲的笑容，白璧的养殖大军遍布沿海省市，白璧村人依靠养殖业发家致富。

伫立在白璧村外，一眼望去是塘外有塘、塘连塘的景象，优良的养殖条件为白璧创造了丰富的水产资源，浅海及港湾养殖达千余亩（见图4）。村内海塘养殖面积600余亩，其中村集体所有的海塘300余亩用于每年招标租赁，

---

[1] 杨梅青，男，中共党员，1937年9月生，1969—1994年、1996—1999年担任白璧村村支书。

村民所有的海塘养殖面积也将近300亩。据估算,2020年该村渔业经营总收入已超过2000万元,其中村集体收入近300万元。养殖的水产品中,以蛏子、蛤蜊、虾、花蚶为主。这些水产品是在同一个海塘里养殖,通过混养的方式形成良性的生态循环。它们在水体的不同层面共居,既维持了生态平衡,又节约了养殖成本。其中白璧村的南美白对虾在市场上口碑极好,白对虾从国外引进近20年,具有产量高、营养丰富的特点。村里有村民专门上门收购海产品,再送到各地市场上销售,点对点的销售保证了海产品的新鲜度。南美白对虾每年农历6—7月成熟(2月放种苗),批发价每斤23元,血蛤、贝类等在市场上很受欢迎,收购价也较高。

图4　白璧村渔业

靠海吃海，这是沿海村民长久以来的传统。除了海塘人工养殖，白璧村人还在滩涂上进行养殖，也会在潮起潮落时"赶小海"[1]，把网笼放置在滩涂上，等待着潮起时大海的馈赠。在收拢、分拣的过程中，渔民们会把一些比较小的海鲜丢回海里，保护海洋生态平衡，做到索求与保护并重。村支书说，渔民们守着大海讨生计，比外出打工更划算。渔民们当天会把"讨小海"的成果进行分类，有的会在家门口摆起摊点，吸引周边邻里的人们前来购买；有的上岸后直接卖给收购商，一天运气好的话能有200元的收入。"讨小海是要靠运气的，出来不一定有收获，但不出来就一定没收获。"这样简单的一句话，道尽了白璧人的善良、勤劳和淳朴。白璧村村民正是依靠临海的地理优势，发展特色海塘养殖业，摆脱了贫困的桎梏，走向了小康生活。

（二）村集体收入：开源向共富

海水养殖业是白璧村的一大特色，也是该村的主要的经济来源。1996年老支书杨梅青再次担任村党支部书记，为解决村集体经济组织年收入入不敷出的情况，他带领村民围垦了多个海塘，每年对有能力的养殖户进行招标出租，致力于把白璧村建设成为海水养殖强村。每年年底，村委会组织召开村民大会前，都会公开对外招标出租海塘，村集体共拥有300多亩海塘，按照每亩9000元左右的价格拍卖一年的经营使用权，价格随海产品行情浮动，2020年受疫情影响，每亩仅8700元出租。此外，村集体拥有1500多亩的滩涂，也是通过公开招投标的形式，以每亩200—300元的价格承包给大大小小的养殖户。全村集体所有的海塘、滩涂由村集体统一管理、招标出租，中标价格是全国海塘、滩涂出租的最高价格。此种模式通过村集体提供管理服务、调整分配海塘滩涂资源、修建海塘围基等基础设施，公开在市场上招标出租海塘、滩涂成为主要的增收途径。经过十几年的发展，村集体经济收入在2000年初就达

---

[1] 居住在海边的人们，根据潮涨潮落的规律，赶在潮落的时机，到海岸的滩涂和礁石上打捞或采集海产品的过程，称为赶海、讨小海。

到了 200 万元，如今村集体经济收入每年稳定在 300 万元左右。

村集体收入在很大程度上托举起村民的小康生活，缩小贫富差距，促进了共同富裕。村集体的收入绝大部分都用于本村基础设施建设和民生保障方面。得益于村内的"一事一议"公益事业建设项目，村居环境和群众生活品质实现了质的改变。白璧村于 2017 年投入 86 万元完成海港大道北段沙丘道路硬化项目，在 2019 年投入 230 万元建成后山环山沥青道路。2020 年环塘沥青道路项目再次立项，总投资约 150 万元。村内外道路的硬化和建设，既方便了村民的日常出行，也为未来发展乡村旅游业奠定了基础。

村集体除了在道路等基础设施上投入大量的资金，还特别关注村民医疗健康和养老。在医疗健康方面，新型农村合作医疗保险每人每年 480 元，村集体每年花费近 100 万元给全村村民每人补贴 400 元，保证每位村民享有医疗保障。白璧村里分别有一个卫生室和一个健康小屋，配备一名专业医生，温岭市区医院的医生每周定期来健康小屋为村民免费看诊和体检。

在养老服务方面，白璧村村委班子在如中秋节、重阳节等中国传统节日，定期组织人员上门看望村里的孤寡老人，利用村集体收入为村里的 60 岁以上老年人每年发放 400 元的红包福利和生活用品。在新冠疫情暴发前，村内设有老年人食堂，村里专门雇人为空巢老人、失独老人、残疾人做饭。2014 年，村内已完成文化礼堂、文化广场、文化长廊和文化大舞台等工程建设，定期有文化下乡活动在白璧村文化大舞台上表演，这极大丰富了老年村民的文化娱乐活动，提升了群众的获得感和幸福感。

在安全卫生方面，白璧村为切实有效地减少火灾和消防安全等问题，用村集体经济收入为本村每家每户安装烟感器和消防设施，使村民的财产损失降到最低，生活有安全感。在 2020 年村内全体脱贫前，村内有 23 户低保户，共计 26 人，村委会为有劳动能力的贫困人口提供了村内的公益性卫生员岗位，让他们通过贡献自己的力量获得生活保障和社会的认同。从 2020 年开始，全村开始垃圾分类，村委专门张贴了垃圾分类的海报，增加了分类的垃圾桶等（见图 5）。

图5 白璧村垃圾分类设施

在白璧村,我们发现在共同富裕这条路上,村集体经济收入在完善基础设施、保障民生等方面发挥着重要的托举作用。在村内,个体大户与多数村民群众收入差距愈见拉大,人均纯收入的高平均数下掩盖着贫富不均,潜伏着不稳定因素,只有继续大力发展集体经济,完善社会保障体系,共同富裕才能变成现实。

(三)文化古遗迹:乡旅创未来

在美丽乡村建设的今天,白璧村正努力利用沿海古村落的资源,建设独具特色的山、塘、海绿色村庄。"外有仿古的三门四柱五楼的石牌坊,内有文化礼堂、文化长廊,转角凉亭建造独特,水上平台、村门正在建设中,三个水库正在绿化改造中……"林书记在与笔者谈起本村的历史文化古迹和乡村美景时,如数家珍,为我们介绍起白璧村的独有景致。

白璧村最著名的景点,自然要数村内的三座碉楼(见图6),即省级文物保护单位温岭碉楼的组成部分。据说碉楼为民国遗物,主要是用来抵御沿海一带土匪的侵扰。民国时期，温岭土匪猖狂，对周边村进行抢劫掠夺，白璧村村民也深受其害，当地村民自己集资，建碉楼，抗土匪。早先有7个炮台，现在仅存3个炮台，作为浙江省一级保护文物留存。村口的碉楼有三层，底长5.8米，宽5米，底层朝向村子的内侧，开有一扇小门，二、三层开有卷形或方形窗户，里面都有枪眼。碉楼的北侧从中间砌出一道围墙，墙中间还开有仿欧式的券门，提升了防御功能。碉楼掩映在浓荫深处，一身雪白，醒目而清秀。墙面开方形及卷形窗，装饰精美的窗套，并开有长条形枪眼。双坡顶，小青瓦盖顶。与众不同的是，碉楼北侧从中间砌出一道围墙，墙头呈波浪形，起伏有致。墙中间，还开有仿欧式的券门。无论从哪个角度、哪个方位看，都各有姿态。

图6　白璧村碉楼

　　白璧村每一座小石屋也能让人注目流连。墙体用天然石块随意地垒砌，石块之间填泥土或灰浆粘接，厚实坚固。石块或大或小，形状各异，粗、拙、野、乱，有一种不受约束的美。用当地随手拈来的石材，以简单适用的技术建造石屋，既经济又和谐，体现了人与自然和谐相处。尊重自然、亲近自然、顺势而为，本就是中国传统文化的精妙之笔。在村中，殷实些的人家会在门楣、窗楣上做些装饰。简单点的，只做出几道弧形的线脚；复杂些的，做成门套、窗套的样子，用图案略加点缀，屋子的立面就更加生动丰富了。乡土的前世今生，一点一滴地凝固在这些建筑上，无声地诉说着白璧村的历史往事。

　　此外，白璧山山顶有个烽火台，相传为戚继光抗击倭寇时建造。据村主任讲述，那时戚继光在玉环楚门、坞根白璧和温峤元宝山各建了一处烽火台，每次有倭寇登岸，三处烽火台便遥相呼应，传递信息，戚家军也能及早做好准备，抗御倭寇。如今，白璧村计划修复保护这些古建筑，发展旅游业，让白璧成为一块真正的白璧，让更多的人来这里喜欢上这里。在白璧村的海塘旁边还建有一个海边文化长廊，夏天的晚上许多村民结伴在此乘凉，话聊家常，共度幸福生活。

　　近年来，白璧村以"乡村振兴"为主题，与农耕化相结合，大力发展农旅产业，"一村一品"也在同步开展，围绕四季水果采摘园和玫瑰种植园，白璧村背山面海打造"藏花湾"，带动了周边村民就业。白璧村已完成浙江省历史文化保护利用一般村、2A景区村庄、美丽乡村精品村等项目建设，走出了一条具白璧特色的发展道路。在发展的道路上，上级坞根镇党委政府也在持续推进白璧村乡村振兴，一是投入350万元打造省农村综合改革试点项目白璧区块。村民活动场所提升工程建设，配套基础硬件设施，如长堤组合、水云桥、亲水平台、健身绿道等景观工程，同时配备景观照明亮化工程。二是投入260万元打造新时代美丽乡村精品村，因地制宜，对村口、村内庭和重要节点进行提升改造，为村民和游客提供一个舒适的生活、游玩环境。三是投入60万元打造五星党建双强示范村。白璧村党群服务中心（见图7），以党组织为核心，通过党群服务中心这条纽带，把辖区的资源整合起来，把分散的社会力量凝聚起来，齐心协力服务党员群众，实现以党组织为核心、多组织介入与百姓需求的无缝对接的基层工作业态，进一步凝聚党心、政心与民心。

图7　白璧村党群服务中心及文化大舞台

三、发展瓶颈与挑战

如今，白璧村正以积极的姿态创建共同富裕的美丽乡村，实现乡村振兴、村民富裕。然而与浙江省其他沿海的养殖村相比，从特色产业转型升级、乡村治理功能改善和文化旅游可持续发展的角度来分析，目前白璧村的发展依然存在如下瓶颈。

（一）产业结构亟待转型

白璧村的特色水产养殖已经有50余年的历史，包括围塘混养和滩涂养殖等，产品丰富。然而，在经济飞速发展下，白璧村的水产养殖业发展到了瓶颈期，存在以下几个比较突出的问题。

一是产业链不完整。纵观整个水产养殖产业链，白璧村的水产养殖业仅停留在产业链的上游——养殖。渔民们打捞上来的水产品，由中间收购商直接收购贩卖，渔民无法参与下游的销售，仅获得较少的利润。同时，养殖产业链缺乏完整性，没有形成完善的加工体系和销售体系。二是水产品养殖缺少标准化和品牌化，缺乏市场竞争力。虽然白璧村养殖的水产品种类丰富，产量稳定，但无论是养殖大户还是散户，都没有统一的养殖标准，也没有建立白璧特有的地理品牌，水产品流入市场后地理品牌无辨识度，无法增加附加值。由于没有建立统一的地理品牌，消费者难以进行质量追溯。过分依赖中间收购商，导致小渔民与大市场分割，不能及时地把控海鲜市场的品类需求。三是抵抗风险能力较弱。一方面是自然风险。白璧村位于浙江省东南部，临近海湾，每年夏秋季节都面临着台风等自然灾害的侵袭，港湾养殖首当其冲。调研过程中发现，大多数养殖户都没有购买养殖保险，其中也存在缺乏养殖险种和保险公司不提供相关保险等问题。受台风的影响，每年维修海塘基建费用和水产品损失巨大。另一方面是市场风险。散户渔民不直接连接市场，生产具有一定的盲目性，整体抗风险能力较弱。

（二）乡村治理亟须改善

在白璧村的乡村治理中，人才缺乏是根源性问题，进一步影响到如何促进村集体的可持续性增收和合理管理分配村集体收入。

首先是人才发展的问题。2020年白璧村村委会委员平均年龄超过了50岁，平均受教育年限仅为7年，在村庄的管理上，村委们有学习的动力，但能力不足，学习的信息、机会和资源不多，大都有心无力。特别是在互联网快速发展的时代，许多村委面对需要使用电脑手机等电子设备填写的材料，心中着急却无从下手，工作的压力很多都压在仅有的一两个年轻人身上。白璧村仍然渴望更多的年轻人回乡发展。其次是村集体经济发展问题。随着整体经济的高质量发展，仅仅依靠特色水产养殖的单一产业是不够的，养殖大户和散户小户之间的收入差距逐渐加大，如何发展村集体经济，促进村民共同富裕，需要寻找适合白璧村长久发展的新模式。最后是集体收入监管和分配问题。村集体收入是发展乡村的重要经济支撑，在保证集体经济稳定增收的同时，还需要进一步考虑村集体经济收入的增值保值以及合理使用。

（三）文化旅游亟盼发展

乡村振兴有助于强农业、美农村、富农民，符合新时代人民日益增长的美好生活需要。乡村旅游的发展，很大程度上促进乡村产业的转型，服务设施不断改善、经济规模大幅增长、就业机会显著增多、农民收入明显增加，但同时也面临着环境质量下降、乡村文化受损、旅游同质竞争、整体品质不高、产业培育不足、资金人才短缺、运营模式落后、土地利用错位等现实困境。

白璧村的乡村旅游产业近两年刚刚起步。一方面，特色景点碉楼、民国时期房屋等需要维护修缮，旅游相关配套设施也需要建设，存在一定的资金缺口，亟盼配套政策和资金的支持。另一方面，也存在着同质化竞争的问题。坞根镇主打乡村旅游产业带，白璧村开发红色旅游资源与相邻村庄大体相似，面临着"你有我特"的资源挖掘问题，尚未开发特色优势景点和人文故事。此外，乡村环境卫生条件有待改善，个别村民卫生意识有待加强。在发展旅游业的过程中，缺少年轻人参与旅游规划和建设，村民对旅游业相关的服务缺乏了解，发展潜力受限。

四、发展建议和启示

（一）发展建议

在特色产业转型升级方面，首先，亟须进一步延长产业链，转变传统的养殖业发展模式。构建水产养殖全产业链的标准体系，推动白璧村水产品实施绿色、有机等产品认证，提升产品市场价值和消费者认可度，努力建设省级、国家级示范水产养殖场。其次，知名品牌的形成，是特色农业经济效益持续的保证。[1]推进特色养殖业的品牌化，对推动白璧村养殖业高质量可持续发展具有重要意义。由村集体统一谋划，打造白璧村水产品地理标志，通过对外宣传，打响"一村一品"的特色品牌，为白璧村的优质水产品增强知名度，增强与其他特色养殖村的差异化优势。再次，组织统一培训，提高渔民的养殖技术和应对自然风险的能力，在村集体经济盈余下，为散户小户渔民购买农业保险，分担风险。可以借助"养殖合作社＋农户"的形式建设水产品养殖加工厂，让养殖散户成为合作社的社员，提高散户小户的经济话语权，获得更多的市场利润。最后，在开发利用的同时，更要加强对海塘、滩涂的环境监测和动态管理，按照保护优先、集约生产、科学管理、绿色养殖的要求，推进海塘围基的巩固以及海域环境的监测。走"独一份、特别特、好中优、错峰头"特色优势产业发展之路。依托临海资源优势，大力发展以南美白对虾、血蛤、蛏子为主的混合养殖特色水产业，突出产业特色，形成产业优势，优化区域布局，发展生态养殖业，提高特色养殖业可持续发展能力和产品竞争力，促进特色养殖业健康可持续发展。

在乡村治理和集体经济发展方面，最重要的是人才培养和引进。首先要充分发挥党组织和党员的力量，鼓励在村党员积极参与村内公共事务，主动学习

---

[1]吴海峰，郑鑫.中国发展方式转型期的特色农业发展道路探索——全国特色农业发展研讨会综述[J].中国农村经济，2010(12):87-92.

新知识、新技术，紧跟时代潮流，发挥模范带头作用。同时，积极与上级部门沟通，协调相关部门单位专业干部成立智囊团和"专家指导团"，补齐壮大村集体经济在人才、思路上的短板。其次，督促督导第一书记和驻村干部坚守岗位，拓宽发展思路，积极作为，促进村集体经济的可持续发展，在保障民生和实现共同富裕层面发挥作用。再次，要借助乡贤的力量，以乡土情怀的纽带，吸引更多的农村能人回乡发展，为乡村建设贡献自己的力量。在村集体经济收入管理方面，要强化监管，实现集体资产保值增值。实践证明，村级集体资产管理工作薄弱，是制约集体经济发展的重要因素。从某种意义上讲，管理并盘活存量资产，使其保值增值比新增资产投入更为重要。针对白璧村每年稳定且体量较大的村集体收入，要进一步推进和完善村级财务管理，加强对村集体资产的清算、评估和产权登记，对集体资产的占有、经营和日常管理作出明确规定，确保集体资产保值增值。强化民主管理，实行民主理财，定期公开账目，接受群众监督。最后，配合产业结构的转型升级，要转变经营机制，大力发展混合型经济，把所有权和经营权分离开，从而发挥集体资产的最佳效益。

在发展乡村旅游方面，要大力发展具地域特色的乡村旅游产业，打造"人无我有，人有我优"的乡村旅游项目精品。将资源优势转化为发展优势的过程中，最重要的是如何描绘村庄山、塘、海的特色风情和讲好白璧村的历史故事，通过差异化的人文景色吸引游客。与此同时，要逐步完善景区基础设施建设和旅游配套服务，支持有条件的村民提供民宿和商店等设施，对有意向参与旅游景区管理服务的村民进行统一培训，提升村民素质和技能，增加村民非农就业的机会和收入。在开发红色旅游资源的同时，可以考虑结合特色养殖业，发展海塘、滩涂的捕捞体验和研学功能，开发沉浸式水产捕捞体验，将特色养殖作为白璧村靓丽的名片。进一步与互联网等新业态接轨，打造网红项目，吸引更多的游客观光旅游。在发展乡村旅游的道路上，应更加关注历史遗迹的保护与开发并重，深挖历史文化底蕴。

（二）启示

共同富裕是马克思主义的一个基本目标，也是自古以来我国人民的一个基本理想。孔子曰："不患寡而患不均，不患贫而患不安。"孟子言："老吾老以及人之老，幼吾幼以及人之幼。"《礼记·礼运》具体而生动地描绘了"小康"社会和"大同"社会的状态，都揭示了社会公平对于经济社会发展的重要意义。

治国之道，富民为始。习近平总书记在中央财经委员会第十次会议上指出，共同富裕是全体人民的富裕。要给更多人创造致富机会，形成人人参与的发展环境。在共享改革发展成果上，无论是实际情况还是制度设计，都还有不完善的地方。为此，2021 年，习近平总书记在十九届中央政治局第二十七次集体学习时强调，要自觉主动解决地区差距、城乡差距、收入差距等问题，坚持在发展中保障和改善民生；统筹做好就业、收入分配、教育、社保、医疗、住房、养老、扶幼等各方面工作；更加注重向农村、基层、欠发达地区倾斜，向困难群众倾斜，促进社会公平正义，让发展成果更多更公平惠及全体人民。

乡村宜居宜业，农民富裕富足，行走浙江，很难察觉出城乡之间的边界。白璧村村委们理想中的共同富裕是群众收入大大增加，生活质量很大提高，精神生活富足，文化生活丰富的景象。在访谈过程中，村委们谈道："共同富裕不是平均财富，而是通过全社会的共同努力创造更多的财富，让我们农村的人也可以享受和城市里的人同样的教育、医疗的条件"。这句话也表达了对城乡发展一体化和共同富裕的美好向往。以人为核心的共同富裕，不仅提高物质生活的水平，更要加强精神文明建设，实现精神共富，让乡村成为城市人的向往之地。近 30 年来，白璧村依靠海塘、滩涂等优势自然资源，发展特色养殖业壮大村集体经济，帮助村民摆脱贫困，奔向幸福小康生活。白璧村的实践证明，村集体经济收入的持续、稳定增长，能为村庄建设、便民服务、缩小贫富差距提供物质上的可能性与保障，是实现共同富裕的重要途径之一。

在共同富裕的新时代背景下，白璧村需要紧跟时代发展要求，调整单一产业结构，发展多样、多元性的特色产业，促进农民增收。在村民生活、文化、养老、安全等方面，需要从长远出发进行合理规划，更加关注村内弱势群体的发展诉求。通过教育培训赋能贫困群体，搭建平台赋予村民平等的发展机会，如此，在实现共同富裕的道路上，未来可期。

凤溪村：
市场助力"两山"转化，能人带动共同富裕

调查员：阮茂琦（浙江大学中国农村发展研究院博士生）

被访者名片：

叶申杰，男，浙江温岭人，早年赴湖南经商，2005 年返乡担任凤溪村的前身——池头村村干部。现任浙江省温岭市凤溪村支部书记、村主任，在凤溪村的乡村振兴以及共同富裕事业建设中起到了举旗定向的关键作用。

要保证乡村在实现共同富裕过程中不掉队的关键在于调动农民的致富积极性，在乡村内部形成你追我赶的创业致富氛围。

——叶申杰

一、村庄概括与历史沿革

（一）历史沿革

2021年8月6日，调研组前往城南镇凤溪村进行走访调研（见图1），并对村支书叶申杰进行了深入访谈。凤溪村坐落于有"温岭后花园"美称的城南镇，是2018年由池头村、兰公岙村和上岙村三村合并而成的新行政村，总面积约6000亩，总人口约2400人，其中常住人口约1600人。在凤溪村下辖的三个自然村中，池头村和兰公岙村生态资源丰富，是温岭市首批美丽乡村建设示范村，在2014年就已经高标准完成了村庄环境整治，并在此基础上推动了乡村旅游的发展，经济基础较好。其中，池头自然村因为其在三个自然村中经济基础最好，人口和土地规模最大而被赋予了中心村的地位，在整合三个自然村发展，推动"先富"带动"后富"的工作中发挥主导作用。上岙村集体经济相对不发达，村庄治理水平较低，基础设施建设均相对滞后，在并入凤溪村前是温岭市确定的"薄弱村"。2018年三村合并成立凤溪村时，城南镇政府就为凤溪村确定了"以强带弱，共同富裕"的发展方针。凤溪村在能人聚集的"村两委"带领下，顺应市场规律，善用"绿水青山"资源，发展高水平的乡村旅游业，为乡村地区实现共同富裕目标探索出一条具有推广意义的重要路径。

图1　凤溪村村委会

（二）经济建设

在经历过 2018 年大规模的并村调整后，新成立的凤溪村依托池头自然村和兰公岙自然村良好的农业基础和以旅游业为支撑的发达的集体经济，成为城南镇推动乡村振兴建设的"样板村"。

1. 农业基础优良，细分产业多样

凤溪村地处丘陵地带，村庄土地情况大致为八山二田，此外还有少量池塘。凤溪村利用多样化的地形开展了多样化的农业生产活动。凤溪村用于水稻种植的水田总量约为 270 亩，村集体主导的集中流转使得水稻实现了大规模专业化种植。凤溪村 1096 亩旱地主要用于种植薤头。薤头在温岭是一种具有特殊文化意涵的农产品，食用薤头是温岭人身份认同的一部分，薤头的种植也形成了一套独具特色的文化体系。凤溪村还在其丘陵地区尝试发展了林地经济，主要种植的树种有樱桃、琵琶等。此外，凤溪村还利用村中的 50 亩池塘发展了一些渔业经济。凤溪村良好的农业产业基础、多样化的产业形态以及其中蕴含的丰富农耕文化要素为凤溪村以农耕文化体验为主题的旅游开发提供了现实基础。

2. 旅游产业兴旺，集体经济发达

早在并村前，池头村和兰公岙村就依托村内的生态资源发展起了旅游产业。城南镇处于山地丘陵地带，自然风光秀丽，加上受地形限制，工业发展水平不高，因此该镇的农村地区就成为温岭市民休闲度假的胜地（见图 2、图 3）。加之池头村和兰公岙村的美丽乡村建设和村庄环境整治工程开展最早，这两个村落就成为游客的主要目的地。凭借稳定的客源和良好的旅游业基础，池头村和兰公岙村在 2013 年前后由村两委牵头开发了三个由村集体 100% 控股的旅游项目，分别为池头村的游泳馆项目和兰公岙村的樱桃园以及以餐饮为主业的农庄项目。当前，这三个由凤溪村集体 100% 控股的旅游项目每年可以为村集体创造约 60 万元收入，成为凤溪村推进共同富裕建设的重要经济基础。

图 2　凤溪村瀑布景观

图 3　凤溪村亲水步道

3.村民收入多元，社会保障完善

凤溪村不仅集体经济发达，村民的收入水平也较高。村内外出人员是村民中收入相对高的群体，约占村民总数的三分之一，其中约有200人外出经商，600人外出务工。常住村内的居民通过在温岭市区务工、在村集体经济产业中就业或从事与旅游相关的个体经营可以实现约4万元的人均年收入，村民生活富足。此外，由于在并村前，各自然村都完成了集体经济体制改革，村民对集体经济相对认同，凤溪村比较顺利地推进了村民持股工作。当前，村民在村集体经济中实现了"一人一股"，因此，凤溪村村民的收入构成除了营商收入和劳动报酬外，还包括村集体每年的分红。村民的资产性收入获得了拓展，村民收入来源多样。

发达的集体经济和明晰的集体经济产权制度还支撑了凤溪村完善的社会保障体系。村集体为村民承担了"新农保"的费用。除了政府部门提供的社会保障外，村集体还利用集体收入为村民提供额外的社会福利和保障。凤溪村集体为村民承担了电费、水费和电视费等基本生活费用开支。此外，对于贫困户以及60岁以上的老人，凤溪村集体还会在重要的节日以现金或实物形式向他们派发福利，对他们的生活提供支持。高水平的社会保障为实现共同富裕提供了基础。

二、旅游产业支撑"共富"基础

凤溪村为青山绿水环抱，是"温岭后花园"中的一颗明珠。凭借优异的自然条件和早期积累的人气，凤溪村通过发展旅游产业实现了"绿水青山"资源的转化，为共同富裕目标的达成奠定了坚实的产业基础。

（一）深耕"绿水青山就是金山银山"理论，奏响"田园牧歌"

乡村要经济发展，产业振兴是必要条件，但是主导产业的选择对乡村来说却是一个难解之题。凤溪村的产业发展也遇到了我国农村地区普遍存在的发展约束。一方面，凤溪村的常住人口中，老龄人口、受教育程度较低的人口占比较高，61岁以上老龄人口占常住人口比例达30%以上。留守劳动力的数量和质量决定了凤溪村难以发展劳动力密集型或对劳动力技术和体力要求较高的制造业。另一方面，凤溪村也面临着严格的耕地和农业用地管理制度约束和日益规范的生态保护机制约束。访谈中，村两委班子表达了希望通过土地集中规划利用为第二产业发展提供土地的想法。但当凤溪村解决了建设用地指标的问题后，在项目申请阶段还是撞上了限制农村第二产业发展的政策天花板。此外，市场风险和一些现实困难也增加了村两委在选择主导产业时的难度。在20世纪90年代，池头自然村曾经建立过淡水鳗鱼的生产和加工基地，由于缺乏熟悉技术和市场的人才，在21世纪初周边村落大规模兴办鳗鱼加工厂导致市场饱和后，池头村的鳗鱼厂就因为入不敷出而退出了市场。近年来，蘡头成为凤溪村村民种植的特色农产品。村两委也曾尝试通过建立合作社、创立区域品牌和建立加工厂等手段推进一、二产结合，增加农产品附加值，提高农民收入。但是依然遇到了市场和技术人才匮乏，一家一户经营的农户组织协调难度大、成本高，项目资金和建设用地约束等问题。面对二产在农村难以落地的现实，凤溪村转向深耕"绿水青山就是金山银山"理论，做出了在既有旅游项目基础上进一步开发旅游产业，推动"绿水青山"资源转化的决定。

"绿水青山就是金山银山"理念的核心内容即习近平总书记在任浙江省委书记期间在湖州市安吉县考察时做出的"绿水青山就是金山银山"的论断。受访时凤溪村支书叶申杰表示，对于拥有丰富"绿水青山"资源且已经具备一定旅游业发展基础的凤溪村来说，认真学习"绿水青山就是金山银山"理论的内涵，做好"两山"转化的文章是实现乡村产业振兴和实现共同富裕的最优道路。基于这一判断，2019 年凤溪村在城南镇政府的支持下引入了总投资规模 1 亿元的全域旅游项目——"田园牧歌"旅游度假。该旅游度假区一期开发项目总占地规模约 900 亩，其中 600 亩土地位于凤溪村，由于引入了外来资本和上级政府的资金，凤溪村集体在该项目中的持股比例为 10%。该项目主打农耕文明体验主题，不仅将乡村的自然风光转变为物质财富，还通过"农场土地认领"等形式实现了以"乡愁"为代表的乡村文化要素的经济价值。

"田园牧歌"旅游度假村项目还解决了乡村产业建设中面临的要素和政策约束问题。该项目中大多数就业岗位仍要求就业者从事农业生产，这就意味着部分农民可以在完全不改变从事的工作或仅接受很简单的培训后就可以将自己的身份从农民转变为服务行业从业者。一些景区秩序维护、清洁和餐饮、住宿服务等对体力和技术要求不高的工作也可以吸收村民就业。此外，由于度假区以"体验农耕文化"为主题，因此可以在不改变耕地以及农业用地的性质的前提下实现一产和三产的融合发展。在实际开发过程中，对于耕地和农业用地采取了按点定位的方法精确地确定了其范围，实现了土地性质不变的目标，解决了产业发展的土地制度约束问题。由于开发旅游对乡村环境提出了更高的要求，因此在项目开发过程中还实施了村容村貌整治、垃圾分类、提高宅基地容积率、土地整理等改善村庄自然环境的工程，提升了村庄环境质量，也解决了环保政策约束的问题。

"田园牧歌"一期园区已于 2021 年 10 月 1 日开园，项目吸收了 150 余位村民到园区开展秩序疏导、耕种实验田等工作，解决了村内闲置劳动力 50 多人，项目衍生的餐饮业、民宿业还为村民提供了更多间接就业岗位。除了增加村民就业外，项目还通过盘活、流转土地入股项目，每年可为村集体创造 50 万元以上的收益，这些收益最终用于向村民派发红利、提供社会保障。"田园牧歌"项目是凤溪村实现共同富裕最重要的产业支撑（见图 4、图 5）。

图4　田园牧歌度假区

图 5 田园牧歌度假区

（二）尊重市场规律，实现生态价值

旅游产业是近年来农村地区在推进扶贫、产业兴旺等工作中会首选发展的产业之一，但是在产业发展中也产生了客源不足、特色不强、过度开发、项目烂尾等问题。这些问题的产生很大程度上与一阵风式地盲目发展旅游产业，忽视市场规律有关。而凤溪村在开发"田园牧歌"项目时做到了将问题考虑在前，通过坚持尊重市场规律，利用市场手段推进项目建设运营的方式，实现了对上述问题的解决，为确保生态价值的充分实现和旅游产业的可持续发展奠定了良好的基础。

1. 精心筹备建设，保证客源充足

在市场经济中，稳定充足的客源是乡村旅游产业持续发展的基础，而具有特色和建设良好的景区则是充足稳定的客源的保障。在"田园牧歌"项目的筹备和建设过程中，凤溪村两委紧紧抓住客源吸引和高质量景区建设这两个"牛鼻子"，在景区正式运营前就为景区长远发展创造了良好的条件。一方面，村两委积极利用市场手段帮助度假区"引流"。在引进项目投资者阶段，凤溪村两委就特别注重通过投资者解决项目宣传和客源的问题。于是，不同于周边村落选择公交公司等作为主要投资者的做法，凤溪村为"田园牧歌"项目选择了一家旅行社作为主要投资方。通过引入投资与旅行社成了利益共同体，在"田园牧歌"项目正式开始运营前就提供了稳定的景区客流预期。这为进一步引入上级政府支持和市场主体投资奠定了良好基础。此外，凤溪村还通过现有的旅游项目转型发展为"田园牧歌"项目造势。伴随着近年来短视频平台和"网红"经济的兴起，凤溪村积极顺应这一市场潮流，推动樱桃园项目转型发展为一个农业主题摄影基地，并登录"抖音"平台为"田园牧歌"旅游度假区引流。另一方面，市场经济的基本规律要求良好效益需有过硬景区为质量支撑。针对城南镇大规模推动乡村旅游建设导致资金分散，旅游项目开发质量不高的问题，村两委做出了要高标准建设"田园牧歌"项目，将凤溪村打造为星级乡村旅游点的决定。为此，凤溪村依托其发达的集体经济，自筹资金邀请了专业的设计团队为旅游开发和村庄环境整治进行了规划。凤溪村两委将这一规划报送城南镇政府后得到了镇主要领导的肯定，当前城南镇正研究对凤溪村和"田园牧歌"项目追加资金支持。

2.调动村民积极性，培育竞争致富氛围

旅游项目开发涉及土地流转、宅基地租赁和村民集资等一系列触动村民利益的敏感问题。农民普遍存在的惜财惜地、厌恶风险的心理是项目开发中面临的重大挑战。对于"田园牧歌"项目推进之际成立尚不满两年的凤溪村两委来说，取信于民和帮助农民克服风险厌恶情绪的双重挑战使得这一挑战更加严峻。面对这一严峻形势，凤溪村两委深入贯彻党的群众路线，通过逐户走访、细致分析，打消村民的疑虑，更通过市场手段，分批推动土地流转和宅基地租赁工作，前期参与的村民在获得好处后会在村民内部形成样板效应，最终通过村民的自我动员顺利完成项目开发工作。

使用市场方法调动村民参与项目开发积极性的典型案例出现在宅基地租赁上。由于宅基地租赁合同期长但资金却不能一次性偿付，加上参与租赁需要村民对房屋进行基本的整修，因此，村民在租金能否及时足额获取、房屋改造投入能否收回等问题上存疑，导致了一些村民观望，延缓了项目开发进度。针对这一问题，村两委在土地和宅基地流转工作中选取了一些态度较为积极的村民，与其签订协议，一次性支付十年租金，对其他村民产生了示范效应，顺利解决了村民犹豫观望的问题。这一市场化的开发解决方案不仅加快了项目推进速度，也收获了村民对项目开发的认可。在决定是否引进"田园牧歌"项目的全体村民大会上，"田园牧歌"项目以超过90%的支持率顺利通过就是市场化方法推进项目建设的效果的真实写照。凤溪村支书在访谈中说，这样的样板效应不仅要在项目开发的过程中发挥作用，在项目投入运行后，更要积极引导村民自发参与民宿、餐饮等行业的开发，形成村民你追我赶增加收入的势头。在村两委的引导下，凤溪村村民在迈向共同富裕生活中积极进取乡风的形成可期。

三、能人团队铸成"共富"战斗堡垒

众多文献指出农村地区人力资本的匮乏是导致城乡发展和收入差距的重要原因 [1]，因此一支团结精干的能人团队对于实现乡村振兴，缩小城乡收入差距具有重要作用。在对温岭市九个行政村的调研中，调研队伍发现在乡村发展和建设中村两委对上级政府"等""靠""要"的现象较为普遍，而凤溪村两委班子则表现得主动性更强，这与村两委班子中能人聚集是分不开的。

（一）准确把握市场脉搏，助力产业兴旺

由于我国长期实施的城乡二元分割体系以及当下一些仍在延续的分割城乡的制度和政策，农村成为我国融入市场经济程度较低的地区。相应地，农村居

---

[1] 陈斌开，张鹏飞，杨汝岱.政府教育投入、人力资本投资与中国城乡收入差距[J].管理世界,2010(1):36-43；刘玉光，杨新铭，王博.金融发展与中国城乡收入差距形成——基于分省面板数据的实证检验[J].南开经济研究,2013(5):50-59.

民也存在着对市场规律认识不足的问题，导致了农村地区经济的落后。凤溪村的旅游产业得以顺利开发和运营的重要因素就是顺应了市场规律，而这离不开熟悉市场脉搏的村干部的努力。凤溪村现任村支书叶申杰 20 世纪就离开浙江省前往湖南衡阳经营一家客车厂，21 世纪初返乡后在温岭市区经营一家服装生产企业，并于 2005 年开始担任村干部。长时间的企业经营经历和村庄管理经验，让其对市场运行和村庄情况都有了深入的了解。因此，在担任村支书后，他可以快速精准地将村庄的优势与市场的需求进行匹配，并熟练运用一系列市场手段推进项目开发和村庄治理，最终实现了"田园牧歌"项目的平稳落地和运营。此外，凤溪村支部委员兼文书叶俊标在农产品产销领域拥有丰富经验，对凤溪村农业生产和发展状况也烂熟于胸。由他主导的凤溪村土地流转、整理和村企衔接的工作为凤溪村农业现代化发展解决了资金和技术支持等难题。在熟悉市场规律的能人的牵引下，凤溪村实现了农业和旅游业的双振兴，为共同富裕提供了坚实的产业支撑。

（二）锐意争取发展机遇，领航致富道路

伴随着我国农村地区的"空心化"和相较城市更严重的"老龄化"趋势，农村地区两委班子也出现了"老龄化"趋势。此次温岭市调研的九个行政村中，绝大多数村庄两委班子的平均年龄大于 55 岁。高龄的村两委班子普遍存在在村庄产业发展和经济建设上能力不足、引领力不强的问题，表现在实践领域就是在乡村经济发展和产业振兴的过程中，村干部"等""靠""要"的思想较为严重，等待上级政府为村庄发展谋划蓝图、赋予政策者有之；依靠上级政府招商引资推进建设者有之；向上级政府要补贴、要政策维持村庄产业运行者有之，从而造成了一些项目推进难和产业不可持续运营的问题。但是凤溪村两委在蓝图谋划、项目引进和建设推进上就显得更为积极主动，他们不仅率先提出了建设星级村庄的指导思想，还主动联系团队制定规划、设计蓝图，并将完整方案上报镇政府以争取发展机遇。而这些主动作为的背后是更加年轻、更富智

慧的团队敢于进取的精神和善于进取的能力。在促成凤溪村产业发展的诸多因素中，这支平均年龄仅有45岁的两委团队的准确判断、主动作为是至关重要的。正如叶申杰支书所言："上级政府在涉及乡村振兴和共同富裕的事项上是有充足的资源供投入的，也是愿意投入的，关键在于有没有好的、成熟的、值得信任的项目，当我们规划出这样一个好的项目并上报给镇政府时，他们有慧眼能识别出这是一个好项目，更会大力支持这样的项目。"（见图6）

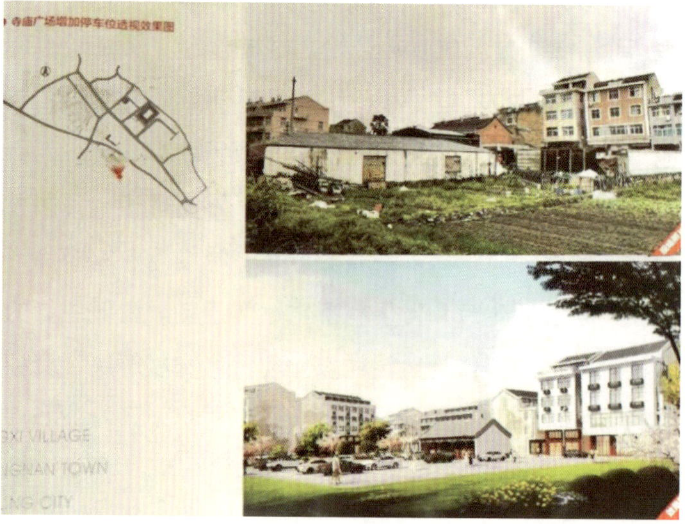

图6　凤溪村村庄规划

（三）深入基层团结群众，凝聚发展共识

农村相对城市，是一个人口以及与人伴生的各类社会活动都更加分散的空间，更加难以凝聚发展合力，凝聚发展共识。特别是对于凤溪村这种为了实现"先富"带动"后富"而对多个村庄进行合并的新行政村来说就更为艰难。当行政村内建设资金向"薄弱村"倾斜时，当旅游项目计划在相对富裕的自然村优先开发时，都需要村两委开展大量细致的解释和说明工作。对于凤溪村来说，在推进村庄内部基础设施建设和"田园牧歌"项目建设时，逐门逐户进行解释和说明是常事。大量细致的走访工作依赖的是一支年轻的村两委队伍。凤溪村的两委班子平均年龄只有45岁，正值壮年，有足够的能力和精力应对大量庞杂的基层工作。当村民对"田园牧歌"项目产生疑惑时，是这支队伍开展入户

走访进而凝聚了发展共识。也是这支队伍建立了关于村集体经济、农业发展、困难家庭以及扶贫政策等情况的台账，做到了及时获取村民需求，精准解决村民困难。也正是这样一支年轻的可以有效呼应村民需求的两委班子，才可以实现深入群众、团结群众，凝聚发展共识，为实现共同富裕提供了和谐的氛围。

四、"共富"道路上的困境与挑战

凤溪村虽然在实现共同富裕的目标上已经实现良好开局，并形成了一批可复制、推广的先进经验，但是其在产业发展、村庄治理等事项上遭遇过或仍在应对一些困境和挑战，值得在未来其他地区在实现共同富裕目标的过程中加以改进或解决。

（一）是否该由"先富"村带动"后富"村？

池头村、兰公岙村和上岙村三村合并为凤溪村是基于城南镇政府"以强带弱，共同富裕"的考量给出的并村方案。但这一最终付诸实践的并村方案却不是唯一的方案。在镇政府就并村事宜咨询意见时，作为原池头村村支书的叶申杰曾建议将经济发展水平相对接近、地理上联系更为密切、产业结构更加趋近的池头村、兰公岙村和古岭下村合并。叶申杰认为这样的合并方式更有利于强强联合开发乡村旅游业，并产生溢出效应，带动周边薄弱的乡村发展。但这一意见最终没有被采纳。这一方面造成了当前"田园牧歌"项目使用的土地分属两个行政村，协调成本上升对项目开发运营产生了影响。另一方面就凤溪村内部来说，在并村后，新成立的凤溪村继承了上岙村约 200 万元的债务和巨大的基础设施建设缺口。凤溪村成立至今短短三年的时间里还清了上岙村的欠款，还投入了大量资金帮助上岙村拓宽了四条进村道路，新建了公园，翻修了文化礼堂。对上峇村的大额投入导致了对池头村和兰公峇村建设投入的压缩，并村以来池头村和兰公峇村每年的基建投入都被限制在 10 万元之内，对于正大力开发"田园牧歌"旅游项目的这两个自然村来说，这样的基建投入强度显然是不足的。也有村干部担心，继续这样带有强偏向性的资金投入会导致两个原本相对发达的村被拖垮，也会引起相应村民的不满。事实上，我国农村地区发展的滞后现象是由我国长期执行的城市偏向的政策导致的，即便发展水平相对较高的行政村，其经济基础相对城市地区仍具有脆弱性，因此，通过将更多城市资源引入农村是解决"薄弱村"问题以及实现共同富裕的治本之道，而不应过度依赖农村内部的"先富"带动"后富"。

此外，希望实现农村内部的"先富"带动"后富"不能只关注经济和治理层面的问题，还应关注农村地区微妙的社会关系问题。在凤溪村合并的案例中，将上峇村与池头村、兰公峇村合并忽视了上峇村与其他两个村因为一些历史问题而形成的相对紧张的关系，导致新生的凤溪村耗费了大量的物质和人力资源才使得这一紧张关系得到了一定程度的缓解。未来这种紧张关系会不会激化，甚至影响到凤溪村的发展都存在较大的不确定性。农村内部的"先富"带动"后富"涉及的复杂的社会关系也应当成为慎重采取这一共同富裕建设路线的理由。

（二）农村多重职能下的"致富"挑战

虽然凤溪村相对顺利地解决了旅游产业发展与保障国家粮食安全以及生态安全的矛盾，但是村干部对未来还能否继续维持粮食安全和生态安全以及发展旅游产业间脆弱的平衡表示担忧。受到新冠肺炎疫情、国际形势紧张加剧以及气候变化等因素的影响，国家在"双非"和"双碳"领域的政策愈发严格和密集。"田园牧歌"项目现有规划的维持以及未来规划的推进都面临着来自政策层面更大的压力。叶申杰坦言："我们现在害怕'田园牧歌'项目正式运营后做得太好导致我们成为'双非'政策以及环保政策执行中那只被严格关注的'出头鸟'。"当前，各地的农村旅游项目均在不同程度上感受到了来自上级政府增加粮食用地和农业用地指标的压力，长远来看，农村土地均面临着对于其用途和性质施以更加严格的管理的风险。因此我国农村地区在未来将面临愈发严峻的在多重职能平衡中寻求致富之路的压力，这不仅更加考验农村地区产业发展带头人的智慧，也考验着我国各级政府的智慧。

四、经验启示及建议

保证我国农村地区在共同富裕道路上不掉队是一项复杂艰巨的系统工程，其中农村地区自身为发展进行的努力是关键的内因。在"绿水青山就是金山银山"思想提出后，乡村旅游成为支撑我国乡村振兴战略的重要抓手。但在实践中也出现了开发质量不高、客源不足、经济收益低和破坏生态环境等问题。凤溪虽小，五脏俱全，该村庄在发展过程中遇到的问题以及应对方法都具有一定程度的普遍性，因此凤溪村的发展经验对浙江省乃至全国其他地区的旅游产业发展、乡村治理以及乡村共同富裕目标实现都具有借鉴意义。通过对于温岭市城南镇凤溪村的调研，我们发现能人带动、市场引领是乡村地区实现共同富裕的关键。首先，在乡村旅游产业发展过程中，需要一支年轻化的、对市场规律具有适应力和洞察力的村两委班子牵引，通过发掘本村特色，找准适应本村现实的旅游园区主题和开发方式，高质量建设运营旅游园区，以期实现乡村旅游业可持续发展。其次，共同富裕的实现不是仅靠村两委班子的努力就可以达成的，需要调动村民创业致富的主观能动性。最后，农村地区实现共同富裕应更加重视"以城带乡"手段的运用，注意平衡农村维护粮食安全和生态安全职能与致富任务间的平衡。

访谈时间：2021 年 8 月 6 日

访谈地点：温岭市城南镇凤溪村村委会

访谈整理：阮茂琦

永康村：
引入特色产业，发展"果香之路"

调研员：林显一（浙江大学公共管理学院本科生）

被访人名片：

盛益民，男，浙江台州人，中共党员，2018 年下盛村和联友村合并为永康村，其继续担任书记。

共同富裕类似一种共享，目标是缩小城市与农村之间的差距，希望能着力解决农村的教育、医疗、养老以及村庄建设等问题。

——盛益民

一、村庄基本情况介绍

永康村位于滨海镇东北方向 3 公里处，西邻联友村，东靠洞济村，南北分别和四湾村与永丰村接壤，75 省道贯穿于境，交通便利。村庄周边有新金清闸、长屿硐天、温岭古井、新河闸桥群、江厦潮汐试验电站等旅游景点，人文景观丰富。经由滨海镇行政区划调整，现在的永康村由原有的联友村、下盛村合并而成。截至 2020 年，永康村全村土地面积 0.16 平方公里，其中可耕种土地面积 1052 亩，种植作物主要以葡萄、高橙、西瓜为主。

永康村村民共计 573 户，总人口为 1679 人，其中适龄劳动人口 1059 人；在年龄结构方面，41—60 岁年龄段人数居多，占比达 34%，15 岁以下青少年比重较小，仅占全村人口的 11%。在就业结构中，全村仅有 48 户农户从事农业生产，完全不务农人数居多，多数人选择进城从事手工业、建筑业等第二产业以及餐饮、销售等第三产业相关工作。

永康村在共同富裕发展的多个维度都有很好的发展，主要体现在以下五个方面。

生活富裕富足：永康村居民主要以种植经济作物为主，包括葡萄、高橙、西瓜等。村民人均收入每年 1.7 万元，全村家庭年均收入 1.3 万元以下情况已被消除。

环境宜居宜业：目前村庄正在大力推动美丽乡村建设，目前全村厕所普及率达 100%，原先堆砌于房前屋后的杂物在经过网格员入户宣传引导后被清理，村庄风貌焕然一新；村庄道路硬化率达 98%，道路两侧立起路灯，在便利居民出行的同时也大大降低交通隐患。近期永康村还在积极进行美丽乡村特色建设工程招标工程，村支书表示，下一阶段希望能将道路拓宽并重新规划绿化带，给人提供更简洁舒适的观感。

社会和谐和睦：2019 年，永康村获得台州市文明村、镇先进基层党组织称号，同年，还获得"三同"考核优秀团队等荣誉。村庄内无违法犯罪事件。村庄内有佛教信仰传承，同时在村内修建有祠堂。

党建带头引领：永康村共分成 13 个村民小组，其中村民代表 58 人，党员 48 人。本村村支部的主要工作就是作为核心带动三个网格工作，体现了永康村网格团队为打造人民满意的服务型村级组织、弘扬"互相关怀、文明互助"的乡风而不懈努力的决心和态度。全村共有 24 个网格员，一个人负责 35 户人家。网格员走进村民家里，为村民办事提供便利。2021 年是网格建设的第二年，网格员和村支部在一点点汲取经验的过程中，一边学一边改，为了更有效地为老百姓做事而不断奋斗。

公共服务普及：村内建设有文化礼堂，在特定节假日会举办文艺汇演活动，丰富居民的精神文化生活；全村修建三个体育健身场所，包括篮球场、羽毛球场以及健身活动场所，鼓励村民锻炼体魄；村庄有一条公共交通线路经过，村民距离最近的车站、幼儿园和小学仅有 1 公里路程，开私家车只需要 15 分钟，电瓶车则需要半个小时。总体来说，大约就是 15—30 分钟，村民即可满足日常的出行需求，交通便利；村内设有一处卫生所，能基本满足日常生活中药物购买和常见疾病的治疗。

二、村级发展专栏：特色产业引进之路——从金黄稻田到瓜果飘香

永康村的葡萄种植产业发展并不是滨海镇中最早的，它也没有像邻近乡镇那般，形成自己的独立品牌。永康村的发展离不开一个"借"字：借思路，借东风。

（一）借思路

作为"中国大棚葡萄之乡"，滨海葡萄远近闻名。当下，我们在杭州菜市场上较为常见的几个葡萄品种诸如巨峰等，很大一部分产自滨海。追根溯源，滨海葡萄的起源在民益村，由当时的村支书陈匡森带头，于 1985 年开始，在

房前屋后种植。经过 10 余年的发展，随着市场的开拓以及大棚种植设施、技术的广泛应用，民益村葡萄产量大幅度提升，人民生活也得到改善。经过民益村的带头，往后 20 年，滨海镇逐步发展成为葡萄特色农业强镇。

滨海镇葡萄如今发展虽好，但在整个发展过程中，并不是没有阻碍。起初葡萄种植并不广为接受。虽然葡萄的价格较之水稻、番薯等粮食作物要高许多，但由于缺乏技术，面对夏天的台风和春天的冻灾等自然灾害，葡萄的收成会大幅度缩减。1994 年，民益村支书陈匡森将露天种植改为大棚种植后，抵御灾害风险的能力大大增加，葡萄种植开始普及开来。

永康村的葡萄种植历史起源于 2002 年，刚刚担任村支书的盛益民去到了葡萄种植业已经发展了 10 多年的民益村。在那里，通过和村民以及陈书记的交谈，盛书记发现种植葡萄收入高，经济效益好。彼时的水稻价格在每公斤 1.26 元左右，而葡萄价格则是水稻价格的三到四倍，具有极高的利润。从这时起，盛书记就看准了葡萄种植，想在永康村推广并发展葡萄种植以代替传统的水稻种植，带领村民脱贫致富。通过召开村民大会，他宣传了发展葡萄产业的优势，并进行了全村农民推动葡萄产业项目发展的动员。

（二）借东风

发展葡萄种植业，永康村具有良好的自然条件。与民益村相比，永康村离海更近，地势更加开阔平坦，可耕种的土地也更多。但是，永康村的葡萄种植产业在发展的过程并非一帆风顺，其中一个重要的因素是农民普遍受传统思想束缚。在千百年传统的农耕生活中，水稻一直是南方特别是长江中下游农民最常见的粮食作物，基本上每家每户都有一整套完善的耕作经验。劝说他们放弃耕种水稻转而进行葡萄种植，很多人心中一时无法接受。

为了解决这一情况，盛书记邀请民益村当地有技术经验但又缺少土地的村民，将村内空余的土地承包给他们，请他们在此地"实验"。凭借他们高超的种植技术展现葡萄种植的方式，同时也向村民展示葡萄种植的成果。在民益村村民的示范、引导下，永康村更多人参与了进来。

除去示范带头作用，人才的引入还为永康村注入葡萄种植技术。这两位村民不光自己种植葡萄，还辅导永康村其他村民的种植。他们走进其他农户家中，挨个辅导。在所有人的共同努力下，永康村的村民总结出了一套适合本地区发展的葡萄种植经验。他们能够很好地把握温度对于幼苗存活率的影响，将幼苗生存环境的温度控制在 10 摄氏度以上。同时他们注重对果实的保护。在果子成熟后，赶在雨季来临前将其收走，以防止果子膨胀而在树上变成烂果。经过技术的总结推广，永康村葡萄收成更加稳定，经济效益凸显。短短 3 年时间，葡萄种植在全村普及开来，全村人民开始种植葡萄，同时还有些人到邻近的村庄去承包土地进行种植，也一定程度上推动了葡萄种植在整个滨海镇的发展。

（三）成气候

经过 20 年发展，永康村葡萄种植产业趋于稳定。永康村村民共承包村内和村外土地 3000 亩，与过去仅在房前屋后的种植形成对比。村里起初主要种植藤稔葡萄，经过结构的优化和调整，现在主要种植的葡萄有巨峰、夏黑等品种。在经历了 2008 年左右的价格波动后，如今葡萄价格稳定在每千克 12 元，毛利大概每亩 1.5 万元。而经过了多年的种植经销，完成一定资本积累的家庭在衣食无忧的情况下鼓励家中的年轻人离开农村，前往城市谋求全新的发展。在父辈的观念传输下，孩子外出能够管理好自己的生活，把自己养活了，就说明有出息了。在这样的观念下，越来越多的年轻人留在城市从事第二、第三产业相关工作。而他们家中的耕地全部流转，仅保留基础宅基地以满足基本的生活要求。这也使得村内大部分土地流转给了种养大户，方便土地资源集约化管理、利用，有利于推动永康村葡萄种植产业向规模化方向发展。村内主要葡萄种植运用绿色种植技术，定期邀请农技站技术人员进行测土配方施肥，科学合理地使用农药化肥，在保护土壤质量的同时最大限度地发挥肥料的增产作用。

葡萄种植在本村内的发展并不是终点，在两个村高利润的吸引下，葡萄种植在全镇快速普及开来，2004 年在民益村率先成立了滨海镇第一个葡萄种植合作社——滨珠葡萄种植合作社。永康村也紧随其后，于 2008 年创办了滨盛果蔬专业合作社，组织水果和蔬菜的种植、销售。随后，滨海镇内各类果蔬专业合作社如雨后春笋般破土而出。在镇政府的牵头引导下，滨海镇的葡萄多次参加了北京、上海、杭州等地的推介会，让滨海品牌从本地市场，走向长三角市场，乃至走向华东市场，滨海镇葡萄的知名度进一步提高，最终在滨海镇形成了"滨珠""吉园"等知名品牌。

四、发展困境

诚然，葡萄种植产业发展为永康村带来不菲的收益，但不可忽视的是，这一发展模式正陷入或即将面临一个瓶颈。作为最早推广葡萄种植的几个行政村，永康村并未形成本地区特色的品牌，原有的滨盛果蔬专业合作社也于 2017 年因合作社土地面积不足，入社会员较少而注销。永康村并没有把时间的优势转化成发展的优势——随着一个个滨海葡萄品牌的诞生，缺少品牌的永康村在同质化极其严重的竞争中从一个领跑者正逐渐变成落后者。而造成这一情况有以下几点原因。

（一）进不来

很多的研究表明农村地区要发展，一个重要的桎梏就是人才问题。这是一个老生常谈的话题。就永康村而言，具备专业知识和管理技术的年轻人才进不来，进而新的知识和观念也进不来。

如上文所提到的，永康村葡萄产业是 20 多年前在盛书记的带领下不断发展壮大起来的。在 20 年后的今天，经济和社会已经发生重大变化，"新"成为这个时代的主题。但是，永康村两委的人员组成却与这一时代格格不入。在老龄化趋势不断加重的背景下，永康村两委班子同样呈现这一趋势，而这也产生两种隐患：一方面，随着永康村两委平均年龄不断增大，2020年，村党支部平均年龄达到60岁，村委会平均年龄也与这一数字十分接近。年龄的老化使其进取性和创新性相对较低。在与支书访谈的过程中他提及，在缺少精力和对市场精确把握的情况下，当下班子内成员更愿意维护当前的稳定，即使村集体曾在温岭市开展的"三改一拆"政策中获得20多亩工业用地，村集体仍选择将其租出而非选择投资办厂。另一方面，村两委的平均受教育年限较低，多数人只有初中或高中学历，村内没有驻村大学生，两委班子成员更多依靠在多年实践过程中所积累的经验去处理和面对不断变化的事物，但也出现了缺乏新知识、新观念引入的问题，这也成为村庄发展过程中的一大隐患。

（二）留不住

随着经济社会的发展，城镇就业岗位的丰富吸引了大批农村青壮劳动力进城务工，老人和孩子留在农村，青年一年只在节假日期间返乡团聚。造成这一现象的原因有多种，一是伴随城镇化发展，以青壮年和受教育程度较高的劳动力为主的农村人口在工资信号引导下离开农村。永康村过去曾出现过很多位大学生，但无一例外，他们在大学毕业后都选择留在城市以谋求更高的发展。二是永康村内无法提供充足的就业岗位。一方面，因为永康村内第二、第三产业发展较为薄弱，区域内仅有的工业来自一家私人开办的设计工厂，其手下的员工有30多人来自周围各个乡镇，因此该区域对于劳动力吸引能力较弱。另一方面，土地的流转使他们失去继续从事农业生产的机会。多数人手中所保留的土地面积较小，很多家庭都是只保留了几分支离破碎的田地，仅仅依靠这些土地无法满足其生存和发展的需要，因此他们更多选择离开农村进入城市。三是由于长期存在的城乡二元结构体制，农村与城市惨遭割裂。在永康村，多数老一辈村民的观念中，城市的发展机遇要远优于农村，能够在城市立足被视为成功的象征。因此，在这一观念影响下，他们主动将年轻人推向了城市，而自己则因为身体原因选择留在家中或住进村里的养老院。诚然，已经具备一定经济条件的父辈有养活自己的客观条件，但永康村农业劳动者平均年龄超过 50 岁也成为不争的事实。高龄化导致永康村农业转型缺乏效率和创新。

（三）不均衡

在永康村走访调研过程中发现，永康村不同区域的房屋样式存在差异，在之后与支书的访谈中了解到，这是由于永康村是由两个村落合并而成，不同自然村之间有一定经济差异。较为富庶的是原属于下盛村的部分，因为这一地区地势较为平坦，更适宜农业的耕种发展。而在另一片区域，由于地形起伏较大，土地不平整，因此不适宜农业的发展。在发展稍微落后的区域，村民只能依靠简单的农业，抑或是在村委帮助下受雇于种植大户以解决生计。在这一情况下，虽然他们能够解决温饱的问题，但是他们的生产技能却与农业绑定，较少有机会接触第二产业和第三产业相关的制造技能以及商业技能。在强调三产融合的当下，这样单一的生产技能较难适应农村转型的需要。

五、发展建议

我们不能忽视这 20 年来葡萄种植的引入对于永康村经济发展的影响，但展望未来，其发展还需放下包袱，轻装前行。

（一）密切校地合作关系

深化学校与地方之间的合作，建立良好的合作关系，依托本地区基础良好的葡萄种植业，为相关专业学生提供学习、实践、研究的机会。依靠校地合作，引入新技术，推动农业科技的创新与推广。同时，借助高校科研设备，对土地、水源、空气进行检测，更有针对性地施肥、耕种，提升产品的质量和数量。浙江大学作为浙江省内唯一一所985高校，在农业技术和农业经济领域具有较多学术成果。同时，学校应根据国家重大战略和区域经济社会发展现状，积极主动寻求与地方的合作。现在浙江大学农学院已在浙江省多个县市建立实验工作站，在农田一线进行实验、开发。永康村可以抓住这一机遇，开展与浙江大学等高校或科研单位的合作，依托自身发达的葡萄种植业，优化葡萄种植技术，引进和培育优良品种。

（二）加强职业技术培训

永康村还需要深化相关专业人才的培养体制改革，促进技术与实践相结合。科学技术是第一生产力，要充分发挥人才的作用，搞好农业科技，提高农业发展水平。从访谈中我们了解到，当下，永康村农业劳动者平均年龄较大，且接受过专门农业职业培训的人员较少，对于新型科技的理解能力较差，同时永康村在经营方面缺乏管理和加工技术人员。针对这一情况，永康村应当注重管理领域和农业技术相关领域的职业培训。在短期内无法吸引到优质人才的情况下，提高相关职业技术培训频次，鼓励党员带头学习，并作为宣传者对村民进行宣传。种养大户在形成一定规模后也可以聘请为农业管理领域的顾问，对生产发展提供指导。

（三）一二三产协调发展

在发展过程中，党中央、国务院高度重视推进农村一、二、三产业融合发展，在2014年底召开的中央农村经济工作会上，中央首次提出推进农村一、二、三产业融合发展。之后，中央一号文件等一系列重要文件都把农村产业融合发展放在重要位置。结合永康村现状,应从以下三方面着手改善当地发展情况。

1. 一产优质

永康村第一产业以葡萄种植业为主并且拥有丰富的种植经验。在现有基础上,永康村应当对葡萄种植业加以整合以实现集约化、生态化和标准化的目的。具体来看,首先,村内应当重新整合资源,团结农户,深化"三变改革",鼓励资源变股权、资金变股金、农民变股民,将空闲资源调动起来,入股新型经营主体。一方面,这么做能够加强农户与村庄的联系;另一方面,它能优化资源配置,将土地集中连片,化零为整,发挥整体的力量,提升土地的利用效率。其次,探索绿色农业发展道路,大力推动绿色农业技术推广,增添原先没有设置的农村防疫员岗位,为本村提供病虫草害的防治。再次,村内应当进一步对农药化肥使用量进行严格限制。提高邀请专业团队对土壤、水质进行检测的频次,依靠科技力量,保护生态环境并促进葡萄的增产增收。最后,规范化生产流程,对葡萄的品控进行严格把关。将每一株葡萄标号,引进信息系统,力求做到产时严观察,售后可追踪,提升产品可信度。

2. 二产升级

在农村经济依靠基础农业产业发展到一定水平后,需要依靠工业实现农村的发展进阶。单纯依靠农业发展有着瓶颈,因为随着机械化的普及和农业技术的发展,农业生产的产量和质量都趋于稳定,依靠农业技术取得较大突破难以实现。而第二产业可以作为农业生产的延伸,能够利用农业生产所提供的原料,开发多元化产品,提高产品附加值,延长产业链。永康村具有良好的葡萄种植基础,我们在走访过程中,在街道中也能发现村民自酿葡萄酒等行为,这也为发展农产品加工业提供了可行性支持。依托葡萄产品做文章,可发展出葡萄汁、葡萄干等副产品。另外,农产品加工业能够提供更多就业岗位,吸纳农村剩余劳动力。工厂开设于村庄旁,居民上下班十分便利。同时,通过职业技能培训,原先被困在农田里的人能够有机会接触新的知识技能,这能帮助他们挣脱出来,去触碰更多机会。最后,农产品加工企业的建立能推动农村产业转型,引领产业融合,成为一产和三产之间重要的连接桥梁。

3.三产助力

2015 年底，国务院办公厅印发的《关于推进农村一二三产业融合发展的指导意见》实施后，乡村农业文旅发展迅猛。永康村也应当抓住这一机遇，把握自身独特性的同时结合区域优势，走一条适合自身发展的道路。具体来看，首先，葡萄种植作为滨海镇的一大支柱，镇里高度重视，每年会定期举办"温岭葡萄节"活动，邀请各界人士前来参观、讨论，这为发展旅游产业奠定客源基础。永康村距离镇里距离较近，且临近海边，风景秀美，具备旅游业发展的基础。村庄可以鼓励农户将家中农房重新修葺，改造成民宿和农家乐，为慕名前来品摘葡萄的外地游客提供落脚之处。除了结合区域的优势，永康村在发展的过程中还应讲好自己的故事。从葡萄产业的发展程度来看，永康村与邻近村庄相比并不占优势。然而，吸引人眼球的是，永康村作为亲历者见证了葡萄产业在滨海镇如何发展壮大。永康村可以"发展历史"为主题，依此设计、构思，反映滨海镇葡萄产业发展的历程，邀请专业人员进行设计并结合互联网络进行宣传，以辅助打开滨海镇葡萄名气。此外，永康村应当适当引进专业经纪人或直播团队，依靠线上和线下结合的方式拓展自身葡萄销售渠道，让好的产品受到更多人的关注。

（四）鼓励吸引人才返乡

永康村并非没有人才，这里也曾走出了一个个优秀的人才，其中既有初出茅庐的在读大学生，也有久经沙场的商业精英。这些人接触更多前沿的知识，在竞争激励的管理岗位上得到很好的锻炼，同时他们还了解本地的实际情况，可以说这批乡贤能够为村庄建设发展贡献巨大力量。但是，如何吸引这些人才返乡呢？除了厚重的乡土情结，永康村还需要提供充分的保障。首先，永康村需要搭建起社会人才参与治理的渠道。乡贤不应当只是为村内捐赠书目，永康村更应当邀请他们回来，运用丰富的企业经营经验或科学技术知识来为村两委建言献策。其次，要提供基本的物质支持。简单来说，要保障返乡人员的衣食住行。多数乡贤在外出闯荡后，其原先持有的土地和宅基地都进行了流转，这也导致他们在返回农村没有合适的落脚之地，很难留在家乡。村里可以与农家乐或民宿取得联系，保障其返乡后的居所，再辅以乡土之情作为纽带，帮助游子在故乡重新找到依靠。最后，加强宣传，打破人们心中关于"城市优越感"这类观念，让人们觉得在农村工作生活同样能够实现自己的人生价值、赢得他人的尊重。

访谈时间：2021 年 8 月 2 日

访谈地点：浙江省温岭市滨海镇永康村活动文化礼堂

访谈整理：林显一

花溪村：
美丽乡村如何转化为美丽经济
——以乡村旅游发展为例

调研员：幸梦莹（浙江大学中国农村发展研究院博士生）

受访者名片：

朱彩红，女，1966 年 7 月生，浙江台州人，中共党员。现任坞根镇花溪村副书记。

实现共同富裕的关键在于农民收入的提高；希望到 2035 年，每家每户都能拥有属于自己的小旅馆或者民宿，形成花园式的村庄景观。

——朱彩红

乡村旅游是实施乡村振兴战略的重要力量，在加快推进农业农村现代化、城乡融合发展、贫困地区脱贫攻坚等方面发挥着重要作用。2019年，国务院《关于促进乡村产业振兴的指导意见》中明确指出，要"实施休闲农业和乡村旅游精品工程，建设一批设施完备、功能多样的休闲观光园区、乡村民宿、森林人家和康养基地"，构建农村一二三产业融合发展体系，提升农业发展质量，培育乡村发展新动能。2018年12月，文化和旅游部等17个部门联合印发《关于促进乡村旅游可持续发展的指导意见》（下文简称《意见》），将"生态优先，绿色发展""因地制宜，特色发展""以农为本，多元发展""丰富内涵，品质发展""共建共享，融合发展"作为基本原则，就如何进一步完善基础设施、提升公共服务水平，丰富旅游的文化内涵和产品品质，创建旅游品牌、加大市场营销，凸显乡村旅游富农惠农作用进行了详细论述和规划。

近年来，在一系列中央一号文件以及文化和旅游部等17个部门联合印发的《意见》指导下，乡村旅游迅速发展，成为"绿水青山就是金山银山"的重要实现路径和美丽乡村转化为美丽经济的主要方式。农业农村部的数据显示，我国休闲农业和乡村旅游接待人次已从2012年的7.2亿人次增加到2019年的32亿人次，营业收入高达8500亿元，直接提供就业岗位200万个，受益农户超过800万户。其中，乡村旅游接待人次达30.9亿，占国内旅游人次的一半。截至2021年，文化和旅游部联合国家发展改革委按照《"十三五"旅游业发展规划》《国务院关于促进乡村产业振兴的指导意见》先后发布了三批全国乡村旅游重点村和一批乡村旅游重点镇（乡）名单，共计1199个重点村和100个重点镇（乡）。

然而，乡村旅游在飞速发展的过程中也暴露出一些亟待解决的问题，其中，发展模式同质化、景区文化内涵缺失、地方政府投入不足、乡村治理体系不完善导致的"千村一面"低水平竞争，产业链短、窄，公共服务相对落后和村民参与度不高、获益少等问题尤为突出。如何依托旅游业将美丽乡村转化为美丽经济从而助力乡村振兴、实现共同富裕，仍然是一个值得探讨的问题。

本节基于花溪村走访调研得到的实际情况，旨在梳理花溪村乡村旅游的发展脉络与乡风文明建设的实践经验，从经济和精神两个维度总结其在实现乡村振兴过程中的实践经验和成果成效，站在促进乡村全面振兴、早日实现共同富裕的角度分析村庄高质量发展的瓶颈，并对解决问题可行的政策思路进行讨论，以期为打造村级层面的共同富裕样板提供借鉴，助力乡村层面共同富裕的实现。

一、村庄概况

花溪村位于浙江省东南沿海台州市下属的温岭市坞根镇的东北部，于2018年由原坑潘村和东里村合并而来，因坐落在风景秀丽的花坞溪源头故名花溪。村庄依托良好的自然生态资源，在市、县、镇政府的专业指导和大力支持下发展乡村旅游服务产业，先后被评为"浙江省最美村庄""浙江省卫生村""浙江省级文明村""浙江省3A级景区村庄""浙江省休闲旅游示范村""台州市卫生村""台州市垃圾分类示范村""美丽乡村精品村"（见图1-a、图1-b）。传统手工艺"灰雕"被列为台州市非物质文化遗产，百年古樟树被列为市级001号保护古树。

图1-a　花溪村村委会　　　　　　　图1-b　村庄生态

花溪村村民生活富裕富足，精神自信自强。总体来看，老、妇、小留守乡村，人口老龄化程度高，农业收入微薄，非农收入为农户主要收入来源，人均年纯收入1.5万元。截至2020年底，花溪村有户籍人口1675人，其中，劳动力人口（男16—60岁，女16—55岁）占比52.2%，性别比接近1:1，文盲率约为5%，高中及以上学历人群占比为39.4%。村内常住人口约1058人，15岁及以下、16—40岁、41—60岁、61岁以上人群占比分别为17.1%、22.3%、26.1%和34.5%，40%为留守老人、妇女和儿童，以种植果树、代加工鞋帽衣物为主要收入来源；本村接近70%的劳动力常年在外务工，集中在常州、无锡、兰州等地，从事服装、粮具销售和建筑工程等行业。村域面积4平方公里，山林3145.5亩，耕地752亩，其中，水田和旱地分别占比57.4%和32.3%。

除物质上的丰盈外，村民的主观幸福感高、社会认同感强。村委非常重视村民精神层面的富足，关注婴幼儿、青少年成长和老年人健康。村内建有文化礼堂、文化活动室、图书室和体育健身场所等，环境整洁、设施先进，为村民提供了交流、活动的场所。村委会还设立了"养老服务照料中心"，为老人提供物美价廉的餐食。另外，腰鼓队、舞蹈队等群众组织层出不穷。村委大力宣传、精心策划晨练等大众健身活动、垃圾分类的科普讲座和文化大礼堂观影、看戏等集体娱乐活动，丰富村民的精神文化活动。村内设立了农村儿童健康发展基地，关注儿童早期综合发展。儿童基地是坞根镇开展村级养育照护小组活动的村级点位，为2—35月龄的婴幼儿及其养育人提供56次课程小组活动，每次课程内容包含健康宣教、亲子活动和育儿分享，通过适宜、简单有效的亲子游戏、跟宝宝说话、讲故事、唱歌，以及身体活动系列等，帮助家庭掌握科学育儿的相关知识、方法和实操技能，建立良好的亲子关系、促进宝宝的语言交流、情绪、大动作和精细动作能力的发展。

农户分层抽样调查结果显示，63%、21%的村民认为自己现在的生活非常幸福、比较幸福；90%的村民对村内的道德风气、治安状况情况非常满意；按照1—10分给乡风文明打分，平均分为8分。

三、花溪村以美丽乡村引领共同富裕的发展基础

（一）生态宜居、乡风文明

村委积极开展人居环境治理工作、大力践行村庄的现代化治理，村庄环境宜居宜业、社会和谐和睦，为乡村旅游的开展提供了良好的观光环境和文化氛围。

自2003年浙江省全面推进"千村示范、万村整治"工程、2012年坞根镇开展新农村建设"整镇整治"以来，村庄面貌焕然一新，基础设施建设等公共服务也逐渐惠及全民。花溪村先后完成了公厕改造、公共污水处理设施建设和垃圾分类试点运行，道路硬化率和自来水、液化气普及率均为100%，农户入网率高达90%。目前"铺路到户"工程也接近尾声（见图2-a）。

村委积极响应、大力践行村庄的现代化治理，"法治""德治""自治"三管齐下，制定村规民约作为"三治"的载体，自编《公民遵纪守法歌》，时刻强调"法治为本"。生态宜居宜业、乡风文明，整个村庄呈现出家庭和睦、邻里和谐的祥和之状。

德治为先，美丽乡村共建共享。村委巧借制度设计变"道德软约束"为"评比硬指标"，强化村民的主人翁意识。村里积极推行"乡风文明积分制"，以"五讲四美三爱"为核心内容，通过积分超市等经济奖励和积分排名公示等荣誉激励途径（见图2-b），促使村民习惯大变样，主动参与垃圾分类、美丽庭院等活动，推进共建共享。另外，村庄每年会举行"最美人物"评选，包括"好媳妇""好家庭""优秀军人""优秀学子"等，敦促村民全面、切实提高自己的思想意识、品德修养。

自治为基，乡风文明跃然纸上，村庄严格落实网格化治理，坚持党建引领，积极营造睦邻友好的乡风村情。村内设有镇、村两级多个网格议事点，由深受村民信任、了解村民村情的党员担任网格员，及时反映和协调人民群众各方面

各层次利益诉求，积极弘扬"党政动手，依靠群众，预防纠纷，化解矛盾，维护稳定，促进发展"的枫桥新经验，从根源上解决问题，维持村庄的良好秩序，推动乡风文明建设。

图 2-a
村庄道路

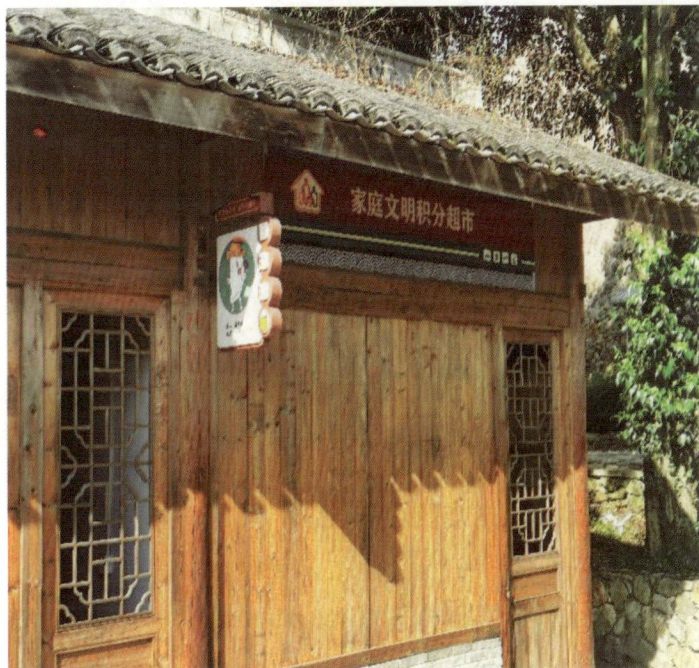

图 2-b
家庭文明积分超市

（二）温岭市、坞根镇全域旅游规划的产业政策支撑

温岭市政府深入贯彻"绿水青山就是金山银山"的发展理念，坚持不懈做优规划、做美环境、做大旅游，旅游产业蓬勃发展，先后获得中国优秀旅游城市、国家级风景名胜区、中国十大海洋旅游目的地、中国最美乡村旅游目的地等多项荣誉。2020年，全市旅游人数达到1834万多人次，旅游经济收入200亿元，分别较2004年增长近6倍和10倍。

温岭市于2017年完成全域旅游规划的编制，在全台州创建国家全域旅游示范区的大框架下，重点围绕"一心二港三湾"——中心城区休闲中心，金清港体育休闲带、江厦港禅修研学游憩带，大港湾海滨风情旅游区、盌顽湾养生文创休闲区、环乐清湾漫生活区——进行旅游项目开发，发展三产联动的全域旅游，加速产业融合（见专栏1）。

在温岭市全域旅游规划的指导下，坞根镇明确了"湿地慢生活小镇"定位，利用"浙江省爱国主义教育基地""浙江省中小学生研学实践教育基地""浙江省旅游风情小镇"以及"浙江省农村综合改革试点"等四张"金名片"助推全域旅游。其中，浙江省农村综合改革试点为美丽乡村建设提供了强有力的基础设施和资金保障。该综合性工程主要针对花溪、白璧、红山、回龙、街头等5个村展开，包含农业公共服务设施建设、红十三军二师烈士陵园升级改造工程、花坞溪两岸风貌整体提升工程、省农村综合改革试点综合体建设（大坪垟游客中心）、核心区域路网提升、人居环境提升等子项目，总投资额达4000万元。

📖 专栏1：由"景点旅游"向"全域旅游"转变

全域旅游是指在一定区域内，以旅游业为优势产业，通过对区域内经济社会资源尤其是旅游资源、相关产业、生态环境、公共服务、机制体制、政策法规、文明素质等进行全方位、系统化的优化提升，实现区

域资源有机整合、产业融合发展、社会共建共享，以旅游业带动和促进经济社会协调发展的一种新的区域协调发展理念和模式。

2016 年全国旅游工作会议明确了我国旅游业要从"景点旅游"向"全域旅游"转变。国家旅游局局长李金早在会上谈及旅游业的转型升级时介绍说："在我国旅游发展的初级阶段，我们发展旅游，主要是建景点、景区、饭店和宾馆……然而，旅游业发展到现在，已经到了全民旅游和个人游、自驾游为主的全新阶段……传统的以抓点方式为特征的景点旅游模式，已经不能满足现代大旅游发展的需要。现实要求我们必须从现在的景点旅游模式转变为全域旅游模式。""全域旅游就是要把一个区域整体作为功能完整的旅游目的地来建设，实现景点内外一体化，做到人人是旅游形象，处处是旅游环境。全域旅游是空间全景化的系统旅游，是跳出传统旅游谋划现代旅游、跳出小旅游谋划大旅游。"为实现转型，他认为应该致力于以下七个方面的转变："一是从单一景点景区建设管理到综合目的地统筹发展转变，拆除景点景区管理围墙，实现多规合一，推进公共服务一体化，旅游监管全覆盖，实现产品营销与目的地推广的有效结合。二是从门票经济向产业经济转变。实行分类改革，公益性景区要实行低价或免费开放，市场性投资开发的景区门票价格也要限高，坚决遏制景区门票上涨过快势头，打击乱涨价和价格欺诈行为，改变我国旅游过度依赖门票收入的局面。三是从导游必须由旅行社委派的封闭式管理体制向导游自由有序流动的开放式管理转变，实现导游执业的自由化和法治化。四是从粗放低效旅游向精细高效旅游转变，加大供给侧结构性改革，增加有效供给，引导旅游需求，实现旅游供求的积极平衡。五是从封闭的旅游自循环向开放的'旅游＋'融合发展方式转变，加大旅游与农业、林业、工业、商贸、金融、文化、体育、医药等产业的融合力度，形成综合新产能。六是从旅游企业单打独享到社会共建共享转变，充分调动各方发展旅游的积极性，以旅游为导向整合资源，强化企业社会责任，推动建立旅游发展共建共享机制。七是从部门行为向党政统筹推进转变，形成综合产业综合抓的局面。最终实现从小旅游格局向大旅游格局转变。"

四、花溪村"美丽经济"发展经验与成效：特质化引流，产业化经营

（一）特质化发展，网红IP焕活美丽经济

目前，国内乡村旅游的主题较为单一，旅游项目开发大多围绕城市居民的"乡愁"展开，主要供应农业观光、古村落观光、农产品采摘、吃农家菜、住民宿等旅游产品，引发了激烈的同质化竞争，乡村旅游可持续发展的内生动力不足。"因地制宜，特色发展"，花溪村利用"爱情村落"网红IP叩响了乡村旅游的大门。

花溪村积极响应"一村一品"政策号召，充分挖掘、发扬村庄特色，利用"爱情村落"网红IP打造独具特色的乡村旅游。"欲问坑潘在何方，樵夫遥指百丈樟。"古樟树的悠久历史、香樟夫妻同心的美好爱情寓意、村庄抬花轿、唱洞房经的传统婚俗极大地启发了村委和景区设计师。2017年年底，经过村干部和温岭市规划设计院的专业规划设计师们一次次的商量，一个旨在挖掘婚俗文化，集文化体验、休闲娱乐、艺术创作展示、文化传播等功能于一体的"喜柿山谷"休闲乡旅目的地的构想跃然纸上。

为了让游客拥有"爱情村落"沉浸式体验，温岭市规划设计院邀请了中国美术学院的师生一起参与村庄环境与村民公共活动场所的提升与更新，包括溪塘改造、漫步道、美丽庭院、景观节点等，奠定了主题明确、风格统一、内容

别致的景区底色。规划设计院专家和美院师生将电影桥段、传统婚俗文化等爱情元素巧妙地融入了"花""喜""爱""情"四条巷子中,与位于入村主干道的"喜市大街"台门、地理标志物古樟树相呼应,使得爱情的浪漫气息萦绕在村庄的每个角落(见图3-a、图3-b)。

图3-a 百年古樟树   图3-b 景区墙绘

为了丰富景区业态,台州喜柿山谷文化旅游发展公司对"老破小"村屋进行了改造升级,村民获得了持续可观的土地租金。除自然景观外,作为村庄景区的重要组成部分,"时光邮局""爱情银行""月老台"等均为村民闲置土地、荒废石屋,通过村集体回收、集体转租的方式盘活了集体资产,增加了村民的财产性收入。租约时限为19年,其间,村民可学习专业旅游开发公司的经营模式和经验;合同到期后,房屋使用权回归村民,可以自主经营,进而获得可观的经营性收入。

乡村旅游业的发展使得农产品量价齐增，赋能传统农业增收。游客的纷至沓来为枇杷、杨梅等村庄高品质水果拓宽了销路。"景区"溢价结合游客对品质的高要求、高购买力使得农产品价格迅速走高，农民收入迅速提升。除现场购买外，游客与果农互加微信，通过熟人网络建立良好口碑，微信下单降低了农产品销售的不确定性，增加了农民提升产品质量的动力。

乡村旅游业的发展也为部分外出人口带来了商机，手工糕点、奶茶制作等手艺人纷纷回流（见图4-a、图4-b）。考虑到村里生活、生产成本比较低，加之坞根镇为返乡创业者提供3万元左右的门面房改造补贴，原本在外上班的糕点师傅潘道林于2018年返回家乡，与妻子黄月飞一道在家门口开设了糕点铺，售卖自制、特调的麻花和糖糕，同时，为游客提供免费的"制糖体验课"，让他们在体验中收获甜蜜。凭借着景区沿路的良好地段和糕点的极佳口感，潘师傅的糕点铺在2018年"五一"试水经营期间营业额达8万元。

图4-a　青农市集　　　　　　　　图4-b　手工糕点店

（二）产业化发展，文旅融合助力转型升级

花溪村坚持产业化发展，着力打造文旅产业链，陆续将传统非遗技艺灰雕、革命老区的红色资源、婚庆、手作、舞台剧等业态巧妙地融入景区生态中，景

区多业态高质量发展（见图 5-a、图 5-b）。倡导"婚事新办、移风易俗、文明节俭"的新时代文明婚礼，由上海戏剧学院监制的台州市首部实景舞台剧《花溪流光》，作品荣获"2019 中国特色旅游商品大赛"铜奖的温岭釟歌文化创意工作室等加深了文化和旅游的融合，使得农村观光游向深度体验游转变，不断推动乡村从主要"卖产品"向"卖风景""卖文化""卖体验"转变。

图 5-a　非遗"灰雕"　　　　　　　　图 5-b　红军井

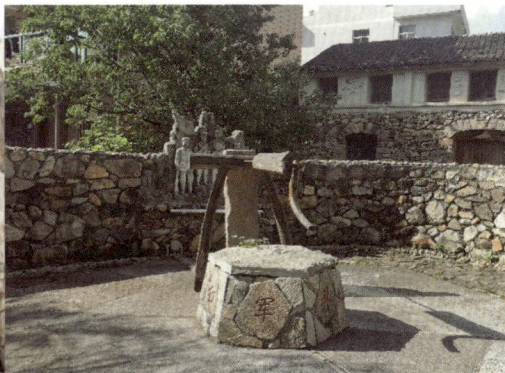

　　为了挖掘婚俗文化资源，村内特别设计了一处婚俗体验馆，为游客提供独特的中式婚礼体验，既传承传统，又引领风尚，被温岭市文明办授予"新时代文明实践中心婚庆基地"称号。"新时代文明婚礼"则以援鄂医生伉俪林杰、潘剑萍二人的婚礼为开端，由温岭市共青团推出"9999 元婚庆套餐"，联合喜雨山房、早安新娘、琥珀缘、增蕴阁、隆信珠宝、国际婚纱等 13 家文创和婚庆企业，全方位全流程为新婚人士提供服务，面向全社会青年推广以"节约婚礼成本"为初衷的中式、西式婚庆套餐。

　　2018 年以来，温岭青年文创联盟协同坞根镇谋划建设花溪文创园（见图 6-a、图 6-b）。花溪文创园立足于坞根红色文化基因，以电影制作、影视传媒、摄影、多媒体直播平台为产业导向，通过文化产业信息共享和艺术家相互协作，探索文化共创新模式。2019 年 5 月，青年文创联盟暨喜柿山谷文创街区正式启动，同温岭市坞根镇人民政府签署了温岭市旅游产品文化创意合作备忘录，与中国少儿红色旅游影视基地合作、战略合作等相关协议。2020年12月，坞根镇召开"遇见花溪系列"实景舞台剧《花溪流光》新闻发布会，为景区文旅产业注入现代文化元素。舞台剧《花溪流光》由坞根旅游公司和三合文化传媒联合出品，邀请上海戏剧学院导演系主任、国家一级导演、上海艺术人才基金会"优秀教师奖"获得者李建平为总监制，西藏自治区话剧团导演、编剧、文化部"五个一工程奖"获得者、第十三届文华剧目大奖获得者丹增康珠为总导演，2016年乌镇戏剧节小镇奖最佳戏剧奖《嘎玛》制作者冯珺娇为导演。该剧主要讲述了逃难青年阿木与花溪村族长女儿小溪为打破家族束缚，历经艰辛去完成族长提出的拿到海潮归墟中的神珠、取到狻猊的鳞片、得到东海王的封赏这三项不可能完成的任务，最终有情人终成眷属的故事，是台州市首部实景舞台剧。除具有传统符号的婚俗文化和现代感极强的实景舞台艺术，花溪村还引进了手工作坊、香道馆、茶道馆等，保障游客体验的全面性。通过上述建设，花溪村建成了民俗文化依托型的乡村旅游发展模式（见专栏2）。

图6-a　花溪文创园

图6-b　钞歌手作馆

目前，花溪文创园招商引资达3500万元，园区已入驻文化企业6家，温岭本土文旅品牌11家、外联文创团队56个会员，并先后推出花坞戏剧节、乡村文化旅游节、江湖"蚝"节等活动，年均吸引游客20多万人次，累计带动坞根镇文旅消费2000余万元。2018年，花溪村共接待游客近30万人次，其中"五一"期间举办的"乡村文化旅游节"，杂技、戏曲等各类演出共开展了63场，接待游客15万人次，带动村民增收200万元。

📖 专栏2：乡村旅游发展模式

截至2021年，国家发展和改革委员会联合文化和旅游部已在全国遴选出1199个全国乡村旅游重点村，发展模式不一而足，总体来看可归纳为以下六个类型：精品民宿带动型、景区带动发展型、旅游扶贫成长型、民俗文化依托型、生态资源依托型、田园观光休闲型。

1. 精品民宿带动型

旅游文化公司在政府政策的支持引导下，盘活乡村闲置土地，开发村民废弃房屋，发展高端精品民宿，进而形成具有知名度和吸引力的民宿联盟，围绕旅游元素形成丰富的乡村旅游产品体系，如：上海浦东新区连民村、江苏宜兴市洑西村、广东广州市米埗村和浙江德清县莫干山镇。

2. 景区带动发展型

这类村庄位于知名旅游区附近，与景区在空间分布上呈现嵌入式、散点式、点轴式等多种形式，在地域文化上具有一致性，但又更具乡土气息，从而可以通过为景区提供多样化的配套服务或差异化的旅游产品而获得长期可持续发展，如：河北邯郸市寿东村、黑龙江大庆市南岗村、山东临沂市李家石屋村、湖北武汉市杜堂村、甘肃陇南市花桥村和宁夏固原市龙王坝村。

3. 旅游扶贫成长型

该类型由政府主导、企业辅助，强调贫困农户的深度参与，从基础设施建设、人居环境改造入手，以精准扶贫为主要目的，形成了"协会＋企业＋贫困户""龙头企业＋产业＋贫困户""支部＋协会＋贫困户"等经营模式，如：福建三明市高峰村、江西上饶市篁岭村、西藏拉萨市达东村和湖南湘西自治州十八洞村。

4.民俗文化依托型

这些村庄历史底蕴丰厚，以古建筑、文物遗迹作为文化底色，结合当地民俗文化、农耕文明和民间技艺等，发展乡村文化旅游，如：天津蓟州区小穿芳峪村、黑龙江双鸭山市小南河村、贵州黔东南州西江千户苗寨和陕西咸阳市袁家村。

5.生态资源依托型

乡村自然条件优越、生态资源丰富、环境友好，主打"绿色低碳""亲近自然"，开发出生态体验、研学和康养度假相结合的乡村旅游模式，如：云南保山市银杏村、青海西宁市卡阳村和新疆阿勒泰地区禾木村。

6.田园观光休闲型

位于城郊地带的乡村，以田园风光吸引城市居民，将农业生产、农村生活和自然生态结合起来，满足游客回归自然、农事体验、休闲度假的需求，如：内蒙古巴彦淖尔市富强村、辽宁丹东市獐岛村、江苏苏州市旺山村和青海海东市麻吉村。

五、总结与讨论

花溪村作为第一批"吃螃蟹的人"，凭借台州市"千村景区化"建设的政策福利，在温岭规划设计院的专业指导下，巧借地标景物百年古樟树的爱情寓意，深度挖掘婚俗文化，以"爱情村落"为主题打造网红经济，"喜柿山谷"景区应运而生，实现了乡村旅游的特质化发展；结合非遗手工艺灰雕和革命老区的红色资源，陆续将手作、舞台剧等文化产业融入景区生态中，探索文旅深度融合的发展模式，延长产业链，助力"绿水青山"资源充分转化，为农村地区的共同富裕道路开辟第三产业战线。村民农产品销售收入、土地租赁收入齐增，外出人口回流，整个村庄生意盎然；"我的家在景区"极大地提高了村民的生活幸福感、村庄凝聚力和认同感。

然而，"酒香也怕巷子深"，地理位置、交通状况使得村庄旅游业的客源集中在省内，除法定节假日外游客稀少，以致村民收入体量小、不确定性高、波动大。如何将客源扩展至全国、稳定客流，开发"留住人"的旅游项目成为乡村旅游高质量发展的重要议题，也是加速美丽乡村向美丽经济转化的关键。

要解决"交通不便利""信息肠梗塞""留不住人"这三个瓶颈问题，可以从加大基础设施建设投入、优化宣传方案、加快完善人才培养和引进政策等方面进行突破：

首先，要进一步加强基础设施建设投入，进一步完善基础设施配套体系。扩宽交通要道，把城市公交服务网络延伸至主要景点和乡村旅游点，开设乡村旅游专线，解决乡村旅游交通"最后一公里"问题，避免交通状况造成的"硬伤"。加快建设大型现代旅游公共服务（集散）中心、旅游交通和自驾车营地体系，加速构建主客共享通用公路、休闲绿道和生态停车场体系，进一步完善乡村智慧旅游体系，实现景区 WiFi 全覆盖。

其次，村落应进一步明确景区定位，进而明确主要目标群体，由此制定针对性强、转化率高的宣传方案。具体而言，应尽快更新宣传理念，抓住目标群体心理，采用新颖的宣传视角，创造"品牌故事"。如浙江遂昌2015年推出的"一封来自'天涯海角'的'情书'"等品牌故事，实现了良好的宣传效果，树立了良好的旅游声誉。

最后，村庄及上级政府应重视乡村优秀文化和旅游人才的培养、引进工作，依靠专业人才提升旅游项目质量。坚持"内培"和"外引"两手抓，一方面要挖掘更加熟悉当地情况、更具乡土情感的"土专家""田秀才""乡创客"等本土人才，从文化和旅游专业性角度，普及文化和旅游产业知识，提高综合从业素质；另一方面要从乡村外部招引人才，通过政策、税收、土地、激励等优惠举措带动人才回流，吸引本土产业顶尖人才、领军人才回乡创业就业。

第四章【桐乡篇】

——城乡融合桐富裕

　　"古有梧桐，凤凰来栖。"桐乡因古时遍栽梧桐树，寓意"梧桐之乡"而得名。全市总面积 727 平方公里，辖 8 个镇、3 个街道，常住人口 104.99 万，其中城镇人口 71 万，城镇化率达 67.87%。在第二届世界互联网大会上，习近平总书记用"耳目一新、刮目相看"高度点赞桐乡的发展。2021 年，全市实现地区生产总值 1141.69 亿元，在全省 93 个县（市、区）中列第 23 位，实现财政总收入 178 亿元，其中一般公共预算收入 109 亿元，城乡居民人均可支配收入分别为 68153 元和 43709 元。

永越村：
"一根纱线"打造羊毛衫特色产业生态圈

受访者名片：

庄明火，男，1974年9月出生，浙江省嘉兴市桐乡市人，中共党员。1996年开始进入永越村工作，现任濮院镇永越村党委书记。

缩小城乡差距是实现共同富裕的途径之一。永越村依靠地方优势发展羊毛衫产业，提高了永越村村民的收入，缩小了城乡收入差距。并且永越村的先富有义务带动周边受制于地理环境和区位条件而经济基础薄弱的村庄，采取要素对接、优势互补的策略，带领周边村庄走向共同富裕。

——庄明火

一、村庄概况与历史沿革

永越村位于美丽富饶的杭嘉湖平原腹地、浙江省桐乡市濮院镇东南部，地处濮院镇中心区域，全国最大的羊毛衫集散中心——中国·濮院羊毛衫市场就坐落在该村。东与嘉兴市秀洲区洪合镇交界，西至永联村，南至新河村，北至320国道，并且320国道穿村而过。距离嘉兴市区仅15公里、杭州70公里，地理位置十分优越，交通极为便利。

全村区域面积5.8平方公里，耕地总面积3040亩，土地流转966亩，辖38个村民小组，农户943户，本村总人口4073人，常年外出务工人口仅有113人，占比较少，而外来人口约20000人。村级班子7人，中共党员115名。永越村本村常住人口约为18961人，在年龄构成方面，15岁以下人口占比14.6%，16—40岁人口占比43.5%，41—60岁人口占比19.2%，61岁以上人口占比22.6%；在村民文化水平方面，永越村民识字率为99.0%，初中以下学历占比约为44.1%，高中及职高学历占比30.7%，大专及以上学历占比26.7%。永越村拥有全国最大的濮院羊毛衫市场。全村村民依托羊毛衫市场，发展羊毛衫产业，2019年成为桐乡市首个经营性收入超千万元的行政村，2020年实现村级集体经济收入1591万元，2020年村民人均年收入达到4万元。新农村建设不断推进，村级经济又好又快发展。获得全国民主法治示范村、浙江省全面小康建设示范村、浙江省文明村、中国"淘宝村"、浙江省首批现代商贸发展特色示范村等众多荣誉。

永越村充分发挥区位优势和产业优势，依托市场发展和产业壮大，带动村级集体收入不断增长，成为濮院村级发展的排头兵；"千万工程"打造新村集聚，建设全面小康示范村，揭开美丽乡村建设的序幕；各类文体活动推动永越村居民物质与精神同步富有，引领新时代农民的美好生活；治理有效，促进社会和谐和睦。

二、主要发展经验和成效

（一）产业兴旺，生活富裕富足

产业兴旺让永越村成为民富村强的样本。永越村村民依托羊毛衫市场，发展羊毛衫产业，吸引了2万多名常住新居民。全村有90%以上的劳动力直接或间接从事羊毛衫生产经营和加工，带动了二、三产业的快速发展。早在2018年，永越村集体经济年经常性收入就突破千万元大关。2020年实现村级集体经济收入1591万元，村民人均可支配收入达4万元。同时，通过土地综合整治项目建成的生产性住房每年给每户家庭额外带来了约15万元的收入。以羊毛衫为主导的产业链为永越村村民带来了良好的经济效益，使永越村成为濮院镇甚至桐乡市收入最高的村集体。

永越村发展羊毛衫有三大优势。一是资源优势。濮院是"濮绸"的发源地和明清时期江南著名的"五大名镇"之一，历史悠久，人文荟萃，有着悠久的纺织业织造传统。并且濮院镇永越村拥有全国最便宜的毛纱原料、化纤毛原料，这是羊毛衫的原材料，为永越村建设羊毛衫市场创造了很好的生产基础。二是体制优势。永越村领导推动，加之各企业行动、部门互动，形成了合力。村支书庄明火准确定位，最早投资羊毛衫市场，为羊毛衫市场配套房产的物业，为永越村羊毛衫市场的扩大提供了指导性方针。三是政策优势。依托土地综合整治项目，对全村进行统一规划整改，拆除老房屋，统一建设新农村，每家每户建成占地160平方米、4层的楼房，底层用于商铺租赁。另外，征用土地建造羊毛衫园区，包括3000多间商铺，用于商铺入驻，租金收入纳入村集体收入。

然而，奔跑在高水平全面小康之路上的永越村并没有知足，没有停步，而是不断孕育同富梦想。从村办企业到羊毛衫市场，集体经济的雪球越滚越大，通过强村抱团项目带动周边村庄实现共同富裕，先富带动后富。2017年，省委省政府提出实施消除集体经济薄弱村三年行动计划，到2019年全面消除集体经济年收入低于 10 万元的经济薄弱村。庄明火积极响应号召，对参与抱团项目的村庄进行要素对接、优势互补，弥补村庄经济基础薄弱、地理环境和区位条件的不足，借助羊毛衫市场力量解决现实问题，壮大集体经济，实现共同富裕。2018 年，参与强村抱团项目的 9 个经济薄弱村每年可增加经营性收入 10 万元。永越村的党委书记庄明火认为："一花独放不是春，只有百花齐放才能春满园。决定小康社会水平高低的，不是最长那块木板的长度，而是最短那块木板的高度。"同时，永越村作为率先富起来的村庄，在确保自己的村集体资产保值增值的同时，也践行着资源共享的理念，通过资源对接、优势互补等措施帮助资源相对贫乏的村集体经济也有稳定的可持续来源。

村级集体经济收入不断增长，永越村强村路径不断清晰。"靠山吃山，靠路吃路，我们靠毛衫就吃毛衫。"庄明火认为："村要发展，不能躺在功劳簿上等收成，看准了的项目就上，做成功一个，再做下一个，让永越村村级集体经济的雪球越滚越大。"2018 年，永越村村级经济经常性收入达到 1052.58 万元，2019 年又成为桐乡首个经营性收入超千万元的行政村。如今，坐落于永越村的濮院羊毛衫市场周边建起了中国毛衫城、国际时装城、中央商城、濮院轻纺城等 20 个市场。近年来，永越村带领的村级集体经济抱团项目更涵盖了针织创业园、批发市场、物流园区、酒店、市场周边便民农贸市场、幼儿园等，带领近百个村实现滚动发展。依托市场发展和产业壮大，永越村加大对毛衫产业及其配套设施的投资，永新物业有限公司投资建设的商业服务用房建设完成并出租；村经济合作社投资的濮院羊毛衫整烫市场底楼门市部对外拍租；村里在市第一个集体经济抱团项目中拿到了分红；四星级酒店——桐乡濮院世博酒店落成开放。2020 年，永越村还启动了建筑面积 3.6 万平方米的数字化综合服务中心建设。这个集文化礼堂、网红直播基地、居家养老中心、宴会厅为一体的数字化综合服务中心，能更好地服务村民和羊毛衫产业发展，为村级集体经济带来新的增长点。除此之外，永越村用于村民福利性的支出达 180 万元，为全村农户实现家庭财产保险、农民人身意外保险全覆盖，对参加合作医疗的村民定额补贴 50%。各大新村均配备了农民茶室，进一步提升农民生活品质，实现产业兴旺带动农民生活富裕。

永越村的致富之路告诉我们，乡村振兴重在产业发展：一是准确定位，敢为人先、快人一步、赢得商机，在人无我有中鼓腰包、富口袋；二是敢于担当、主动作为，在抱团发展中运用整体思维统筹推进各要素协同发展、融合共进；三是胸怀大局，在共创、共生、共享、共富、共赢中借势、得势、用势、蓄势，最后携手共创强村富民新蓝海的大势。

（二）生态宜居，环境宜居宜业

近年来，濮院镇以"美丽城镇"建设为总抓手，以农村土地综合整治为手段，加强规划引导和政策保障，充分发挥濮院区位优势和产业优势，不断推动城乡协调发展。濮院镇按照"田水林河村"系统治理，着力做好农村土地综合整治，高标准农田提升。据了解，2019年濮院镇通过实施农村土地综合整治项目，共验收766亩，占复垦总量85.9%；修筑生态护岸11公里，新增或修复清理沟渠3.5公里，新植和补植绿化约50亩，有效促进"生态、生活、生产"三生融合。

濮院镇新河村、永越村、永乐村等三村全域土地综合整治与生态修复工程所在的区域，项目区总面积21656亩，通过农户集聚搬迁，形成集中连片的耕地，既为调整优化永久基本农田布局提供保障，又为时尚小镇发展"整"出了用地空间。在大幅改善居住环境的同时，利用毗邻濮院羊毛衫市场的优势区位，永越村农户将闲置的房屋出租，每家可有10多万元的可观租金收入。永越村还通过房屋租赁进一步壮大了村级集体经济，使老百姓实实在在地受益，生活水平得到了大幅提升。

在项目谋划阶段，濮院镇就注重从镇级层面把握项目规模，结合运河现代农业综合体——"新风濮韵"田野综合体规划建设，对永越村等7个行政村编制濮院镇运河全域土地综合整治与生态修复工程。该项目总面积38606亩，计划投资5.01亿元。新增永久基本农田389.7亩，新建高标准农田1138.6亩，农村建设用地复垦 968.2 亩，保障农民建房用地 557.4 亩，保障新产业发展用地 60 亩，美丽田野建设 2400 亩，土壤污染综合防治 1140 亩，新增森林 150 亩。通过"田水林河村"综合系统治理，形成耕地集中连片、设施配套齐全、产业发展融合、农村生态宜居、土地集约高效，生产、生活、生态三生融合的用地空间新格局。

为进一步提升辖区环境卫生，营造干干净净、整整齐齐、漂漂亮亮的生活环境，2020 年 5 月以来，濮院镇党委、政府开展了"濮院镇人居环境全域秀美集中攻坚行动"，全镇上下凝心聚力，将全域秀美整治工作向纵深推进，依托网格管理和善治积分，积极发动市民，为人居环境的提升贡献自己的一份力量。永越村按照上级文件精神，坚持党建引领，把改善该村人居环境，建设宜居永越作为 2021 年工作重点，全面开展"三个清零"，推进"六个整治"，促进"两个提升"，确保"三个安全"，实现全域、全力、全速整治人居环境。经过一系列的努力，取得了显著改善。

人居环境整治是一项长期工作，为此永越村制定了长效管控措施，确保环境整治长效有序开展。一是成立"环境卫生整治突击队"。主要由物业公司带领保洁员、网格长、志愿者，对所属网格每月进行地毯式集中整治，持续巩固提升整治成果。二是运用网格员找茬队，做好日常巡查，对发现的问题进行及时反馈，对现场乱搭建、乱堆放现象。及时联系物主进行整改，无法及时整改的联系网格长进行协调处理。三是广泛动员，巧用"三治 +"法宝，充分发挥网格、微网格治理单元及道德评判团等自治组织作用，加强村民之间互相监督、互相比拼，共同营造人人参与环境整治的良好氛围。2021 年，永越村将坚持"党建引领"，围绕"全域秀美"工作目标，倡导人人参与生态环境整治的良好氛围，建立长效管控机制，持续巩固提升整治成果，将建设美丽乡村作为该村的一项重要中心工作来抓，让参与环境整治、共创美好家园成为永越人的新风尚。

（三）乡风文明，精神自信自强

乡村文化是乡村振兴的内生推动力。在产业兴旺的基础上，永越村村民的收入快速增长，生活水平逐渐提高，导致了村民对乡村文化的多样性、丰富性要求不断增加，对具有归属感的乡村文化活动如节庆、体育活动等需求越来越多。这也为建设乡村文化提供了内在动力。永越村积极结合风俗节日举办各类文化与体育活动，村民积极性和参与度高，增强了凝聚力与团结意识。

1. "村晚"成了农村新年俗

永越村党总支书记庄明火说："这几年村集体收入逐年增长，已经超过了2000万元，腰包越来越鼓的村民对精神文化生活的需求也不断上升，所以打造'文化永越'是我们村接下来的一大工作重点。"村里将投入5000万元打造永越文化中心，其中将包含一个可以容纳1000人的演艺中心，满足村民各类文艺活动的需要。同时该村还将进一步挖掘乡土文化人才，组建起越剧队、太极拳队、舞蹈队、篮球队等像排舞队一样充满活力的文体队伍，创作一批带有永越村特色的文艺作品，积极参与文化交流，更好地宣传永越文化。其中，永越村排舞队成立有七八年的时间了，这个排舞队由16名平均年龄50岁的村民自发组成，每天都在村广场上快乐起舞，让永越村的傍晚充满了欢声笑语。他们还经常参加镇、桐乡市组织的排舞比赛，曾拿到过桐乡市银奖。像排舞队这样的文体团队，如今正在永越村陆续组建起来。

2018年永越村首次举办"村晚"。为丰富永越村村民的文化生活需求，愉悦身心，陶冶情操，搭建村民之间相互交流沟通平台，增进"邻里情"，增强村庄的凝聚力、向心力，营造出一种团结奋进、文明和谐、喜庆祥和的浓郁氛围，特制定以"喜气洋洋迎新春，百姓村晚贺联欢"为主题的永越村第一届村晚。书记认为"村晚"是农村文化建设的一个很好的载体，让文化融入农民生活之中，在推动物质和精神同步富裕中，装扮新时代农民的美好生活。各场"村晚"从不同侧面展现濮院人精神风貌、当地民间非遗民俗、达人绝活及本村特色，展示濮院镇美丽乡村建设取得的丰硕成果，以及全镇人民欢欢喜喜过大年的幸福生活景象。

2.老少同乐庆重阳

为了弘扬永越村良好的村风民情，以传统节日弘扬时代精神，在我国的传统节日九九重阳节到来之际，濮院镇永越村为老人们安排了丰富的尊老敬老活动（见图1），陪老人度过一个充实、愉快的重阳节；还为老人们请来了理发师，免费为老人理发，不少老人都认为政府政策好。理发结束后村里联合小牛津幼儿园举办了一场"浓浓敬老情，老少同欢乐"联欢汇演，邀请老人们坐在桌旁，吃着水果，看幼儿园的小朋友为他们带来的节目，度过一个温暖又难忘的下午。幼儿园的小朋友们为爷爷奶奶表演了儿歌串烧、英语歌曲、手语表演、诗朗诵等自编自演的文艺节目，用纯真的童心表达对爷爷奶奶的尊敬和祝福。老人们看着孩子们可爱的表演也喜笑颜开。演出期间穿插了两次互动问答的小游戏，孩子和老人们都积极参与其中，相处更加融洽、愉快，将活动氛围推向高潮。表演结束后，工作人员给老人们送上长寿面，预祝他们健康长寿，小朋友们还主动为老人们敲背、按摩，现场一片浓浓的敬老情。老人们都夸孩子们在家长老师的教导下乖巧懂事，眼里都是满满的宠爱。通过这样的活动形式，让孩子们感受到敬老爱老的传统美德，了解重阳节的传统文化，增加孩子们对传承弘扬孝道的理解。

图 1 "浓浓敬老情，老少同欢乐"联欢汇演

3. 文化活动

为了丰富永越村居民的文化内涵，永越村也做了很多尝试。例如，为了丰富新居民孩子的假期文化生活，培养孩子们课外阅读的兴趣，使他们在读书活动中陶冶情操，广交良师益友，永越村会定期开展"阅读伴成长，书香满永越"为主题的"新二代"读书活动。为了丰富孩子们暑期生活，全面提高青少年的文明素质，永越村在村会议室举办了创建文明城镇，助力六场战役——"文明在我心，礼貌伴我行"演讲比赛（见图2）。比赛现场，小选手们侃侃而谈，用他们独特的方式和激昂的演讲，紧紧围绕主题，诠释了文明礼仪的丰富内涵，并用自己的经历号召在场人员"做文明人，行文明事，重礼仪，讲礼貌"，场上的演讲者声情并茂、激情洋溢；台下的同学欢欣鼓舞、掌声雷动。此类活动，使广大青少年更加深刻地理解了讲文明、守礼仪的重要性，不管是在今后的学习还是生活中，都要养成良好的行为习惯，提高自身的道德修养，做到在校是个好学生，在家是个好孩子，争做文明小卫士。

图2 "文明在我心，礼貌伴我行"演讲比赛

（四）治理有效，社会和谐和睦

永越村在乡村治理方面，做了很多尝试，如三治融合、乡村＋政务服务、乡村治理网格化等，这些措施缩小了基层政府和基层群众之间的信息差和能力差，唤醒了基层群众、社会组织的治理意识，拓宽了村民直接或者间接参与治理的渠道，实现乡村治理的主体模式向多元共治转型，促进乡村有效治理。

1.三治融合

近年来，永越村高度重视"全国民主法治示范村"创建工作，将其作为实施乡村振兴战略、推进法治乡村建设、深化基层依法治理的重要手段和内容，走出一条以党建为引领、自治增活力、法治强保障、德治扬正气为主要内容的民主法治村创建工作新路径。

坚持党建引领，提升创建水平。通过运用"党建＋"系统思维，以"一约两会三团"为抓手，在创建中充分发挥党组织的战斗堡垒作用和党员先锋模范作用，推动创建工作顺利进行。同时借势借力，将创建工作与美丽乡村建设、基层平安建设、"三治融合"示范村建设等相融合，完善各项创建工作机制，做到创建工作井然有序。

深化三治融合，创建工作亮点纷呈。以"自治"为主体，倡导全民参与。坚持以人为本，广泛发动干部群众参与民主法治村建设活动，形成共建共治共享的基层依法治理格局。健全全科网格建设，共设6个网格6名网格长，专职网格管理员29名，并在全市率先配备网格法治指导员6名。微网格长38名，网格信息员68名。"一长三员"协调配合，为村民"自治"添砖加瓦。以"法治"为根基，坚守底线思维。实施法律明白人培育工程。2018年以来共评选出"法治带头人"80人，"法律明白人"80人，"学法用法模范户"85户，"诚信守法经营户"100户，并将法治带头人、法律明白人、学法用法模范户等进行公示，扩大影响力。深化法治惠民，积极开展"e法贷"金融惠民产品试点工作，为"e法贷"在全市推广作出贡献。加强法治文化阵地建设。2020年，投入186万元全面升级永越村法治文化公园。内置民法典步道、三治墙、法治雕塑等法治元素，为村民提供集休闲娱乐和法治宣传为一体的实体平台。加强智慧普法，积极利用村新媒体平台、华数广电网络等渠道，通过"文化永越"微信公众号，及时更新并推送法律知识。在普法重要时间节点开展普法教育、文化下乡活动，广泛宣传《宪法》《劳动法》《民法典》等法律法规，不断提高村民的法律素质。强化法律服务，化解矛盾纠纷。联合市司法局、法院、检察院、公安局等多部门组织村级法律服务团，并将服务团成员精准落实到每个网格，点对点开展法律服务咨询、矛盾纠纷化解、困难群众维权、法治宣传教育等活动，着力做好基层法律服务工作。坚持村法律顾问每月定期到村公共法律服务室值班，为村民提供面对面法律服务；配备公共法律自助服务机，让村民就近通过服务机获取法律资源，连线在线律师。抓好重点人群管理。突出"以新调新"，建立由金牌新居民调解员邵齐斌挂帅的"小邵工作室"联络点，通过建立一支由广大新居民组建的工作团队，用新居民听得懂、讲得来的方式开展工作，实现基层和谐稳定，有效开展新居民普法教育和化解涉新矛盾纠纷。以"德治"为指引，倡导向善之风树立典型，大力弘扬乡贤精神，营造崇德向善文明新风。积极开展青少年"春泥计划"教育系列活动等村级文化活动建设，增加村民对的认同感和归属感，增强村民凝聚力。

2. 便民服务中心

浙江省在全国率先实现村村都有便民服务中心。2011 年以来，浙江省不断创新社会管理，在建立健全省、市、县、乡四级行政服务体系的基础上，以推广建立村级（社区）便民服务中心为载体，着力打造五级公共服务体系，使便民服务逐步成为全省农村的一项基本制度。浙江目前已经在全国率先实现村村都有便民服务中心，将与群众生产生活密切相关的民政、社保、计生、农业、卫生等方面的 50 多项服务事项纳入代办范围，基本实现"村民不出村，便能办成事"。浙江全省 3 万余个村（社区）的居民只要到便民服务中心，就能享受"一站式"服务。在永越村村委办公楼二楼，一块醒目的牌子"村级便民服务中心"挂在墙上（见图3），走进中心大厅，一排长长的柜台前摆着几张凳子，柜台后则是几个村干部，柜台上摆着这些村干部的名字和服务项目，墙上是村民办事流程。整个大厅窗明几净，场地不大，却功能齐全。村里的便民服务中心从 2009 年开始改建，2011 年 8 月按照桐乡市的整体要求进行了装修，同时规定，每天必须有村干部上班，在服务大厅随时为村民服务。现在市里统一规定，养老保险、新农村合作医疗、计生、盖房等这些事，只要老百姓提供材料，都由村干部代为办理。老百姓随时能找到干部，干群关系得到很大的改善。

图 3　永越村便民服务中心

3. 网格化管理

濮院镇拥有全国最大的毛衫交易市场，其背后是一个多达 6000 家毛衫生产企业的群体，永越村是濮院镇 18 个行政村（社区）中最靠近毛衫交易市场的一个，消防、治安等压力巨大。"永越村目前最大的短板有两个：一是辖区内出租屋面广量大，整治难度大；二是群众的平安建设参与率有待进一步提高。"

永越村辖区面积5.8平方公里，本地人口约5000人，外来人口近2万人。这些人基本上以从事毛衫加工业为主，平时工作、生意也很忙，想要他们参与到平安建设中，需要"多管齐下"。

濮院镇永越村综合服务大队的队员们在每天早7时就早早地在村里巡逻。该服务大队共有25名网格员。针对外来人员较多、房屋出租多等情况，他们已进一步延伸服务触角，做到挨家挨户排摸，上门登记、做工作，同时通过发挥热心村民作用，实时掌握辖区内人员流动情况。

"平安浙江"客户端的推广是浙江省加快基层社会治理"一张网"建设、构建以信息化为支撑的立体化治安防控体系、健全群防群治长效工作机制的重要内容。永越村对所有综治队员进行了客户端使用的集中培训，鼓励他们发动身边群众安装、使用客户端。通过这种方式，平安建设的触角可以延伸到每个居民身上。在毛衫市场的交易旺季，在进行日常的巡逻、排摸的同时，有群众一起参与进来，开展平安建设工作就会更加顺利。

三、发展瓶颈与核心挑战

羊毛衫产业发展也面临一些瓶颈与挑战。虽然永越村羊毛衫市场具有非常大的原材料成本优势，但是面对长三角、广东各市场的竞争压力，以及新兴的互联网平台、直播卖货的新形势，永越村传统的线下销售以及订单销售的模式面临着新的挑战。在新形势的推动下，永越村也在及时追赶时代的步伐，在各个商铺、档口不再只是供货源和基地，也在开启直播时代，入驻电商平台，参与线上销售，现有的销售模式不仅仅局限于线下客户上门采购，还开辟了线上淘宝直播、抖音直播等供货的新渠道。

首先，同时面对国内外市场环境的影响，羊毛衫市场消费疲软，如何刺激羊毛衫消费能力是当下需要解决的一个问题。同时，随着时代的变迁，客户的消费习惯与偏好也在发生着变化。随着线上销售的火爆，羊毛衫款式的更新迭代也越来越快，有些商家也存在跟不上形势、潮流的现象。这些都是现在羊毛衫市场面临的有待解决的瓶颈问题。

其次，原先永越村依靠产业园区 3000 间门店、铺面有租金收入并获取村集体收入，但是线上销售的新形势，势必会对永越村整个门店的租金，以及农户房屋出租形成压力，会减少农户的租金收入以及村集体收入。这也是亟需解决的一个问题。

最后，对于抑制非粮化的政策对当地是否有压力这一个问题上，庄明火表示：基本农田是一个红线，这个是绝对不能触碰的。永越村有 5000 多亩土地，其中 2000 多亩被征用了，剩余 2000 多亩全部是基本农田。对于永越村的产业发展来说，基本农田的"红线"政策对于永越村长远向好的产业发展趋势势必会产生一定的影响，但是也只能遵守国家政策，在稳步建设中求发展。例如，永越村现在还有几条马路没有修通与完善，现在也只能等基本农田调整以后、规划调整以后才能后续考虑完善基建的问题。总之，庄明火表示，必须遵守好、执行好、维护好基本农田、基本国策。

四、经验启示与建议

永越村充分发挥区位优势和产业优势，凭借"一根纱线"打造了羊毛衫特色产业生态圈，依托市场发展和产业壮大，带动村级集体收入不断增长，成为濮院村级发展的排头兵，实现产业兴旺，带动农民生活富裕。在产业兴旺的基础上，永越村村民的收入快速增长，生活水平逐渐提高，导致村民对乡村环境、乡村文化要求不断增加。这也为村干部建设美丽乡村以及丰富乡村文化提供了内在动力。永越村始终把改善村庄人居环境、建设宜居永越作为工作重点，利用"千万工程"打造新村，建设全面小康示范村，揭开美丽乡村建设的序幕；

并积极结合风俗节日举办各类文化与体育活动，提高村民积极性、参与度，增强村民凝聚力与团结意识，各类文体活动推动永越村居民物质与精神同步富裕，引领新时代农民的美好生活。同时，在乡村治理方面，永越村也做了很多尝试，如三治融合、"乡村+政务服务"、乡村治理网格化，实现乡村治理的主体模式向多元共治转型，最终实现乡村有效治理，促进社会和谐和睦。

访谈时间：2021 年 8 月 10 日

访谈地点：浙江省桐乡市濮院镇永越村

访谈整理：秦秋霞

汇丰村：
从美丽乡村迈向美丽经济的兴业共富之路

受访者名片：

王建发，中共党员，现任汇丰村党委副书记、村委副主任，主要负责村内宣传、调解等事务，获得社会工作师专业技术资格，曾被评为 2009-2010 年度桐乡市人民调解工作先进个人，2021 年屠甸镇优秀共产党员等。

只要把老百姓的基础设施和生态环境进一步提升，能够住在一个宜居生活的地方，继续将旅游业提升上去，就有可能实现共同富裕。

——王建发

一、村庄概况

汇丰村位于桐乡市屠甸镇西南，南临海宁市斜桥镇，西临桐乡市高桥镇，沪杭高速、高铁穿境而过，距沪杭高铁桐乡站 1.5 公里，高桥高速出口 2 公里、屠甸高速出口 8 公里，地理位置优越，交通十分便利。全村区域面积 5.9 平方公里，现有 33 个村民小组，4 个网格，42 个微网格，1166 户农户，总人口 4778 人。2020 年实现工农业总产值 3.159 亿元，其中农业产值 0.648 亿元，工业总产值 2.51 亿元，农民人均收入 41845 元，集体可支配资金 327 万元。2000 年，由华丰、庆丰、裕丰三村合并成汇丰村。2012 年 12 月，村党总支部升格为村党委，现有庆丰网格支部、裕丰网格支部、华丰网格支部、汇丰家苑网格支部四个党支部，党员 144 名。近年来，汇丰村荣获全国民主法治示范村、浙江省文化示范村、浙江省模范集体、省级中心村、省首届十佳平安村、浙江省首届群众最满意平安村、省级无邪教村、省卫生村、市先进基层党组织等多项荣誉称号。在 2020 年，汇丰村还入选了省级引领型农村社区名单。近几年，汇丰村在上级领导下开启了探索"党建 + 旅游"的乡村振兴之路，努力让美丽乡村向美丽经济转化。经过几年的建设发展，主景区康馨文化园于 2019 年评为国家 3A 级景区，村民们积极发展农家乐、民宿。汇丰村已经形成了美丽乡村带动农业旅游，农业旅游带动村民致富，村民致富带动产业发展的新型乡村振兴产业链。

二、主要发展情况和成效

（一）建设美丽乡村

2005 年，汇丰村还是一个负债 80 多万元的薄弱村、穷村，账上仅有 10 块 8 毛钱，据村党委书记陆炳康回忆："全村没有一家企业、没有一寸水泥路，村里办公的地方甚至连张像样的桌子也没有。"而陆炳康也很快意识到，要使村庄富裕就得拓展新方式，其中发展乡村旅游是具有可行性的。首先面临的困难，就是如何让农民将土地流转出来。为此，全村 1153 户人家每户出一人，由村支书带领前往附近村庄取经，感受乡村旅游带来的繁荣。通过比较，村民们意识到了汇丰村在交通、资源和发展前景上是具有优势的，也自愿将土地流转出来用于汇丰村的整体性建设。汇丰村实现了 6000 亩的土地流转，并通过土地整理、宅基地复垦、整改拆等项目争取资金，盘活了村里的土地，为汇丰村的后续发展奠定良好基础，各项工作也都有条不紊地开展起来。

2008 年，汇丰村开始建设布局新村聚集点，推进美丽乡村建设。新村点设计新颖、设施齐全，融合了传统的江南特色风貌，前后错落有致（见图 1、图 2）。像汇丰家苑这一桐乡建设较早起步的新村集聚点，现在已经得到群众交口称赞。该小区高起点规划，高质量建设，道路宽敞整洁，两旁绿树成荫，设计装饰考究的一排排三层小楼掩映在绿树红花之间。汇丰村计划到 2035 年，至少使未集聚到新村点的农户中的三分之二集聚到新村点；对于剩余三分之一，因其房屋近些年已经翻修或建设过，暂时不集聚到新村点的农民，村里也会给予相应的关注和帮助。在未来五年内，预计完成新村五期建设，完成汇丰家苑五期集聚共 220 户。通过召开村民代表大会、乡贤参事会等方式，借助集体智慧集思广益，做好新村点道路、绿化等规划工作。

图 1　汇丰村入口（1）

图 2　汇丰村入口（2）

村党委副书记王建发表示，道路建设对于一个村的发展是至关重要的："道路不建设好，老百姓致富也是一句空话。"汇丰村由华丰、庆丰、裕丰三村合并而成，故对于一些村级主干道，通过白改黑之后再持续亮化提升是有必要的。为了老百姓夜晚出行更加方便，基础设施仍需大力改善。预计在 2025 年底之前对全村所有通组道路进行一轮改造及修补，每年至少改造 6—7 个小组道路，对主要道路进行硬化、亮化、绿化。除了道路的优化，还会铺设污水管道、煤气管道等各类管道，以及搭建通信设施，通过增加停车位解决停车难的问题，总共将投入 800 万元用于完善生活配套设施建设。

道路交通对于农村的发展以及农民的致富起到关键性的作用。在屠甸镇 2021 年民生实事工程中，也加入了汇丰村 G60 沪昆高速涵洞改造这一工程。汇丰村高速涵洞原高 2.6 米，宽 5 米，平日里消防车和救护车、旅游大巴等难以通过，若选择绕路前行则会多花费几十分钟的时间。这给汇丰村村民的生活、生产都带来了不便，对党建引领精品线和旅游业发展都是不小的阻力。所以，村民们对于高速涵洞改造有着迫切需求。而相关部门也在网格大走访中，现场商议并确保重难点问题破解在一线、化解在前期，推动了这一工程顺利进行。新涵洞高 4.5 米，宽 6.5 米，新增 20 余处照明设施，新建人行桥 1 座，且消防车、救护车、公交车等能顺利通行。由此，附近村民的生产生活、医疗安全以及出行安全都可以得到有效保障。高速涵洞的改造突破了乡村旅游的瓶颈，每年将为周边行政村带来更多客流量，切实增强老百姓的幸福感及获得感，也能使村民与共同富裕更加靠近。

此外，汇丰村在环境整治、污水共治等工作上也花了大力气，有效改善了人居环境。

汇丰村以前有不少农户种植蔬菜，特别是榨菜，汇丰村也有"榨菜之乡"的称号。但当时的榨菜户都没有规模化，全村一共有 33 家个体散户，其生产生活污水随意排入河道之中。即使在明令禁止后，仍有几户榨菜户趁着夜晚处理榨菜，偷偷摸摸将废水排入河浜之中。因为污染过重，榨菜园子周围寸草不生，臭气冲天。汇丰村后浜，就是一条饱受榨菜产业污染的"绿河"，不光是气味难闻，水体颜色也发黑。时任汇丰村村委会主任的王建发被任命为后浜"河长"后，带头清淤，取缔某些不符合规定的榨菜作坊，同时与榨菜大户协商如何正确高效处理废水，并让他们进入一个规模化的生产阶段。村里对养殖生产污水和猪粪随地排放的养殖户进行整治、取缔，使得周围环境得到了极大改善。此外，还借鉴异地经验，采用狐尾藻净化水质的生态治理技术整治河道。未来五年内，汇丰村计划投入 200 万元陆续完成全村 21.7 公里河道清淤工作，以保证河道水质及抗旱防汛；同时落实河道保洁长效机制，落实河长，责任到人。

现在汇丰村全村都充满了自然古朴的乡村风味，同时也颇具人性化的现代生活气息，舒适宜居，生态环保。乡间的道路也不再坑坑洼洼，变为便于行走和交通的平整道路，纵横交错；汇丰村的路，行可走、停可观，道路两边映目皆景。汇丰村内像门楼村、沈家埭等古村落保护点犹如明珠镶嵌在其中。村内的河道经过整治现在也变得绿波荡漾，河道边亲水长廊处常能见到老人儿童休闲嬉戏，配套的驳岸、木栈道，亲水平台、文化礼堂、居家养老中心等设施与场所也已经建立起来。汇丰村每一处都充满了舒适，全村有古朴的乡村味道，也有现代生活气息。这些都构成了汇丰村发展旅游并实现共同致富的坚实基础。

早在 2013 年，汇丰村就成立了汇丰旅游开发有限公司。当时，陆炳康就向村民作出了保证和承诺："等公司开始盈利后，每年产出的效益将按土地面积、人口进行分红，因为村民都是公司股东。"而在 2017 年，在村党委的牵头下，作为自主经营型的代表汇丰村，由村经济合作社全资成立桐乡市汇丰丰昱生态旅游开发有限公司，进行公司化运营，打造康馨文化园等项目，每个村民都是公司的股东。汇丰村是于谦故里，于坟坐落于于家埭。汇丰村文化礼堂二楼的于谦展厅内也安置了于谦雕像，深入挖掘相关文化，展示汇丰村的历史文化；开展纪念民族英雄于谦的相关主题活动，比如于谦诗歌朗诵活动等，让其"粉骨碎身浑不怕，要留清白在人间"的崇高情怀深入人心。依托于此，汇丰村开始了康馨文化园的建设和探索，集整村之力，深挖乡土文化，发展乡村旅游。

汇丰村康馨文化园于 2014 年开始建设，共投资 1.2 亿元。经过四年的努力，康馨文化园于 2018 年 4 月 1 日正式营业。康馨文化园在汇丰村周家浜，位于屠甸镇西南，南临海宁斜桥镇，西临高桥镇，距沪杭高铁桐乡站 2 公里，沪杭高速高桥出口 3.5 公里，屠甸出口 3 公里，地理位置优越，交通便利。距"世界互联网大会"永久召开地乌镇仅 30 公里，一度借助乌镇的旅游热潮来推动生态乐园发展。园区一期面积 285 亩，二期也正在陆续建设当中，是集科普、教育、游览、餐饮、婚庆等功能于一体的综合性生态乐园，分别有植物观赏区、果树区、人文观赏区、科普实验示范基地。

相比于一般的景区、公园，生态乐园有着本质的区别，其具有物种多样性保护，可向人们普及植物学知识和园艺学知识，可进行引种驯化等保护性科学研究工作。园内种植国内外树木 1000 种、花卉 500 种以上，在不同的季节，根据需要并结合树木花卉的时令特点装点出各异的景观。园内有二十五史清官园、魔漫城婚纱摄影基地、四季花海、儿童乐园、凤凰山等景点。不定期举办各类活动，如灯光节、电音节、恐龙节、郁金香节等。康馨文化园主要承接团队的购物游、休闲游、公司团建、婚庆团队、学生研学、亲子游，实现了年龄层的全覆盖。

汇丰村将康馨文化园纳入生态文明教育体系，扩大生态文明教育的影响，吸引更多人来参观学习，还开通了连接村与文化园的绿色长廊通道。同时，也加强森林科普建设，发挥生态文明教育作用，以实践来教育广大村民和青少年；积极宣传生态科普、农耕文化、生态栽培技术；积极组织广大科普宣传员、科技辅导员开展各类生态科普教育和实践活动，进行科普（技术）讲座，服务广大群众，增强生态环保理念和意识。近几年，汇丰村以康馨文化园为主体，不断使生态环境美化、休闲娱乐科普文明教育化，还完善配套的生态环保教育设施，建设了邻水步道、农民公园、休闲绿地、汇丰村文化礼堂。2020 年，汇丰村成功上榜省级生态文明教育基地名单。

（二）迈向美丽经济

汇丰村的特色是乡村旅游业，走的是一条向三产转型的道路，用好风景换来"好钱景"。2020 年汇丰村农民人均收入 41845 元，集体可支配资金 327 万元。近年来，全村通过流转的土地进行旅游开发，通过全力打响乡村旅游的特色品牌，开发建设了康馨文化园，同时成立丰昱生态旅游开发公司，与多家旅行社合作。2019 年以来，康馨文化园共接待游客 125 万人次，已经成为发展壮大村级集体经济、带动村民增收致富的助推器。在 2019 年，汇丰村被评为 3A 级景区村庄，康馨文化园也创建了国家级 3A 景区（见图 3）。2021 年，康馨文化园还将申报国家 4A 级旅游景区，未来将为村民创造更多的就业机会。目前围绕景区由村民运营的民宿、农家乐等达 15 家，客房 150 余间，且数量仍在稳步增加（见图 4）。村旅游公司统一管理的农家乐、特色民宿星罗棋布，这里也是浙江省农家乐示范区。

图 3　康馨文化园门口

图 4　康馨文化园景观

　　几年来，单单依托康馨文化园门票收入，村级集体经济已增收 393 万元；在壮大村级集体经济的同时，康馨文化园持续带动村民增收致富，周边农户通过开设农家乐、民宿，销售农副产品等途径，累计增收 1500 余万元。"新农村建设让我们的生活水平提高了，老百姓变得有钱了，环境也变美了，生活在这里很幸福。"汇丰村村民如是说。汇丰村的村民吕有清，以前一年务农总计收入也就 1 万多元。而乘着汇丰村发展乡村旅游的东风，吕有清开始经营副业，年收入在几年前就涨至三四万元。而这样的情况在汇丰村也并非个例，旅游业造福百姓，村民生活水平提高是具有普遍性的。全体村民切身感受到了旅游业带来的好处，旅游业不仅增加了全村的凝聚力，更强化了全村的文化自信、产业自信，极大地提升了村风村貌。此外，凭借汇丰优美自然的环境和村民热情周到的服务，特别是 3A 级景区的创立，投资创业者们对汇丰村的未来更为看好，所以陆续选择落户。

　　汇丰村里从上海引进了旅行社运营团队，负责旅行团队的事务。在共同努力之下，现在外地游客量每年至少有 60 万人次。在此规模上，汇丰村村民们也积极拓展其他业务，发展民宿和农家乐，让游客吃好玩好住好。接下来汇丰村将通过景点向外再延伸发展。

原先的延伸项目是带领前来康馨文化园等区域游玩、有消费意向的游客去周围的果园进行采摘，为此还专门与梨园合作开展采摘项目。现在，汇丰村计划通过镇一级的平台与同属屠甸镇的其他几个村一起抱团发展，连通荣星村的花海，红星村与西施传说息息相关的范蠡湖，将三个村连线起来，把三个村之间的道路加宽，白改黑，使屠甸镇的乡村旅游更具有整体性和规模性，因为汇丰村一个村，景点少，留不住游客，可能半天的时间足以让游客游览完，也难以将消费带动起来。同时汇丰村还与江浙沪地区多家旅行社签订合作协议，形成吃住行游购娱为一体的旅游线路。此举将延长游客在汇丰村及周边的参观游览时间，有更多机会去消费。通过这样的途径慢慢发展，最终的目的是使更多游客在此不止1天游，而是至少停留两、三天的时间，吃住行游购一体也能有力带动消费和产业发展。

汇丰村在2013年就开始了"党建＋旅游"的探索，现在也这一道路上稳步迈进。2021年，在推进乡村振兴过程中，党建引领作为第一抓手和最强引擎，持续推动基层党建和乡村振兴深度融合。目前，"三治融合 槜美风雅"桐乡市党建引领美丽乡村精品线正式发布，精品线整条线路总长20.8公里，沿线共经过7个村，其中重点村4个，分为四个篇章。其中屠甸段全长9.8公里，贯穿屠甸镇汇丰、恒丰、荣星、和平四个行政村，汇丰村代表着"共同富裕"这一篇章；依托康馨文化园、火炉浜、范蠡湖三大景观亮点，串联"汇丰—恒丰—荣星—红星"精品乡村旅游线。"全线改建了乡村振兴馆、中央一号文件馆、云听小屋、游客服务中心、红色驿站等8个场馆，带动了23个美丽农场，5100户农户直接受益，投资额2.04亿元。建设完成后，该条精品线将成为一条党建引领城乡融合发展的展示线、数字变革赋能乡村振兴的样板线、坚持共建共享共同富裕的示范线。"沿着党建引领美丽乡村精品线，不仅可以感受到江南乡村田野的古朴风情，还可以体会到美丽乡村正在逐渐迈向美丽经济。

汇丰村加强农旅融合，也开拓新业态，引入新经济，举办活动，提升人气和知名度。位于汇丰村村委会西侧的产业街已具雏形，吸引了家纺、服饰、土特产、餐饮、民宿等商铺入驻，色彩缤纷的沿街店铺、颇具特色的文创产品，应有尽有。汇丰村村民将房屋出租给村委，建成汇丰产业街，现已入驻商家20余家，增加百姓收入的同时，增加村集体的固定资产。这条产业街由村民出租给村里，由村里统一装修、招商，主要分为两部分，一是以常见的旅游业态为特色，二是由村经济合作社和桐乡几家大型服装生产企业合资建立了青享汇直播生态基地，还邀请了杭州一个专业的网红直播团队来进行指导，打造网红一条街。网红一条街采用了两种形式。白天线下实体销售桐乡的羊毛衫、蚕丝被、皮毛等，针对前来游玩的游客，现在也已经有许多店已经挂出招牌，待疫情稍缓就可正式开张营业。而晚上则采用网络直播的方式，在专业人士的帮助下向外推送和推广。现有的电商平台也已经招聘好人员，处于刚刚起步的阶段，之后会找契机进行大规模推送。作为"农旅兴业"全域党建联盟的成员单位之一，青享汇（桐乡）科技有限公司也入驻在产业街上，除了线上销售，该公司还能为周边村民提供直播带货教学。"在拓宽农副产品销售渠道的同时，我们还会帮助村里培养一批直播人才，让村民自己当'主播'。"该公司负责人介绍道。汇丰村的这一直播基地致力于直播人才的培养和电商直播领域活动的开展，通过让村民自己参与直播，加上专业直播人才的加持，能够助推本地土特产品的生产和销售，能够带动村民创收，建设超级供应链并向村外辐射。

"新经济"中，环洲婚纱摄影有限公司在 2020 年 12 月 18 日经过桐乡市市场监督管理局批准成立，建设环洲婚纱摄影基地，打造华东旅拍胜地。该公司由经济合作社、投资方、运营方三方合作，各司其职，利润按比例分成。该项目以爱情文化为主轴，进行产业链扩展，形成一个集婚纱影视拍摄和情景游乐体验于一体的爱情文化主题乐园，以完美婚姻爱情主题为核心，带动旅游、婚庆产业链、休闲娱乐等项目的长线拓展。

汇丰村还引进万合农业智慧谷项目，打造万和农场，一期投资 1 亿元人民币。引进资金，对原苏家木桥农场进行改造，该项目旨在建设浙江省第一家集技术科研、科普展示、产业兴农、创业孵化于一体的智慧农业示范区。而未来建成的集多元为一体的万和农场,以现代化科技农业为主,可增加与游客间的互动和乡村旅游趣味性。

目前,汇丰村已建成以"康馨文化园—农家乐特色区—产业街—新村点"为代表的汇丰旅游产业带,形成了民宿、农家乐、产业园、露营地、精品园、房车基地等新业态,四星级酒店、酒吧一条街已在建设,在壮大村级集体经济的同时,也让村民的钱袋子鼓起来。

(三)社会文化建设

通过美丽乡村旅游致富,汇丰村的老百姓也获得了不少福利。从 2016 年开始由村里发放口粮每人每月十斤,累计价值 890 余万元;从 2013 年开始,每年的全家福意外保险,由村里承担;新农合,村里承担部分逐年增加,2021年已增加至 230 元 / 人;村里还给每位村民购买大病无忧险 100 元 / 人,2021 年支出 44.24 万元;康馨文化园对本村村民免费开放。汇丰村还设立了"崇学奖",对优秀学生进行奖励,对每年考上一本二本的准大学生发放奖学金。2021 年村里就有 15 个学生获得了每人 1800 元的奖励。对于村里年长的老人,也有居家养老的相应服务。对于居家且不能自理的老人,会有提供"义工带"的服务,还有免费送餐服务,每天十点半左右就会有专人派送新鲜菜到家。

汇丰村的社会文化建设也迈上了一个新台阶。近年来,汇丰村不断加大投入,村容村貌和村民精神面貌发生了巨大变化,达到了"布局优化、道路硬化、村庄绿化、卫生洁化、河道净化、各类配套设施齐全"的目标。自来水普及率、天然气 / 液化气普及率、路面硬化率、接入互联网户数和卫生厕所普及率均达到 100%,本村商店数量已经超过 50 个,村庄公共设施较为齐全,且有专人负责日常管理和维护。汇丰村现有村民小组 33 个,网格 4 个,微网格 42 个,严格落实村庄网格制度,"网格建到哪里,服务就跟到哪里",关注每个家庭的细小环节。网格是基层社会治理最小的单元,汇丰村网格建设正式运行以来,在平安汇丰建设中发挥了重要作用,"小网格"激发了大活力。同时,汇丰村努力提升农民素质，做好思想道德建设工作，经常开展道德教育实践，开展相关培训；着重关注未成年人思想道德建设，在寒暑假和节假日都开展"春泥计划"等活动。

汇丰村也继续完善基层便民体系，实施"网格化管理，组团式服务"，实现"最多跑一次"的目标。建立"一约两会三团"的基层治理模式，制定汇丰村村规民约，实施三务公开工作制度，同时与华数互动电视合作，实现实时监督。现在汇丰村有便民服务团、志愿巡逻团、政策宣传团、法律服务团等多支队伍，200多名志愿者。各支队伍定期组织、开展多元化的志愿者服务活动，帮助开展各类大型活动。而在抗击新冠疫情时期，村全体志愿者们积极主动参与并奋战在一线，做出了巨大贡献。近年来，汇丰村已经荣获全国民主法治示范村、浙江省首届十佳平安村等称号。

汇丰村深入开展各项创建工作，成效显著。建立健全文化队伍体系，已经建有五星级文化礼堂，有排舞、象棋、合唱等12支文艺队伍，丰富了村民文化生活。在文化礼堂经常性开展文艺演出，每年演出不少于5场；每年开展春节、元宵、清明等"我们的节日"活动8场，传承优秀传统文化；平时举办轧闹猛、诗歌比赛、合唱比赛等活动丰富农民生活。文化市场管理有序，无违规娱乐场所。在深入开展创建工作的同时，深化文明之风。每年开展"文明家庭示范户""星级文明家庭""道德模范""家风家训"等文明系列评选活动，并表彰授奖。对于老年和困难群体，村里每年开展慰问孤寡老人、困难群众等活动，总数不少于4次；对于未成年人，会在村文化礼堂为他们举行"启蒙礼""成人礼"等有意义的活动。汇丰村为积极发展公共生态文化教育事业，在发展生态农业、生态观光旅游取得较好成效基础上，将康馨文化园纳入生态文明教育体系。屠甸镇每年都有8个村联合举办的"一村一品"比赛，汇丰村的排舞、唱歌、文化小品等参赛节目也受到了认可。

疫情之前，每年正月初一到初五汇丰村都会在文化活动中心、戏台等举行文娱活动，借助这个家家户户团聚和集中的契机，吸引和号召农民前来参加活动。通过丰富内容和多样形式，汇丰村的文化活动吸引了许多村民积极参与。

而文化活动作为一种宣传手段，可使到场的村民亲眼见证村庄面貌的变化，从而更加了解本村如今的情况，有利于提升其对村庄未来发展的信心，增强乡村整体凝聚力；较之于挂横幅、群发消息，这些更有效的方式展示村庄一年来的发展情况，通过生动有趣形象的文化娱乐活动带动村民团聚，促使村民配合村里做好各项工作。

（四）总结

如今汇丰村的发展模式已生根发芽并蓬勃发展。经过这几年的建设，汇丰村已经形成了美丽乡村带动农业旅游，农业旅游带动村民致富，村民致富带动产业发展的新型乡村振兴产业链，汇丰人民将合力在共同富裕的道路上不断前行。

三、发展瓶颈与面临挑战

乡村旅游是汇丰村的主打内容，但全嘉兴推广乡村旅游的地方非常之多。"比如说潘家浜，还有歌斐颂巧克力小镇。乡村旅游太多之后，对汇丰村也造成了不小的压力。因为游客总量毕竟是较为固定的，如果我们周边有多个景点，从杭州、上海来的团队的客流量就会分散了，汇丰村这里的门票收入就会降低，压力就更加会增大了。比如说我们近一点的石门有一个古镇，洲泉镇有马鸣村；我们北面有一个较为完善的、最具竞争力的乌镇，相比之下我们汇丰村的康馨文化园刚刚起步，还有很多有待完善的地方，但周边的类似旅游景点已经非常多了。"此外，由于新冠疫情的影响，全国的旅游业收入严重缩水，整个行业都面临着巨大挑战，乡村旅游不例外。早在前几年，汇丰村就已经与旅游公司签订了协议，由对方定期带来游客团队。但新冠疫情暴发之后，周边如江苏、上海等地旅游团队因为防疫的要求，无法跨省前往汇丰村，游客数量也大打折扣，主要是附近一些县市和本地居民前往游览参观。汇丰村的大批游客是由第三方带来的，先前与 3 家旅游公司约定，"一个月达到多少辆大巴来，门票多少；达不到的话又是多少"，之前预计每天共有 30 辆大巴进入，但由于疫情，现在大巴无法进入。王建发副书记说："2021 年，本来 8 月 1 日就会有大规模的旅游团队到汇丰村来旅游，但是由于扬州疫情的严重性，我们之前约定的大巴又进不来了。你们今天也可以看到宾馆、酒店都是关门的。这对我们村来说损失非常大。"其实，不光是旅游收入跌入低谷，对于疫情前正值上升期的汇丰村来说，其乡村旅游的知名度也无法一下子打开，无法在合适的阶段吸引更多游客前往。

优良的人居环境是美丽乡村持续发展的坚实基础之一。对于汇丰村来说，在大力度的环境整治后，如何保持成为一个难题。"现在我们面临的一个问题，就是我们 20 世纪 40 年代、50 年代老人的观念还转变不过来。比如说我们村里派专门人员去帮他们将房前屋后整治干净了。但过一段时间又还是老一套，有些老人喜欢把那些脏乱差的东西拼命往家里拿。其他的，比如村里年纪轻的就喜欢煤气灶、电炉灶了，但是年纪大的还是喜欢土灶，烟味很重。这一方面可能就是因年纪大，思想转变不过来，要通过这几年慢慢引导，持续宣传才能改变。"村里仍然存在一些企业、个体户素质不高的现象，他们常常喜欢偷偷排放生产、生活废水，偷倒垃圾，防不胜防，对汇丰村整体优美环境的维持形成了阻碍。同时结合我们具体调研的村民访谈情况，不难发现本村有部分居民对于农村人居环境整治缺乏认知，对于污水和垃圾对生态环境的破坏程度缺乏认识，对整治行动持怀疑态度。他们仍受到固有生产和生活习惯的影响，主动参与程度较低。

在城乡公共服务均等化进程中，汇丰村的教育、医疗等公共服务水平跟镇上、县里还是有差距。汇丰村的教育硬件普遍比市区差，许多教育资源还是普遍倾向于城市："教育水平、师资力量肯定跟城市不一样。特别是硬件方面，当我们以前农村还是在草坪上跑，市里都是塑胶跑道了；以前我们还是用粉笔写板书的时候，市里都是触摸式的电子设备了，这个差距是很大的，一下子也改变不了的。"在医疗方面，由于农村的卫生院和赤脚医生合并后集中到市里，所以，"汇丰村也存在一个明显问题，就是老百姓看病都要挤到桐乡去了，而且大家都要排队。比如要看一个病，早上 7 点去，要到晚上才能回来，路上浪费很多时间。以前我们汇丰村有个晏城卫生院，还是可以挂盐水的，而且晚上也有相应人员值班，现在也取消了。这些都取消之后，我们老百姓看病必须多走路。本来有些小毛病我们只需到晏城来，我们现在至少要到屠甸镇上，甚至到桐乡"。

四、相关经验与启示

生态环境、人居环境治理并不是一劳永逸的，相关部门应该对治理情况（特别是农业企业的整治情况）定期进行回访和督查，防止情况反弹，保持治理成效。在人居环境整治活动中，要汇聚群众合力，使每一个人都能感受并珍惜现有的变化。在汇丰村，每家每户都树立了"我爱我家"争创牌，确定环境整治样板照片及家庭负责人。汇丰村村委会主任王建发介绍道："农户以样板照片为依据，做好日常清洁工作，村里将组织工作人员进行检查。如果发现与样板照片不符的，存在乱堆乱放等现象的，将停发下月福利，直至环境恢复。"这使得汇丰村农户参与生态环境建设的积极性提高，逐渐养成整理房前屋后卫生的好习惯。汇丰村也正在以人为本助推全域秀美和环境治理工作向深、向细、向长远发展。需要建立合理的评估与监督机制，对参与的利益相关者的行为、效果、存在问题等各方面的内容都进行科学评估，探求更加完善的环境整治途径。通过必要的宣传教育，并建立有效的参与机制，逐步提高农民对于人居环境整治的认知水平，使他们认识到这与他们自身利益是密切相关的，逐渐产生责任意识且积极主动参与到此过程中来。

随着汇丰村乡村旅游的逐步开展，本村在旅游运营方面的一些不足和专业性的问题也渐渐暴露出来，并成为迫切需要解决的问题。通过村党委集思广益，大家建言献策，并就此展开了半个月的热烈讨论，最终决定"让专业的人来做专业的事"，采取新方式，引进上海专门的人员和团队，改变并解决特色不显、业态不丰、运维不专等情况。在线下，汇丰村依旧注重乡村旅游道路的新建、拓宽和改造，有利于吸引疫情下自驾游游客。此外，也应更加注重完善相关的基础设施特别是公共卫生设施的建设，同时根据相关卫生标准提升乡村的餐饮、住宿地点的卫生建设，对乡村旅游的服务从业者进行定期的卫生培训。汇丰村开拓了"农业＋教育、电商、旅游"等新业态，引入婚纱摄影基地、直升机游览、网红直播馆等新经济业态，举办"美在旅屠"乡村振兴农旅节（见图5）、水幕电影灯光节、电音节等活动，提升群众喜爱度、人气和知名度。为了更好发展乡村旅游业，更加注重拓宽线上销售渠道，以直播带货等方式进行宣传引流。而为了避免落入同质化的俗套，有必要关注创意开发过程，继续深挖现有的乡村文化内涵，展现其魅力，突出其特色，并对乡村旅游特色产品进行富有本地特色的提档升级。

图5 桐乡市农业嘉年华暨屠甸镇"美在旅屠"首届乡村振兴农旅节

　　汇丰村近年来一直将党建作为重要抓手，围绕"党群连心、村民自治"目标，建立完善"村事民议、村事民管"工作机制，推行以"一约两会三团"为载体的治理模式，创新"三治信农贷"、创设"板凳法庭"调解平台，致力打造基层治理"金名片"。2021年，在桐乡市农业嘉年华暨屠甸镇"美在旅屠"首届乡村振兴农旅节上，屠甸镇"农旅兴业"全域党建联盟正式揭牌成立。这一联盟，联结各行政村、农业基地、银行、旅游公司等22家单位，建立"345"乡村振兴密码，即提供品牌、技术、人才三方面的创业支持，建立需求、资源、项目、服务四方面的工作清单，实行党建活动联办、党员队伍联建、政治理论联学、服务工作联动、优势资源联享的五联互动机制，力求通过党建统领、资源集聚、利益联结，引领乡村"组团式"发展，将美丽城镇与美丽乡村深度结合，共同打造美丽屠甸。同时，联盟也关注党群创业共富、美丽经济共享，力求在党建高地创建行动中走在前列。"小康不小康，关键看老乡；农村富不富，关键在支部。"屠甸镇围绕"党建+"，持续推动基层党建和乡村振兴深度融合；通过打造一批农村党群服务中心、乡村振兴馆，激发基层党组织的示范引领作用；全面开展五大专项行动，致力于让乡村更有气质、生活更有品质、业态更有潜质，真正实现乡村振兴。汇丰村将借助"农旅兴业"全域党建联盟，进一步做大做强乡村旅游，让更多村民享受到"农旅兴业"带来的巨大红利，加速迈向共同富裕。

访谈时间：2021年8月10日
访谈地点：汇丰村村委会办公室
访谈整理：范金媛

红星村："要钱包鼓，更要精神富"
——屠甸镇红星村的共同富裕之路

受访者名片：

岳晓锋，男，汉族，1982 年生，浙江嘉兴桐乡人，中国共产党党员，大专文化程度。2002 年参加工作，2002 年 11 月于武警苏州支队服役，2006 年 6 月起担任桐乡市屠甸镇红星村村委会委员，2013 年 12 月起担任桐乡市屠甸镇红星村党委书记，2020 年 12 月起担任桐乡市屠甸镇红星村党委书记、村民委员会主任。

农民的想法很简单，通过自己的劳动，做到家有屯粮、圈有牲畜、袋有余钱就很满足了。

——岳晓锋

一、村庄概况和历史沿革

红星村位于浙江省嘉兴市桐乡市屠甸镇东南部，村域范围面积 6.1 平方公里，南邻海宁市海昌街道及海宁市斜桥镇，村级公路贯村而过且全为硬化路，水陆交通十分方便。红星村是由原利湖村、合星村和聚秀村于 2000 年合并而成，更名为屠甸镇红星村，行政村位于卜家门自然村。村域面积 6.1 平方公里。截至 2020 年末，全村辖 46 个村民小组，农户 1009 户，总人口 4048 人，其中男性 2019 人，占比 49.88%。全村共有 16—60 周岁劳动力 2970 人，占比 73.4%。

红星村以农业生产和个私经济为主。农业生产以水稻、小黄瓜、萝卜、大葱、蚕桑等种养业为主，个私经济以个体羊毛衫业为主，现已打通成衣、原材料生产及加工等羊毛衫全产业链。红星村现有耕地面积 5493 亩，其中水田 3687 亩，旱地 1806 亩。2020 年该村经济总收入为 31552 万元，其中农业收入 4275 万元，工业收入 26112 万元，第三产业收入 530 万元，其他收入 605 万元。

红星村建有党支部、村委会、计生协会、工青妇、调解治保等组织。红星村党支部设有 3 个网格支部，现有党员 125 名，团支部的在册团员 26 名，妇联执委会 3 名，工会委员 3 名。村委会在职干部 6 名，平均年龄 41 岁，大专以上文化程度 3 名，高中及以下文化程度 3 名。村办公条件较好，现有办公房屋 800 多平方米，有办公室、姐妹谈心室、调解室、乒乓老年活动室、阅览室、文化活动室等，村里还配置了电脑、空调、投影仪、图书、篮球场地、教学和活动设施。村里长期订阅各种报刊，全天供村民群众学习。

近年来，在各级党委、政府的关怀下，红星村党总支部、村委会以科学发展观为指导，紧紧围绕"美村、富民、强经济"的要求，对照"全省小康示范村"的建设要求，加大投入力度，狠抓软硬件建设，村容、村貌和村民精神面貌发生了巨大变化，达到了"局部优化，道路硬化，村庄绿化，卫生洁化，河道净化，各类文件配套设施齐全"的目标；实现了精神文明、物质文明、政治文明的协调发展，并且先后获得"浙江省卫生村""嘉兴市科普示范村""嘉兴市农村基层党风廉政建设示范村""嘉兴市三治融合示范村""嘉兴市民主法制村""嘉兴市乡村振兴示范村"等荣誉称号。

二、主要发展经验和成效

（一）追求富裕，要体现在经济富强上

2019 年，红星村的集体经济总收入、集体经济经常性收入、村经营性收入等都有了显著提高，全村实现了农业生产总产值 4.3 亿元，村级集体经济经常性收入 235 万元，农民人均收入达 36980 元。红星村的收入来源主要是农业生产，以水稻、蔬果、蚕桑等种养业为主，穿插小部分水产养殖及其他养殖。红星村共有耕地 5826 亩，2020 年流转土地 2863 亩，通过村集体的平台支持，耕地流转到家庭农场或种植大户手中，统一种植。其中，粮食种植面积 1628 亩，保证了耕地红线的指标要求（见图 1），并且将大部分农业剩余劳动力从传统的农业种植业中释放出来，参与到个体私营经济中。由于桐乡市濮院镇的羊毛衫产业发展较好，对周边乡镇形成了辐射作用，红星村也因此受惠。同时，红星村毗邻海宁市，海宁以皮革生产为主导产业，因此，红星村村民的个私经济多以羊毛衫、皮革业为主，包括原材料生产、羊毛衫加工及成衣制作等，且贯通全生产线。

图 1　红星村田园风光

1.党建统领共同富裕

俗话说得好，"一人富不算富，家家富才是富"，这一句深入人心的话，诠释了"共同富裕"的探索之旅。这几十年以来，通过允许一部分人、一部分地区先富起来，先富带后富，极大解放和发展了社会生产力，人民生活水平不断提高，但远没有到达共同富裕的标准，而这条路在党的领导下将会呈现出斑斓的色彩。

第一，加强党的全面领导，用党建凝心聚力。红星村不断加强党的建设，强化党的领导，以党建引领各项工作，以党建工作实际成效展现事功，实现经济稳中向好发展、乡村生态环境发生显著变化、民生持续改善，充分彰显了党的建设工作的显著优势。"众人拾柴火焰高"，红星村在村级层面，同样有着"浙商精神"，始终坚持抱团发展的理念，不断推进农村基层党组织、企业两新党组织的联合共建，与桐乡市及屠甸镇政府一同统筹推进区块产业资源共享、要素制约联破、重点项目共推，实现区域产业抱团发展。

第二，夯实基层组织建设，形成高效的抓落实机制。红星村在围绕"党群联心、村民自治"过程中，努力做好党员联户机制，利用网格化管理的优势，积极开展上门宣传活动，全面推行并不断完善以"一约两会三团"为载体的基层治理模式，以制度的力量来强化基层民主管理。在党组织带领下，党员干在前、走在先，勇挑重担，高质量服务经济、社会发展，以实际行动证明榜样就在身边。同时，红星村积极拓展支部结对和党员红色服务范围，以红色微心愿、"1+X"结对、三服务活动、红色星期为载体，开展党员志愿者活动，把建设美丽乡村作为抓基层、打基础、强堡垒的重要抓手，发挥党员干部传帮带的引领示范作用。

2. 持续助力富民增收

红星村当下仍以农业为主，主要种植水稻、水果，其中葡萄种植规模约600亩，红心猕猴桃等种植规模约70亩，此外，还有小部分的水产养殖（锦鲤、甲鱼等）。

特色产业有二，分别是百美农庄和水乡锦鲤养殖场，规模"小而精"。百美生态农场位于红星村，距杭州65公里，距上海127公里，路况良好、交通便利。农庄总占地面积300亩，其中水果种植面积100亩，蔬菜种植面积90亩，家畜养殖面积50亩，鱼塘养殖面积60亩，是个集果蔬、家禽、水产养殖为一体的生态循环养殖农场。百美生态农场是桐乡市全域旅游的节点之一，通过吸引周边游客前来游玩实现创收，带动当地经济发展。通过生态农场的建设，着力改善了当地的生态环境，也为农场周边村民提供就业岗位。同时，农庄的生态种养殖技术形成示范效应，辐射红星村村民，共同保护当地生态。水乡锦鲤养殖场向红星村租了80亩鱼塘，初始投入约400万元，用于养殖日本锦鲤。在2019年举行的第十九届中国锦鲤大赛中，水乡锦鲤养殖场的一条红白锦鲤获得了冠军，也为养殖场打开了知名度。未来，养殖场将扩大产量，优化品种结构，培育优势品种，提升经济效益。同时，还将积极开展锦鲤观光、鉴赏活动，发展融休闲、体验、娱乐于一体的第三产业，全面助推乡村产业兴旺。

（二）追求富裕，要体现在生活富足上

江山就是人民，人民就是江山。在实现共同富裕的过程中，根本目的是实现人民对美好生活的向往，根本标准是增强群众的获得感、幸福感、安全感、

认同感。浙江在这方面实际上有先发的优势、良好的基础，但与经济社会发展的速度、人口持续增长的幅度、群众需求提升的程度相比，还存在不少的短板，特别是公共服务领域。除了要多渠道增加村民收入，也要不断推动公共服务优质均衡发展，让老百姓的幸福感、获得感、安全感进一步增强。

1. 促进富而优教

无教育则无人才，无人才则振兴难。过去数十年，在城市中心的发展观念下，部分地方的乡村教育其实在节节败退，红星村也遇到了同样的问题，红星村实际的教育资源几乎为零，幼儿园、小学均需要到屠甸镇镇中心去上学，或者为了享受更良好的教育资源，选择去桐乡市区买房上学。因此红星村村委会积极铺桥修路，尽量为孩子们上学提供方便。随着人口的流动，越来越多的人离开乡村进入城市，变成市民，或者进城务工，常住城市，很多孩子也随之进入城市。为了让现有的孩子们"留下来"、记住"乡愁"，红星村十分注重学风建设。红星村2019年、2020年连续两年均开展暑期"春泥计划"系列活动，把村里的青少年集中至文化礼堂，由志愿者们提供安全防范意识培训，引导青少年健康成长。红星村每年均举办崇学奖颁奖仪式，即红星村乡贤品牌"助学·崇学"，主题是围绕乡贤助力红星村优秀学子，为本村考取本科高校的优秀学子提供奖学金。红星村通过多种形式的活动拉近了村民之间的距离，增强了村民内部的凝聚力、向心力，也让改革发展的成果更多更公平惠及全体村民。

2. 促进富而康养

浙江是经济大省，也是人口老龄化大省。浙江省委省政府高度重视养老服务发展，持续加大投入，广大老年人幸福感、获得感和满意度不断提升，而且浙江省的城乡差距相对较小，这为推动养老服务领域共同富裕奠定了良好基础。

红星村大部分村民均在周边企业打工，所以城乡职工医疗保险、养老保险覆盖程度较高。目前，红星村按照最低标准购买农村居民养老保险的老年人，每月可以拿到300余元，基本解决日常食物购买问题。医疗方面，除去新农村合作医疗，桐乡市2021年推出了100元的"大病无忧"保险。村民有小病，可以用农村医疗保险去开支，涉及较大疾病的，在农村医疗保险报销之后，剩下部分还能用"大病无忧"保险报销掉一部分。治病费用特别多的，或是超过了一定比例，红星村、桐乡市、屠甸镇，均在民政方面有民政救助，还能对再生病的家庭补贴一部分，帮助这些困难家庭渡过难关，真正做到"人人享有多样化、普惠型的基本养老服务"。

3. 促进富而安居

红星村现有 1000 户，4000 余人，村民宴席招待需求大，食品卫生安全、垃圾分类等各类问题突出，相关管理缺乏抓手，宣传教育引导效果不佳。2019年底，红星村顺利完成村党组织换届后，新的 5 名党委班子成员一上任，便马不停蹄投入喜宴厅建设工作。前期，结合红星村财力实际，通过申报 2021 年度"一事一议"财政奖补项目成功取得上级对红星村喜宴厅建设的资金补助；中期，广泛走访、吸取民智，村委会分网格走访微网格长、党员代表和村民代表，收集村民对喜宴厅内部装潢的建议和意见；同时，积极联系施工公司落实施工进度目标管理，加速推进喜宴厅项目建设，争取早日投入使用。

村民的获得感、幸福感、安全感，直接体现着共同富裕建设的成色，红星村也深感任务艰巨，以"加强党建"为突破口，以特色产业为引领，带动村民致富的同时，不断提升村民的福利水平，拓展政策保障群体，丰富有效公共服务供给，缩小城乡差距，打造红星村"共同富裕"的新名片。

（三）追求富裕，也要体现在生态富美上

乡村要实现富裕，既要塑形，也要铸魂。2017 年 12 月，习近平总书记在江苏徐州考察时强调："农村精神文明建设很重要，物质变精神、精神变物质是辩证法的观点，实施乡村振兴战略要物质文明和精神文明一起抓，特别要注重提升农民精神风貌。"红星村在发展经济的同时，重视精神文明建设，打造当地特色文化，形成良好的乡风民俗，既响应了党中央生态文明建设的号召，更丰富了村民的精神生活，提高了幸福感。

生态环境共建共治共享，不仅推进了美丽乡村建设，而且进一步拓宽了"绿

水青山就是金山银山"的转化通道，人民群众的幸福感、获得感不断提升，让迈向共同富裕之路行稳致远，也让绿色成为共同富裕最靓丽的底色。

1. 绿色生态

"万物各得其和以生，各得其养以成。"红星村坚持人与自然和谐相处，抓住政策机遇，提升乡村风貌，持续推进美丽乡村建设，打造宜居宜业的生态乡村，让美丽乡村成为带动各项产业发展的基础，同时联动各项产业共同发展。

红星村依托自然景观范蠡湖（见图2），以范蠡、西施为历史人文底蕴，参与到屠甸镇"三治融合 携美风雅"的美丽乡村精品线建设中，重点突出对自然环境的保护和利用，并且通过环境改善提升村民的生活品质。范蠡湖周边景区主要是以现有植被、水系、锦鲤养殖场、花卉水果种植基地等构成的乡村生态性景观，不可建设用地以保护为主。红星村在保护的前提下，进行统一布局和规划设计，适当植入绿化及文化小品，以大脚湾自然组为中心，对全组的现有房屋进行保留本土风格的改造，建造有文化底蕴的小组入口景观带及入口主景观，进一步完善道路黑化、公共停车场、公共场所等基础设施，让村民生活环境更好，生活便利，大家团结一心往共同富裕的方向前进。

图2 范蠡湖景区

红星村的特色产业——"水乡锦鲤"锦鲤养殖园是"范蠡情缘乡村路"精品线路的其中一段，该产业通过锦鲤的特殊性、吸引力，借助精品线项目的资金、政策帮扶，并且在村委会的大力支持下，打造锦鲤观赏与垂钓平台，增加锦鲤垂钓、喂食等趣味亲子活动（见图3），开拓了观赏体验、科普教育的新业态，发展乡村亲子游，以特色水产养殖产业的方式来打造"农旅融合精品示范点"。红星村此举，扎实抓好了农旅融合的大文章，不断推进美丽乡村建设，用"绿水青山"给村民带来"金山银山"，让更多村民享受到"农旅兴业"带来的巨大红利，在家门口就能赚钱。

图3 水乡锦鲤养殖园改造后效果

2.绿色生活

红星村积极参与屠甸镇开展的"农村人居环境全域秀美互评互比擂台赛"，由镇长、党委副书记、班子成员、相关职能站所负责人、行政村书记组成评审队伍，按照"三清零、六整治、二提升"的要求，在8个行政村中，各选择1

个村民小组开展现场走访检查，以互评互比寻找差距，以互学互促共同提升。各村结合三治融合、废弃物改造、整治对比等形式，良策亮点纷呈，其中，红星村大脚湾村民小组利用房前屋后废弃木柴、废旧轮胎，稍做整理修饰，打造景观节点小品，增添自然田园风味。红星村的生态环境治理工作，借此擂台赛的机会，在所有评审人员的监督下，检查环境卫生整治情况，确保工作落到了实处，切实为村民打造了秀美的人居环境。同时，村里领导班子也边走边看、边评边学，并对其他村优秀做法、亮点工作进行总结，找准差距、明确问题，常态化、制度化、全域化地开展农村人居环境提升行动。

人居环境提升工作的重要一环就是"垃圾分类"。红星村依托生活垃圾智慧化监管云平台，对垃圾清运车安装 GPS 及拍摄监控系统，实现对各类垃圾的投放、收集和运输的全流程实时监管，只要将装有芯片的小桶进行扫描，收集好的垃圾桶往智能清运车上一放，系统自动识别芯片，拍摄桶内垃圾分类情况，并把分类信息上传到数据库，镇、村工作人员即可第一时间掌握具体情况，做好垃圾分类督促管理工作，更快更好地达成生活垃圾"减量化、资源化、无害化"的目标，让垃圾分类真正成为红星村家喻户晓、人人参与的绿色时尚生活。

（四）追求富裕，更要体现在精神富有上

浙江省委书记袁家军在省委文化工作会议上强调，"推动建设共同富裕示范区跑在高质量发展、竞争力提升、现代化先行的跑道上，需要注入文化这个更基本、更深沉、更持久的动力"，"共同富裕既是人民群众物质生活共同富裕、也是精神生活共同富裕，需要坚持以文化人、以文培元，大力推进以人为核心的现代化"。在这里，已把共同富裕与精神富有之间的关系阐述揭示得透彻明晰，为此，要在共同富裕中实现精神富有，在现代化先行中实现文化先行。红星村也始终坚持"富口袋"与"富脑袋"相统一，不断丰富群众文化生活，提高村民精神富有程度。

1. "三治融合"的红星实践

生活环境变美，社会和谐和睦。桐乡市作为"自治、法治和德治——三治融合"的发源地，百姓评百星、村民法治驿站、板凳法庭、阳光议事厅……从政府部门到普通村民都迸发出了前所未有的创造力，"三治"理念更是融进了桐乡市经济社会发展各个领域。红星村作为"三治融合"示范村，也建起了"板凳法庭"，有专门的工作人员为村民调解决冲突、问题，坐下来好好说，矛盾纠纷十有八九得到平息。红星村也组建了道德评判团，老百姓的行为是否符合社会主义核心价值观、是不是文明道德，由道德评判团说了算，以民间舆论作用于法律层面之外的道德领域，起到了抑恶扬善、正民心、树新风的积极作用。村民共同参与到村里的精神道德建设中，推进政府自身改革的同时，也激发了社会的参与热情。红星村坚持以自治为基础、法治为保障、德治为先导，最大限度地把特色优势转化为工作效能，努力构建基层社会善治新体系。自嘉兴市全面开展"珍爱生命，铁拳护航"交通安全大会战以来，红星村两委班子高度重视，及时成立专项工作小组，也让交通大会战成为"三治融合"常态化工作内容。红星村村干部与综治队员共同负责，辅之以百姓议事会、乡贤参事会等机制、做法。在日常交通劝导过程中，村里的青年志愿者参与其中，及时制止村民不文明交通行为，耐心对当事人进行教育引导，并要求违反交规的驾驶员观看教育影片。红星村通过道德评判团、乡风评议会等，引导村民崇德向善、见贤思齐，形成家庭和美、邻里和睦的德治局面，增强基层社会治理潜力，让全村正气充盈。

2. 发挥文化礼堂的作用，丰富农村群众的文化生活

红星村建设有农村社区综合服务站、文化礼堂、广场、健身房等设施（见图4），供村民无偿使用。笔者在屠甸镇的走访过程中，发现每个村的文化礼堂都各具特色，而且依托于礼堂，开展各种文化活动，例如红星村举办了"全力推进全域秀美美丽乡村建设"纳凉文艺晚会、国庆70周年阅兵典礼放映等。文化礼堂实际上是一个村庄的特色文化名片，引导村民在参与文化娱乐的同时，更好地发挥村民自身优势，共同参与到社会服务中来。

图 4 红星村文化礼堂

3. 乡贤参事议事，共建美好家园

红星村注重发挥乡贤积极作用，多年来全力打造乡贤"助学·崇学"工作品牌，不断扩大其影响力，旨在走出一条乡贤多方面参与社会治理的乡村振兴之路。

2020 年，根据"一村一社"的总体目标，红星村乡贤参事会已经完成登记注册。红星村乡贤参事会结合村民的实际需求，以乡贤参事会为依托，策划了不少有利于民生的活动，真正发挥了乡贤参事的作用。红星村的村民陈云仙爱好摄影，喜欢用手中的照相机记录身边的点滴生活，就此成立了乡贤工作室。陈云仙在抗击新冠肺炎疫情时，用手中的相机为屠甸人民众志成城抗击疫情留下了珍贵的照片。2021 年初，陈云仙以乡贤工作室的名义，深入企业一线，为留桐过年的新居民拍摄全家福，打印了 100 多张照片，留下了新居民在桐乡的最美瞬间。

乡贤文化是中华优秀传统文化在乡村的一种表现。陈云仙此举，既发挥了自己的兴趣、所长，围绕村里的中心工作贡献了智慧和力量，为红星村留下了珍贵的回忆，也是利用自身资源和人脉优势，继承和弘扬乡贤文化，让更多的人走进红星、了解红星，同时也营造了乡村大统战浓厚氛围，在助力乡村振兴、共同富裕中彰显了乡贤的责任与担当。

三、发展瓶颈与核心挑战

治国之道，富民为始。共同富裕开启了"全面小康"基础上的新征程，有着更为全面的发展追求。2021 年 8 月 17 日，习近平总书记明确指出，共同富裕是社会主义的本质要求，是中国式现代化的重要特征，要坚持以人民为中心的发展思想，在高质量发展中促进共同富裕。今天的中国，把共同富裕放到最高决策议程上来，和过去提起的"共同富裕"相比，有着更为显著的时代特征。共同富裕不是同步富裕、同等富裕、同时富裕，而是一个有先有后、逐步实现的过程。红星村在这个过程中，同样遇到很多发展的瓶颈。

第一，红星村基础设施欠账还比较多。究其原因，一方面是红星村实际占地面积较大，且地处桐乡边缘，同等的基建支持下至红星村，实际上不足以完成红星村整体建设目标，且年年如此，红星村的基础建设情况略落后于周边农村。此外，严格的粮食安全红线政策也对红星村基础设施建设产生影响。另一方面，村民"钱包鼓"后，各家经济情况产生差距，由此参与村集体基础建设的积极性也存在差异，加之红星村毗邻海宁，在海宁务工、安家的村民越来越多，对于红星村的归属感大不如前，村内留守的老人比例逐年提升，因此其参与基础建设的积极性也有所下降。诸如，红星村的交通情况实际跟不上发展步伐。随着村民经济情况向好，小轿车、摩托车、农用车已经成为大部分农民的生产生活工具，对道路交通提出了更高要求。红星村的公路已全部硬化，但村内到各村民小组的道路并未做到全部硬化到户，且部分硬化路面宽度不足，两车不能相错，带来很大不便。

第二，乡村产业基础仍不牢固。尽管红星村在上级政府的支持下进行了一些特色产业探索，如范蠡湖周边旅游开发、日本锦鲤养殖等，但是当前农业生产尤其是一些特色种植和养殖项目，特别容易受自然灾害、市场行情、疫病等因素影响，而相应的保险保障措施还不健全。以"水乡锦鲤"养殖园为例，该养殖园主攻锦鲤培育、特殊品种销售，纳入"范蠡情缘乡村路"精品线路发展观光旅游实际上仍在探索阶段。该精品路线受到各级政府及相关政策支持，已对路线中的基础建设进行完善、优化，但仍面临人流量不足、乡村旅游同质化等问题。"水乡锦鲤"养殖园目前仅有1名养殖专家，受耕地红线政策影响无法再扩大养殖水池的面积，在具体的经营管理过程中受到技术、资金、人才等多方面因素制约，发展受限，并不能完成拓展农业多功能性、延伸乡村产业链条的产业发展目标。未来，如何把范蠡湖、百美农庄、水乡锦鲤等特色乡村旅游项目运营起来，如何实现这些特色产业的可持续发展，是红星村面临的一大难点。

第三，劳动力流失严重，乡村建设缺乏原动力。造成这种情况的原因有如下几点：一是种粮难以致富，而且劳作辛苦，农民不再将种地作为主要的收入来源，且红星村地理位置优越，更多年轻人选择去海宁或屠甸镇从事羊毛衫产业的相关工作，工业收入远高于农业收入。二是随着现代人对于教育的重视程度提升，而红星村没有幼儿园、小学、中学，为了孩子接受良好教育，村民更期望去城市定居。同时，长期在外打工或就学的青年人受城市影响，对于农村缺失认知、感情，回到乡村后也难以融入，离土离乡已成常态。留在农村的农民大多年龄偏大，虽然仍怀着对土地的感情在耕作，但随着年龄的增长，劳动能力下降，难以适应现代化农业发展的要求。三是城乡社会养老保障水平差距仍然存在。由于负担能力相对较低，大多数农民在早期参加养老保险时普遍选择较低的缴费档次，到龄后每月只能领取300多元的养老金，与农村实际生活开支相比保障水平过低。乡村振兴，人才是关键，只有吸引人才、留住人才才能保证乡村的可持续发展，才能同心共筑致富路。如何做好人才工作对于红星村仍是一大难题，同时也是每个努力实现共同富裕的乡村同样面临的挑战。

四、经验启示与建议

全体人民迈向共同富裕，是一场长期而艰巨的接力赛，需要每一棒奋力跑。近年来，红星村始终把促进人民群众共同富裕作为工作的出发点和落脚点，持续推动美丽乡村向美丽经济蝶变。2021年6月，《中共中央、国务院关于支持浙江高质量发展建设共同富裕示范区的意见》发布，赋予了浙江新的使命。在全国范围内，浙江的城乡差距、城市居民和农民的可支配收入差距相对较小。2020年，浙江省居民人均可支配收入为52397元，居全国31个省（区、市）第3位。城镇居民年可支配收入62699元，农村居民年可支配收入31930元，城乡居民收入比为1：1.96，远低于全国的1：2.56。在浙江省，红星村不是其中最富裕或做得最好的一个地方，整体经济水平处于桐乡市的中等水平，也没有非常核心的支撑性产业，但是红星村整体经济运行稳中有进、稳中向好，积极发展农业经济，带着越来越多的群众富裕起来。同时，通过优化民生保障制度、强化精神文明建设，逐步推动高质量发展，也由此，村民生活多姿多彩，到处充满温暖，做到群众物质生活和精神生活都富裕。

"钱包鼓"是实现共同富裕的基础。"精神富"的前提是"钱包鼓"，实现"精神富"，要努力创造更加丰裕的物质基础。因此，要做好三篇文章：一是做大蛋糕，二是分好蛋糕，三是保住底线。红星村在目前的经济基础上，要不断加强对特色产业的引导，借助桐乡市打造"全域秀美"的契机，以范蠡湖、百美农庄、水乡锦鲤等特色景点、特色产业为依托，争取用农业旅游带动当地经济发展，并在此过程中，通过高质量发展进一步"做大蛋糕"，大力加强科技创新，推进产业提质扩量，不断夯实高质量发展的基础。进一步"分好蛋糕"，更好发挥初次分配、二次分配、三次分配的作用，帮助形成良好的"老有所养、幼有所依"的局面，公共服务也要更加注重向村内的困难群众倾斜，缩小村民间的经济差距。此外，还需进一步守牢安全发展底线，扎实做好粮食安全、能源安全和生态环境保护等工作，统筹好发展和安全。

习近平总书记在全国脱贫攻坚总结表彰大会上指出："在全面建设社会主义现代化国家新征程中，我们必须把促进全体人民共同富裕摆在更加重要的位置，脚踏实地、久久为功，向着这个目标更加积极有为地进行努力，促进人的全面发展和社会全面进步，让广大人民群众获得感、幸福感、安全感、更加充实、更有保障、更可持续。"红星村也要积极响应党中央的号召，以人为本，做好"精神富"的文章。第一，要统筹推进基层党组织建设，充分发挥基层党组织战斗堡垒作用和党员先锋模范作用。第二，积极发挥乡贤等先进人物的示范作用，他们的事迹体现了当代社会的道德高度，是精神富有的当代浙江人的代表，更能发挥出带动全村村民成为精神富有的公民的感召力。第三，大力推进科学、教育、文化事业，强化科学文化知识的传播和普及，加强家庭家教家风建设，健全志愿服务体系，丰富健康向上的精神文化生活。

征程万里风正劲，重任千钧再扬鞭。红星村始终把"坚持党建引领"作为行动指南，把"村事民议、村事民管"作为主要工作机制，把"实施乡村振兴"作为奋斗目标，着力打造"美丽乡村、美丽经济"蓝图。捋起袖子，加油实现共同富裕，红星始终在路上！

访谈时间：2021 年 8 月 9 日
访谈地点：桐乡市屠甸镇红星村村委会
访谈整理：王颖雪

新联村：
幸福生活赛城市，"新村集聚"助力打
造美丽乡村新样板

受访者名片：

　　沈海杰，中国共产党党员，现任桐乡市濮院镇新联村党委书记、村委会
主任，曾获桐乡市"美丽乡村建设优秀带头人""优秀党务工作者"等荣誉称号。

近年来，新联村依靠新村集聚项目盘活了资产，并借助项目结余的土地指标和积累的资金扩大集体投资、参与抱团项目，促进了村集体经济的一次次飞跃，如今的新联村走在了濮院镇的前列，产业美、环境美、治理美、生活美、人文美，逐步向着共同富裕的目标迈进。

一、村庄概况与历史沿革

新联村坐落在运河之畔，位于桐乡市濮院镇原新生集镇中心南北圣（见图1）。2000年，新联村由联丰村和新生村合并而成。全村总面积4.38平方公里，耕地面积3722亩，以苗木、水稻、葡萄种植为主，共有村民小组17个，农户685户，村民2531人，党员132人。新联村原是一个农业为主的大村，2005年以来，为了发展村级集体经济，新联村抓住机遇，先后通过组建村施工队、租赁集体房屋、开展新村集聚项目、参与抱团项目等，走出了强村富民之路。2020年，新联村的村级集体经济总收入为2200多万元，增长率已连续七年保持在8%以上，农民人均纯收入达43067元。新联村坚持物质文明和精神文明协同发展的理念，随着经济发展的大步跨越，全村精神文明建设也在深入推进。短短十多年间，新联村从一个经济落后、设施陈旧、服务缺乏的偏僻乡村嬗变为一个村富民强、环境优美、设施齐全、服务完善、社会文明的美丽乡村典范，"由内到外透着美，村民生活赛城市"成为如今新联村村民幸福生活的真实写照。

2017年，在中央精神文明建设指导委员会公布的1493个全国文明村镇和2318个全国文明单位名单中，新联村跻身榜单，成为桐乡市首个"全国文明村"。此外，近年来新联村还被授予"全国学习型村居""浙江省美丽乡村特色精品村""浙江省民主法治村""浙江省卫生村""浙江省美丽宜居示范村""浙江省森林村""嘉兴市先进党组织"等一系列荣誉称号。

图 1 新联小区入口

二、主要发展经验和成效

（一）崛起：紧抓"新村集聚"机遇，勇做第一个吃螃蟹的人

1.盘活资产，多元化模式壮大村级集体经济

谈起共同富裕，新联村党委书记、村委会主任沈海杰说道："首先是村集体经济要富裕，第二个是村民也要富裕，我们村里面主要是通过新农村集聚项目，这几年其实村级集体经济也还可以，去年我们的经常性收入是 840 多万。"总结而言，实现共同富裕体现在村集体和村民这两个层面，一是村集体经济这块"蛋糕"做大做强，有建设村庄、带动村民致富的本钱和底气；二是村民收入不断提高，腰包鼓鼓，文明自信，幸福满满。近年来，新联村依靠新农村集聚项目盘活资产，壮大了村集体经济，并借助项目结余的土地指标和积累的资金扩大集体投资、参与抱团项目，大力发展村庄特色产业。随着新联村的经济实力不断增强，村里的基础设施、公共服务也不断完善，福利政策普及普惠，村民的幸福指数不断提升，过上了富裕、幸福的生活。如今的新联村走在了濮院镇的前列，产业美、环境美、生活美、人文美、治理美，成为浙江省美丽宜居示范村，逐步向着共同富裕的目标迈进。

　　在沈海杰书记的带领下，我们具体回顾了新联村探索共同富裕的历史。20年前，由联丰村、新生村合并而成的新联村还是一个以农业为主的大村，那时候村里产业还较为单一，耕地利用效率不高，村级集体经济薄弱导致基础设施、公共服务也比较落后。反观当时靠近濮院镇区的几个村借势羊毛衫市场早早发展起来了，而与镇区相隔7公里远的新联村，村集体经济收入仅仅只有几十万元。壮大村级集体经济，便成了摆在新联村两委面前的首要任务和奋斗目标，因为只有村集体的腰包鼓起来了，才有建设村庄，为百姓办事、服务的本钱和底气。因此，新联村党委立足实际，解放思想，紧跟濮院产业发展的步伐，因地制宜探索村集体经济长效增收路径，不断地增强集体经济的造血功能。

　　根据沈海杰介绍，新联村集体经济的发展循序渐进，经历了三个重要的阶段。首先是起步阶段。2005年至2008年期间，为了发展集体经济，一方面，新联村组建了村级施工队，积极承接濮院周边的施工业务，将工程项目盈利纳入村级经济收入。另一方面，在濮院镇区投入资金，跨村建造沿街商铺进行出租。在这一阶段，新联村村级集体经济总收入从2005年的90多万元增长到2009年的180多万元，实现了第一次跨越。

　　其次是提升阶段。2009年，濮院镇启动"两新"工程建设，面对拆迁这一难题，当其他村还在犹豫观望时，新联村主动抓住机遇，带头启动试点工程，率先开展新村集聚。所谓的"新村集聚"，就是把村庄里散落在外面的农户进行统一规划、统一户型、统一建设、统一管理，合力打造整洁、宜居、优美、和谐的现代化农民居住小区。第二年，新村集聚小区一期121户就如期竣工并交付村民使用，世纪新联小区从规划蓝图逐渐变成了现实。科学的布局、优美的环境、完善的配套使新联小区成为桐乡新村集聚和美丽乡村建设的典范，前来参观的人络绎不绝，不少村民也纷纷主动报名要求进入集聚小区。经过多年的努力，目前新村集聚已顺利完成四期，共集聚农户634户，集聚率达80%以上，2018年，新联村被评为"浙江省美丽乡村特色精品村"。

　　新村集聚不仅改善了村民的居住环境，还盘活了闲置宅基地资源，实现了土地的集约化利用，有效缓解了土地瓶颈制约。项目推进以来，新联村实现宅基地复垦 700 多亩，节约了土地指标 230 亩，而每亩土地结余可以争取到上级项目补助资金 43 万元。由于新联村新村集聚小区建设起步早，拿到的土地指标补助也比较高，村集体投资也就比其他村更早。为了丰富村集体经济收入的来源，新联村将节余的土地指标用来进行精准招商、项目建设，早期的部分收入也用于集体投资，例如统一打造专门用于租赁的综合服务用房。沈海杰书记表示，新村集聚不仅壮大了村集体经济，也改善了村民的居住环境，舒适的小区吸引了越来越多的村民加入。如今，第五期已经在规划中，目前一共有 98 户农户报名参加，规划建设以江南古典的白墙黑瓦为特色的居住小区，将此作为一个旅游元素，以期带动未来乡村旅游的发展（见图 2、图 3）。

图 2　新联村集聚点俯瞰

图 3 新联小区近景

2016 年以来，新联村的发展进入了转型阶段。随着新村集聚项目的持续推进，村集体经济收入的雪球越滚越大，新联村更加注重集体经济发展的质量和效益。根据羊毛衫市场发展需求，新联村联合濮院镇 5 个村抱团投资 2.5 亿元，成立了濮院新越毛衫整烫股份有限公司，专注于羊毛衫生产的整烫环节，进行市场化运作，其中，新联村占股 51%。同时，新联村还抱团投资了桐乡市濮运建设开发有限公司，占股 12.25%。经了解，村庄抱团发展是桐乡市村级集体经济发展的新常态，抱团项目激活了资源，成为撬动乡村发展的新支点。新联村紧跟濮院镇产业发展的步伐，参与抱团项目，为村级集体经济注入了新鲜的血液，随着各项投资的落实，新联村集体经济收入迎来了飞速的增长，2018 年首次突破 1000 万元。如今，曾经远远落后的新联村一步一个脚印，慢慢跻身于濮院镇前列，强村路径不断清晰，2020 年集体经济总收入突破 2000 万元，村级集体经济增长已连续七年保持在 8% 以上（见图 4）。

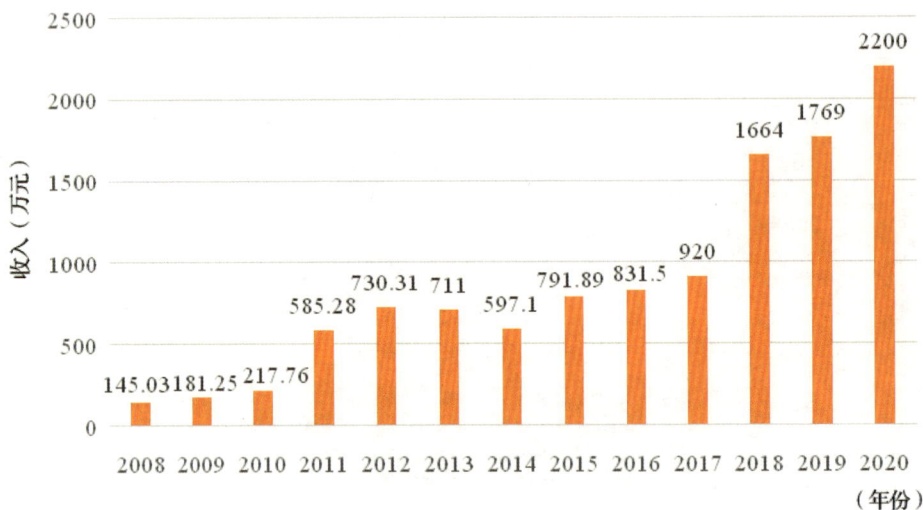

图4　新联村村级集体历年经济收入

2.强村富民，多渠道助力农民致富增收

强村才能富民，壮大村级集体经济，不仅使新联村的综合实力不断增强，也带动村民致富增收，让村民们感受到了实实在在的好处。新村集聚打造了宜居、宜业的村庄，既改善农村的居住环境，也增加了农民的收入。一方面，新村集聚缓解了土地瓶颈制约，实现宅基地复垦700多亩地，节约了土地指标230亩，由此带动了村里的土地流转。村民先将土地统一流转到村集体，再由村集体承包给本村或外来的农业大户发展规模农业。土地流转后，绝大部分村民不再从事农业生产，但每年依旧可以收获每亩土地1000元的流转资金。目前，新联村的农业以苗木产业为主，苗木种植面积约1000亩，占了三分之一的耕地。此外，还有600亩左右的水稻田，以及合计300亩左右的梨园和葡萄园。沈海杰表示，农业大户为村民提供了新的就业机会，在很大程度上解决了村里老年劳动力的就业问题，村里60岁以上的老人大部分到果园或者苗木园里打工，一天可以拿到80元的工资。同时，为了解决村里的闲置劳动力问题，村委会还将村里的基础设施和公共卫生维护等工作岗位提供给本村的村民，共40多个工作岗位，包括物业、保洁、水电维修等。

另一方面，由于优越的地理位置，新联小区和濮院镇区相隔7公里，只需要8分钟左右的车程，到桐乡市区也只有半小时左右的车程。家里的土地流转后，从农业中释放出来的村民纷纷投身于羊毛衫产业，或进入工厂从事羊毛衫生产，或购买工具在家搞来料加工，或经营服装、餐饮门市等。因此，工资性收入和经营性收入成为村民的主要收入来源，近年来，村民的钱袋子慢慢鼓起来了，生活水平越来越高，根据新联村的统计，2020年村民人均纯收入就达到了43067元（见图5）。

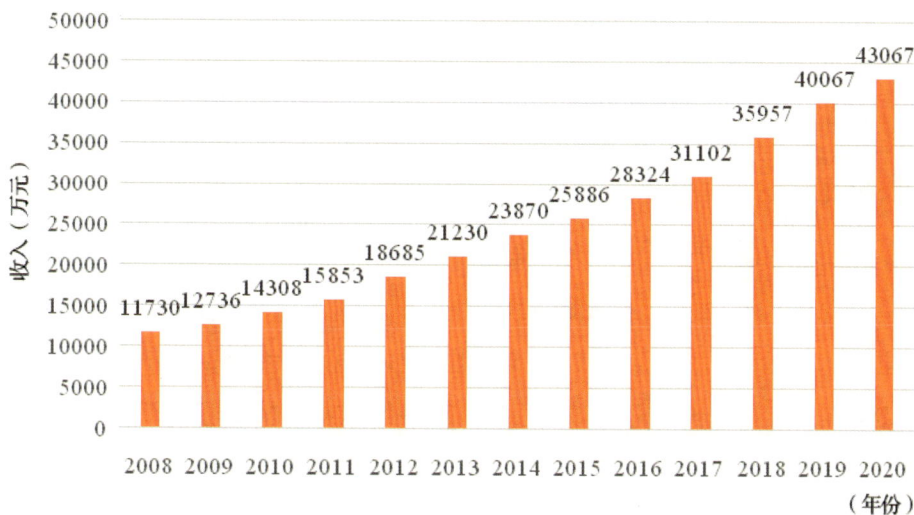

图 5　新联村农民历年人均纯收入

新联村拓展思路，积极探索村级集体经济发展的新路径、新办法，勇做第一个吃螃蟹的人，紧紧抓住了新村集聚机遇，参与抱团项目、整合资源，将村级集体经济做大做强。"我们村始终致力于开展新村集聚工作，将零散的自然村落聚集到新建的集聚点，从而节余出土地指标，用来进行精准招商、项目建设。"沈海杰告诉我们，推进新村集聚工作，不仅能为新联村的村级集体经济发展提供强有力的保障，也能够带动村民致富增收，提高村民的生活质量。

（二）美丽：擦亮生态底色，绘就美丽乡村风景线

1. 村容整洁，新联小区宜居宜业

壮大村级集体经济，是改善村民生活环境、提高村民生活质量的强大支撑力。如今的新联小区，排屋错落有致，绿化面积广，环境优美，道路蜿蜒整洁，四周沿河有漫步道、亲水平台，这幅如画一般的景象，正是新联村村民安居乐业的一个缩影。首先，这得益于新村集聚项目科学的布局和设计，新建的新联小区突破了桐乡新农村建设中排排坐的兵营式建筑，引入了城市别墅区错落有致的建设格局，使整个小区呈现出江南新型美丽乡村的韵味。在小区建设之初，村委会邀请了专业的工程管理人员进行统一规划和设计，并多次召开民主会议，广泛听取村民的建议。让村民参与建设，不仅汇集了众多优质建议，也有效地提升了村民对新建小区的满意度。

同时，随着新村集聚项目深入推进，新联村秉持"绿水青山就是金山银山"的绿色生态发展理念，一手抓旧村落的生态环境恢复，一手抓新建小区的人居环境治理。一方面，对已经拆除的旧村落、宅基地进行全面的复垦复绿，投资河道整治护岸工程，并加强村域生态修复和绿化建设，力求做到整村山清水秀，让新联村村民过上更加绿色、健康的新生活。另一方面，优化村民的人居环境，完善绿化配套，将新联集聚点打造为整洁、宜居、优美的现代化农民居住小区（见图6）。

图 6　新联村小区环境

为了优化村民的居住环境，新联村大力推进农村人居环境的综合治理。近年来，新联村开展了一系列整洁村庄专项行动，包括改建新生农贸市场、停车场，推进"厕所革命"，实现全村旱厕清零等。村里还专门成立了物业公司，主要负责小区内的环境卫生管理、绿化维护、农户报修等工作。作为濮院镇垃圾分类试点村，新联村率先开展垃圾分类工作，并且探索出了卓有成效的方法。在新联村文化大礼堂的二楼，建立了濮院首个垃圾分类体验中心，体验中心分为三大宣传板块，分别是国际国内垃圾分类板块、桐乡垃圾分类板块、新联村垃圾分类板块，主要用于向村民普及垃圾分类的相关知识，增强村民垃圾分类意识。目前，新联村的垃圾分类按照"二户一桶、二户一卡"的操作模式，在每个垃圾桶配上了二维码，实现垃圾智能化收集，准确率达95%以上（见图7）。并根据每月的收集情况，实行积分制，村民可自行到村委会垃圾分类兑换点兑换生活用品。

图7　新联村垃圾分类宣传栏

沈海杰表示，在环境卫生治理方面，新联村坚持"党建引领 + 三治融合"的指导思想，充分发挥了网格、微网格治理单元以及道德评判团等自治组织的作用。通过党员带头参与人居环境整治工作，形成党员带头整改、带头改善的标杆氛围，引导村民自觉参与到环境卫生保护行动中来。村委将全村 4 个网格划分为 43 个微网格，着力打造"党员中心户、微网格长 + 党员 + 农户"的联动模式，定期对每户农户周边的环境卫生、垃圾分类等进行检查，并根据当天的检查结果，对不理想的住户下发整改通知书，给予三天的整治时间，并再次组织人员对照问题清单，逐一现场核实，检查整改结果。同时，还利用"闪光台"和"曝光台"进行公示，登上"闪光台"的农户可获得 20 个积分，而登上"曝光台"的则扣 20 个积分，确保村民参与率和知晓率达到 100%。如此一来，积分制强化了村民的自尊心，以此激发村民参与环境治理的积极性，增强村民的环保意识，共同营造良好的农村人居环境整治氛围。得益于垃圾智能化收集和积分制管理这两个重要抓手，新联村在人居环境整治方面成效显著。2019 年，新联村成功创建"浙江省高标准农村生活垃圾分类示范村"，并在 2020 年被评为桐乡市 2A 级景区村庄。

2. 设施完善，公共服务普及普惠

随着小区里农户不断聚集，新联村集中投入人力、财力完善基础设施，努力让村民住得舒心，过上高品质的生活。新村集聚促进人口集聚，为了维护日常的治安秩序，新联小区全力打造"智安小区"，小区实行封闭式管理，24 小时严密保安，配置了 158 个监控头，增强了村民的安全感。新联小区内水、电、路、绿化覆盖等基础设施设置完备，同时，新联村在村域周边打造了公共服务配套设施，包括集贸市场、文化广场、幼儿园、中小学校、卫生院、银行等配套设施，以此构建了"15 分钟美丽乡村生活圈"。这让村民不出村就能享受到城区的公共服务资源，推动城乡一体化进程，有效地提升了村民的幸福感、归属感。

2013 年，新联村投入 500 多万元，建起了嘉兴市首个功能齐全的文化礼堂。文化礼堂不仅仅是村民活动的场所，更是新联村凝心聚气的载体。在文化大礼堂的一楼和二楼专门设置了家宴中心，提供给村民办红白喜事，并结合家宴中心建立了婚俗展示馆，弘扬优秀传统文化，倡导移风易俗。文化大礼堂的三楼则设定了居家养老服务中心和世纪新联先锋站点，免费为村民提供了图书室、健身房、舞蹈室、台球室、休息室等休闲娱乐场所。沈海杰书记表示，今后新联村还将继续完善公共服务设施，计划建造数字化的党建馆和村史馆，以及医养结合的现代化养老院。从道路等基础设施到公共服务配套，再到休闲娱乐设施，新联小区一应俱全，基本能满足村民日常生活的需求。另外，得益于优越的地理位置，从新联小区到桐乡市只有30分钟左右的车程，村民进城看病、办事等也是十分便利的。

在濮院，新联村村民聚居小区的居住环境是出了名的好，科学的布局、优美的环境、完善的配套使新联小区成为全省新农村建设的样板和全市"美丽乡村"的示范。新联村通过新村集聚打造的小区改变了人们对农村布局分散、人居环境脏乱差、公共服务资源落后的印象，在新联村，可以说住房赛城市、环境赛城市、生活赛城市，很好地展示了未来乡村建设的样板。

（三）引领：汇集民心民智，"三治融合"引领基层治理新格局

1. 自治聚民心促发展

新联村以基层党建为引领，发挥自治、法治、德治"三治融合"在农村社会治理中的作用，并在实践中不断探索和发展形成了"三治+"的乡村治理模式。2020年，新联村推出"三治融合"积分制管理，吸引全体村民们参与到新联治理中来。在自治方面，新联村注重民主决策，汇集民智。通过村民代表会议等形式，民主、公开发展村里各项事业，做到村级事业发展，村民都心中有谱，村委会如图8所示。为了让村民了解村内近几年的发展情况，村里每三年召开一次户主代表大会，零距离倾听村民的心声，通过这种方式有力推动村庄经济、社会又快又好地发展。

图 8 新联村村委会

  新联村如今能发生这样翻天覆地的变化，少不了村民们的功劳。时间拨回2009年，濮院镇启动"两新"工程建设，在其他村两委还在迟疑不决时，新联村吃透政策，主动揽下这个试点工程。当然在建设初期也遇到了不少困难与阻力，比如在土地是否征用、宅基地拆迁如何赔偿等，对于这些问题，农户的意见、想法很多，一时间内众口难调。为了争取村民的理解与支持，村委班子多次召开民主会议，广泛听取村民意见建议。讨论中，村委班子注意到建房质量是大家最关心的问题，于是在村里成立了户主委员会，由村民推荐产生村民代表，并由村里邀请专业工程管理人员共同负责建房质量。在村民的大力支持下，新联小区建设稳步推进。

  除此之外，为了保障村民的知情权、参与权和建议权，新联村成立了村民议事团。村民议事团的成员多为退休老干部、党员、组长等在村里有威望、有能力的人，这些成员也都是通过村民自荐或组织推荐产生的。平日里，村民议事团会听取、搜集党员群众对村党组织工作和村务工作的意见，主动了解和收集村情民意，做好群众工作。同时还积极参与讨论涉及全村群众利益的重大决策，对重大事项提出意见建议并做好有关政策的宣传工作，让村民对村庄的发展情况做到心中有谱。

近年来，随着村级集体经济收入的不断壮大，财务便成了一个敏感问题，处理不好，就可能对村务工作的进一步开展带来隐患。为此，新联村成立了民主监督小组，每个月对村里所有财务的收支进行核准，确保每一笔收支项目的合法、公正，并及时对财务相关报表进行公示。此外，村里还建立了"三务"公开栏、公开信箱，定期、规范、全面、真实地向村民公布村里的重大事项和村民关心的财务收支、宅基地使用等事项。这样一来，村民可以随时查账，人人心里有本明白账。

村民参与自治，让全体村民群策群力，这种方式不仅有效凝聚了村民自我管理、自我服务、自我监督的共识和合力，也使村集体经济有了快速的跨越，成为新联村有序发展的强大推力。

2.法治德治并举促和谐

在法治方面，新联村成立了村级法律服务团，人员由濮院司法所、律师事务所、市检察院等部门组成，共5名成员，专门为村民提供法律咨询、宣传、援助等专业法律服务。为了加强法治宣传阵地建设，村里投资100万元建造占地10亩的文化公园，园内有法治亭、法治长廊、法治道等板块（见图9），让广大村民在休闲娱乐中潜移默化地增强法治观念。在日常工作中，新联村把法治宣传教育作为法治建设的基础性工程来抓，努力营造全村尊法学法守法用法的良好氛围。

图 9　新联村法治亭

在德治方面，新联村注重传统美德的传承与发展，通过道德评判、文明评比等系列举措弘扬社会新风，塑造乡村德治秩序。"人人守规矩、户户见和乐"是新联村宜居安乐、文明和谐的秘诀。新联村通过文明宣传教育来提升村民素质，以先进榜样引领全村道德建设。近年来，村里成立了道德评议团，开设道德讲堂，通过道德讲堂大力弘扬邻里和睦、团结友爱等传统美德。同时，村里编写的《新联村村规民约三字经》也不断充实了生态文明建设、省级美丽城镇样板创建等工作的新内容，"讲卫生、好习气，环境美、有秩序；倒垃圾、不随意，先分类、丢桶里……"三字经简单实用又朗朗上口，让每位村民都能牢记在心。如今，新联村已经连续多年开展"文明家庭""道德新联人""十佳村民奖""好媳妇奖""好婆婆奖"等系列文明评比活动，通过公开表彰的方式发挥在乡村道德建设中榜样的示范作用，营造崇德向善、人人参与文明村建设的良好社会风气，带动乡村和谐、文明的新风尚。

在新联，"三治融合"行之有效的关键在于充分调动了基层治理的内生动力，让村民共同参与决策和治理的全过程。通过"三治+"的治理模式，新联村"生产发展、生活富裕、文明和谐、村容整洁、管理民主"的目标逐步实现，村民的生活水平不断提高，精神生活日益丰富。

（四）共享：办好民生实事，共建文明和谐家园

1. 福利惠民，和谐家园共建共享

村庄发展的最终目的是让村民共享发展成果，共同步入小康生活。随着村级集体经济的发展壮大，村委为村民提供各项补贴、福利，积极落实民生实事，增进民生福祉。2015年，为了倡导尊老爱幼的社会风尚，救助全村的困难群众，新联村村两委成立了慈善基金会，决定为全村60周岁以上的老年人发放老年补助和免费理发券等，60周岁以上、70周岁以上的老人每年分别可以领到500元、1000元的补助金。此外，村里每年还给予村民合作医疗补助和住院二次报销的福利，村民住院看病除了在医院医保报销外，自费部分还可以到

村里报销 50%，最高报销额度可达 2 万元。不让一户家庭因病致贫，是新联村保障村民生活的切实举措，这一举措极大地缓解了村民看病贵的问题，有效遏制了因病致贫、因病返贫的现象。在脱贫攻坚验收后，村里也延续最低生活保障、临时救助、医疗救助等制度，及时为临时有经济困难的家庭提供帮助，同时，嘉兴市 2021 年推出了大病无忧保险，村里也是全额支付为村民购买，解决了村民的后顾之忧。

百年大计，教育为本，为了给村内学生树立榜样，营造浓郁的学习氛围，新联村落实了相应的奖励机制。学生只要考上桐乡重点高中就可以获得 1000 元的奖励，今后对于考上重点大学的也会有相应的奖励。沈海杰书记表示，以前从村里走出去的乡贤如今回到家乡，捐款投资各项社会公益事业，为家乡的建设出谋划策，在村里形成良好的社会风尚。所以新联村希望通过发放优秀学子奖学金的方式，鼓励社区里的学生勤勉好学、奋发向上，同时也希望他们学有所成之后能更好地服务社会、建设家乡。另外，为了更好地服务村民，在村两委的统一领导下，村里整合红色义工服务队、社会志愿服务队、专业技术服务队等力量，组建了一支全方位的"为民服务团"。通过发放各种形式的"服务联系卡"，向群众公布服务团成员的联系方式，加强服务的针对性和有效性。

落实民生实事，提升村民幸福指数是新联村委的奋斗目标。新联村的一系列惠民福利政策让村民共享发展红利，实现家家受益，不仅增强了村民的凝聚力和向心力，社会也更加和谐和睦。

2. 活动多样，精神文明自信自强

"一朵彩云盛开在蓝天，一朵鲜花盛开在田野，一颗明珠闪耀在乡间……"作为桐乡市首个拥有村歌的村庄，新联村的美还体现在独有的精神文明建设上。新联村坚持物质文明和精神文明两手抓，在物质生活富裕的同时，紧抓精神文化生活。为了丰富村民的精神文化生活，营造良好的文化氛围，新联村将文化因素融合新村建设之中，修建了文化大礼堂、文化长廊（见图 10）、文化广场、文化公园等文化设施，免费开设茶室、图书室等。步入新联村，随处可见名言、警句。在新联别墅二期的鹅卵石路边，有一条由 18 块木质展板组成的文化长廊，村容村貌、民俗传统、乡贤文人、村荣誉榜、治家理村的家训格言、群众性文化活动和丰富的农事活动等，在此一一展现。

图 10　新联村的先锋长廊

沈海杰表示，早些年，村民晚上的休闲娱乐方式，不是打牌、打麻将就是在家里看电视。近年来，随着村里文化设施逐渐完善，村民的文化生活也越来越丰富多样，村里先后组建了村嫂舞龙队、排舞队、舞狮队等 8 支文艺队伍。新联村也十分重视优秀传统文化的继承和弘扬，村里每年要举办多场文化活动，例如春节打年糕、端午节包粽子、重阳节为老人提供文艺表演等等。如今，新联村已经形成"每月一台戏、每组一特色、每周一亮点"的群众文化活动品牌和制度化群众文化供给模式，村里定期组织不同类型的文化惠民演出，举办各类知识讲座，以文化熏陶村民，提升村民素质。濮院镇综合文化站也会定期在新联村开展"送电影下乡"主题活动，让群众在娱乐中感知文化魅力，享受现代文明成果，充分发挥文化凝聚人心的作用。另外，为进一步弘扬乡贤文化，发挥乡贤的影响力，新联村探索开展了"乡贤讲堂"，以乡风文明、家道家训为主题，由乡贤为村民上课，让群众学习政策、倾听心声、交流思想、共话发展。随着各项文化活动的深入开展，新联村的村民逐渐过上了精神富足、文化富有的新生活。

（五）启航：创新发展模式，描绘产业融合的美好蓝图

只有持续奔跑，才能抓住新机遇，迎来新发展。关于未来，新联村也有了明确的发展方向，并立足本村实际情况制定了五年发展规划。沈海杰书记表示，今后新联村将继续以发展壮大村级集体经济为乡村振兴战略的重要抓手，以打造富裕美丽的乡村为目标，依托江南古典的建筑风格、现代化的农业产业园区以及地理区位优势，大力发展乡村休闲旅游业，实现一、二、三产业的融合。

村两委萌生发展乡村旅游的想法，其实有两方面的因素。一方面，是得益于濮院古镇开放的契机以及新联村优越的地理位置。2014 年以来，濮院镇政府投资 71 亿元打造全新的濮院古镇，启动了整体规划达 3360 亩的"有机更新"项目，旨在通过旧镇改建、空间优化重塑和功能有机更新，将濮院打造成为中国古镇旅游、文化休闲、产业升级的新样板。2021 年 7 月，修葺一新的濮院古镇开门迎客，而新联村距离濮院高速出口只有 5 分钟车程，并且刚好位于高速出口到濮院古镇连接线的中间位置，到濮院古镇游玩，新联村是必经之路，这为新联村发展乡村旅游提供了契机。另一方面，新村集聚项目推进以来，新联小区成为全省新农村建设的样板和全市"美丽乡村"的示范，优美舒适的环境、独特的乡土文化也成为了吸引游客的一大亮点。并且得益于"全国文明村"的荣誉，每年前来参观考察、学习的人络绎不绝，这为发展乡村旅游引来了人流。目前，新联村已经规划了具体实施计划。第一，在保持原有苗木、蔬果等农业产业结构不变的基础上，通过小景观改造，完善生产区的基础设施，发展集休

闲、观光、农种于一体的农业园区，探索出一条旅游和农业产业融合的新模式。第二，推进乡村风貌微改造，新村集聚第五期将结合旅游因素进行打造，规划建设以江南古典的白墙黑瓦为主色调的居住小区，并在村内打造数字化医养结合型的养老院，发展乡村康养产业，吸引城市居民到农村养老。第三，新联村还将继续优化环境，加强配套设施的建设，打造数字化的党建馆和村史馆等，扩展旅游元素。与此同时，大力弘扬新联的民俗文化，坚持文化惠民，以文化人，让新联村的房更美、景更美、人心更美。

三、发展瓶颈和核心挑战

当谈及新联村在共同富裕发展过程中面临的问题和挑战时，沈海杰表示，为了稳定发展粮食生产，2021年浙江省政府办公厅出台相关意见，坚决制止耕地"非农化"、防止耕地"非粮化"，相应地，新联村拿到的返粮指标是在现有粮食种植面积的基础上再扩展800亩。而目前新联村的农业主要以苗木产业为主，三分之一的耕地都已经种上了苗木，并且由于苗木产业自身的特殊性，不同大户种植的苗木品种各有不同，价值悬殊。因此，一方面，新联村在政策具体落实方面存在很大的压力，相应的解决措施还在进一步商讨中。另一方面，耕地返粮后的经济效益可能赶不上目前的苗木产业，这也可能会影响到新联村的村级经济。

除了上述沈书记谈及的挑战外，我们通过对村庄现有发展特点的总结分析，认为新联村在共同富裕建设过程中还存在以下两个突出的问题：

首先，村级集体经济的主要来源相对单一，高度依赖新村集聚项目。近年来，新联村主要依靠新农村集聚项目盘活资产，借助项目结余的土地指标和积累的资金扩大集体投资，壮大了村集体经济。但目前新联村的新村集聚已经完成了4期，项目逐渐进入了尾声阶段，今后这一块集体经济的来源可能会有缩减的趋势，从而也会影响到村级投资项目。因此，新联村集体经济的发展还需要进一步打开思路，开辟新的源头活水。

其次，在产业融合发展方面，新联村的规划定位还不够精准，可能会因同质化导致乡村旅游的不可持续。未来，新联村打算以农业为基础，以新村集聚小区为依托，大力发展乡村休闲旅游业，实现三产融合。但是，目前新联村的农业产业结构以苗木、水稻、葡萄种植为主，这和周边村庄的农业结构和发展规划有高度重合之处，同质化问题比较严重。例如，附近的红旗漾村目前也在依靠千亩稻田和葡萄园打造田园综合体，因此，新联村在这一方面如何与濮院镇周边的村庄形成差异化的竞争优势也是目前面临的一大难题。

四、经验启示与建议

曾经地处偏远的农业村，如今摇身一变成为"生活富裕、宜居宜业、管理民主、文明和谐"的美丽乡村，成为新时代乡村振兴战略的实践范本，逐步朝着共同富裕的目标大步迈进。在这番精彩蝶变的背后，是新联村解放思想、资源互通，紧紧抓住发展机遇，依托新村集聚和飞地抱团项目，带领村民走上致富路的成果。新联村在做大做强村集体经济这块"蛋糕"的同时，带动村民致富增收，不断优化小区的人居环境、完善公共服务、创新农村基层治理体系、加强精神文明建设，让生活在这里的村民，不仅实现了生活奔小康，精神更富足，更收获了满满的幸福感。

虽然新联村在建设共同富裕方面成效显著，但是为了促进乡村的可持续发展，我们结合上述分析的困境总结了以下三方面的发展思路：

首先，为了有效缓解土地瓶颈制约，需加强对土地资源的规划整理与耕地用途管制，提高土地资源的整体利用效率。一方面，新联村要继续推动第五期的新村集聚项目，释放新的土地指标，并加快闲置宅基地资源复耕复垦的进程，加强对土地资源的统一规划和集约利用。另一方面，为了确保完成返粮指标，需要强化耕地用途管制。对于已经种植了苗木等多年生经济作物的耕地，需根据实际情况，分类分步妥善处理，例如对于经济效益较差、种植规模较零散，或农户自愿退出的苗木园进行清退，确保稳定发展粮食生产。

其次，在壮大集体经济方面，新联村需加快转型步伐，开辟新的源头活水。一方面，吸引专业的管理人才，将现有的濮院新越毛衫整烫股份有限公司做大做强，增强市场化运作能力。因新联村占股 51%，该公司的强势发展必将成为新联村的一大经济来源。同时，资源互通，积极争取濮院镇或桐乡市其他的飞地抱团项目，继续发挥抱团项目撬动乡村发展的支点作用。另一方面，在人口老龄化形势不断严峻的大背景下，乡村康养产业将迎来重大发展机遇，尤其是长三角地区。新联村应该立足美丽的自然生态环境和优越的区位优势，加快打造数字化医养结合型的养老院，发展集健康疗养、养生养老、休闲度假、文化教育等多功能于一体的乡村康养产业，吸引周边城市的居民到农村养老，促进城乡要素双向流动，为村级集体经济注入新鲜的发展血液。

最后，在产业融合方面，新联村需立足自身优势进行合理规划，走差异化的乡村旅游开发道路。一方面，旅游资源是吸引游客的首要要素，新联村是桐乡新村集聚的排头兵，新联小区因科学的布局、优美的环境、完善的配套、文明的乡风，成为全省新农村建设的样板和全市"美丽乡村"的典范。因此，新联村的乡村旅游应该着重突出"美丽乡村示范区"这一亮点，以自然生态为基础，以乡村聚落、民居建筑和人文活动为核心，设计和开发具有地域性、特色化的乡村旅游产品，并且和党校培训活动有机结合，吸引人气。另一方面，配套的基础设施也是提高游客满意度，进行二次旅游的重要因素。因此，新联村应该不断完善和健全食、住、行、游、购、娱六要素的配套项目的建设，包括加强生态环境保护，切实改善农村人居环境，加快推进乡村旅游停车场、绿道、游客中心、公共厕所等基础设施和配套设施建设，力争做到乡风淳朴、设施完善的乡村旅游，增强接待、服务游客的能力。

致谢

　　本次访谈能够顺利开展，首先要感谢新联村党委书记、村委会主任沈海杰先生，感谢沈书记在百忙之中抽出时间接受我们的采访，他热情地分享了新联村的建设情况，并提供了很多相关的资料（见图11）。同时，也非常感谢新联村党委委员陆燕萍女士在村级财务数据方面提供的支持和帮助。

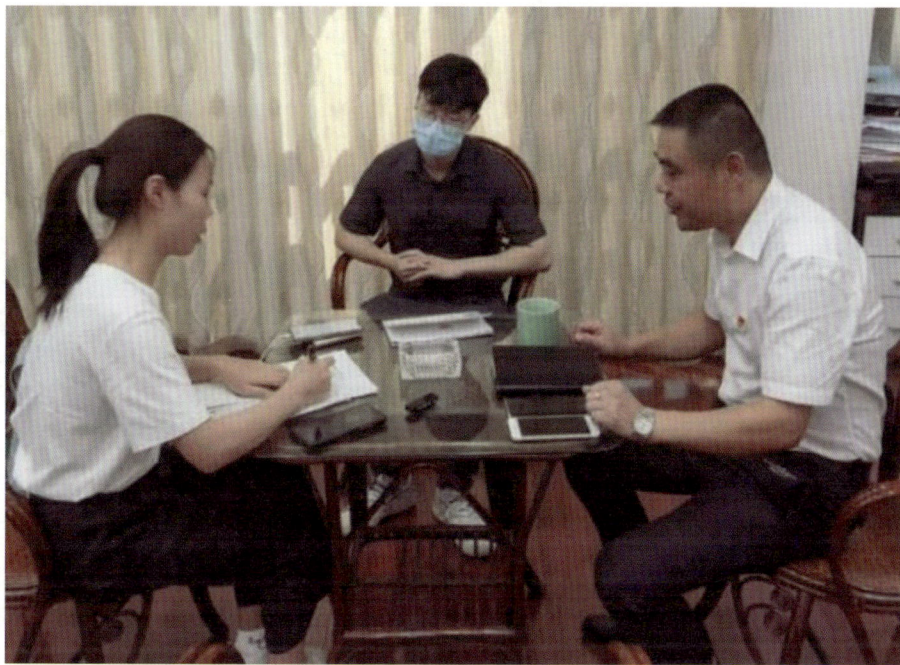

图 11　访谈实况

访谈时间：2021 年 8 月 8 日

访谈地点：桐乡市濮院镇新联村村委会

访谈人物：新联村党委书记、村委会主任沈海杰

访谈整理：张世艳

桂花村："山寺月中寻桂子"
——桂花村的生态价值转化和三产
融合之路

受访者名片：

钟明富，桐乡市石门镇桂花村党支部书记、村主任

共同富裕意味着要实实在在让老百姓得实惠。在生态环境大大改善之后，我们今后的主要工作方向将从绿色生态向绿色经济转变。我们的工作重心是如何让老百姓增收，而不是单纯的做形象工程。

——钟明富

一、村庄概况和历史沿革

桂花村地处江南水乡，位于杭嘉湖平原的中部——石门湾，隶属于浙江省桐乡市石门镇，南靠江南名刹福严禅寺，北邻中国十大历史名镇之一的乌镇，是著名漫画家丰子恺先生的故乡。桂花村总面积3.75平方公里，现有28个村民小组，农户652户。气候湿润，土壤肥沃，适宜多种农作物生长，桂花村在农业生产方面是以蚕桑、杭白菊为主。环境幽雅古趣，民风淳朴，至今仍保留着原始的江南古村落风貌。

坐落于桂花村西部的姚家埭组，种植桂花已有几百年历史，现有大小桂花树15000余棵。自科学规划和可持续开发以来，桂花村在保持乡村特色的基础上，突出生态、休闲与历史文化，形成了独特的富有浓厚水乡田园韵味的自然生态景观，吸引了许多游人来此观赏休闲。依据"美丽乡村"的建设，桂花村以"生态石门、金桂王国的形象定位"，以建设历史文化旅游村为核心，通过村庄长效管理整治，使村庄建成"古桂观赏""休闲娱乐"的历史文化村落和自然生态农家乐度假村，把桂花村打造成"生态宜居、生产高效、生活美好、人文和谐"的美丽乡村。

（一）土地

桂花村村域土地总面积为5625亩，宅基地面积为1406亩，被征用土地面积为1032.78亩。在农业方面，耕地总面积2573亩，园地面积820亩。2020年土地流转面积875亩，转包540亩，其他方式335亩。桂花村被征用的土地面积占比相当大，这也为村集体带来了丰厚的收入，在村庄改造等方面打下了坚实的基础。此外，农业用地中土地流转面积占比达到三分之一左右，使得现代农业经营方式成为可能。同时，园地占比高，桂花村村民经济作物种植比例高，因而也提高了单位土地面积的收入。

（二）劳动力

桂花村劳动力总数为 1785 人，其中常年外出务工人数为 128 人，外出务工劳动力返乡创业有 20 人。本村的劳动力中，第一产业从业人数为 125 人，第二产业从业人数为 1000 人，第三产业从业人数为 660 人。从就业的产业结构可以发现，第一产业的从业比例相当低，这并不是因为村里的二、三产业发达，而是因为桂花村距离桐乡市和石门镇距离都很近，村民在市里和镇上工作可以做到每天往返。交通的便捷也为村民提供了很多的就业机会，促进了村民非农收入的增长。

（三）产业发展

桂花村的农业产业以杭白菊、蚕桑和苗木为主，这些经济作物一方面人工投入不大，村民可以有大量的时间在二、三产业进行兼业；另一方面单位面积收益相对粮食作物较高，所以深受桂花村村民的青睐。但是近些年国家对于耕地的用途严格管制，很多耕地将不允许种植经济作物，需要复种上粮食，这对于村里的干部来说也是一大考验。

桂花村原先有一些村办工厂，但是由于整治环境的需要，对污染严重的小厂进行关停，符合环保要求的大厂则整合到镇一级的工业开发区中。目前村里的工厂已经非常少，但是并不影响村民的就业。因为桂花村在大力发展旅游业，配套的第三产业正在蓬勃发展中。但目前相关产业尚不完善，村民的参与感还不强。

二、主要发展经验和成效

（一）生态价值与旅游开发

桂花村四周水网交错，交通便捷，环境幽雅古趣，民风淳朴，至今仍保留着原始的江南古村落风貌，现有大小桂花树 1 万余棵，百年以上树龄的有 10 多棵，树龄最长的桂花王已达 170 年。在桂花盛放的季节，桂花村万树飘香，是一道独特景观。桂花村是浙北特有的农村生态名胜之地，有"小桂林"之称，是首批桐乡百佳景点中 26 个景点之一（见图 1）。

图 1　桂花村景色

借此得天独厚的自然禀赋，桂花村自然不能错失良机，生态价值的开发是村里工作的重中之重。改善生态环境，首先可以提高农产品质量，增加农业产值；其次，可以改善农村人居环境，让村民们过上生态宜居的生活；最后，将生态价值与旅游开发相结合，可以促进旅游业等第三产业的发展，促进农民增收，实现共同富裕。

1. 能人带动

在桂花村的生态价值开发过程中，离不开一个关键人物——桂花村党总支书记、村委会主任钟明富。他1983年来到村里工作，1985年成为村主任，1998年成为村支书，这个村承载了钟明富所有的热情和愿景。在他的带领下，桂花村先后获得浙江省绿化示范村、浙江省美丽乡村特色精品村、浙江省文化示范村、浙江省生态文化基地等荣誉。"要依托桂花村天赋异禀的资源，加大整改拆的力度，配合农村休闲观光，将侧重点立足于历史文化村建设工作上，力求以特色古村、百年金桂、特产桂花年糕等自身独特的优势与发展资源，释放出休闲观光旅游示范村效应。"钟明富对于村庄未来发展方向目标明确。

由于钟明富在桂花村工作已有数十年，他对脚下的这片土地尤为熟悉。早在2000年前后，他就意识到生态环境保护的重要性，开始着手进行环境治理和基础设施建设。时至今日，在上级各部门的项目经费支持和村级财政收入保障下，这20年来钟明富带头的桂花村村委进行了大刀阔斧的生态保护与环境整治工程，涉及乡村环境的方方面面。

"因为我们这个村现在是省级美丽乡村建设乡村，又是省级历史文化村，这一次又申报了省级历史文化重点村，所以我们村要打造一个休闲观光的农村旅游项目。从2000年开始，我们就着手抓生态环境、基础设施保护和开发，一直到现在已经将近20年了。"钟明富这样介绍他对于村庄建设的思考。同时他也解释了坚持进行生态保护的原因："因为我们村里有100多年、近200年的桂花树，同时桂花树的品类齐全，所以桂花树是我们的重要资产。当秋天到了，桂花就会在村里千里飘香，因而自然条件各方面都很好。并且，旅游收入的增加反过来会激励我们大力保护生态环境，所以从一开始我们就保护起来了,将旅游开发与美丽乡村建设、乡村振兴等相结合,逐步发展到现在。"

钟明富说,村党总支有没有战斗力,关键在于总支一班人能否搞好团结。在钟明富的倡导下,村里实行了党务、村务、财务三公开制度,增加了工作透明度,消除了隔阂和疑虑,赢得了群众的理解、信任和支持。多年来,村里从来没有发生过一起因村里办事不公引发的上访事件。同时,村里高度重视党员发展工作,不断为党组织增添新鲜血液,注重把符合条件的年轻致富能手发展成为党员。

"争创全国休闲旅游示范村;加强学习型党组织建设,争创基层党建先锋村;提升美丽乡村建设和生态文化旅游业发展;做好全国村庄规划示范村建设,加快新村集聚点建设……"在钟明富带领下,新一届村"两委"班子将开启新三年的征程。值得一提的是,现在班子队伍里有 3 人是大学生,他们全新的理念、想法将为村庄发展注入更多的活力。

2. 生态保护与环境整治

乡村的环境改造的重要工程之一就是新村改造,将传统散落的旧民居格局改造成外观典雅、配套设施完善、统一布局的新村点。"我们将民矛线(桂花村路段)及同星路作为精品路线,在道路两旁建设景观花坛、围墙,将破旧的房屋进行立面粉刷包装,全面提升村庄环境。"钟明富说,优美的环境就是桂花村的魂,也是牵起美丽乡村建设的关键。近年来,桂花村新村集聚工作不断推进,建设了两个中心点,有 250 户村民到新村点开始了新生活。同时桂花村朱家埭整改拆项目正在火热推进中,预计投入 3000 多万元,60 多户破旧的民居将实现改头换面,同时提升周边的配套设施。"这里主要引导农民发展江南风格的民宿,让游客进得来、住得下、留得住,多渠道增加农民的收入。"钟明富说。

同时老村庄改造也可以创造村集体收入,为各种项目的实施奠定坚实的基础。"村里通过宅基地整理、老村庄改造整理出土地指标,政府对照这个指标进行财政补助,我们又依靠财政补助进行基础设施建设,这样就形成了良性循环。"

"我们的重点工作是提升村落的历史感和文化感。基础设施建设和河道改造要和历史文化相结合，所以我们挖掘历史、回溯历史，在老旧房子的修缮上也下足了功夫。说实话，历史文化真正我们保存下来的是不多的，特别是省级以上、国家级的文物保护单位我们都没有。所以我们也就只能够将几十年前留下的这些房屋再进一步改造、补救或者再提升，将它们保护起来。这样的保护也是历史文化的传承，让更多的城里人、更多的在城市生活的年轻人了解我们的历史文化。你去其他地方看看，都是小洋房、欧美风格的，对不对？这是全世界都有的，不能体现我们的传统文化。中国历史悠久，特别我们石门也是文明古镇，也有 5000—7000 年的历史，有 2000 多年的建筑史，因而我们需要继承和发扬我们的传统文化，尤其是在建筑风格上体现出来。"钟明富这样表述他对村庄改造的理解，因而他们并没有将房屋一味地进行西化，而是保留了一些传统江南民居的特色。

除了新村改造，村容村貌也有很大改善，走在路上可以看到池塘里九曲桥连着凉亭（见图 2）、房前屋后两旁绿化点缀仿古的石板路。此外，道路硬化率达到 100%，主干道上路灯也随处可见。

图 2　桂花村凉亭

3.旅游资源打造

（1）桂香园

桂花村的古树非常多，但是都散落在各处，难以设计成一个景点。因此，村里开发了"桂香园"项目，引进金桂、银桂、四季桂等200多个品种。在桂花盛开的季节里，桂花飘香十里，吸引了省内外许多游客前来游览。

（2）森林科普馆

桂花村积极利用地域和村容特色，在美丽乡村和生态文明建设上实施项目化打造，于2012年投资150余万元，建设了一座融观赏、展览、科普、生态于一体的森林科普馆，并于2013年5月20日正式开馆。这也是嘉兴首家动植物主题科普展馆。走进馆中可以看到，馆内不仅有通过实物、标本、图板、多媒体等载体展示的森林科普知识，还开设了专门的生态科普学习场所，用于提高广大群众生态环保理念和意识。2017年，森林科普馆成功入选第七批浙江省生态文明教育基地，目前已累计开展各类生态科普教育和实践活动315余场次，受众人次达22万余。

（3）对相关产业的带动

优美的生态环境和深厚的文化底蕴，吸引了台湾客商入驻于此，在桂花村里研发、销售桂花系列产品。一家婚纱摄影公司也将自己的摄取景基地落在朱家埭小组（见图3），目前摄影园项目正在加紧建设中。此外，自2019年开始，每年的3月至12月，都会有第三方运营团队在朱家埭小组和东园租借野炊场地，桂花村每年都能从中获得8万元的租金收益。

过去的一年里，桂花村持续深化美丽乡村建设，发展乡村旅游休闲观光业，并成功创建为3A级旅游村庄，绿色生态转型初步见效，为农民带来了实实在在的环境、宜居、经济效益。据了解，2020年，桂花村村级集体经济收入突破1500万元，农民人均年收入达到3.9万元以上。

图3　桂花村摄影基地

（二）共同富裕发展建设情况

桂花村依托生态文明建设，在共同富裕发展的多个维度都有很好的发展，主要体现在以下五个方面。

一是生活富裕富足。桂花村的村民主要种植经济作物，以蚕桑和杭白菊为主，2020年人均纯收入达到21050元。目前桂花村正在围绕历史文化村落和桂花树景观打造乡村旅游产业，努力促进三产融合，让村民通过开发民宿、桂花类特产增加收入。

二是精神自信自强。通过开展座谈会和走访村民的方式，了解到村民对村庄的治理满意度很高，生态环境良好，对自己所居住的村庄有非常强的自豪感。

三是环境宜居宜业。目前村庄已全面落实人居环境专项整治，完成"厕所革命"和垃圾治理等工作，道路硬化率达到100%。从2000年开始，桂花村就开始在生态环境治理上发力，在村内建设多个小公园，对老旧房屋进行改造，甚至还打造了一处婚纱摄影基地。

四是社会和谐和睦。建立民警、村两委干部联系村庄网格制度并严格落实，制定村规民约共 40 余条。10 年来，村内发生违法犯罪事件 0 起，民风淳朴。

五是公共服务普及普惠。建有村民文化礼堂，包括老年人活动、行政服务、党群服务、娱乐交流等多种功能。配建有体育场 3 个，图书室 1 间。同时建有卫生室 1 处，配有 2 位专业医师，并融入全市医共体。此外有多个群众文化组织，如舞蹈队、书画协会等，极大丰富了村民的文娱生活。

除了上述五个方面，共同富裕还有非常丰富的内涵，包括人居环境专项整治，教育、医疗、养老保障等公共资源，人文精神等维度。

1. 人居环境专项整治

浙江省近些年大力推进美丽乡村建设，实施了人居环境专项整治方案，具体内容包罗万象，涉及厕所革命、垃圾治理、污水治理、村庄规划、房屋改造、修建道路、道路绿化、道路路灯、村庄绿化、村庄亮化等多方面的工作。农村在公共品的提供上一直大幅度落后于城市，而环境公共品对于实现共同富裕又极为重要，桂花村在这一点上也做了非常多的努力。

由于桂花村近些年刚刚实施了老村庄的改造，在进行新村点的建设过程中很方便地实施了污水管道等基础设施建设。"因为我们的新村点是统一管理，基础设施都是村里建设管理的。我们的污水管道都是通到市里进行统一处理，不会对村里的土地、河流造成污染。"

此外，桂花村还成立了一支保洁队，对村里的整体生态环境进行保洁工作。"还有一个就是，对环境我们进行四位一体保洁，我们也是 2005 年开始发展到现在。最近这两年，我们委托我们村里的保洁公司进行管理。因为单个村的业务工作较少，所以我们联合周围几个村一起成立公司，抱团发展。我们把村里的物业卫生这一块，绿化、维修、保养这一块全部放到这一个物业公司去管理。除了这些常规的卫生工作，我们村里自己还有河道保洁这一块工作。为了解决河道保洁问题，我们专门成立一个河道保洁队，负责全村的河道保洁和垃圾分类的工作。"同时桂花村还对原有的养殖场进行清理，减少动物粪便造成的水源污染。

2. 对于共同富裕的理解——教育、医疗、养老保障等

（1）农村现状

钟明富详细地阐述了他对共同富裕的理解："因为我们浙江也好、我们嘉兴也好，可能城乡收入差距比较小，包括吃、住、行这方面城乡差别也不是很大，所以我们这边的问题和国家其他地区不太一样。目前我们农村的基础设施也在逐步提升，硬件设施比如文化活动室、老年活动中心，软件设施比如农村的村建、各类服务，这些都有明显提升。但是我们也有问题，特别是作为村一级来说，虽然一个村有几千人，但是真正住在村里的人很少，一半都不到，同时年轻人基本都在外面。小孩读书已经进城了，想要好的职业发展的都往大城市去了，所以农村其实是没有人气的。"

"我们这边还有一个特点，这里的农村不像山区，这里的人一年四季都有农活可以干，所以这些老人他脱离不了土地。如果把土地全部流转了，他们也拿流转费了，有退休金了，平常打打麻将、喝喝茶，七八十岁享受老年生活，那安度晚年了，这个生活确实是很好的，但这部分人占比不高。很多老人还要想去种点蔬菜，有什么种什么，所以他不愿意放弃土地。同时我们这边人很多思想观念比较老化，也因为以前他们接受教育机会不多，他们很多人观念根深蒂固。因为他们用的都是老年手机，所以我们现在对于交通安全、反诈骗这些宣传，都不能用信息平台，都需要面对面去做思想工作。他们有些根深蒂固的思想，习惯于开车不戴安全帽。在路上不知道遵守交通规则，交通事故也多。"

虽然经济条件上来了，但是人的观念却不是一朝一夕可以改变的，有些落后的想法还不能完全根除，这一点在农村尤为明显。

（2）公共服务

"现在大家都知道，不管是去医院看病，还是买房、孩子上学，都知道往城里去。现在乡下的医疗资源并不丰富，医疗设备很落后，同时高端的技术、高端的人才也不多。另外，乡下卫生室的药物偏少，好多病的药都没有，所以像我们这些医院只能看一些常规的病，开点治糖尿病和高血压的药。如果有了大病，下面这些药品等等都是跟不上的，还有 CT、核磁共振这些设备都是老

化要被淘汰的。"

"我们现在要讲共同富裕，这个是党中央、国务院对我们浙江的肯定，我们省委、省政府也高度重视这个事情。从农村的收入差距这一块讲，现在农村还有很多人没有保障，特别是社会保障这一块。目前社会保险可以分成这几类，第一类是在企业、在单位上班的，有单位给交的养老保险，但好多人去单位没几年。但是打零工的农民，他们就没有这方面的保障。第二类就是失地农民，由于土地征用，产生了一批失地农民，对于这批人出台过政策，可以提供保险服务。第三类就是农村养老保险，但这个数额很小，因为它一个月只有两三百块，能够起到的作用也很小。

"在我们来看，教育的投入也巨大，像培养一个大学毕业生，父母要花费不知道多少精力和财力。现在我们桐乡就连补课也需要一年十几万，有些家庭一年的收入都达不到这个数目。另外为了孩子上学要买房子，现在桐乡好的地段也要三万多一平米，比嘉兴还贵。"

钟明富对于共同富裕的内涵很有感触，从教育、医疗、养老等多个方面对于农村的现状进行了深入的介绍，并对公共资源方面存在的城乡差距做了细致的分析。目前城乡的割裂体现在发展权利的不平等。很多中西部地区农村经济结构单一，农民只能从事农业生产活动，获取收入的途径非常单一。而对于浙江的多数农村来说，由于浙江民营企业非常发达，即使是农村地区，二、三产业也发展迅猛，村民们可以不出远门就有非农就业的机会，这在很大程度上缩小了城乡间的收入差距。

其他公共资源的获取上，浙江城乡间的差距依然巨大，体现在教育、医疗、养老保障等多个方面。农村地区教育资源、医疗资源相对匮乏，想要获取优质的资源就要进城，但是诸如高昂的学区房价格让无数家庭望而却步。诚然，我们不能为每个农村都提供和大城市同样质量的教育、医疗等资源，但是如何统筹规划公共资源，保障分配的公平性，让广大群众都享受经济发展的红利，是摆在我们面前值得深思的问题。

3. 共同富裕与人文精神

钟明富表示，现在存在这样的现象：有部分村里的年轻人不愿意工作，就在家里啃老。每天也没有别的事情，就在家里上网玩玩游戏，有的甚至会赌博，在网上借网贷，欠下很多债务。这种情况导致年轻人距离社会越来越远，越来越不适应在社会中与人的正常交流。

人是社会性的动物。马克思也曾经说过"人是社会关系的总和"。这部分居住在农村的年轻人，由于时代发展过于迅速，与他们的父母一辈已经有了很大的代沟，而周围并没有很多优秀的同龄人对他们施加影响。他们只能沉溺在网络世界中无法自拔，由于缺乏约束，很容易做出一些不理性的行为，给自己和家庭造成伤害。

共同富裕的一大内涵应当是精神层面的，即不管是城市的市民还是农村的村民，精神上应当是富足的，当精神上遇到问题的时候应当有可寻求帮助的途径。钟明富提到这些现象时表现得尤为痛心疾首，但是限于自身能力和周围环境，他并不能改变目前面临的困境。这是我们全社会应当面对并积极解决的问题：如何丰富人民群众的精神世界，增加他们内心的力量，能够为自己的行为和前进方向负责任？

三、发展瓶颈与核心挑战

目前，桂花村将以入选历史文化村落保护利用重点村名单为契机，对村内古树、古建筑、古桥等进行保护性开发，充分挖掘当地名人资源，新建状元府、西园等仿古建筑，更好地展示当地文人文化，将村庄建设成为"古桂观赏、休闲观光、生态宜居、生活美好、人文和谐"的历史文化旅游村和自然生态度假村。

桂花村的产业发展也与共同富裕息息相关。钟明富提到旅游业的发展一定要切切实实给老百姓带来收益，带动村民致富。因而他们将规划一处较大的旅游服务区，发展餐饮、住宿等与旅游密切相关的服务产业，帮助村民开展民宿服务、销售桂花类食品等。"经过我们的不懈努力，达到了现在的生态环境水平，完成了阶段性的目标。既然我们砸下了这么多的钱，在生态环境大大改善之后，今后的主要工作方向将从绿色生态向绿色经济转变。我们的工作重心是如何让老百姓增收，而不是单纯的做形象工程。"

"因为我们这里的土地是很紧张的，政府对土地指标也管得很严，所以我们一定要合理规划、合理使用，这要求我们必须把有限的土地指标利用好。我们可以利用农民房子和公家的公共设施做一些农家乐、民居、民宿，还有一些本地的桂花年糕、桂花酒、桂花系列的食品，加上当地的土特产，把这些产业挖掘出来。外面的游客来，肯定先是去休闲、观光，然后顺便购买一些当地的特产。"钟明富如是说。

（一）旅游发展与经营管理

"绿水青山就是金山银山"，但是将绿水青山转化为金山银山并不是容易的。桂花村的发展规划是通过旅游业带动经济增长和农民增收，这也是全国诸多乡村地区发展的重点方向。乡村旅游目前方兴未艾，但是产业同质化现象严重，容易导致恶性竞争，阻碍产业发展。

目前桂花村已经完成了农村环境的整治，基础设施建设也在如火如荼地开展，但如何打造特色旅游项目，是摆在桂花村面前的一大难题。目前桂花村并没有引入外部的旅游管理公司，而是主要依靠村委会成员来进行管理。但是村委成员大多不是专业人士，对于市场化运作经验不足，想要生态旅游长期健康发展，还是需要市场力量的介入。

此外，目前广大村民在旅游业中的存在感还很低，如何将村民有机地纳入这一产业生态中来是个重要的命题。很多村民没有经营民宿和餐饮的经验，对村民的商业经营活动进行组织、管理、协调和监督也是将来的工作重点。

（二）旅游业中的生态农业

同时钟明富也期待旅游业的发展可以反哺农业。生态环境的改善，使得绿色农产品、有机农产品的培育成为可能，新鲜的瓜果蔬菜可以随着大城市的游客前来而走出去。

诚然，乡村旅游中不可忽视的一点是生态农业，旅游业的发展可以将农业的产业链条延长，从单一的生产向生产销售一条龙转变，同时农业转型升级之后也成为乡村旅游的重要一部分。传统农业向现代农业、生态农业转型的过程不是一帆风顺的，需要产业组织化、品牌化、数字化、科技化等多方面的努力。目前桂花村的农业还比较落后，处于小而散的状态，种植的经济作物也还不成规模，缺乏相关能人的带动。

对于农业的发展要求也不是面面俱到的，而是需要结合乡村旅游发展相应的农产品，特别是需要针对目标客户群体。如果前来桂花村旅游的都是上海、杭州等大城市的人群，那么农产品则可以主打绿色无公害，通过绿色栽培等技术改革传统的蔬菜瓜果种植方式，通过合作社带动等方式广泛推广。

四、经验启示与建议

早在春秋时期，就有孔子"也闻有国有家者，不患寡而患不均，不患贫而患不安。盖均无贫，和无寡，安无倾"的论述。《礼记·礼运篇》云："大道之行也，天下为公。选贤与能，讲信修睦，故人不独亲其亲，不独子其子，使老有所终，壮有所用，幼有所长，鳏寡孤独废疾者，皆有所养。"这一天下大同思想蕴含了共同富裕的部分内涵。

而到了当代，共同富裕的内涵则更加丰富。第一是收入分配公平，缩小地区差距、城乡差距、行业差距，消除绝对贫困和两极分化；第二是基本公共服务均等化，包括教育、住房、养老、医疗等方面，维护社会公平正义；第三是机会均等、平等参与、平等发展，每个人都有追求个人发展的权利，社会应当实现最广大人民的根本利益，维护每个人追求美好生活的机会；第四是精神文明建设，物质财富固然要极大丰富，精神财富也需要极大丰富，让人民有更实在的获得感、幸福感和安全感。

具体到基层，要实现共同富裕是一项综合立体的工程，需要多方面的坚实工作。这项工程并不是桂花村靠自身力量可以解决的，有些问题需要顶层设计和配套政策的支持。但是对于桂花村自身来说，尽可能发挥自身的优势，将自身的资源禀赋最大程度地合理利用，是迈向共同富裕的重要推动力。

桂花村的最大优势就蕴含在名字当中，"何须浅碧深红色，自是花中第一流"。所以桂花村的发展自然需要围绕着生态文明建设展开。一方面，"绿水青山就是金山银山"，通过改善生态环境，发展旅游业，让生态环境实现经济价值；另一方面，村落环境的改善本身也具有重要价值，让村民可以在如诗如画的环境中生活和工作，享受怡然自得的快乐。

访谈时间：2021 年 8 月 6 日
访谈地点：桐乡市石门镇桂花村村委会
访谈整理：张云飞

红旗漾村：
绿色乡村新乡绅，智慧农业薪火传

受访者名片：

周阿龙，男，1953 年 12 月生，桐乡濮院镇红旗漾村人，中共党员。于 2000 年至 2013 年间担任红旗漾村党支部书记，浙江省第九、十、十一、十二届人大代表。1999 年获"浙江省劳动模范"、2001 年获"嘉兴市劳动模范"、2000 年获"全国劳动模范"、2019 年获得建国 70 周年纪念章。

村里每户人家能安安稳稳种好粮食、每年获得稳定的收成，就是实现共同富裕最大的保障。大家抱团来种好粮，这是我最大的心愿。

——周阿龙

一、村庄概况和历史沿革

红旗漾村位于桐乡市东北部，东与嘉兴市秀洲区运河农场和秀洲区万民村相邻。南与濮院镇新东村接壤，西与新联村相连，北接新港村，地理位置十分优越，交通极为便利。

全村区域面积 3.55 平方公里，总耕地面积 3315 亩，户均耕地 5.89 亩，人均 1.56 亩。现村级班子成员 6 人，全村党员 84 名，共有 17 个村民小组，本地常住户 568 户，常住人口 2247 人，外来人口 1200 多人，村内有多家企事业单位入驻，全村以种植粮食为主，素有"农业之村""桐乡粮仓"之称（见图 1）。先后被授予"浙江省卫生村""嘉兴市五好团支部""嘉兴法制村""先进基层党组织""全面小康建设整治达标村""桐乡市五好党支部""桐乡市计划生育先进集体""桐乡市三星级调委会""桐乡市卫生村""壮大村级集体经济先进集体"等荣誉称号。

图 1　红旗漾村千亩稻田

红旗漾的由来，是原先在太湖流域浙北桐乡的濮院镇境内，有一条南北向的河流，原名方家笕港，后改名新桥港，它南连京杭大运河，北接渡船桥港，全长3.5公里，名为白旗漾。在白旗漾的东面，是一片面积很大的荡田，人们称作白旗漾荡，过去，粮田耕种、生长全靠"天落水"，"三点毛雨水满田，半月受旱锅朝天"是白旗漾荡的真实写照。直到1959年12月，桐乡县组织治水改土大军，加上白旗漾管理区的两千多男女劳力，奋战八天，筑起一条南起大运河、北至濮院镇新港村，长4公里、宽8米的灌溉渠道（后称为"大渠道"），并对2000余亩高低不平的农田进行平整改造，修筑起多条排涝渠，使这片荡田排灌成系。同年12月29日，宣布："由于治水改土工程的巨大胜利，白旗漾将彻底改变面貌，县委决定将白旗漾更名为红旗漾。"

红旗漾村现任支书魏丽莉告诉我们，30年前流传着一种说法"嫁人不嫁红旗漾"，而现在红旗漾村人民通过自己的辛勤奋斗改变了地理环境的劣势，打造出了自己的特色和风貌，既有省级粮食功能示范区的"千亩良田"，又有多次在省市比赛中获得金奖的精品葡萄。红旗漾村的农业产业在高质量高标准要求下大步前进，已经形成了绿色农业、智慧农业的多方面经验。

本节基于团队对红旗漾村的实地调研，来探讨红旗漾村如何牢牢端住种粮的"饭碗"，并通过绿色智慧农业和乡贤的带动来不断进步、推进村庄治理和共同富裕。本节的形成主要依靠与红旗漾村老支书周阿龙和现任支书魏丽莉的访谈，借用他们的现实经验来梳理红旗漾村在乡村治理中的现状与共同富裕的实现路径。

二、主要发展经验和成效

（一）千亩绿色稻田，领略多彩田园情

在红旗漾村的塘浜周边有着千亩粮田，并于2005年成功创建成为省级粮

食功能示范区。多年来，红旗漾村重点抓水利设施的生态改造、稻田环境的整治和稻田景观节点的设置，打造成为市级美丽乡村精品路线农耕特色风景节点——"千亩粮田秀场"（见图2）。同时加强业态植入，举办"插秧节""丰收节""摸鱼捉虾"等农耕文化活动，带动休闲农业发展。5月份，小麦覆盖，走在东港线上，沿途能看到麦浪阵阵；立秋之后，稻谷覆盖，农民收割稻谷、晾晒稻谷，一幅丰收画卷，收获的喜悦扮靓了整个金秋丰收季。

图2　千亩稻田航拍

红旗漾村的种粮传统要从1983年谈起，农村实行联产承包责任制以后，农户的种粮积极性普遍高涨，1984年，红旗漾村这个只有494户农户、不到

2000 人口的村子，共生产粮食 500 多万斤，除完成国家粮食任务 182 万斤外，大部分农户还出售了相当数量的超产粮，出现了一批售粮超万斤的售粮大户，受到桐乡县委县政府的表彰。时至今日，粮食生产仍然集中于种粮大户，发挥着浙江省级粮食功能区的作用。

红旗漾村的"千亩稻田"共计 1200 亩，目前由桐乡市濮院红洋粮油农机专业合作社统一承包。该基地成立于 2006 年，主要从事粮油生产、植保服务、农机服务等，年产稻谷 600 吨，年产值 200 万元。红洋粮油注册了"周阿龙""红旗漾"商标，是桐乡市的示范性合作社。

此外，由于红旗漾村以种植水稻为主，在生产上肥料用量大，肥料利用率低，农田尾水中氨氮、总磷浓度超标。农业污水未经处理就直接流入河道，加剧了周边河道的富营养化程度。村两委于 2020 年修建了"生态拦截沟渠"（见图 3），在荡浜河道内种植"水下森林"，利用高分子拦截网，对河道中的垃圾、河沙及大部分水下漂浮物进行拦截，河道中建设景观浮岛、净化浮岛，并在拦截坝后方悬挂生物膜，建设微孔曝气系统，并投放适量生物菌及水生动物等，以完善生态链，大幅增强水体自净能力，有效提高水体透明度，确保水质有明显改善。该拦截沟渠可以收集粮食功能区 80% 退水，进行生物化处理，在改善环境的同时提升农田退水治理能力，这项改造在省级农田退水处理项目中，荣获第一名的好成绩。

图 3　生态拦截沟渠

目前红旗漾村稻田示范区严格按照"标准化、规模化、绿色化、数字化、组织化"五化标准建设，示范推广机械化育插秧、测深施肥、水稻绿色防控、机械化精量穴直播、肥药减量增效等粮油栽培技术。基地集中连片面积达680余亩，全部采取环境实时感知、智能化精准灌溉体系、绿色防控、健康土壤、智慧农机等先进手段，结合生态拦截沟渠对农田尾水进行处理。

同时，村里依托桐乡市级美丽乡村精品路线，推进乡村振兴，农旅结合，稻田里设置了稻田迷宫、田间漫步栈道等农旅融合设施，同时加强业态植入，举办"插秧节""丰收节"等农耕文化活动，与塘浜的杉林部落结合，带动休闲农业产业发展，建成智慧农田示范区。

（二）千亩精品葡萄，发展农业新格局

除了健康稻米，红旗漾村还形成了自己独特的葡萄产业。全村葡萄种植面积875亩，年产量1751吨，引进阳光玫瑰、浪漫红颜、妮娜公主等优质新品种。采用宽行大树冠栽培、根域限制栽培、智能水肥管理、绿色病虫害管理、物联网追溯等先进科学技术，打造数字葡萄品牌基地。"小圣果品""濮香缘"等品牌多次在省市比赛中获金奖。

目前红旗漾村的葡萄主要由"盛庭农场"承包，盛庭农场共有700亩葡萄示范基地（见图4），并以"阳光玫瑰"品种为主，每年亩产量约为2500斤，丰收后直接销往嘉兴农贸市场。据了解，盛庭农场培养出的葡萄要比市场上其他葡萄的卖价高出几十块，每年都供不应求。盛庭农场的负责人马德胜从2008年开始种植葡萄，每亩收入超万元，在全镇新农村建设过程中，马德胜率先成为勤劳节俭的致富能手。在他的带动下，周围农户也纷纷学种葡萄，他热心地向周围农户传授他的"葡萄经"，包括怎么选择葡萄品种、怎么防止病虫害、怎么选择销售市场等。他带领大家一起致富，形成了积极的外部效应。

图4 盛庭农场葡萄园

在保证葡萄产量的同时，盛庭农场也转向了高质量发展的道路。目前葡萄基地已经全面采用智能化设备，葡萄树"渴"了，只要轻点手机，就可以远程遥控打开滴管装置，不但效率高，葡萄品质也有了保证。病虫防治、施肥、土地监控等各个程序都实现了绿色智能化。红旗漾村的葡萄园不断提升科学种植水平，提高葡萄品质，先后推动葡萄精品化栽培、双膜促早栽培、限根栽培、阳光玫瑰精准化栽培、宽行大树冠栽培等多项技术被集成应用，并采用智能水肥管理、绿色病虫害管理、物联网追溯等多种先进科学种养技术，实现了葡萄精细化、标准化、可追溯化生产。

（三）坚持三治融合，共建乡村办实事

在农村社区治理过程中，红旗漾村以濮院镇的"三治融合"治理模式为指导，探索推行以基层党建为引领，自治、法治、德治"三治融合"的乡村治理模式，努力构建现代乡村治理体系，为乡村振兴提供制度基础和重要保障。

在自治方面，鼓励和支持社会各方面参与社会治理，健全自我管理、自我服务、自我监督的自治建设体系，促进政府治理和社会自我调节、居民自治良性互动。在法治方面，强化严格执法、公正司法、全民守法的法治建设体系，引导干部群众自觉遵守法律，运用法治思维和法治方式解决问题、化解矛盾。在德治方面，注重在落细落小落实上下功夫，建立以评立德、以文养德、以规促德的德治建设体系，把抽象的概念、崇高的追求变成人们实实在在的行动。

红旗漾村实行"三治融合"积分制管理，积分以户为单位，可每月兑换，也可以累计使用。兑换方式有线上"微嘉园"平台和线下两个板块。推出"闪光台""曝光台"月公示制，强化村民的自尊心，激发村民的荣誉感，形成相互比拼赶超的良好氛围。通过"三治融合"积分制管理，让广大村民了解并主动参与到三治融合工作中，进一步夯实基层社会治理，营造出"活动让村民参与、成效让村民评判、成果让村民共享"的良好氛围。

在与当地村民访谈的过程中，笔者发现红旗漾村的垃圾分类已经精确到了每家，且村民们都很积极地配合。他们告诉笔者，每完成一次垃圾分类可以积1分，积15分就可以换一次洗洁精，如果发现其他人有做得不好的地方并提醒了，可以获得更多的积分。村民们跟笔者说，他自己曾经用积分兑换过洗洁精、卷纸、洗手液、充电宝等一个个小物件，脸上挂着笑容和满足。红旗漾村的"三治融合"让村民们在家门里注重自我管理，走出家门也助力相互监督，越来越整洁的街道、越来越优美的绿化也让村民们生活满足感、幸福度更高了。

魏书记提到，从2021年起，红旗漾村也独创性地开始使用"互联网＋"技术设施收运垃圾，摄像头、电子屏、刷卡区……在穿行于濮院镇红旗漾村的垃圾收运车上，可以看到一套现代感、科技感十足的新装备。据介绍，这套设备是正在推广的"互联网＋垃圾分类"系统中的智慧收运设备（见图5）。

图 5　智慧垃圾分类系统

　　智慧垃圾分类设备里的感应系统可以直接识别出垃圾桶上的芯片卡，并对应到户主信息，垃圾收运员可以选择设备上的"合格""不合格""空桶"三个按钮，来根据农户的分类情况给予评价。在按下按键的同时，设备还会自动对桶内垃圾的质量进行称重，并对分类垃圾的情况进行拍照，上传至数据中心，从而解决了分类不到位、溢满垃圾清运不及时等影响环境的问题，大大提高了垃圾分类质量检查的时效性和准确率。通过这个系统，垃圾收运员也可以了解到每位农户的垃圾分类情况，若有不符合标准的，可以有针对性地进行电话劝导或上门劝导。

　　据了解，此次实行智慧收运的推广覆盖了红旗漾小区（一期）共 172 户及 344 个分类桶，日均收运垃圾 300 余公斤。有了"互联网＋垃圾分类"系统的助力，如今，试行区域每日分类正确率都保持在 94% 以上，有效、全面推进了农村生活垃圾分类工作，为推动文明创建和美丽乡村建设添砖加瓦。

（四）多彩乡风活动，美丽田园共织梦

红旗漾村的文化活动非常丰富，从白发苍苍的老人到初入校门的孩子，都有专门对接的活动。这些活动不仅能够充分展示在党建引领下红旗漾村现代化新农村的建设成果，也能展现全镇新时期美丽乡村的风貌与活力。红旗漾村的魏丽莉认为，在经济条件有保障后，提升村民的精神文明感、生活满意度是村委班子最主要的任务。乡风文化活动既是让村民们紧紧联结起来的纽带，也是满足新农村建设下村民精神需求的保障。

魏丽莉提到，刚开始的时候，很多村民不理解活动的意义，经常处于旁观的位置，并不参与活动，村干部们号召村民们晚上到"千亩粮田"边的文化舞台中练习一些简单的广场舞，村民们大多感觉害羞或是觉得没有必要，很少有人参与进来。于是以魏丽莉为首的村干部们率先跳了起来，日复一日地便吸引了越来越多的村民加入进来。魏丽莉感慨道："当时刚开始，想让大家学跳舞的时候还难以推进，现在大家伙热情越来越高，都经常来找我们说场地不够了，新的文化礼堂需要建起来了。"日子好起来了，舞蹈跳起来了，老百姓脸上的笑容也多起来了，生活也更加安逸舒心了。

今年，红旗漾村新装修改建的"复兴少年宫"也正式对外开放（见图6），对青少年实行免费开放、义务授课，并重点关注关爱留守儿童、困难家庭子女和外来务工子女，给他们提供学习益智、快乐成长、实现梦想的良好条件。

图6　红旗漾村复兴文化宫

此外，在每年红旗漾村都有固定的文化活动，插秧节、丰收节都是其特色，这些在红旗漾村的历史墙上可以一一了解到。

丰收节的举办旨在进一步发掘水稻农耕文化，弘扬民族文化传统，再现古老的传统手工割稻场景，通过割稻活动，让人们一起感受传承千年的稻米农耕文化，真实体会手工割稻的艰辛与收获的快乐，感受中华传统农耕文化的魅力，也懂得每颗小小米粒来之不易，更唤起了人们尊重和珍惜自然资源，勤俭节约的健康生活新概念，农作物的展放、农产品的品尝，融合出了一幅丰收喜悦的画卷。

插秧节在每年的端午节（见图7），其时会举办运河文化稻田秀场体验活动，不仅可让各位农民朋友重温农忙时节的辛苦与不易，更可让年轻人学习和体验农耕，感受"锄禾日当午，汗滴禾下土"的艰辛，更好地发扬、传承中华农耕文化。

图7　插秧节

红旗漾村的魏丽莉认为，近年来，村经济实力稳步提升，社会事业快速发展，生态环境有效改善，老百姓的获得感、幸福感、安全感得到了进一步提升。而村委接下来的工作重点就是提升老百姓的精神文明，建公园、建文化礼堂、办民俗活动，希望通过此这些民俗活动暨插农耕文化体验活动，进一步丰富乡村文化生活，传承优秀技艺和民俗传统，让群众充分感受中华优秀传统文化蕴含的思想观念、人文精神、道德规范和文明素养。

（五）凝聚乡贤力量，助力农村谋福利

在红旗漾村的农业产业和农户日常起居中，有一方面不可忽视的力量就是红旗漾村的乡贤传承。红旗漾村的众多乡贤以乡情为纽带，根植于乡村社会土壤、依附于家乡情感习惯之中，积极延续传统乡村文脉，教化乡民、反哺乡里，主动投身乡村公益事业，充分发挥了乡贤对新农村建设和发展的促进作用。

乡贤1：周阿龙与乐建杰

最著名的乡贤之一周阿龙是红旗漾村的老书记（见图8），他从1982年开始从事粮食种植并成为种粮大户，在2000年荣获"全国劳动模范"、2003年荣获"全国优秀种粮大户"、2007年荣获"全国产粮大户"等荣誉称号。2000年11月至2013年5月任红旗漾村党总支书记，浙江省第九、十、十一、十二届人大代表，由于周阿龙的突出表现，红旗漾村被省政府列为全省两个民情民意直报点之一。在三届省人大代表任职期间，周阿龙共提交议案70多件，几乎件件关乎普通百姓的生产和生活，为大家带来了实实在在的好处。其中"关于要求将桐乡市内河疏浚列入太湖流域综合治理工程"的议案得到省人大、省政府高度重视，被列入"万里清水河道"工程。周阿龙在任红旗漾村党支部书记期间，调整种植结构，发展效益农业，同时创建省级粮食功能区，面积2016亩，并成为高效能产粮示范区。

图 8 乡贤周阿龙

　　周阿龙2013年退休在家后继续发展种粮产业，配置播种、收割、烘干、碾米等农机设备，实现稻米生产不落地；成立"飞防公司"，结合无人机等高科技进行施肥及防疫；推出"阿龙大米"等优良稻米品牌，并多次荣获桐乡农产品相关荣誉。真正将红旗漾粮食产业做出特色，在创出精品的同时辐射带动周边农户提升农业生产技能，提供科技化操作服务。

　　此外，在红旗漾村还有一段佳话。周阿龙的女婿乐建杰在十年前也弃商从农，放弃了红火的毛衫生意，接棒岳父，继续奔走在希望的田野上（见图9）。

图9　周阿龙（右）和乐建杰（左）在千亩良田基地

据乐建杰讲述，每天的早晚时段，他都会来到千亩优质稻米基地，取出上年新购的无人机，装上调配好的农药桶，让它飞上一两小时。如果没有障碍物，他还会轻点鼠标，开启"自动驾驶"模式。"眼下正是单季晚稻抽穗前病虫害防治的关键期。像以前的话，起码要叫上一二十个人来帮忙，现在只要手机上点一点，一天两三百亩，轻轻松松。"乐建杰说。

近1700亩承包田的防病治虫和施肥工作，女婿一人就能轻松搞定，这让岳父周阿龙打心眼里佩服："以前，我们六七个人管牢1只喷雾器，1天只能打五六十亩田，现在只要无人机飞一飞就好了。"

可就在几年前，对于女婿，阿龙还很担心他挑不起这副重担。回想当时，69岁的阿龙十分感慨。他说，20世纪90年代末，濮院羊毛衫业发展正步入"快车道"，女婿乐建杰抢抓机遇，经营电脑横机，生意做得风生水起，年收入数十万元。可就在那时，已承包上千亩水田的周阿龙面临两难抉择，组织上希望他挑起村书记重担，带领村民共同致富。经过反复考虑，他最终决定动员做过机耕手的女婿放下毛衫生意，重返田野，"我和女婿讲，我的一切都是种粮种出来的，三百六十行，行行出状元。"

让自己一下子放弃正步入正轨的毛衫生意，很多人不理解，乐建杰的内心也十分挣扎。"毕竟做农民太苦了，那时粮食效益也不是很好。但岳父一直是我的偶像，从20世纪80年代靠航运成为首批'万元户'，到带头种粮，10多年间不为利动，坚持投售'订单粮'，成为令人尊敬的省人大代表、全国劳模。我相信岳父的选择是经过深思熟虑的。"

2010年，35岁的乐建杰低价卖掉所有电脑横机，回乡做起了职业粮农。经过岳父的言传身教以及专家指点，没几年，他就完全掌握了粮食生产管理的关键技术，成了种粮的一把好手。2015年，64岁的周阿龙正式"退休"，乐建杰接棒掌舵"濮院镇红洋粮油农机专业合作社"。这位新掌门除了爱往田边跑，还特别喜欢各种农业机械，"听到有新型的机器，我就很感兴趣，要去了解一下，这个机器是不是成熟，能代替多少劳动力，合适的话就想去尝试。"在岳父的支持下，几年间，乐建杰果断投入100多万元，大力推进"机器换人"，先后添置了铲车、植保无人机、无人驾驶拖拉机，还将烘干机由燃油改成更环保更节省的生物颗粒。接下来，他还打算改造烘干机房，拓宽合作社门前百米道路，让大型挂车也能进入库房，进一步降低生产成本。

"机器换人"也为乐建杰带来了可观效益，近 1700 亩粮田除了自己干，常年雇工仅 4 人。冬播大小麦，夏播单季晚稻，亩产量稳中有升，其中单晚已达 1600 斤左右，年效益超百万元。岳父周阿龙看在眼里，喜在心头："女婿做得比我好多了，把种粮全部交给他，我也放心了。"

乐建杰没有止步。为了进一步提升种粮效益，同时满足周边农户的口粮需求，他又办起大米加工厂，注册了"周阿龙"大米，其中的"软香 2 号"还在 2020 年的"桐乡市好米"评比中脱颖而出，喜获金奖。"以后还想弄一个标准仓库，更安全地储藏粮食，同时引进更先进的碾米设备，生产出更优质的大米，既提高附加值，也让周边群众吃上低价好米。"乐建杰说。

10 多年的坚守，让这位朴实的农民种粮渐入佳境，乐建杰从心底爱上了种粮。"我现在已经全身心地投入农业中了，每天都会在田里，看着水稻成长，就像看着自己的孩子一样，每天特别开心。"2021 年 6 月，乐建杰又与镇里的 6 个合作社组建了联合党支部，并担任支部书记，谋求更大发展。

周阿龙和乐建杰这一对普通的翁婿，凭着朴素的信念，与粮食结缘数十载，用勤劳和智慧，耕耘在希望的田野上，也收获着丰收的喜悦。

乡贤 2：姚金明

桐嘉由石油有限公司的董事长姚金明也是从红旗漾村走出去的乡贤之一（见图10），也是红旗漾村的乡贤会长。2018 年起，他连续五年定向捐赠给红旗漾村村民农村合作医疗补助 200 元 / 人，由此可减轻村民合作医疗的自主缴费负担，共计 208 万元。2020 年，在这场没有硝烟的新冠疫情防控战面前，姚金明又主动担负起社会责任，继续接力，为红旗漾村抗击疫情出一份力量。他捐赠防疫资金 20 万元，专款专用，大大减轻了乡村防疫经济负担，用实际行动支持抗疫工作。

乡贤企业家致富不忘村里倾情回报家乡

情系故里，德润桑梓。现任桐嘉由石油有限公司董事长姚金明向红旗漾村捐款，用于支持家乡慈善事业发展。这笔爱心捐款将从2018年起，持续五年定向捐赠红旗漾村村民农村合作医疗补助200元/人，由此减轻村民合作医疗费用的自主缴纳额度。

图 10　乡贤姚金明

2021年红旗漾村在推动美丽乡村建设中，又收到了一份特殊的礼物，姚金明为红旗漾村美丽乡村提升工程签订定向捐赠协议书，为本村文化公园建设捐款100万元，推动美丽乡村建设，此项捐款在新农村设施配备上发挥着较大的作用。"改革开放以来，我们这一代是践行者、实践者，也是受益者，没有改革开放就没有桐嘉由的今天。企业创造的财富属于国家属于社会，回报社会为家乡奉献爱心是我们义不容辞的责任，作为企业家不仅要担起'实业兴国'的责任，也要履行应尽的'社会责任'。"姚金明说，他一直没有忘记曾经养育自己的家乡，尽自己的绵薄之力为村民谋福利、为家乡的父老乡亲做点实事，是他一直以来最大的愿望，捐助也是圆梦之举。

正是由于周阿龙、乐建杰、姚金明等乡贤一代一代的传承，众多乡贤人士扎根乡土，传承着爱国爱乡、敬业精业、向善的道德力量。他们以带头模范的作用支持着红旗漾村的农业生产和农民福利，既延续乡情乡愁，又吸引在外乡贤反哺家乡，凝聚发展合力，共同传承乡村文明，充分发挥其在乡村振兴战略中的"参谋长"和"先锋队"作用，努力为红旗漾村建设美好新农村奠定坚实的基础。

三、发展瓶颈与核心挑战

通过实地调研及与魏丽莉的交流，本文总结出红旗漾村在共同富裕路上仍需解决的挑战及发展瓶颈，主要集中在以下几点：

首先是生态产业的发展模式还需进一步延伸拓展，争取在生态产业的末端加入生态旅游这一环节。魏丽莉谈到，每年千亩稻田都会有观光旅游活动推出，在稻田旁也设置了如稻田迷宫之类的多项游乐设施，但知名度仅限于濮院镇，范围较小。若能依靠千亩稻田和葡萄园的优势带动当地旅游业，让更多人去现场体验和感受红旗漾村的乡风文明，既能直接创造旅游收益，又能提高地方知名度，推动品牌大米和葡萄的销量，以便带来更长久的收益。魏丽莉也提到目前村里多数老人虽已到退休年龄，但身体状态和精神状态都很好，很多老人一人打多份工来消磨时光。若是村里的旅游产业发展起来，也能提供更多的岗位如景点志愿者等给当地的老年人群体，更好地满足他们的需要。

其次是人居环境建设仍需提升，这也是目前红旗漾村魏丽莉最关注的焦点。魏丽莉提到，和隔壁的新联村相比，红旗漾村目前的生活环境、绿化、文化建设还不够完善，比如道路的整洁度、小区的美化程度以及文化礼堂的数量都还不够。她告诉我们，原因在于，"作为我们红旗漾村，其实我们红旗漾小区也建成了，而且我们的集聚率也是比较高的水平，有 400 户，达到了 75% 这个程度，跟新联还差 10% 的样子。我们红旗漾小区不同于新联这一全国文明村，居家环境这么优越、舒服，是因为我们红旗漾小区有出租屋。因为我们也是小集镇，也是围绕濮院市场、毛衫市场在配套服务，做深加工或者出加工。我们很多出租的房东，像新联的小区是进不去的，他们也是集镇小区，他们不出租，但是我们红旗漾小区刚形成就是对外开放，大家要出租，带来什么问题？老百姓腰包里的钱是鼓了，因为出租可能一年有两三万的收益，当然上面自己住，下面租掉一点，两三万的收益对于一个普通家庭来说，这也是很不错的、是额外的。但是同时我们居住的环境变差了，肯定没法跟人家比了。"而对于以后十年的规划，红旗漾村的村委班子也有了明确的目标："这一块我们还是尊重现实，我们也要尊重老百姓的个人意愿，就是在出租的情况之下，我们怎么样来提升乡村整治、乡村治理，这个才是我们接下来要向他们学习的一个方向。"

最后就是人才的吸收与引进。魏丽莉表示，这不仅仅是红旗漾村的问题，也是目前大多数新农村建设时遇到的。魏丽莉在 21 岁时就加入了红旗漾村村委，是目前年轻一代村委的代表。但目前村上的大学生回乡数量还是远远不够，在乡村建设中优秀青年力量比较薄弱。前几年红旗漾村并没有重视这一点，但在目前，吸引优秀人才回乡也是一项亟待实行的举措。对于从本地走出去的务工经商人员、技能人才、机关企事业单位退休干部、退役军人、大学生等人员，可鼓励他们回村任职、发展特色种养、创办企业、兴办实事，助力乡村振兴。

四、经验启示与建议

在调研的过程中，我们体验到红旗漾村在共同富裕的建设中有一些独一无二的经验与启示，是可以推广至更多乡村的建设中的，具体来说有以下几点：

一是牢牢把握住粮食饭碗，红旗漾村被称为"桐乡粮仓"，在周边多个乡村已经不再重视种粮时，红旗漾村的领导班子和村民们仍将种粮视为第一要务。魏丽莉提到，正是因为周阿龙老书记起到了一个模范带头的作用，带动了很多红旗漾村的村民，让村民们重视粮食生产。魏丽莉说："种田，你必须提高生产效率，才能够有保证，不然你肯定要亏。阿龙他把这个事情当成自己的事业来做，他把这碗饭一直端到手里，所以端得比较好，带动辐射周边我们 7 个大户，这种情况在其他村里很少。"周阿龙也提道:"现在是我女婿管田,他们年轻人要超过我们这一代了,年轻一代他们用科技,相信科学,减少成本,提高收益,这是最大的收获。这几年,整个嘉兴都在退林还田,就是把种苗木的田退出来种田。我叫女婿抓牢这个机会,再多种一点,为国家的粮食生产多做点贡献。"以周阿龙为代表的红旗漾人,一代代地传承,始终以粮食为本,同时也不断地寻求更高效的产粮方式,来端好手中的饭碗。

二是乡贤的带动与辐射,其实红旗漾村乡贤的带动正是他们重视种粮的原因。魏丽莉表示:"大概十年前,周阿龙还担任书记的时候,有一年雨下得特别大,很多粮食都要烂在地里了。他把自己的收割机,也是全村唯一的一台收割机让出来,自己的小麦烂在田里不收,先抢收村民的小麦。"周阿龙用自己几十年摸爬滚打的经历向村民们传授经验,他的种粮热情带动了周边群众,粮食规模种植也惠及周边农民。现在周阿龙的女婿乐建杰引进了大量的农机,他们开始用自家的农机帮助周边的小农户。包括盛庭农场的负责人马德胜也用自家的种植经验帮助分散的小种植户,他们形成了极其明显的正外部效应,也是当地"先富带动后富"的模范。

红旗漾村用一个个故事、一张张照片,见证了农业民俗的兴起。在春耕、夏耘、秋收和冬藏里磨练了当地人吃苦耐劳、乐观积极的意志品格。依托千亩稻田、精品葡萄,红旗漾村人也迈向了绿色农业高质量发展的道路。代代的乡绅传承更是为建设美好新农村奠定了坚实的基础。立足新发展阶段,贯彻新发展理念,构建新发展格局,在接下来的十年里,红旗漾将主攻人居环境建设、精神文明提升,建设一个更加美丽、开放、宜居的新农村。

访谈时间:2021 年 8 月 7 日

访谈地点:浙江省桐乡市濮院镇红旗漾村文化礼堂

访谈整理:皇甫冰玉

荣星村：星星之火，燎原之势
——"三位一体"奔共富

受访者名片：

金福良，桐乡市屠甸镇荣星村村支部书记

我们荣星村所践行的"三位一体"发展战略终极目标就是实现共同富裕，我认为共同富裕建设是全方位、多层次、多阶段的，我坚信在党的领导下，我们荣星村在未来十年定能顺利实现共同富裕！

——金福良

一、村庄概况和历史沿革

（一）村庄概况

荣星村位于浙江省嘉兴市桐乡市屠甸镇正南面，总面积4.05平方公里，沪杭高速公路、屠南公路大道贯穿其中，是上海、杭州等大城市的后花园。现有农户640户，辖34个村民小组，村民2552人，党员101名。当你走在村里街道上，可以发现村道宽敞整洁，村居错落有致，房前屋后绿树掩映，现代田园气息洋溢在每一个角落。荣星村，这个与屠甸镇区仅一桥之隔的村庄，既有城市的生活水平，又有城市没有的浓厚乡愁，它早已不囿于村美民富，更让居住其中的人找到了心的归属（见图1、图2）。

图1　荣星村村口和文化田

图 2　荣星村村口宣传碑石、荣湖公园小道和鸟瞰图

（二）历史沿革

10 多年前，荣星村是一个村级集体收入仅 6 万元，村民人均收入仅 9696 元的经济薄弱村，道路泥泞，房屋破败，环境脏乱差。而截至 2020 年年底，荣星村全村实现农业总产值 3.6 亿元，农民人均收入达 42603 元，村集体经济经常性收入达 480 万元，有大型农贸市场、公园，甚至还有标准的足球场。荣星村这翻天覆地的发展正好印证了立在村头碑石上的"幸福都是奋斗出来的"这一标语，在上级党组织、村两委和荣星村全体村民的不懈努力下，荣星村"屠甸镇南花园"的名号也越来越响亮，镇最大的羊毛衫生产加工企业"星马制衣公司"坐落其中。村内主要以优质水稻、蚕桑养殖、苗木和黄瓜为主导农业产业。位于村委会东北侧的吕大坟及其附近领域，据考证是古代良渚文化的发源地，至今仍保存着古老文明的遗迹。村两委一班人充分抓住城乡一体化综合发展外部大势，鼓励羊毛衫个体加工，并采取各种措施推进效益农业、订单农业发展，使全村集体经济实力位居全镇前列。加强村庄规划，荣星村构建了层次

分明、功能明确、布局合理的新农村格局，并投入了大量资金，先后实施了道路硬化、村庄绿化、河道净化和环境美化四大工程。随着农村经济的不断发展，在各级党委、政府的关怀下，荣星村党总支部、村委会以科学发展观为指导，紧紧围绕"美村、富民、强经济"的要求，对照"全省小康示范村"的建设要求，加大投入力度，狠抓软硬件建设，村容、村貌和村民精神面貌发生了巨大变化，达到了"局部优化、道路硬化、村庄绿化、路灯亮化、卫生洁化、河道净化、各类文件配套设施齐全"的目标，实现了"精神文明、物质文明、政治文明"的协调发展。

可以说，荣星村的腾飞发展与一个人的到来密切相关，这人便是荣星村现任党委书记金福良，金福良作为荣星村发言人，全程参与了这次共同富裕专题的调研访谈，让我们更加深入地了解了荣星村的建设历程、发展现状以及共同富裕设计蓝图。金福良早于1984年1月便开始了在荣星村的工作，并于2005年4月担任村党委总支书记，曾获评浙江省首届"千名好书记""浙江省兴村（治社）名师"等荣誉，在任职党委总支书记的16年里，他为村庄的建设与治理殚精竭虑，在回望的时候，金福良脸上欣慰的表情不由得洋溢而出。在初任村支书的时候，荣星村是出了名的经济落后，道路泥泞，房屋残破，农业基础薄弱，基础设施陈旧，农民增收乏力，村民整日忙碌于劳作，却也只能填饱肚子。当时的金福良便下定决心要改变村里经济落后的现状，为村民筑起通向幸福、美好生活的致富路。村庄命运的转折，来自荣星村于2008年成为当时屠甸镇首批整村集聚试点村，金福良以个人名义向银行贷款50万元，并在企业、个体户和村民的资助下，筹集到第一笔资金。利用这笔资金，村里建起了"荣星新区"居民小区、农贸市场和商贸一条街，仅通过农贸市场商铺租赁一项，村里在10年前每年就可获得近70万元的收入。同时，借助新农村建设机遇，通过宅基地整理、土地流转等，进一步带动了村集体经济收入的增加，解放了村里多余的农业劳动力。之后金福良还意识到荣星村距离屠甸镇镇区较近，有着较大的区位优势，村里可以充分利用羊毛衫加工业的基础，盘活村里的存量资产，完善集体固定资产出租制度，改造提升村集体危房、旧房、厂房，为村民提供充足的就业岗位。同时，金书记还带领其他村委委员积极向上争取项目、政策和资金的支持，以项目带动基础设施条件的改善，如道路硬化、农业基础设施修整添置等，为满足荣星村高质量的发展奠定了坚实基础。于是，荣星村通过整村集聚、宅基地整理、土地流转、基础设施建设、产业升级等一系列措施，实现了村集体经济的早期腾飞以及村民人均可支配收入的突破，而这些都是荣星村响应国家关于农村更高质量发展号召的重要资本。

从金福良的介绍中，我们了解到荣星村在新农村建设中期就开始重视产业转型融合、文明新风建设、"三治"融合这三大发展抓手，在历经近 10 年的探索实践后，已经形成了别具荣星特色的村级三位一体发展战略。

二、主要发展经验和成效

（一）产业转型融合

在产业转型融合方面，荣星村利用区位优势，借助交通便利之优，坚持以羊毛衫加工产业为主导产业。由于本村居民外出务工经商的比例很小，这一产业为当地居民提供了 70%—80% 的就业岗位，对村民增收起到了至关重要的作用。荣星村通过积极落实新村集聚、宅基地复耕、土地综合整治、退散进集，建设公共配套用房、标准厂房、商业一条街、农贸市场等措施，强化统筹谋划，规划发展蓝图，拓宽发展思路，运用多种渠道，全面推动村级集体经济发展壮大（见图 3）。现阶段，在以羊毛衫加工产业为主导的基础上，荣星村村委抓住机遇，大力发展设施农业，引进生态有机农业，建立农业四大产业基地——精品水果基地、水产养殖基地、生态苗木基地和优质水稻全程机械化示范基地（见图 4）。其中，精品水果基地总投资 420 万元，占地面积达 380 亩；水产养殖基地 230 亩，投资 330 万元；生态苗木基地占地 150 亩，投资 185 万元，

图3　荣星村羊毛衫制衣厂生产车间和"退散进集"前后对比

通过规模化、科学化的生产，为当地村民增收开辟了一条新的道路。并且经过多年的摸索与完善，荣星村的粮食生产全程机械化服务体系已基本成熟，建立了全程机械化粮食基地。2018年，荣星村集体经济经常性收入280万元，农民人均收入35166元，比2008年分别提升250万元和2.3万元（见图5）。近些年，荣星村在保持羊毛衫产业高质量发展以及农业专业化、规模化和机械化发展的基础上，积极借助乡村旅游高速发展的春风，立足稻作及其文化的自身优势与资源，打通稻作一、二、三产联动发展，打造稻作文化农旅融合特色村，先后投入5000多万元，打造了荣湖公园、恒钜足球场、火炉浜景区、特色自然村落、荣星大道精品线等景点，吸引了无数游客前来观光，为乡村经济注入了新活力。2011年开始，荣星村大力推进"美丽乡村"及省级森林村庄建设，5年来种下了300多亩林木，一眼望去遍地是绿；2013年，荣星村斥资800多万元，建造了占地120多亩的荣湖公园，并配套了文化戏台、中心广场、灯光篮球场、凉亭等设施，公园也成为附近一带村民休闲的最佳去处；火炉浜曾是村里一个普通村民小组，通过自然村落改造，成为记住乡愁的一道风景；2019年5月，荣星村田园综合体项目经村民代表大会表决通过、启动。按项目规划，荣湖庄园、荣湖公园、火炉浜公园、火炉浜自然村落等景点将串联成线，打造集生态农业、观光养老、民宿体验、商务会务等为一体的综合性生态休闲旅游养生基地。荣星村通过大力发展农旅融合美丽经济，做好美丽乡村精品路线"槜李吴越千金路""范蠡情缘乡村路"建设，火炉浜二期正在规划建设中。先后接待机关团体423批，接待游客达到20万人次。相信工农旅三大产业的融合升级将会给荣星村的乡村振兴之路提供强大助力。

精品水果基地	水产养殖基地	全程机械化粮食基地	生态苗木基地
总投资420万元，占地面积达380亩。基地内种植有水蜜桃、黄桃和各种优质葡萄，如无子四号、秋红等。依靠科学的种植和精心的管理，产量一直稳步提高，品质得到了市场的认可，为农民增收开辟了一条新的道路。	占地230亩，共投入资金330万元。基地内主要养殖有沼虾、明虾、黑鱼、甲鱼等多种水产。依靠精心饲养和科学管理，效益一年比一年好，养殖户走上了一条发家致富的道路。	经过多年的摸索及完善，荣星村的粮食生产全程机械化服务体系以基本成熟，在镇农经中心的支持下，成立了桐乡市石泾粮油农机专业合作社，服务全镇的农业生产。这里还有整套粮食的深加工设备。	占地150亩，共投入资金185万元。基地内种植有香樟、桂花、杜鹃、紫薇等多种珍贵苗木。不仅增加了我村绿化面积，改善了村庄环境，也为农民增收创造了途径。

图4 荣星村四大产业基地

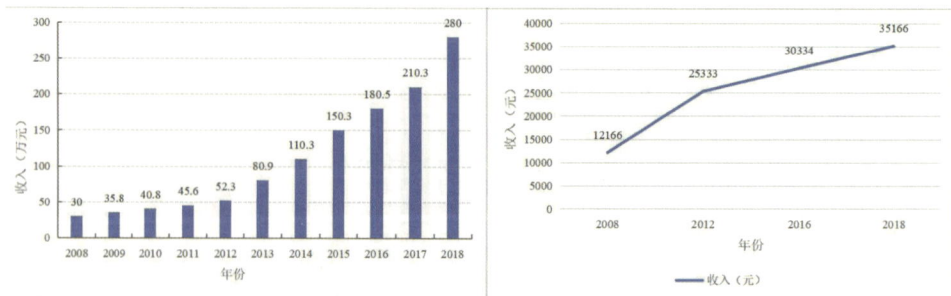

图5 荣星村集体经济收入和村民人均收入

（二）文明新风建设

为了让文明新风吹遍全村，针对村民精神文化方面的需求，荣星村先后建立了文化大礼堂、乡贤馆、村规民约墙、乡村记忆馆。这样村民既有了娱乐活动的场所，又提高了自己的文化素质。文化礼堂设有图书室、书画室、舞蹈排练厅、健身房、会议室、喜宴厅等配套设施，村里每年会在文化礼堂举办"成人礼""启蒙礼"等活动，让少年感受中华民族传统文化魅力和文化自信，弘扬优秀传统文化，通过文化礼堂的建设与发展，分担了荣星村村里和政府的很多工作，促进了荣星村的乡风文明，又使荣星村的"村级治理"更多元化和人性化，村民都愿意参与进来。为繁荣村庄公共文化，荣星村组建排舞、太极、合唱等8支文化体育队伍，与市老年大学、邻近县市开展"文化走亲"，联合镇石泾艺术团搭建名师工作室"银樵工作室"，经常性举办文艺演出，通过自编小品、有奖问答等创新形式吸引村民参与其中，2018年以来共开展活动近30场。积极举办全国文明村系列活动，如"乡村朗诵会""农民丰收开镰节""风筝节"等活动，打造荣星品牌，单日参与超6000人次。每年组织文艺队伍参加《文化走亲》《我们的村晚》等文艺汇演；定期组织篮球赛、足球赛、趣味活动等。弘扬传统文化，每年开展《我们的节日》活动不少于8场。时不时地，荣星村荣湖公园里还会上演一出夏季"文化大戏"，当地菊韵剧社常常带来越剧选段、太极健身扇、苏州评弹等，让当地村民们享受"文化大餐"。

荣星村为深化道德实践活动，每年还会开展"文明家庭示范户""最美党员""最美三小组长""最美荣星人"等系列评选活动，并在《我们的村晚》上表彰授奖。具体在以下几大方面有所展现：①经常性选送村中好人。村委会牵头连续9年开展"最美荣星人""星级文明户""家风家训"系列评选活动，在《我们的村晚》中予以授牌，在荣湖公园、华数互动电视"清廉荣星"平台进行展示，截至目前，共评选出各类好人60余名，村级"五星级文明家庭"96户，其中获评省级见义勇为奖1人，"桐乡好人"1人，桐乡市级及以上文明家庭6户。②关心困难群众，文明创建不落一人。荣星村村委与村内 10 户低保户结对，分发"荣星村爱心帮扶卡"，方便其与结对村干部联系。关爱困境儿童，在提供物质帮助的基础上邀请其经常性参与村级活动。加强国防教育与双拥宣传，每年 2 次定期慰问重点优抚对象，与村域内商家合作，给予退伍军人合作优惠。在全村掀起"比、学、赶、帮、超"的热潮；还有就是每家每户的晒家风家训活动，探索文明创建模式，扩大文明创建参与面。至于村民民生问题，荣星村为让村民心里"暖"起来，在村级经济不断发展壮大的同时，村党组织不忘惠及农民，提高生活福利，关爱老人，发放老人补贴。村里每年为 60 周岁以上、80 周岁以上、90 周岁以上的老人分别补助每人 300 元、500 元、1200 元，多年下来累计发放补助 200 余万元。为了激励本村的学生、有志青年，荣星村连续七年设立崇学奖，每年参与高考的学子，考取一本学校的每人奖励 2000 元，考取二本学校的每人奖励 1600 元。对全村农户的互动电视实行免费使用，由村集体全额支付费用；同时每年向全村农户拜年，发放挂历及慰问品。③深化"城乡文明手拉手"结对共建机制，通过系列文明创建共建活动提升文明水平（见图 6）。至今，荣星村已与桐乡级文明单位屠甸镇中心幼儿园、嘉兴市新纪元钢管制造有限公司结对 3 年以上，开展慰问、结对帮扶、志愿服务等共建活动 20 余次。通过种种惠民利民政策，荣星村从各个方面努力让村民的心里暖起来，切实提高了村民的获得感、认同感、幸福感，使得乡风更加文明、和谐。

最后，为培育全域文明习惯，荣星村设置了志愿者服务站，组建党员志愿者、巾帼文明志愿者、学雷锋志愿者、文明单位志愿者等稳定的志愿者服务队伍 9 支，目前全村在册志愿者人数 392 人，占村常住人口的 15.4%。全面调动村民参与创建的积极性，在生态环境整治、交通安全秩序管理等重点整治中，通过村民实地参与、亲身感受，让群众发现问题、参与整治，切实提升文明创建的参与度与志愿服务水平，共开展服务活动 40 多场。新冠疫情防控期间，100 余名志愿者主动报名参与服务，在全村 7 个卡口，24 小时不间断防控，好人事迹不断涌现。经常性开展新时代文明实践活动，将文明习惯、移风易俗、志愿服务等主题融入"春泥计划""我们的节日"活动中，开展活动 60 余次。

在村委办事大厅、喜宴厅等地设置主题宣传展牌、电子屏、公益广告等，与村民签订文明办酒、疫情防控责任书，共同培养文明好习惯。

图6　荣星村乡风文明建设

（三）"三治"融合

在"三治"融合方面，荣星村很早就积极推进基层治理，以"村事民议、村事民治"模式为目标，发挥"一约两会三团"作用，打造"三治融合"基层治理的荣星模式，后来因省、嘉兴市两级"三治融合"现场会在荣星村召开，荣星村也因此入选为第二届全国基层社会治理高峰论坛的参观点。其中，荣星村特别重视"乡贤""红娘舅"以及"网格员[1]"三类群体角色在"自治、德治、法治"方面的作用。起初，荣星村村委看到了乡贤们在社会治理、乡村振兴、村级集体经济发展等方面的种种优势，2017年11月，荣星村成立了全市首家村级乡贤参事会。有了"乡贤"这个名分，村里像魏建华这样有名望、有才干、热心公益的乡贤人士纷纷聚拢，努力为该村发展出谋献策。乡贤参事会成立的初衷是排忧解难助发展，化解矛盾促和谐，乡贤们怀着一片赤子诚心，主动作为，在基层社会治理中扮演着重要角色。他们通过自身实践，带领身边群众走"致富之路"、行"和谐大道"、过"小康生活"，让荣星村乡村振兴的脚步越来越快。如今的荣星村，可谓处处皆景，充满了蓬勃的活力。

人民公社时期，在当时的荣星大队就出现了一张八仙桌、四条长板凳的"评评理"，遇到家庭矛盾、邻里纠纷，请有威望的老人朝南而坐，矛盾双方面对面，大家有事说事、有理说理，直到矛盾纠纷烟消云散。2019年6月，荣星村计划在火炉浜设立固定的"板凳法庭"场所，将人民公社时期流传下来的"板凳法庭"由流动变为固定，让村里有威望的老党员、老干部、乡贤充当"红娘舅"，利用板凳法庭，评一评，判一判，将法治深入人心，解于萌芽、止于未发、阻于诉外。而荣星村的法治渊源则来自吕希周。明嘉靖年间，通政使吕希周抗击倭寇的事迹传扬千里，他提出"国家典刑，大公至正，不以示恩，不以示怨，大义所在"。晚年时他看中了荣星村小六旺，安葬于此，同时也将他"无讼治理"的理念植根于荣星。2020年5月，为推动"微嘉园"移动平台的深度应用和"无讼村"创建，不断提升社会治理科学化、智能化、精准化、便民化水平，荣星村与高桥人民法庭签订了共建"微嘉园"司法社区协议。网格员们在"微嘉园"平台发布法制宣传信息，提高村民的法律意识。宣传"板凳法庭"，如遇矛盾纠纷，就坐下来"评一评，判一判"。同时，网格员们上门走访农户，挨家挨户上门进行法制宣传。通过"两会三团"载体（百姓议事会、乡贤参事会、百

---

[1]网格员就是驻区的社区民警。公安分局根据区域内的人员情况、社会治安复杂程度将区域划分成网格，平均每个社区划分成3—5个网格，网格员也是将居民信息数据化、服务社区居民的群体。

事服务团、道德评判团、法律服务团），解决村务大小事情 30 件，调解各类纠纷 18 起，进一步提升了广大村民参与村各项事业的积极性，促进荣星村各项工作的全面开展。

荣星村的"三治融合"不止于此，更是借由此大胆创新设立了"三治信农贷"，积极运用"三治融合"法宝，发挥"一约两会三团"作用，由村"道德评判团""百姓议事会"对照"六无三不准"村规民约标准开展评判授信，"百事服务团""乡贤参事会"参与走访服务，"法律服务团"提供法律支持，并由村党组织审定授信名单和金额，进一步强化党组织的领导和把关。这就解决了"信用度界定"这一操作难题，让普惠金融惠及家家户户。同时，突出正向激励，增加优秀共产党员、道德模范等先进个人的信用贷款额度，适当给予贷款利率优惠，激励百姓学习先进、向上向善。荣星村通过这一创新之举巧妙解决了"信用度界定"这一操作难题，让普惠金融惠及家家户户。在保障力量上，由村党组织书记担任普惠金融服务员，农商银行客户经理、村专职网格员、三小组长、党员志愿者、乡贤等基层骨干力量共同参与普惠金融服务，推动强村富民、创业增收。据了解，作为一名共产党员，桐乡市人大代表和村里的致富带头人、荣星村村民糜学江在"三治融合"道德评判团的信用评议中得到高分，桐乡农商银行此前便给了他"三治信农贷"30 万元的授信。不用担保、不用抵押、不用跑银行，只要在手机上轻轻一点，就能随借随还。得到资金援助的糜学江马上添了新的农机具，用于合作社几千亩土地的秋收冬种。最新数据显示，桐乡农商银行已对荣星村"三治信农贷"授信 610 户，余额 1.3 亿元，已贷款农户 39 户，发放贷款 367.7 万元。

虽然荣星村分别通过产业转型融合、文明新风建设、"三治"融合让村庄在美丽乡村建设和基层治理方面取得了突破性的发展（见图 7-a、图 7-b），但荣星村村委近些年来一直致力于以产业转型融合、文明新风建设和"三治"融合为支点建设村级三位一体战略体系，并且获得了阶段性的成果。其中一个较为成功的案例就是由嘉兴市牵头的人居环境整治全域秀美行动，人居环境整治全域秀美行动之初，荣星村充分运用"党建+"和"三治融合"、微网格的力量。

网格内，包整体负责，包干到户，形成一张脉络清晰、井然有序、分工明确的工作网。及时召开党员、村民代表、三小组长会议以及"三团两会"会议，各自分工，立刻行动。按照"网格连心、组团服务"的模式，挂起作战图，把全村分成36个区域，划片作战，进行地摊式排查，党员干部、三小组长做好表率，带头做起，掀起全域秀美的全员行动热潮。与此同时，百姓议事会和道德评判团各司其职，全程参与负责拟定奖惩办法和评分标准；乡贤参事会和百事服务团负责配合村委上门做好工作。宣传上全面发动，利用广播、告知书、微信公众号、微信群、电子屏等全方位对全域秀美整治行动进行宣传，做到人人知晓、人人参与，人人有责在肩，让全域秀美工作落地生根，以"比一比、晒一晒"形式激发广大农户参与的积极性。通过一系列的组合拳，每一位村民都能感受并珍惜乡村的变化。同时荣星村村委深知农村人居环境整治全域秀美不是"一阵风"，它是一项长期工程。为此，荣星村以群众为主体，建立和完善长效管理机制，经过几上几下确定了《全域秀美农户奖惩办法》，同时把农村人居环境整治列入《村规民约》。另外，在产业转型布局过程中，为打造荣星村农旅产业的标杆——火炉浜特色自然村，部分房屋需要修缮，一些村民还需迁出村庄，所以一直有部分村民不理解、不配合，后来在乡贤参事会会长魏建华的出面沟通下，不仅做通了大家的思想工作，还出资60余万元用于整治工作，由此，臭气熏天的火炉浜变身为如今美丽的火炉浜生态公园。如今，乡贤参事会、百姓议事会架起了村委与百姓的"连心桥"。荣星村村级三位一体战略在逐步探索的过程中，在时刻遵循国家战略方向的同时，其战略体系也在不断完善，已经成为引领荣星村走向更加富裕、更加美丽、更加文明的指向标。

图7-a 荣星村"三治融合"活动开展情况

图7-b 荣星村"三治融合"活动开展情况

　　在产业转型融合、文明新风建设、"三治"融合村级三位一体战略的指导下，荣星村先后获得全国文明村镇、省级中心村、省级森林村庄、省卫生村、省民主法治村、省绿化示范村、省休闲旅游示范村、省老年旅游养生示范基地、省3A景区村庄、2018中国最美村镇——乡风文明奖、浙江省善治示范村、浙江省高标准农村生活垃圾分类示范村、嘉兴市先进基层党组织、嘉兴市廉政建设示范村等荣誉（见图8）。听金福良介绍，荣星村已经在火炉浜建造了"乡村振兴馆"，接下来的发展规划是将乡村振兴战略中"产业兴旺、生态宜居、乡风文明、治理有效、生活富裕"的20字总要求深化融合到村级三位一体战略当中，创新组织方式，以求早日达到共同富裕标准。

图8 荣星村荣誉展示

在谈及如何看待建设共同富裕先行示范区时，金福良说："国家之所以提出在浙江建设共同富裕先行示范区，我想是党中央经过考察，觉得浙江有地区已经在做这方面的事，或者认为浙江大部分地区具有完成这项任务的潜力。而我觉得，我们荣星村就属于前者，荣星村早期通过积极落实新村集聚、宅基地复耕、土地综合整治、退散进集，建设公共配套用房、标准厂房、商业一条街、农贸市场等措施壮大了集体经济，集体经济出资优化当地的产业布局，大幅度提升了当地村民的收入水平，并在美丽乡村建设、乡风文明和村民保障等方面做出了巨大贡献。后来，我们荣星村在产业转型升级、文明新风建设和'三治'融合方面均做出了不少探索，获得的成功让我们坚定了将三者融合发展的村级三位一体战略的可行性、先进性和包容性，我相信通过不断深化实践村级三位一体战略，荣星村在不久的将来定能实现共同富裕的目标。"

在金福良看来，共同富裕建设是全方位、多层次、多阶段的，村级的共同富裕标准便是产业兴旺和治理有效，而村民层次的共同富裕标准除了生活富裕，需要重点攻坚的是生态宜居和乡风文明。通过产业转型融合可以提高村民的收入，利用教育、宣传和志愿服务在内的乡风文明建设提升村民内在文化修养，达到精神层次的富裕，并且基于美丽乡村建设和"绿水青山就是金山银山"理念创造宜居的生态环境，以及健全社会保障制度在内的"三治"融合体系，使得村民"老有所养，病有所医"，自觉支持、参与村级事务，这便是金福良心目中的共同富裕。金福良还重点强调："共同富裕不是平均主义，荣星村有些村民很有头脑，会赚钱会管人，所以先让这一部分人富起来，先富带动后富，是我认为的正确道路。而且共同富裕也不是一蹴而就的，得先抓重点，再行普及之事！"

三、发展瓶颈与核心挑战

虽然金福良对荣星村实现共同富裕这一目标很有自信，但目前遇到的一些问题和挑战也让金福良有所焦虑。金福良提道："我不是对我们村探索和实施这么多年的'三位一体'战略不自信，我知道任何战略理论在面对新的发展环境时都得有革新的一天，现在我们荣星村的领导班子也在积极寻找对症下药之道。"

根据金福良的描述，现在荣星村所遇到的问题和挑战主要有三大方面。

（一）粮食安全保障

近五年，荣星村土地流转率增长至近 70%，极大促进了荣星村农业生产的规模化、专业化，是荣星村精品水果基地、水产养殖基地、全程机械化粮食基地和生态苗木四大农业生产基地建成的主要推动力。四大基地的建成，使得荣星村农业产值大幅度提升，农业经营者的收入也有了保障。但是，由于大部分大户将土地流转过去都是用来种植精品水果、花卉等经济价值高的作物，拥有承包权的村民因为高租金也愿意流转给这些大户，所以导致荣星村粮食生产面积逐年下降。荣星村在农业现代化转型过程中将会不得不面对农业产值和粮食安全的两难取舍困境。

（二）教育和养老保障

听金福良介绍，一方面荣星村现阶段所有的小孩基本都在屠甸镇镇上的学校就读，虽然教育资源较以前在荣星村附近的学校就读已经有了很大改善，但现在很多家长的眼光也越来越长远，都明白镇上的教育资源相较桐乡市、嘉兴市甚至其他大地方还有较大差距，因教育移居外地的本地居民在逐年增多，荣星村留不下人，以后的发展速度可能就会受阻。而另一方面就是关于荣星村养老事宜了，虽然现阶段荣星村在老人养老保险、医疗保险和养老救济方面的工作已经较为完善，但金福良觉得这还不够，他觉得满足温饱、远离疾病后的老人最需要的其实是陪伴，是内心的一种慰藉，荣星村在这一点上做得还不够，当然这也是老人这个群体在共同富裕建设中的最终目标。

（三）农旅产业高质量融合发展

这些年随着荣湖公园、火炉浜公园、火炉浜自然村落等景点的建成，荣星村在农村生态旅游方面的转型进展飞速，依靠旅游业的发展带动了当地居民的收入水平和生活质量的提升。但由于特色主题还不够凸显，宣传也不是特别到位，荣星村接待的游客大多是上海、嘉兴和浙江其他地区的，人流量有限，农旅结合高质量可持续发展较难。

四、经验启示与建议

共同富裕建设是全方位、多层次、多阶段的，荣星村多年以来在探索和践行村级"三位一体"战略的特色化道路上卓有成效，通过产业转型融合提高村民的收入，利用教育、宣传和志愿服务在内的乡风文明建设提升村民内在文化修养，达到精神层次的富裕，并且基于美丽乡村建设和"绿水青山就是金山银山"理念创造宜居的生态环境，以及健全社会保障制度在内的"三治"融合体系，使得村民"老有所养，病有所医"，自觉支持、参与村级事务。

而针对荣星村进一步实现共同富裕所遇到的发展瓶颈，现在提出以下两点微末建议，望能有所启示。

（一）优化农业经营结构

为保障粮食安全，荣星村应该结合当地的农业资源合理规划精品花果、粮食种植、畜禽养殖的规模、比例，如果粮食种植面积不够，那么在土地流转之时，对粮食大户的补贴就应该更改高一点，相应的精品花果等流转的租金也应该更高；在规模、比例合理后，如果粮食产值还是达不到要求，则应该加强粮食种植的科学化和机械化，普及农机服务，支持配备专业农护员，种植过程中科学化管理，以此增加产量。

（二）打赢人才战

一是师资人才，农村地区师资力量薄弱是国内的普遍现象，现在都是集中在镇上上学，荣星村现在能做的就是申请在市政府和镇政府的主导下，联合镇内其他村建立教育共同基金，通过更加优越的住房、生活福利吸引更多优秀的师资力量。二是网红人才，荣星村各项旅游景点都在如火如荼地建设当中，但主要是缺少可持续、可增长的流量卖点，村委应该和专业的旅游项目设计公司或者网红团队来设计景区布局和主题，通过网红效应带动流量。

访谈时间：2021 年 7 月 9 日
访谈地点：浙江省桐乡市屠甸镇荣星村村委
访谈整理：邹凯

殷家漾村：现代化种植与品牌化打造
——蜜梨产业中的共富密码

人物名片：

倪华容，殷家漾村村支书，1981年生，2004年进入殷家漾村村委工作，先后负责村内土地规划、党建宣传等工作，2021年成为殷家漾村村支书。

富裕是共同富裕的前提与基础，殷家漾村实现共同富裕的第一要务是促进本村梨园产业发展，培育现代化农业，实现产业融合与高质量发展，为更多村民提供增加收入的渠道与机会。第二是通过完善社会保障制度，为村内的低保户、边缘户提供生活保障，同时带动村内产业惠及他们，通过提供就业岗位等方法，让村内的"穷人"有机会、有能力实现收入增加。

——倪华容

一、殷家漾村基本情况介绍

殷家漾村位于浙江省嘉兴市桐乡市石门镇西部，西南与本市河山镇相邻。殷家漾村内因无量桥港东西横贯而过，分为南片与北片，水陆交通便捷。殷家漾村处于平原地带，区域总面积 2.8 平方公里，全村土地面积 1900 亩。

人口、劳动力与就业情况方面，全村共有 18 个村民小组，475 户，人口 1985 人，其中劳动力 1284 人。在性别结构方面，男性人口占比 58%；女性占比 42%。在人口年龄结构方面，全村 15 岁以下人口占比 14.4%，16—40 岁人口占比 33.2%，41—60 岁人口占比 31.5%，61 岁以上人口占比 20.9%。在受教育程度方面，全村大专及以上文化程度者 415 人，高中 / 技校 / 职高 528 人，初中 579 人，小学 378 人，不识字或识字很少者 85 人。本村常住人口 1826 人，常年外出务工 125 人，外出务工劳动力返乡创业 811 人。在劳动力就业产业结构方面，一产就业占比 40.2%；二产就业占比 37.2%；三产就业占比 22.6%。

殷家漾村经济发展方面。殷家漾村 2020 年总产值约 4.216 亿元，全村农民年人均可支配收入 37530.3 元，与所在石门镇年人均收入 37599 元基本持平。2020 年村集体资产总额 230 万元，村集体收入 690.2 万元，其中补助 / 拨款收入 630.2 万元，投资收入 35 万元，出租收入 17 万元，其他收入 7.9 万元。本村以种植业为主导产业，包含水稻 800 亩，这部分土地统一承包流转给其他村粮油合作社经营，年产量约 893.1 吨；经济作物包含蜜梨 1500 亩，年产量约 2500 吨；黄桃 50 亩、火龙果 50 亩，年产量各约 60 吨。蜜梨是本村农业的主导产业，占本村农业收入 70% 左右。在畜牧业方面，殷家漾村有湖羊养殖场约 30 亩，2020 年出栏量 2 万头；獭兔养殖场 50 亩，年出栏量 6 万只。渔业生产方面，殷家漾村有 31 亩小龙虾养殖基地。林业方面，有苗木约 30 亩。

在农民合作社建设方面，截至 2020 年末，本村共有合作社 3 个，涉及种植业与畜牧业，其中省级示范合作社 1 个，村内入社农户 226 户。2020 年，村内合作社获得财政拨款 50 万余元。本村最早成立的桐乡市石门股家漾蜜梨专业合作社成立于 2004 年，由本村村民自主创办。合作社主要承担种养殖技术指导、组织农产品销售、组织生产资料统一购买以及推广新技术等工作，拥有一个省级知名商标"股家漾"。

在基础设施方面，股家漾村自来水与卫生厕所普及率 100%，道路硬化比重 95% 以上，农户安装有线电视户数达 90%，农户接入互联网比达 90% 左右。本村建有水库、池塘 2 个，垃圾集中堆放点 1 处，卫生所 1 间，农资销售所 1 间。股家漾村距离乡镇政府 5 公里，距离最近的桐乡车站 11 公里，距离最近的邮政所 5 公里，距离最近的集贸市场 2 公里左右。教育设施方面，股家漾村有幼儿园、小学各一所，并且距离石门镇上的初中与高中通勤时间在 30-40 分钟左右。在文化设施方面，本村建有 1 间面积 2000 平方米的文化活动礼堂，并修建有公园、运动场、篮球场等公共健身设施。

在行政村治理方面，2020 年本村党支部委员会委员 5 人，平均年龄 34 岁，受教育程度方面，现任村支书教育程度本科，另有 1 位大专，3 位中专。本村村主任和村书记是兼任的（"一肩挑"）。在基层党组织建设方面，本村党员人数 72 人，60 岁以上党员 31 人，40 岁以下党员 21 人。在一事一议方面，本村 2020 年成功实施了由村两委发起的关于道路建设筹资的一事一议事项 1 次。

在生态环境方面，股家漾村 2014—2020 年开展人居环境专项整治。目前已实现全村垃圾分类，村民的生活垃圾集中后由清洁公司转运到乡镇集中点处理。在生活污水处理方面，股家漾村投资 50 万余元进行了生活污水微动力、无动力处理池改造，处理后的生活污水能达到 II 类标准。在生活环境日常管理方面，股家漾村成立了村保洁队伍，并建立了垃圾分类积分兑换制度以及卫生评比活动。

二、殷家漾村历史沿革

殷家漾村曾经以水稻、蚕桑等传统农业为主，工业经济匮乏，村集体经济薄弱，2004年被列为桐乡市级重点扶持贫困村之一。当时的殷家漾村基础设施薄弱，村内没有水泥路，桥梁也多是危桥，河道破损，汛期时经常河水漫溢淹没农田。同时村民内部也是矛盾重重，一方面，村内道路迟迟没有修缮，而当时已经是桐乡市实行农村公路改造补助政策的最后一年，眼看着殷家漾村要赶不上道路改造政策的"末班车"；另一方面，殷家漾村刚完成新一轮土地整理，但由于存在历史遗留的利益纠纷，快到下秧的季节了，重分的田地却怎么也分不下去。

2003年6月，在问题重重中，沈炳荣上任殷家漾村村支书，这位因为工作拼命而被称为"钢铁书记"的村支书，下定决心改变殷家漾贫困积弱的现状。沈炳荣首先开始着手改造村内道路，通过向村内几家私营企业主募捐的方式，结合村集体现有资金，很快道路改造就提上议程。到2003年12月，殷家漾村全长4838米的主干道全线通车。后续的农村自来水改造、有线电视安装、危桥改造、标准化堤岸建设、村内的道路绿化以及节水灌溉标准田修建等工作也都开始实施。自沈炳荣到殷家漾村以来，投入村庄建设的资金近2000万元，比之前殷家漾村历年投入的总和还多，殷家漾村焕然一新。

在农业产业方面，沈炳荣认为，想要取得更大的发展，村内必须有自己的优势特色产业。在多方咨询后，沈炳荣联系到了浙江省农科院，时任园艺所桃梨组组长施泽彬向他介绍了一种蜜梨品种——翠冠梨，这种梨品质优良且适合殷家漾村的土壤条件，最终殷家漾村决定引入这种蜜梨。第一年18个村民小组有229户报名种梨，蜜梨种植首年收获300吨，沈炳荣到各大城市的超市、水果批发市场进行推销，最终销售收入70多万元。随后报名种植蜜梨的农户越来越多，殷家漾村的蜜梨种植面积也越来越大。2004年，殷家漾蜜梨合作社成立，投资120万元修建了桐乡农村第一个库容量360吨的冷库，购买了先进的水果分拣机，并结合网络进行蜜梨推销。此后殷家漾蜜梨产业蓬勃发展，农户收入逐年提高。截止到 2016 年，殷家漾蜜梨种植面积达到 2100 亩，产值 2599 万元，占全村农业总产值的 70%，已成为村里的支柱产业和惠民产业。

发展至今，殷家漾已经彻底摆脱了贫困的帽子，除蜜梨产业外，还陆续发展了黄桃、火龙果种植，獭兔、湖羊养殖等。2020 年，全村生产总值达 4.216 亿元，村集体可支配收入 690.2 万元，全村农民人均可支配收入 37530.3 元，与所在乡镇的人均可支配收入 37599 元基本持平。殷家漾村先后被评为 2017 年国家一村一品示范村、浙江省全面小康建设示范村、浙江省级卫生村、浙江省级绿化示范村、嘉兴市级文明村、桐乡市级生态示范村等（见图 1）。

图 1　殷家漾村全国一村一品示范村石碑

三、主要发展经验和成效

（一）殷家漾村蜜梨产业的现代化种植与品牌化经营

1. 梨园简介

殷家漾村自 2003 年开始种植蜜梨，经过 10 多年来不断发展，2020 年种植面积 1500 余亩，种植农户 200 余户，总产量约 2500 吨，产值 1500 余万元，注册有"殷家漾"商标，并通过"绿色食品""无公害"认证。殷家漾蜜梨先后获得 2017 年浙江精品果蔬展销会金奖、2019 年浙江省知名品牌农产品展示展销会金奖，2018 年被评为浙江省果蔬采摘旅游基地，已具有较大的规模与较高的知名度。

殷家漾蜜梨品种以翠冠梨为主，辅以初夏绿、518、黄花、清香和玄黄等。翠冠梨属砂梨系，果实近圆形，果形指数 0.96。其外皮呈黄绿色，果肉雪白色，肉质细嫩、柔软多汁。翠冠梨化渣、石细胞极少，味浓甜，可溶性固形物含量 12%~14%。翠冠梨单果重约 200 克，最大可达 500 克，果实可食率 96%。翠冠梨于 7 月上中旬上市，汁丰味甜，风味带蜜香，有化痰止咳之功效，有"百果之宗"的美誉。

殷家漾千亩梨园在石门镇农业产业发展规划中占有重要地位（见图 2），位于石门镇"省级现代农业综合区"与"省级生态循环农业示范区"的核心区域。殷家漾千亩梨园与民丰千亩猕猴桃基地、白马塘村国家级农业科技示范园、桂花村千亩杭白菊示范基地等并列为石门镇农业规划重点建设项目。同时在桐乡西部地区发展规划"桐乡临杭大道沿线产业发展规划"中，殷家漾蜜梨是石门镇建设省级果菊特色农业强镇以及美丽乡村产业发展的重要组成部分，也是乡村旅游规划中"猕猴桃—柿子—蜜梨"精品水果种植观光采摘带的核心环节之一。

图 2　殷家漾村千亩梨园一角

2. 蜜梨合作社建设

为了引领本村的蜜梨产业的发展方向，解决"小农户、大市场"矛盾，更好地服务本村梨农，殷家漾蜜梨合作社于2004年9月成立，有社员137名，注册资金12万元，固定资产原值434万元。合作社内部按照已经成文的内部管理制度、财务管理制度实行规范管理，具有明确的理事会、监事会职责规定及成员内部分工，并建立了合作社生产经营台账。合作社定期召开理事会、监事会和社员大会，商定和通过合作社的相关事项，如有重大事项，将按章程规定，实行民主决策。

合作社自成立以来一直以"现代化种植与品牌化经营"为宗旨，在产前、产中、产后为农户提供多方面配套服务，包括：组织与服务梨农生产、帮助农户进行销售、打造与维护"殷家漾"牌翠冠梨品牌以及进行农业技术指导培训等。殷家漾蜜梨合作社极大地推动了殷家漾蜜梨产业发展，促进了殷家漾村民增收。2008年，殷家漾蜜梨专业合作社被评定为省级示范性合作社。2020年，合作社实现销售收入613万元，利润15.1万元。

3. 建设现代农业

为打造"现代化、高质量"的梨园产业，合作社一方面帮助果农管理日常生产，另一方面积极进行现代农业技术的推广。

在蜜梨种植方面，梨农产前由合作社统一采购肥料、农药、果袋等生产投入品；生产过程中由合作社统一布置生产操作，采取统防统治，即统一灌溉、统一病防。合作社还有专门人员根据梨种植的科学方法对果农进行培训与指导，解决梨农实际生产中遇到的各种困难。

在农业技术推广方面，合作社采取多种方式对果农进行技术培训（见图3）。首先，合作社根据不同生产季节邀请专家、高级农艺师到现场和果农进行面对面的技术培训，提高生产实际操作水平；其次，合作社通过走出去的方式对果农进行培训，组织果农到梨栽培技术较先进的地区及大型水果批发市场参观学习（见图4），使果农认识到差距，找到改进的方向，树立以质取胜的市场意识；另外，合作社积极参加省精品梨评比活动，通过组织果品评比与经验交流，使梨农认识到果品质量的重要性以及自身在培育过程中存在的问题和今后提高的方向，进一步培养果农的质量意识。2020年，合作社共开办现场培训班2个，培训社员（梨农）200人次，发放技术资料200多份，取得了良好效果。

图3　合作社组织梨农进行生产技术培训现场

图4　市农经水果专家亲临梨园进行梨树修枝教学现场

　　尽管殷家漾村蜜梨产业已经取得一定规模与知名度，销售形势相对较好，农户种植蜜梨的积极性很高，但是殷家漾蜜梨仍然面临市场对果品的质量要求提高、蜜梨管理仍然相对粗放、外观质量参差不齐、发展后劲不足的问题。

　　为应对以上问题，殷家漾蜜梨合作社自2019年起开展了蜜梨品质提升建设项目。该项目在殷家漾村观光长廊挑选200亩梨田作为核心示范区，结合农业局补助项目，搭建了多功能梨园棚架，棚架上安装防鸟网，梨园四周布置围栏。合作社希望通过此项目推进蜜梨标准化、精品化栽培技术的推广，提升梨园基础设施以及生产加工配套设施。

　　同年，合作社从涉及种梨的7个小组当中选取14户梨农作为示范户，开展蜜梨品质提升试验。试验第一阶段，合作社召集示范户成员前往安徽砀山进行实地考察，借鉴梨树管理与培育方式。第二阶段，合作社邀请了市农经水果专家亲临梨园，进行理论知识的讲解和修枝的现场教学。第三阶段，总结前两阶段的学习成果，由示范户在实际生产中分别进行应用，同时由合作社统一配发高品质农药，由示范户分别按照规定的投放时间和投放量进行试验开展。最后，定期召开会议，对照往年的情况进行种植效果探讨。截至2020年，本次试验引入的限条栽培技术能营造相对独立的作物生长环境，摆脱传统农业对自然环境的高度依赖，同时强化农场管理，提高工作效率，对促进殷家漾村蜜梨产业的发展起到了较好的示范作用；同时该技术的实施明显提高了试验单位的经济效益。

以上项目与试验所应用的技术成果将适用于殷家漾村乃至桐乡市的种梨农户，有利于蜜梨标准化栽培技术的推广应用，进一步提高产品质量与抗御市场风险的能力。在蜜梨产业自身和市场需求都快速变化的今天，正是殷家漾村委和蜜梨合作社的不断努力，才让殷家漾蜜梨产业及时适应市场变化，始终处于现代化农业建设"领头羊"的位置。

4.打造绿色农业

同时，殷家漾蜜梨合作社还致力于打造绿色、无公害农业。殷家漾梨园在位置上远离工业区，周边无工业污染源，并且在殷家漾村人居整治、老村搬迁后，梨园同样远离村民生活区，周边无生活污染源，为生产绿色优质的蜜梨奠定了良好的环境条件。为了保证生产过程绿色无公害，绿色蜜梨产区与其他常规生产区域之间建有封闭围栏隔开，采用棚架式露地栽培。对于蜜梨栽种土壤，每年会使用同村的湖羊生态养殖基地及农户所产生的羊粪约每亩2吨，通过腐熟发酵进土壤培肥处理。

针对梨树常见的病虫草害，合作社采取以下生态农业措施：①通过合理定植建立标准的棚架设施，便于后期病虫害统防统治和统一除草等农事操作；②及时进行人工中耕除草，消除草害的同时减少病虫寄主和栖息场所；③合作社同时对梨园定期进行病害的防治，防治病害大面积发生；④在施用有机肥时会进行完全的发酵腐熟处理。采用以下物理防治措施：①采用套袋栽培技术，降低病虫害对果实的侵害；②结合冬剪和夏剪，对病枯枝、虫卵枝、僵果、病果等进行剪除；③保持果园清净，冬季结合冬剪，彻底清扫果园，清除病枯枝、干僵果、落叶等，消灭菌虫源；④结合施肥，深翻树盘，清除虫蛹，同时蛰伏于地下的害虫由于被清翻到地表而无法越冬致死。同时，在种植过程中坚决避免农药滥用,维持基地生物多样性,通过生态系统的自我平衡控制病虫害的发生。

在灌溉方面,基地蜜梨栽培全部采用高效喷滴灌系统灌溉,灌溉量约每亩3吨。梨果收货后,采用纸箱进行包装,通过物理隔离防虫、防鼠、防潮。在废弃物处理及环境保护方面,有专人对生产中产生的枯枝、病虫叶、损烂果等废弃物集中收集,运送至村垃圾处理中转站。

通过对产前、产中、产后每一环节的严格控制,合作社有力地确保了殷家漾村生产的蜜梨产品的品质。2006 年,殷家漾蜜梨就已经通过中国绿色食品发展中心认证,获批使用绿色食品标志。2017 年 11 月,殷家漾获得浙江省无公害农产品产地认证、无公害农产品认证。2018 年,经中国绿色食品发展中心审核,殷家漾翠冠蜜梨被认定为绿色食品 A 级产品。

5. 打造数字农业

2020 年,石门镇与浙江农资集团合作启动了"殷家漾千亩梨园肥药两制改革示范点建设项目"。项目希望通过示范区建设,以点带面,打造集"肥药两制示范、绿色防控、科学种植、信息化赋能、品牌打造"于一体的梨园信息化、生态化栽培新模式。这一项目将对蜜梨生产的全产业链进行数字化赋能。在生产方面,基于 AI 信息化技术手段,对梨园生产各项数据进行全程监控,制定并应用"梨园健康生产全程解决方案"。在生产资料供应方面,农产品投入将统一供应,并建立种植生产全程追溯体系,做到食品品质与质量安全可溯源。在产品销售方面,品牌产品将在政府政策引导下统一进行打造推广,进行线上销售渠道的对接打通。

这一项目的建设是殷家漾蜜梨产业数字化的第一步。通过信息化技术可以对蜜梨生产实现精准控制,有助于定额投入,控制生产成本,并且提升产品产量与质量。同时,对化肥农药等投入品的精确控制有助于促进绿色农业的建设;建立可溯源的食品生产体系有助于提升消费者的信赖,更好地打造殷家漾蜜梨优质绿色的品牌形象。

6.品牌化经营

在蜜梨销售方面，合作社会统一收购农户的蜜梨，农户可以选择自行销售，也可以选择直接卖给合作社。蜜梨收购后，合作社将根据大小、重量、品相进行统一分级包装销售（见图5）。另外，合作社专门建造了500平方米的冷库用于暂时贮藏收购的蜜梨，保证水果新鲜。在运输方面，合作社也会在当季统一与司机签订运输协议，保证运输无误。在一系列服务的配合下，合作社社员的产品60%以上由合作社统一销售。

图5　"殷家漾"牌翠冠梨包装展示

殷家漾蜜梨产品大部分销往杭嘉湖水果批发市场，部分由福建、广东等外地批发商定向采购，另有一部分由企事业单位作为员工福利来采购。合作社为了进一步突破蜜梨销售的现有瓶颈，扩大销售渠道，一方面，通过农业产业化经营将千家万户的农民联系在一起，变小生产为大生产，并且将农民与龙头企业连接在一起，架起了生产、销售的桥梁，形成"农户＋合作社＋龙头企业"的模式，有效地发挥纽带作用。另一方面，合作社加快了"殷家漾"牌翠冠梨的品牌建设，与嘉兴五县两区的比较知名的梨产业合作社成立了联合社，进行抱团发展与销售。并且与嘉兴知名代销品牌"佳田四季"签订了代销协议，与上海深加工企业完成对接，为产业转型升级寻找突破口，从而全方面地开拓销售渠道。

在"品牌化经营"的方针指导下，2010 年"殷家漾"注册为商标，并被评为浙江省著名商标（见图 6）。为了打造殷家漾蜜梨的品牌形象，合作社专门与设计单位对接设计了产品包装，以融入了石门湾运河风味的油皮纸加书签的方式而作的包装，体现了当地的人文文化，又为殷家漾牌翠冠梨打造了特别的品牌文化氛围。除此之外，蜜梨基地连续多年获得的绿色、无公害产品认证以及浙江省农业果树展销会金奖都为消费者塑造了蜜梨"绿色无公害"的品牌形象。

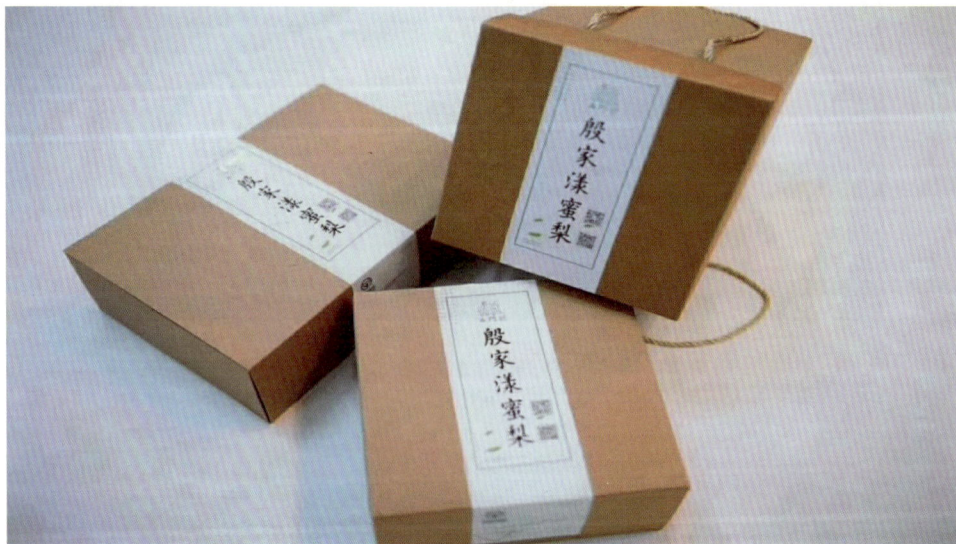

图 6　　"殷家漾"牌翠冠梨荣誉证书

在品牌宣传方面，殷家漾蜜梨合作社采用线上与线下相结合的方式进行。线上采用"公众号自媒体宣传＋微博等信息平台宣传＋网站报道"的方式，在蜜梨成熟的季节进行相关文章撰写与宣传。线下殷家漾蜜梨合作社积极举办多种活动进行宣传与蜜梨营销。首先，为促进乡村旅游与蜜梨产业融合发展，打造休闲农业，合作社举办每年一度的"梨花节"活动，其间通过客户购货合同签订、游客梨树认养、游客自采预订的方式，有效地促进了梨农的生产积极性和收入的增加。合作社同时举办蜜梨采摘活动，2019年殷家漾蜜梨采摘活动接待超过2万人次。

为进一步打造休闲农业，殷家漾村建设有260米两层观光长廊，占地7000多平方米的梨王公园，配套游客中心，并充分利用现有资源，建设垂钓区、民宿以及果蔬采摘综合体验区等，打造农、文、旅农融合发展模式。2018年，殷家漾村被评为2A级村庄景区，并在向升级为3A景区努力。

（二）殷家漾村文化与生态环境建设

1. 文化建设

在文化设施方面，殷家漾村在2017年修缮了2000多平方米的村文化礼堂。礼堂内设有活动礼堂、图书室、书法室、舞蹈活动室等，用于村民的喜酒宴请、村中学龄儿童的暑期活动以及村里大型文化活动的排练与举办等。同时，殷家漾村还修建了公园、运动场等设施用于村民的闲暇娱乐与身体锻炼。

在乡风文化建设方面，除与本村产业密切结合的"梨花节""擂台赛"等促进村民产品销售、丰富村民业余生活的大型活动外，村委会还会在文化礼堂定期举行文化活动，比如"非遗进乡村"扎染工艺体验活动（见图7）、"武术＋"非遗走秀展示活动等一系列文化体验与科普活动，弘扬传统文化并提升村民的综合素质。

图7 非遗进乡村蓝染秀活动

2. 乡村环境治理

殷家漾村对生态环境治理非常重视。为响应桐乡市深化"千村示范、万村整治"工程建设,殷家漾村将村庄规划改造、道路建设绿化、垃圾收储处理、产业发展与提高村民生活品质列入了重要议事议程。

在农村基础设施整治方面,殷家漾村完成了精品路线道路白改黑、路灯亮化、村庄绿化等基础设施建设;拆除改造露天旱厕30余个。在污水处理方面,完成全村生活污水无动力或微动力处理。在村容村貌方面,对全村农户柴禾进行合理规划,整齐堆放,对房前屋后乱堆放现象进行清理;摘除了21户农户的违章建筑;开展优美庭院建设,对农户庭院进行改造,使庭院整齐、精致、美观;并结合殷家漾村千亩特色梨园,进行了美化景观建设。

在环境治理方面,殷家漾村积极开展垃圾分类行动,2020年村内召开农户动员会3次、百姓议事会3次,宣传动员并讲解、学习垃圾分类的内容、意义、目的。结合村内实际情况,利用现有资源,如广播、宣传车、宣传栏、微信群、微嘉园等多种形式搭建宣传平台,新建垃圾分类亭2座,用于宣传讲解垃圾分类相关内容。动员志愿者定期进行入户宣传4次，发放宣传单及宣传手册800余份，并认真做好解释、宣传教育工作。目前殷家漾村已经实现全村垃圾分类处理，村民分类意识与四分准确率逐步上升（见图8）。

图8　殷家漾村志愿者参与垃圾分类宣传

据殷家漾主管人居环境的干部介绍，殷家漾还设立了长效管理机制。将全村划分为6个片区，由专人每天收集生活垃圾，对正确分类的农户发放积分卡，每个季度兑换生活用品。对于没有正确分类的农户，由网格员、村干部上门宣讲垃圾分类相关知识，指导其正确分类。每个季度对村民垃圾分类情况开展评比，对评比结果良好的用户给予奖励并全村公示，激励村民保持良好的垃圾分类习惯。通过长效管理机制，村民垃圾分类习惯逐渐养成，目前全村村民垃圾分类正确率达 95% 以上。

通过一系列乡村生态文明建设，殷家漾村村民的生活条件得到了改善，村民的思想也发生了改变，村民幸福指数提高，村风更加文明向上。同时，更好的人居环境同样促进殷家漾乡村旅游发展，促进农产品销售，进一步惠及广大村民。殷家漾村的建设与改变，在一定程度上揭示了"绿水青山就是金山银山"在村庄层面的内涵。

四、发展瓶颈与核心挑战

（一）殷家漾牌翠冠梨的知名度需进一步扩大

殷家漾牌翠冠梨自 2003 年发展至今，已有 18 年之久。通过举办梨花节、蜜梨擂台赛等多种农事节庆活动，殷家漾蜜梨品牌在桐乡市内已颇有名气，但是在嘉兴、杭州等地仍然知名度不高，因此大部分蜜梨只能以普通批发价销往水果批发中心。对于殷家漾蜜梨的品牌知名度，仍然需要进一步利用互联网、新闻媒体、自媒体等多种手段与途径，对蜜梨进行品牌宣传推广，并进行品牌文化的打造。

（二）蜜梨产品与电子商务结合面临困难

与樱桃、草莓等质量较轻、价格较高的水果不同，蜜梨具有质量大、易腐坏的特点，运输成本较高，而蜜梨的销售价格往往无法弥补高昂的运输成本，因此采用电商平台进行产品销售存在困难。殷家漾村曾尝试与快递公司对接，以优惠价进行产品运输，但是仍然无法弥补其运输成本以实现盈利，因此目前殷家漾村蜜梨很少通过电子商务平台进行产地直发销售，拓展电子商务方面的销售渠道存在困难。

（三）蜜梨产业面临转型升级

殷家漾梨园的蜜梨品种，95% 以上以鲜销的方式出售，出售方式相对单一且产品附加值较低，想要取得发展和突破，产品必须转型，开发深加工产品，延长产业链。但目前，由于缺少蜜梨深加工产品的技术开发经验和技术团队，殷家漾蜜梨产品仍停留在初级农产品的层次，产品价值无法提升。因此，殷家漾村需要针对蜜梨进行深加工产品开发，例如梨酒、干果、果脯等制品，或与其他农副产品相结合进行加工设计。同时应推进与深加工企业的对接合作，加强本村蜜梨深加工产品的生产能力，拓宽产品种类，打造"殷家漾蜜梨"品牌旗下的产品系列，增加产品价值，提高销售收入。

（四）休闲农业发展仍不完善

殷家漾村梨园面积较大，是全村最主要的产业，也是农民增收的主要途径。但由于梨园缺少整体规划以及村级资金问题，梨园产业与居民新村点、文化礼堂、合作社、道路等结合紧密度不高，导致农庄发展受限，梨园整体形象难以凸显。同时，村内已有的景观设施，如梨王公园、观光长廊、停车场和梦境梨园农庄等，均存在外观设计较为单一，路牌、路标及标志性构筑物缺乏特色，与农户房屋的外观缺乏足够的契合度等问题。村内休闲农业设施与景观仍待完善。

殷家漾村应在本村现有基础上结合精品线路对现有梨园区域空间布局做出合理调整，并对梨园核心区域进行房屋样式改造，对空间节点的优化提升等作设计，为进一步促进本村旅游产业发展，增加农民第三产业收入奠定良好基础。

（五）社会保障政策需进一步完善与创新

在共同富裕的实现过程中，社会保障起到了重要的作用，可使相对贫穷的村民不至于因病、因残陷入赤贫，并获得增加收入的机会。因此社会保障制度的完善与创新，永远是殷家漾村实现"共同富裕"的重要领域。

殷家漾村在社会保障方面已经做了很多工作，养老保险与新型农村合作医疗保险覆盖率均达 95% 以上。村内残疾人与低保户的养老与医疗保险由村委会统一支付。村委会同时为全村村民提供"大病无忧"意外险补助，每年保费 100 元由村委会支付 50 元。殷家漾村内目前有低保户 5 户，除此之外还有部分边缘户，即收入未低于低保标准但实际生活仍然困难的农户。对这部分农户，除了上级政府的各种优惠政策外，村内另有一些帮扶政策，比如在 2020 年老村搬迁时，低保户与边缘户从老村迁出后建新房，按照宅基地标准是建 120 平方米，但困难户可以选择将新盖房屋面积由 120 平方米减少为 60 平方米，村里设有"节地指标"奖，每户奖励 20 万元。村内对于困难户逢年过节会准备慰问礼品。如果有村民生了大病，村内会拿出一部分钱进行慰问。对于部分找工作困难的低保户、边缘户，村委会招聘其为保洁员、保安等，提供一些就业岗位。

对于低保户与边缘户，殷家漾村支书倪华容描述了他的一个尚未实施的设想，即通过将殷家漾村的乡贤与困难户结对子的方式进行定点帮扶。据倪华容介绍，村内的人家基本都相互认识，通过村委会牵线搭桥，形成一对一帮扶，或许可帮助困难户解决部分就业与资金问题。倪华容表示，随着村内整体经济状况进一步变好，村集体将有更多余力，采取更多方式对贫困户、低保户进行帮扶，进一步完善村内的社会保障政策。

五、经验启示与建议

（一）殷家漾村共同富裕的经验启示

殷家漾村是一个由贫困村成为小康村的脱贫成功案例，是乡村振兴与共同富裕的极佳样本。殷家漾村目前在生态、文化、农业产业建设等方面都取得了较大的发展成果，而带来这些转变的关键因素是本村蜜梨产业的发展。作为本村的支柱产业，蜜梨产业极大地惠及了本村村民，提高了村民的收入，促进乡村振兴的同时为共同富裕的实现打下坚实基础。

在村内农业产业建设方面，合作社的组织与推动起到了关键作用。殷家漾蜜梨合作社是殷家漾蜜梨产业化经营的重要组织者与引领者。在合作社"现代化种植与品牌化打造"方针引导下，殷家漾村从"打造现代农业、绿色农业、智慧农业，树立品牌意识，维护品牌发展"等几方面入手，使得殷家漾蜜梨产业迅速发展，及时适应市场变化，具有源源不断的发展动力。

在合作社的建设方面，殷家漾蜜梨合作社同样具有启示意义。首先，合作社要具有服务精神。作为一种特殊的组织，合作社并不是传统意义上以追逐利润为主要目的的企业，它的主要功能是服务村民。在与殷家漾村的倪华容的访谈中，倪华容强调了合作社"服务精神"的重要性，殷家漾蜜梨合作社每年的收入基本保持在"回本"水平，并不会大量盈利，而社员与本村其他农民才是获利的主体，只有这样才能让村民信任合作社，真正达到促进本村产业发展，实现村民增产增收的目的。其次，合作社要当好政府、市场与农民之间的"桥梁"。农民是弱势群体，对政府的政策、市场的需求变化往往不够敏感，合作社此时应该充当"桥梁"的角色，引领村内产业发展顺应政府政策导向，帮助村内产品适应市场需求、获得更大的市场份额。殷家漾村蜜梨合作社早在2004年建立之初，就开始准备"无公害"产品与产地、"绿色农产品"的申请工作；

2010 年就已经申请"殷家漾"商标，走品牌化农业道路；2020 年已经开始着手启动"殷家漾千亩梨园肥药两制改革示范点建设项目"，打造信息化农业。同时与京东等互联网公司接触，准备申请"京东农场"等新型商业模式项目。殷家漾村的梨园产业能取得今天的发展，这一系列具有远见的工作的开展功不可没。农民个人并不具备这样的超前思维，因此合作社必须发挥自己的优势，当好政府政策与市场信息的传递者，为村内产业的发展做好规划与引导。

（二）殷家漾村共同富裕未来工作方向的建议

1. 促进产业融合，进一步推动本村富民产业发展

殷家漾村的支柱产业以第一产业为主，仅靠第一产业增收具有较大的风险，易受突发事件影响，收入波动较大。同时第一产业增收空间有限，促进村内个体与集体的收入增长较为乏力。因此基于本村的蜜梨产业，将发展重心向二三产业转移，促进农业三产融合，增加农民增收渠道将是本村蜜梨产业未来的发展方向。

具体而言，一方面要发展农产品加工业，延长产业链，增加产品附加值；另一方面应进一步发展休闲农业，促进乡村旅游发展。同时在农业生产经营过程中，应积极培育新型农业经营主体，发展龙头企业与农民合作社等组织参与农业经营，并促进新型经营主体与农民间的利益联合，共同促进本村富民产业的发展，实现农业增产、农民增收。

2. 完善社会保障制度、促进机会均等化与公共服务均等化

共同富裕的重要内涵是机会均等化，促进村民人力资本发展、为村民赋能是实现机会均等化的主要路径。因此，应在上级政府和村委的共同努力下，完善本村的社会保障制度，重点帮扶村内的低保户与边缘户，在保障基本生活的同时有针对性地对他们进行职业教育、相关就业技能的培训，并通过村委或乡贤的帮扶，为他们提供就业机会。同时，村内教育、医疗与养老等公共服务均

等化也是共同富裕的重要组成部分。欲实现公共服务均等化，一方面应完善村内的教育、医疗与养老等相关基础设施，另一方面应出台政策吸引教育、医疗等人才进村，同时大力发展"数字乡村"建设，实现远程医疗与远程教育，缩小城乡公共服务差距，提升村民生活幸福感，让村庄经济发展切实惠及广大村民。

访谈时间：2021 年 8 月 6 日

访谈地点：浙江省嘉兴市桐乡市石门镇殷家漾村村支书办公室

访谈整理：贾梓祎

郜墩村：
基于"农民鞋业创业园"的产业融合之路

受访者名片：

陈小飞，男，1987年9月出生，浙江省嘉兴市桐乡市人，中共党员。
2011年开始进村工作，现任石门镇郜墩村党委副书记。

共同富裕，不仅是物质上的富裕，也是精神上的富裕。

——陈小飞

一、村庄概况和历史沿革

郶墩村是由郶村和大墩村合并而成。郶村以郶村庙得名，郶村庙前有条河，以河为界，分为南郶村和北郶村，中华人民共和国成立后统一命名为郶村。大墩村则以大墩山命名，相传有位仙人下雨时路经此地，甩了下脚上黏着的泥浆，掉下来堆成了一个土墩。后来，泥墩有所变大，远看像座小山，人们称它为大墩山。大墩山上有一只小庵，村民自发组织在庵里办公，因此中华人民共和国成立后命名为大墩。1956 年 2 月撤区并乡，郶村由羔石乡管辖，大墩由羔羊乡管辖。羔羊乡、羔石乡划入八泉乡 1 村，两个初级社合并为羔羊乡，建立了羔羊乡人民政府。2000 年，因撤乡设镇的政策，郶村村和大墩村合并成为石门镇郶墩村。经商讨确定，村委会设立在合并前的大墩村，故村名中郶村排在前面（见图 1）。

图 1　郶墩村村名景观石

郜墩村位于石门镇西南部，南与安全村相邻，东与羔羊村交界，西与洲泉镇小元头村相邻，北与东池村、崇安村为邻，紧靠羔羊集镇。全村面积 3.83 平方公里，下辖 26 个村民小组。现有农户 916 户，人口 3902 人，村党委共有党员 112 名，划分为四个网格支部。河道总长度约 12.1 公里。2020 年全村农村经济总收入 41800 万元，实现村集体经济收入 800 万元，现有个私企业 60 余家，为村内剩余劳动力提供了充足就业机会。在农业方面，全村家庭承包耕地面积 3120 亩，效益农业得到迅速发展，农民的生活水平不断提高，2020 年村级可支配收入 83.2 万元，村民年人均收入 37281 元。村域内河道纵横，灌溉方便，通过多年圩区整治，地形平坦，交通发达，自然环境优越，适宜农作物生长。

郜墩村在过去的几年中，特别是 2005 年实行村庄整治以来，村委投入大量的人力、物力和财力，建立健全环境卫生长效管理机制。通过全村上下联动，村民群众的环境卫生意识有了很大提高，生活条件和居住条件得到明显改善，在道路硬化、环境绿化、居民美化、河道净化等方面卓有成效。先后获得桐乡市级生态村、平安村、充分就业村、文明村、健康村、扶残助残爱心村、村庄整治长效管理五星级村、民主法治村、"创先争优"先进基层党组，市级示范便民服务中心、小康型老年体育示范村、"法治、德治、自治"建设十佳示范点、"五好"关工委、"诗画水乡 治水美村"、桐乡市计划生育工作先进集体，嘉兴市级卫生村、科普村、绿化村、慈善村、民主法治村、"优美庭院"示范村，浙江省级卫生村、慈善村、民主法治村等一系列荣誉，并且在 2021 年获评"乡村振兴示范村"。

二、主要发展经验和成效

共同富裕是在全面建成小康社会的基础上，大力推动高质量发展，普遍提高城乡居民收入水平，逐步缩小分配差距，坚决防止两极分化。同时，共同富裕是全体人民的富裕，不是少数人的富裕；是人民群众物质生活和精神生活双富裕，不是仅仅物质上富裕而精神上空虚；是仍然存在一定差距的共同富裕，不是整齐划一的平均主义同等富裕。下文从村庄产业发展、农民增收、基础设施和公共服务、农村生态发展、乡村文化与乡村治理以及对未来的展望等方面来总结郍墩村的共同富裕发展建设情况。

（一）村庄产业发展

郍墩村的主导产业以农业为主，主要是水稻种植、养殖蚕桑、杭白菊等。水稻以大户经营为主，近年来和周边村联合成立了粮油农机发展公司，将资源合理分配，促使水稻增产。蚕桑和杭白菊则以散户种植为主，规模较小。

为加快现代化农业的发展，郍墩村开始陆续大批流转土地。2009年郍墩村成立桐乡市郍墩粮油农机专业合作社，实现全村2000多亩水田流转，由合作社统一管理。合作社现代化、机械化的种植模式，让村民当上了"甩手掌柜"。土地租金则以稻米的形式发放，每亩650斤稻米，让村民不费力就能获得粮食。2019年，本村与颜井桥村、陆家庄村、春丽桥村、崇安村、安全村、东池村、羔羊村、二大埭村8个村，联合成立了桐乡市石门湾粮油农机发展有限公司，实现万亩水稻生产抱团发展。该项目将整合现有资源，通过革新技术、创新经营等措施，提高产品质量，从而打造万亩优质稻米生产基地，统一销售"石门湾"品牌大米。大米的销售路径，除抵给农民的稻米租金外，剩下的由国家以保底价收取到国家粮仓。

除水稻实现整村流转之外，郍墩村的农户会从事杭白菊、蚕桑生产，都是一些年纪偏大、退休的散户种植，规模偏小。2020年杭白菊、蚕桑的总经营收入在200万元左右。针对蚕桑，有一个蚕桑抱团项目，该项目是企业牵头，政府对其进行补贴，政府补贴养蚕项目是由于之前蚕茧的价格太低，农户养蚕的积极性越来越低，为提高农户养蚕的积极性而开展了这一项目。目前郍墩村一年最多养殖 600 张蚕种，每张价格在 2500 元左右。杭白菊主要种植在石门镇的北部，因此邰墩村没有关于杭白菊的合作社，也没有特殊的项目。

在发展现代农业的同时，邰墩村致力于制鞋工业（见图 2）。制鞋业是邰墩村的特色产业。早在 20 世纪 80 年代，石门镇就兴起了制鞋业。20 世纪 90 年代，羔羊乡有一个很有名的皮鞋企业——米加皮鞋厂，随着它的发展，周边出现越来越多的制鞋企业。其中，也有几家乡办皮鞋厂。一些以前在企业负责技术的工作人员，有技术、有销路，便自己开厂，做鞋的企业就越来越多，制鞋业也就慢慢延续下来。但是家庭小作坊式的生产跟不上潮流，违规建筑较多，而且不利于整体做大做强。为解决这一问题，2008 年，邰墩村成立了桐乡市首个农民创业园——桐乡市邰墩农民鞋业创业园，将发展好的企业引入园区，为他们提供标准厂房，促进企业进一步发展。在相关部门和村民的大力支持下，邰墩村皮鞋产业崛起，村里经济快速发展，成为名声远扬的"女鞋名村"。目前农民鞋业创业园已吸纳创业企业 20 余家，其中有两家规模以上企业，就业人员 1000 余人，产值 4 亿多元。该园区的建立为整个产业的带动和发展奠定了基础，同时为本村个私企业的集中、发展与壮大提供了更加广阔的空间。

图 2　邰墩村家庭鞋企

（二）农民增收

目前，邰墩村的产业为本村村民提供的就业岗位并不多。在水稻生产方面，种植大户对于大规模连片的土地均采用机械化播种、灌溉、收割，对于人力的需求并不大，大户偶尔会招一些退休的农户来除草，做点临时工。水稻产业对本村居民的增收贡献还体现在租金上。最开始水稻的租金是一亩600斤稻谷，到2020年增加到650斤，今后租金也会慢慢增加。农民鞋业创业园为本村居民提供了1000余个就业岗位，近年来随着鞋企效益变差，就业岗位也相应减少。

在收入这方面，邰墩村村民的主要收入来源是工资性收入。有一部分村民投资了一些店铺，将店铺出租获取租金。也有一部分村民将自建房中的一部分房间租给附近企业的员工，获得租金以增加收入。本村居民一般在附近乡镇就业，外出务工的居民占少数。外出务工的居民一部分是在高速公路服务区做生意，一年收入在10万元以上，一部分居民是在外地读书，直接在当地就业。

关于低收入人群的社会保障方面的政策，除了国家对低保户每月800元的补助，邰墩村也会将村级红十字会100万元存款在银行产生的每年6万元的利息用于救助贫困户。同时，邰墩村乡贤每年会组织一次活动来赞助一些企业和个人，赞助款中也有一部分用于帮扶低保户。此外，政府也推出一些项目，比如向低保户发放蚕种、鸡鸭、母羊等动物，让他们养殖，定期以高于市场价的价格回收蚕茧、鸡鸭蛋等农副产品，增加低保户的收入。

（三）基础设施和公共服务

邰墩村现阶段基础设施建设的重点是新村集聚（见图3）。新村集聚点坐落在邰墩村的中心区域，这里建有卫生服务站、居家养老中心、文化礼堂等配套设施，便于村民生活。目前，新村点仅集聚了90户家庭，仅占全村家庭总户数的9.8%。这是因为居民在经济发展之后原地翻新重新建房，有些家庭可能会在家里建家庭小作坊，如果搬到新村点，住房面积会相应减少，不利于企业发展。此外，由于大规模重新建房发生在 2000 年，目前房子也未变破败，新村集聚，工作会相对困难。因此，目前的工作重点是加快新村集聚。除此之外，还需要对旧桥梁进行改建、对道路进行拓宽处理。2013 年，郜墩村便实现家家户户通水泥路，该水泥路宽 3 米，但是随着社会发展，3 米道路已无法满足如今的需求，3 米道路在两车相遇时是一个考验，因此道路需要拓宽到 4-5 米。灯光建设也需加强，即路灯建设量化工程，以前路灯建设在主要道路，在其他的一些次要道路上也需增加路灯。

图 3　郜墩村新村点

在教育方面，郜墩村附近有隶属于石门镇的幼儿园、小学和初中各一个，幼儿园、小学、初中与村委会分别相距 1 公里、2 公里和 1.6 公里。幼儿园和小学的教学、师资与桐乡市区的相比，相差并不大，但初中的师资就远远不如桐乡市中心的初中，而初中涉及中考升学，家长对学校的师资较为关注。因此，郜墩村的学龄儿童一般都在村附近读幼儿园和小学，在桐乡市中心读初中。最近每年考上大学的学生多达几十个，对于中考、高考成绩优秀的学生，村里也会给予奖励，即中考考到桐乡市最好的初中、高考考上一本大学的学生，每人奖励 3000 元。2021 年也会出台新的政策，对于考上清华北大，或者其他 985/211 大学的学生给予更高的奖励。

在医疗健康方面，本村村委会附近 100 米便有一个卫生站，配有两名医生，对于一些常见的慢性病或者感冒等小病，居民会来卫生站看病配药。对于严重的病，居民可以去乡镇或者桐乡市中心的医院诊治，大约 10 公里的路程，比较方便快捷。除此之外，参与农村合作医疗保险的居民每年都能参加体检，妇女会有更细致的相关妇科病的检查。由于距离市区较近，村医疗水平与市区并没有太大差异。新农保每人每年 610 元，村里 85 周岁以上的老年人的新农保费用由村集体承担，残疾人和低保户由政府承担，其余村民的新农保费用自行承担。

在养老方面，本村居民的参保率在 85% 左右，养老保险分为城镇保险和农村保险，在企业工作的居民则参与职工保险。其中，农村养老保险缴费分为 3 档，第一档 1800 元，第二档 2000 元，第三档 3000 元，到期之后每月分别可领 410 元、500 元、600 元的养老金。政府对于残疾人的养老保险给予 50% 的补贴。

此外，为更好地服务村民，2017 年郜墩村综合服务中心相应落成，集党群服务中心、文化大礼堂、居家养老中心和社区卫生服务站为一体（见图 4），配套设施完善，服务、学习、娱乐全覆盖。其中，投资 500 万元、占地 1000 平方米的文化礼堂已投入使用，保障本村各类文化活动的开展，丰富民众的文化生活。居家养老中心由石门镇出资，交由第三方管理，定期会组织相关活动。

郜墩村加大村级图书室建设，投入 10 万余元在居家养老中心二楼设立村级图书室，打造公共学习基地，投资 30 余万元新建村史馆，展示村庄的发展史。"三治"农民公园供村民休闲健身，千人排舞的景象真实地出现在夏夜广场上。与公园相配套的"荷塘月色"仿佛一座微缩版的"凤凰湖"，九曲回廊蜿蜒向前，湖水悠悠，鲤鱼戏荷。晨起跑步、瑜伽，傍晚赏荷、喂鱼，一项项民生工程改变着村民的生活方式。此外，郜墩村的公共功能室还有伯鸿乡村书屋、健身房、排练室、灯光球场等，丰富了村民的生活。

图 4　居家养老中心

（四）农村生态发展

为践行"绿水青山就是金山银山"理论，郜墩村针对农业生产、工业生产过程中产生的污染以及生活中产生的人居废水均采取了相应的措施。农业生产中极易产生面源污染，即田地中的农药化肥等在降雨之后会顺着水流流到河道中，对河道造成污染。针对这一污染，郜墩村在河道中种植一些可以改善水质的植物，例如浮岛、绿岛等，以降低污染程度。除此之外，还会对河道进行定期清淤，去除有害物质。农药瓶随意丢弃也会对环境造成污染，因此，现在农药瓶都是由村里统一回收，集中处理。

郜墩村作为远近闻名的"皮鞋村"，其工业污染也是非常值得关注的。郜墩村的鞋企制鞋均是从外地统一购买胶底，所以在生产过程中主要是固体废料污染。多年来，居民随意处理工业废料，乱焚乱烧现象时有发生，不仅影响了居民的正常生活，还对空气造成了严重污染。针对这一污染，村里经过商议决定，对企业废料进行上门收集，再送到镇企业垃圾中转站，杜绝废料焚烧现象发生。

此外，郜墩村也加强了农村生活污水治理。生活污水的治理由最开始的仅靠绿植过滤的无动力污水处理改进成微动力污水处理，没有直排现象。新村点以及村综合服务中心的生活污水现已经进管网。但今后仍要加大对生活污水处理的投入。

郜墩村从 2005 年开始开展村庄人居环境整治，主要有以下几个内容。一是河道治理。定期对河道进行清淤，在河岸边种植树木，改善绿化环境，对河岸进行整治。二是道路治理。对所有道路进行硬化，并且对路两边的绿化进行改善。三是居住环境治理。首先，对破旧的房屋进行拆除整理。其次，改善房前屋后的环境，新村点由于统一规划，绿化设施配套全面，环境优美。但是原始村落的村庄环境便会较差一点，因此，村委会向仍居住在原始村落的村民发放果树苗、观赏性树苗等，鼓励他们种在房前屋后，以改善周边环境。在绿化管理方面，每月进行一次绿化整修清理，每季度进行一次环境卫生大检查，实行干部管理责任制，分区、分片设岗定责，确保环境卫生整洁、生态环境优美。

四是居民生活垃圾治理。目前生活垃圾分类也在稳步进行中。郜墩村投资20万元配置环境卫生清理工具和器材，添置垃圾分类集装箱，增加村级保洁人员数量，每日最少一次村级卫生清理，实现垃圾分类收集（分为可回收物、易腐垃圾、有害垃圾、其他垃圾）。

（五）乡村文化与乡村治理

在乡村治理方面，郜墩村积极探索"三治"乡村治理模式，围绕"多员共治，智慧治理"原则，紧密结合村民自治的具体实际，创新社会治理，在全村推广"三治融合"的基层社会治理模式，将善治理念贯穿村务管理的方方面面（见图5）。

图5　郜墩三治公园

坚持党建引领，确保农村发展组织有力。村党委始终坚持以"共同努力，踏实做事，点滴积累，取信于民"为主线，坚持从本村的实际出发，扎实开展基层党建"整乡推进、整县提升"示范村建设，深化村党组织"堡垒指数"管理，充分发挥村党组织的战斗堡垒作用和共产党员的先锋模范作用，规范落实好"三会一课"、主题党日活动等基础工作。把党支部全面建进网格，确保每个网格有一名党员网格员。村重大事项按照"党员群众建议、村党组织提议、村务联席会议商议、党员大会审议、村民（代表）会议决议和表决结果公开、实施情况公开"原则，不断完善村党务、村务、财务公开民主管理制度，"三务"定期公示制度。

以村规民约为主抓手，提升乡村自治水平。近年来，郜墩村以完善村规民约、村民自治章程为抓手，着重在"规""章"上引导，切实在"约""程"上见效，制定了自己的村规民约、村民自治章程，让群众自己制定的"小宪法"发挥了"大作用"。村委会还将部分规章制度、两委成员名单、村小组长名单、"两会三团"成员名单及村规民约等内容编印成册，分发至全村每户村民手中，形成"家家争学村规，户户自守纪律"的局面，达到村民自治、民主管理的目的。同时，郜墩村成立了"两会"。在村民遇到难题时，可以通过召开百姓议事会、乡贤参事会，通过民主评议等方式处理相关问题。此举实现了从村干部唱独角戏到干部群众大合唱的转变。村民自主议事一来大大减小村委工作的难度，二来村民的意愿也得到了真实的反映。因此，这几年在郜墩村各项工作都开展得红红火火。此外，2018年，郜墩村建立健全了"三社联动"机制，并进行了公示。加大了社会组织和社工的培育，充分整合各类协管员、"两代表一委员"、老干部、党（团）员、"大学生村官"、医生、教师、乡土人才等资源力量，组建专（兼）职网格队伍、便民服务团队等，积极参与社会基层治理。持续拓展"三社联动"服务项目，探索以购买服务为保障、项目化运作为纽带的"三社联动"新途径，构建社会组织和社工团队承接购买服务项目、面向社区实施项目的新机制。

坚持"以法治村"。邬墩村确立了村两委每月学法、会前学法等常规学法制度，制定年度学法计划，同时积极发挥村级法律服务团、"三官一师"的作用，不定期组织村干部参加各类法治培训。建立并有效落实村级"小微权力清单""监督责任清单"，积极推进民主法治村建设。在农户建房、邻里纠纷、环境保护、村级土地流转等涉及法律的问题上，第一时间咨询村级法律顾问等法律专业人士。不断提升村干部依法治村的法律意识和法治观念。同时，围绕街道、村中心开展法治宣传，巧用现有的文化礼堂、法治广场经常性开展形式多样的法治宣传活动，尤其是针对性地开展对青少年、妇女、老人、残疾人等特殊群体的法治宣传教育，提高全体村民的法律知识水平和依法自律的能力。

坚持"以德育村"。为引导村民积极向善，邬墩村在积极开展社会主义核心价值观宣传，"文明家庭""平安家庭"、身边好人、好婆媳、好妯娌、新时代好少年（美德少年）等评选评议活动的基础上，设置了"红黑榜"公示。榜上的信息来源于村里道德评判团成员的日常见闻。道德评判团成员会和当事人核实相关情况，特别是对于涉嫌上黑榜的人和事，会事先进行集体评判，对于经过劝说仍屡教不改的，则公之于众，受到全村的谴责。为更好地引导村民参与村务管理工作，监督村委办事，敦促整改，推出了问题墙。任何村民在日常生活工作中如发现本村的任何问题，都可以通过面说、电话、微信等多种渠道，向百姓议事会反映民情。对于村民提出的问题，邬墩村积极抓落实，打造回音壁。对于村民在问题墙上反映的问题，在一周内必定给出答复。能解决的用绿色标注，一时无法解决的用红色标注，使得村民对于反映问题的落实整改情况一目了然。对于被标注了红色的问题，邬墩村的乡贤参事会积极介入，出谋划策，协助村委"由红转绿"。如此的"一榜一墙一壁"良性循环，相得益彰，促使邬墩村的民风进一步改善，民主法治建设的氛围更加浓郁。

新"乡绅乡贤"在村庄治理过程中也起到了重要作用。邬墩村成立乡贤参事会，定期与村干部一起探讨乡村治理措施，乡贤也会参与调解一些矛盾纠纷，帮扶贫困户，积极提升整村崇德尚贤氛围，推动文明乡风形成。

三、发展瓶颈与核心挑战

通过对郜墩村共同富裕发展建设情况的梳理归纳，本文总结了郜墩村目前发展中主要面临的一些困难与挑战。

一是郜墩村的特色产业——鞋业的发展受阻。郜墩村的鞋业企业由原来的150家变成现在的30家，主要有以下三个原因。首先是国家经济的影响，与现在相比，以前经济形势下，家庭消费能力更高，现在有房贷等各种压力，家庭消费能力下降，导致总体销量下降。其次是以前的鞋企有很大一部分是传统制鞋小作坊，鞋的制作图都是手工画的，人工成本较高，无法与机械化作业、低成本的大公司相比，便被相继淘汰。最后是电商的冲击。以前村里的小型鞋企是和杭州九堡等类似的商城合作，商城里的摊主会来村里订货，大型鞋企就是和意尔康、富贵鸟、达芙妮等大品牌企业合作订货。但随着电商发展，直接去商城里购物的人越来越少，来村里订货的摊位也逐渐减少。若没有打开电商这个销售途径（比较简单的有微商、抖音、快手等），小企业就无法生存，面临淘汰。对于如今这一现状，郜墩村的鞋业要取得发展，就必须和电商结合。目前村里也有两三家鞋企在电商平台上有着不错的发展，但比较少。如何在现有形势下，找到有效的解决传统企业与电商结合的方法，是郜墩村目前鞋业发展中面临的挑战。

二是农业发展模式单一。郜墩村的农业发展主要以水稻种植为主，且土地整村流转给了桐乡市石门湾粮油农机发展有限公司，本村居民以稻米的形式收取租金，没有发展培养本村的种养大户。除水稻种植之外，郜墩村杭白菊、蚕桑也只是小规模种养，并不是农户的主要经济来源。郜墩村农户经济来源主要是工资性收入。郜墩村的农业发展无法带动村民增收。

三是村庄人居环境整治存在困难。村庄人居环境整治的难点主要是新村集聚和村民的环境保护意识。在新村集聚方面，郜墩村新村点目前集聚的家庭户数仅占家庭总户数的9.8%。由于大规模重新建房发生在2000年，目前房屋仍适宜居住，加之新村点房屋面积相对原始房屋较少，新村集聚工作会相对困难。新村集聚工作只能随着时间慢慢推进。在环境保护方面，存在的主要问题是居民的环境保护意识不足，包括垃圾分类意识，仍然存在乱扔乱丢现象，村委会将组织活动宣传环境保护、垃圾分类的重要性，引起居民的重视。

四、经验启示与建议

由郜村和大墩村两个贫困村合并而来的郜墩村在合并之后越发积贫积弱。从 2000 年，郜墩村的村办企业全部倒闭，村集体经济收入仅有 3.8 万元，村里所欠外债达 1500 万元，到如今，村集体的经济收入达 83.2 万元，所欠外债仅剩 300 万元。在这 20 多年的时间内，郜墩村的经济收入翻了近 22 倍，获得多项市级荣誉，并且被评为"乡村振兴示范村"。郜墩村的发展路径值得借鉴。

郜墩村合理利用了土地平整连片的优势，将整村 2000 多亩土地实现流转，承包给大户，并且成立粮油公司，村集体入股，每年获得分红，村民获得租金。与此同时，郜墩村抓住村内鞋业发展的优势，成立农民鞋业创业园，村里的鞋企获得了更好的发展，同时创业园也为村民提供了大量的就业岗位，推动了郜墩村产业发展。

针对上文归纳的郜墩村目前发展存在的挑战，本文认为在产业发展方面可以制定产业发展目标或发展规划。在制鞋业方面，郜墩村可以制定关于电商和企业相结合方面的规划，帮助发展形势好的电商寻找对接企业，对想发展电商的企业提供相关技术、人力资源方面的服务。郜墩村还可进一步通过加大资金投入，完善园区基础设施和配套设施，在人才引进、技术服务、信息交流等方面为企业做好服务，规范园区管理，提升园区档次。如今电商存在三种经营模式，分别是独立经营、外包给专业电商企业和由职业经理人运营管理。根据这三种模式，郜墩村可以请懂传统鞋企运营管理且具备电商运营经验的人才来村里开系列讲座，向企业讲授如何将鞋企与电商结合，其中会面临哪些困难，要如何去解决，并且为企业解答相关疑惑。此外，郜墩村可以政府平台建立人才引进、外包公司推荐渠道，给需要第三方专业电商企业或者职业经理人的公司提供相关服务。在农业方面，郜墩村在联合其他村一起成立粮油农机发展有限公司后，成为公司股东。因此，在召开股东会议时，郜墩村可以适当地向公司提出建议，为增加农业收益制定发展规划，并开展实施。例如，可建议公司规划一部分土地用以生产高质量稻米，持续推进大米产业抱团发展，在壮大集体资金的同时，逐步实现全村村民受益。在村庄人居环境治理方面，可通过在一些传统节日组织村民活动，在活动中向村民宣传环境保护、垃圾分类的重要性及相关知识。

访谈时间：2021 年 8 月 5 日

访谈地点：桐乡市石门镇郜墩村村民委员会

访谈整理：李丹丹

第五章

【结论与政策启示】

一、浙江共同富裕村庄实践主要经验总结

回顾上述浙江省 27 个村级案例，虽然各村的自然资源禀赋不同，当前所处的发展阶段及面临的挑战各异，但在通过乡村振兴战略促进农民农村共同富裕的实践过程中，均探索出了卓有成效的做法并取得了一定成绩。以下将围绕"产业振兴、人才振兴、生态振兴、文化振兴、组织振兴"这五方面，总结各村的创新做法和实践经验。

（一）产业振兴

产业振兴是乡村振兴的经济基础。通过调研发现，村支书们普遍将发展经济作为首要任务，一致认可产业振兴的重要性。这是因为，产业振兴不仅可以直接增加农民收入，同时可以壮大村集体经济，强化村集体的公共投入能力，从而实现共同富裕对医疗保障、居住环境等公共物品均等化的要求。

传统农业生产收益低下、老龄化、政策限制、资金与技术匮乏等是当前困扰乡村产业振兴的主要因素。农村剩余劳动力外流是社会经济发展的必然规律，27 个案例村都存在不同程度的"空洞村""老龄化"情况，60 岁以上老年人口比例超过总人口 30% 的案例不在少数。加之历史原因，各户承包的土地小而零散，粮食生产收益低，仍在开展农业生产的多是出于自给自足目的的老年人，抛荒情况日益严重。此外，一些地区因生态立县发展战略的限制，无法通过工业化推动产业发展，进一步加大了产业振兴的难度。

在这样的背景下，27 个案例村基于历史沿革、自身禀赋、政策红利等因素采取了不同的发展路径，大致可以总结为如下四类发展模式：

第一类是培育新型农业经营主体，品牌化经营助增收。开化县杨林村（水稻），桐乡市殷家漾村（梨），温岭市民益村、新二塘庙村、永康村（葡萄）等立足自身禀赋特色，在积极流转土地的基础上鼓励村内农民扩大种植规模，培育了一批种植大户、家庭农场、合作社为代表的新型农业经营主体，加快了机械化、新型农业技术的推广以及新型社会化服务体系的建设，实现了农业生产现代化为支撑的产业振兴之路。

土地流转是规模化、机械化生产的前提，也为农民及村集体增收提供了可能。由村集体出面统一流转土地是案例村中较为常见且有效的方法。一方面，村集体出面担保有助于提高农民出租土地的意愿；另一方面，能够显著降低承包者的交易成本，减少纠纷，提高流转率。

新型农业经营主体在资源利用、经营能力等方面具有显著优势，容易形成产业示范效应并带动致富。例如，杨林村的华利家庭农场在农忙时每天有 40 多人的雇工需求，每月雇工支出在 10 万元左右，既解决了当地村民的就业问题，还带动了村民增收。此外，品牌化建设能够显著提高市场认可度和农产品溢价水平，"殷家漾蜜梨""滨珠葡萄"等品牌就是典型的成功案例。

第二类是引进社会资本盘活资产，增加就业机会促增收。产业发展离不开"资金、人才、技术"三要素，全国乡村单纯依靠财政支持及政府的资源整合推动产业振兴并不现实。面对资金短缺、技术匮乏的困境，开化县高合村通过"千企结千村"计划与浙江省金融控股有限公司（以下简称金控集团）结对，依托自身生态及土地资源，利用金控集团的资金及市场运营优势建成了"金溪漫居"酒店，主打乡村旅游，为村民提供就业机会的同时，村集体通过酒店分红获得了稳定的经济收入。在此基础上，双方将合作成立一个集低温仓储、无菌取蜜、自动灌装和电商销售一体化的中蜂产业园，产业发展已初具雏形。温岭市后岭村和凤溪村同样通过提供土地，以镇、村、企业三方合资的方式共同开发了定位研学旅游的田园牧歌综合体项目，预计可为村民提供 500 个以上就业岗位，人均收入有望提高 20%。

此外，开化县友好村通过招商引资建立起了矿泉水生产（浙江南华山山泉有限公司）、铁皮石斛种植（浙江森古生物科技有限公司）、清水鱼养殖（芹阳农业开发有限公司）等产业；温岭市寨门村整合 300 户共计 2286 亩土地承包给浙江三合农业科技开发有限公司 70 年，用于农业高新技术示范园建设。村民通过土地租金、就业增加了收入，村集体经济则通过盘活资产壮大了实力，为后续村集体发展产业提供了资金支持。

第三类是生态价值转换助力乡村文旅与养老产业发展。在 2016 年中央一号文件、《贫困地区发展特色产业促进精准脱贫指导意见》《关于促进乡村旅游可持续发展的指导意见》等政策的指导下，乡村旅游快速发展，成为"绿水青山就是金山银山"理论的重要实现路径。桐乡市的桂花村（于谦故里），开化县的儒山村（中国传统古村落）、川南村（知青文旅）等多数案例村均有乡村旅游的实践经历或计划。

针对当前乡村旅游常见的同质竞争、景区文化内涵缺失、运营模式落后、环境质量下降等问题，温岭市的全域旅游规划模式值得借鉴。温岭市于 2017 年完成全域旅游规划编制，在该规划的指导下，坞根镇明确了利用"浙江省爱国主义教育基地""浙江省中小学生研学实践基地"等特色助推全域旅游的计划，并投资 4000 万元为乡村旅游的基础设施建设提供了资金保障。寨门村利用闲置土地试种向日葵等花卉的方式，在丰富了邻村旅游内容的同时，利用邻村的交通优势为自己带来了每年近 30 万人次游客。此外，一些集体经济基础较好的案例村已在构思如何在乡村农旅的基础上进一步打造康养产业。在人口老龄化趋势日益严峻而国民"主动健康"意识逐渐增强的大背景下，康养产业正日益受到关注，被认为是乡村振兴的新动能。

第四类是区位优势助力产业发展，抱团项目增加集体收入。此类发展模式的代表是桐乡市永越村、新联村（羊毛衫市场），以及开化县对门村（物业经营）。以永越村为例，其早年借助资源优势、体制优势与政策优势逐步发展成了全国最大的羊毛衫集散中心，近年来通过村集体抱团建成了创业园、批发市场、物流园区、酒店、农贸市场、幼儿园等项目，壮大了村集体经济，带领近百个村实现了滚动发展。抱团发展能实现资源的优化配置，已成为桐乡市村级集体经济发展的新常态。

由此可见，产业振兴应注重因地制宜打造特色产业链，整合邻村资源协同发展。

（二）人才振兴

人才振兴是实现乡村振兴的关键，这不仅意味着人口总量与结构问题，还涉及人力资本的质量问题，尤其是村领导班子的治理与经营能力。

人才振兴的关键是要吸引人、留住人、确保后继有人。调研案例在人才振兴方面的经验大致可以归纳如下。

就短期而言，一些地方通过邀请乡贤回乡建设，缓解了专业型人才短缺困境。例如，开化县高合村的张雄富曾在扬州做服装生意，正大村的余业兴曾长期从事医药生意，两人具有较强的市场意识并有丰富的企业管理经验，且一直关注家乡发展，有奉献精神。两人出任村支书后，在短时间内有效提高了村领导班子的精神风貌及村集体的威望，拓宽了村集体的视野，通过招商引资极大地促进了村集体经济发展和美丽乡村建设。此外，桐乡市红旗漾村、红星村的乡贤以乡情为纽带，主动投身乡村公益事业与社会治理，充分发挥了乡贤对新农村建设和发展的促进作用。

就长期而言，一些地区积极吸纳、培养年轻人，为乡村人才振兴注入持续动能。当前，如何让乡村振兴"后继有人"是本书调研村普遍面临的挑战。一方面，多数调研村村干部的平均年龄在 50 岁以上，临近退休，未来存在大面积的换届需求；另一方面，农村是个人情社会，村务繁琐要求后继者在具备一定工作经验的同时还需具有良好的群众基础。通过吸纳、培养乡村振兴年轻人才，能为乡村可持续发展带来新鲜活力。例如：对门村的周新良在回乡后主要负责村里资料整理与台账等工作，利用自身优势为村里的文旅发展搭建平台并积极推行数字化，获得了村两委及村民的认可和支持。

（三）文化振兴

文化振兴是乡村振兴的精神基础，主要体现在以下四个方面。

第一，文化振兴助力产业兴旺。例如：温岭市白璧村与红山村保护并传承红色文化，后岭村鼓励铜匠与钣金技艺能人返乡带徒，丰富了其乡村旅游的内涵，促进了产业兴旺。

第二，文化振兴助力生态宜居。例如：桐乡市汇丰村积极推动生态科普与农耕文化宣传，增强了村民尤其是青少年的生态环保意识，对形成良好的生态环境与整洁的村容村貌具有积极意义。

第三，文化振兴助力乡风文明。文化礼堂为村民的娱乐、聚会提供了便利，已成为各村满足村民文化生活需求的标配；华联村等重视孝道文化，使老有所养；永越村等积极举办"村晚"，组建舞蹈队、篮球队，促进了文明乡风的形成。

第四，文化振兴助力治理有效。例如：开化县正大村、建群村通过修建祠堂强化了村民间的纽带，村规祖训有效地约束了村民行为，提高了乡村治理效率。

（四）生态振兴

生态振兴是乡村振兴的重要支撑。一方面，通过生态环境治理，改善乡村人居环境，能够实现共同富裕对公共物品均等化的要求；另一方面，通过生态价值转换促进农民农村增收致富，对缩小城乡收入差距具有重要意义。

在生态环境治理方面，各村近年来通过深入实施"千万工程"和美丽乡村建设等工作，普遍完成了公厕改造、河道治理、污水集中处理、道路硬化、垃圾分类、增加绿植等人居环境硬件的改善。在此过程中，村民的环保意识日益增强，环保参与度不断提高。其中，新联村以出色的集体经济实力为依托，通过成立物业公司专门负责环境卫生管理工作，运用信息化技术实现垃圾智能收集、推行垃圾分类积分制调动了村民的参与积极性，使得垃圾分类准确率达95%以上。此外，桐乡市红旗漾村积极应用先进的生产设备和技术，通过农业绿色发展保护了乡村的"绿水青山"。

在生态价值转换方面，目前各村集中体现在乡村文旅的探索与实践上，期待各村未来在生态保护补偿、生态产品市场交易等方面有所探索与创新。

（五）组织振兴

组织振兴是乡村振兴的社会基础。案例村在基层党建及乡村治理体系构建方面有以下两个特点。

第一，发挥党员先锋模范作用，党建引领乡村振兴工作。作为被村民选出来的领头雁，多数村支书都具有较高的政治觉悟，能有效增强村委的凝聚力，提高村庄治理效率。尤其是在土地流转、房屋整治、土地征迁等涉及村民利益、容易产生纠纷与矛盾的事务中，党员干部带头落实能起到良好的示范效应，提高办事效率。此外，党群联户机制、网格化管理均能显著提高信息传递效率与治理效果。

第二，"三治融合"构建善治新体系。"三治融合"是自治、法治和德治有机协同的治理体系，其核心理念是：通过法治宣传教育等活动，培养村民的法律意识，使其知法守法，减少纷争；将乡风文明有效融入治理体系，借助村规民约、宗祠文化等帮助村民树立正确的道德观，借此约束其行为；确保党务、村务、财务公开透明，保障村民知情权、参与权与监督权，鼓励其主动参与乡村建设发展，减少干群矛盾。桐乡市是现代"三治融合"的发源地，目前已经开展了百姓评百星、村民法治亭、阳光议事厅等一系列有意义的探索实践。

二、村庄实践案例中存在的共性问题

27个案例村基于乡村振兴战略多措并举，取得了一定发展成果。但是，在以乡村振兴为抓手、实现农民农村共同富裕的道路上仍存在着诸多挑战。以下六个共性问题尤其需要注意。

第一，乡村振兴易受政策影响，本质是长期存在的发展需求与政府供给之间的矛盾。用地指标分配不均及非粮化整治便是这一问题的缩影。

一是新村、物业经济用房等的建设催生了大量的用地需求，但是为保障粮食安全，需严守 18 亿亩耕地红线，地方政府的用地指标日益趋紧，加之更改土地性质的手续繁琐，各村之间存在严重的竞争关系。而政治锦标赛体制的存在促使用地指标多集聚于经济发展优势村，加剧了发展不平衡。

二是因生产收益高等原因，案例村的农民普遍选择种植苗木、瓜果、蔬菜等经济作物，部分村已实现农业生产现代化。为应对日益严峻的国际形势，满足人们对粮食安全的需要，浙江省于 2021 年年初开始了"非农化""非粮化"整治，要求耕地必须种粮食。对此，村书记们普遍表示非粮化整治会显著减少农民收入，加剧农田抛荒现象，并可能限制其他产业发展，政策落实难度大。

第二，乡村振兴存在巨大的资金缺口。近年来，虽然国家坚持农业农村优先发展，持续加大财政"三农"支出，但是在调研中最常听到的词却是"缺钱"。当前，生态环境整治、医疗民生保障等公共服务的提供，以及支持产业振兴、治理有效的资金主要来源于财政支持。综合来看，资金来源渠道单一、财政缺口较大，且利用率较低。同时，有家庭农场主反映，现有的农村金融产品支持力度不够、贷款手续繁杂、资金获取门槛高，对中小型新型农业经营主体而言，资金获取困难已成为制约其发展的主要瓶颈。未来如何处理好政府和市场的关系，能否有效引入社会资本将是实现乡村振兴的关键之一。

第三，村级集体经济发展水平总体偏低，发展不平衡现象突出，且多数集体经济缺乏持续盈利能力。调研中发现，村级集体经济收入主要来源于完成政府项目、土地或厂房的租赁以及土地征收补偿，仅有少数村集体拥有持续稳定的增收渠道。一旦集体资源耗尽或失去政府的扶持，集体经济的可持续性将面临挑战。同时，即便同处一个乡镇，村集体经济间也可能存在显著差距。制约村集体经济发展的因素大约有三个。

一是集体经济组织不健全，运行机制不完善。农村集体产权改革虽然得到了深入推进，但是"政经分离"却未能得到有效落实，村民委员会代为行使集体经济组织职能是普遍现象。现实中，集体经济组织还需承担一定的公共服务职能，如为村民医疗、村委会人员的工资等提供资金支持；且农村集体经济组织没有法人地位，客观上不能破产，极大地限制了其发展活力。

二是村干部老龄化趋势明显，内在动力不足。一方面，村干部们需要应对上级部门交代的各项工作，精力受限；另一方面，村干部老龄化情况明显，观念相对守旧，市场意识和经营能力相对不足，在集体经济发展中普遍采取等指令、等项目的策略，创新求变的主动性和积极性不高。

三是土地资源匮乏，流转受限。一方面，随着城镇化以及土地确权的推进，归属于村集体所有的土地越来越少，建设用地指标日趋紧张；另一方面，随着劳动力外流，农村出现了大量闲置土地，但因村集体经济组织成员的资格确认与退出准则存在争议，村集体难以通过回收闲置宅基地、承包地的方式提高土地资源利用率；此外，宅基地等集体土地入市因体制机制问题尚处于试点摸索阶段，面临诸多挑战；而土地流转制度不完善、操作不规范等问题更加剧了土地流转的难度。土地资源匮乏、用地指标不清晰会直接限制社会资本的进入从而阻碍产业发展。

第四，产业结构单一，同质化竞争严重。多数案例村的产业发展多局限于农业生产端。即便部分种植大户、家庭农场等新型农业经营主体有探索观光采摘、电商销售等新模式，但是在农产品加工、品牌化建设等方面的创新能力不足，未能"接二连三"延伸产业链，在有效拓展产品附加价值的同时带动就业。此外，同一乡镇内的村庄因资源禀赋、政策条件相近，在产业发展中往往喜欢模仿邻近村庄，致使产品高度相似、缺乏特色，从而限制了自身的市场开拓与发展潜力。

第五，人才缺口严重，基层人员激励机制不完善。这主要体现在三方面：一是因家门口缺少就业机会，或是子女教育等原因，年轻劳动力持续外流；二是农村地区普遍缺乏懂电商、文旅运营的专业人员，从而限制了产业振兴；三是村支书的收入以乡镇财政拨款为主，收入水平较低，与工作付出不成正比，限制了其工作积极性，且该情况在乡镇任命外出就业人员回村担任村支书时尤为明显。

第六，乡村振兴主体的意识淡薄，参与度低，生态价值转换的探索不足。案例村的村民，尤其是老年人在生态环境治理与保护、乡村治理、共同富裕等方面普遍存在意识匮乏、认识不到位、参与意愿不高等问题，长期以来的粗放式生产、生活方式难以改变，甚至有部分干部对"减肥控药"、农业面源污染治理的必要性持怀疑态度，限制了生态环境的进一步优化。此外，案例村在生态产品保护补偿以及生态价值转换方面的探索明显不足，这可能受困于补偿资金的市场化投入不足以及缺乏统一的价值核算标准。

三、对策建议与启示

针对上述共性问题并基于调查中涌现的浙江农村创新探索，本章为促进浙江实现共同富裕目标下的城乡融合发展提出以下建议。

第一，加强对区域内土地资源的综合规划与整理，明确集体经济组织成员的确立与退出准则，加快闲置土地资源的流转，提高土地资源的整体利用率。关于土地流转困难这一难题，开化县杨林镇的土地预流转制度值得借鉴。针对抛荒严重、自发流转土地容易产生纠纷等问题，杨林镇成立土地预流转工作领导小组，做好指导和宣传工作，同时由各村集体经济组织牵头，基于"自愿、依法、有偿、规范"原则与农户签订委托流转协议，实现由村集体代理土地流转事宜。在完成土地转出前，由原承包农户自主经营，在确定用地方后，由村集体经济组织与土地转入方签订土地流转合同。村集体组织作保提高了村民流转土地的意愿，同时，也节省了用地方与农户一一协商带来的交易成本。此外，村集体还可以在预流转中通过平整土地等增值服务扩充集体收入。

第二，探索利用市场机制实现城乡之间、乡镇之间、村集体之间劳动力、土地、技术和资本的优化配置，特别要按照"区域协同发展"的思路实现各村优势互补，形成产业集群，避免区域内部的同质化竞争和资源错配。例如，温岭市通过全域旅游规划有效推动了区域整体发展和一、二、三产融合。全域规划帮助各乡镇明确了乡村旅游的发展方向，为乡村旅游建设提供了有力的基础设施和资金保障，从而减轻了村集体负担；同时，在全域推进乡村旅游的过程中，各村能够基于自身特色与邻村形成有效的互补。

第三，有序引导社会资本参与乡村振兴，国企引领助力乡村产业发展。当前，社会资本不愿积极参与乡村产业发展的主要原因在于农业投资周期长、农村发展易受政策影响。为了吸引社会资本进入，除了村集体需要积极探寻并具备出色的发展潜力外，还需政府搭建平台、积极引导，打造成功案例，帮助打消社会资本的顾虑。例如，浙江省于2018年启动了"千企结千村、消灭薄弱村"专项行动，直接促成23家省属企业与23个薄弱村进行结对，助力乡村振兴，而开化县高合村便是其中的典型案例。

此外，还需要国企履行社会责任，积极贯彻执行乡村振兴战略，成为社会资本下乡的排头兵，通过其资金、技术优势弥补乡村发展短板，帮助农产品品牌化建设，丰富产业内容，并带动民营企业的参与，从而满足多元化发展的资金需求。

第四，完善基层人员激励机制，通过就地提拔、提高福利待遇等方式激励村干部的工作积极性，并建议分地区、分步试点"股社分离"，实现让专业人管专业事。桐乡市汇丰村通过聘请旅行社推行专业化运营实现了每年外地游客量超60万人次的出色业绩，仅通过文化园门票出售，该村已增收近400万元。

第五，政府部门应重视宣传引导，帮助农民树立起主体意识；进一步加大对农村交通、教育、人居环境等的财政支出，完善养老和医疗保障体系，促进城乡间基本公共服务均等化，从而留住年轻劳动力并吸引外出人员返乡创业、就业。桐乡市的多个案例村通过新村集聚建设，有效改善了人居环境；而邰墩村、华联村等不少村集体都有给予考上大学、出色高中生或初中生奖励的制度，对宣传引导村民重视教育起到了积极作用。

第六，构建多方参与的生态保护补偿机制，市场化运作助力生态产品价值实现。针对当前生态保护补偿模式中以政府投入为主、区域间缺乏统一价值核算标准等问题，全球均在积极探索多方主体参与的市场化生态保护补偿模式。如重庆市森林覆盖率指标交易，通过以政府为主导统一核算森林覆盖率指标，构建基于森林覆盖率指标的交易平台，实现了不同地区主体间森林覆盖率指标交易；国际上如美国湿地缓解银行（Wetland Mitigation Bank）、澳大利亚生态银行和欧盟购买生态系统服务等，均通过构建多方主体参与的生态保护补偿市场化运作模式破除了生态保护补偿以政府投入为主的困境。

针对生态产品市场交易过程中存在的产权不明晰、信息不对称等问题，可通过明晰生态产品产权、打造生态资源交易平台的方式应对，这在浙江省"两山银行"、福建省南平市"森林生态银行"等生态价值转换模式中得以证实。

第七，政府部门在制定政策时应基于不同地区的发展特点与实际情况，充分评估政策的执行成本与可行性，保持政策弹性，并应将用地指标、财政支持等适当向经济薄弱村倾斜，兼顾公平与效率。

我们相信，以乡村振兴为抓手，激发乡村活力，补足乡村发展短板，将推动乡村高质量发展，最终促进农民农村共同富裕。

附录：访谈提纲

序号	问题	访谈内容参考
第一部分：村庄基本情况		
1	请村庄受访人对村庄基本情况做一介绍	结合所填写的"村问卷"，对受访人介绍的村庄基本情况做一记录。重点记录受访人特别强调且与访谈目标契合的话题，作为后续的深入探讨的提要。如果受访人介绍的是官方文本资料，在受访人简要介绍一些官方资料后，请受访人围绕村庄的社会经济发展和生态建设谈谈自己的工作经历和看法
第二部分：乡村振兴和共同富裕 说明：在把握村庄基本情况之后，本部分主要是了解村庄推进乡村振兴和共同富裕的实践，以及受访者对共同富裕的认知和看法。 提示：如果受访人对"共同富裕在村庄落地"和"共同富裕展望"话题毫无头绪，可以从收入、社会保障、公共设施与服务、发展机会等维度上的城乡差异做一些引导		
2	请受访人简要总结一下本村的核心竞争力、本村的社会经济发展与邻村的差异、与乡镇总体发展状况的差异	
3	【乡村振兴在村庄落地】 省、县、乡级政府有哪些"乡村振兴"方面的政策？有没有专门针对本村的政策？这些普适或特殊的支持政策如何在本村落地？ 为了承接这些政策，本村做了哪些基础工作？	
4	【共同富裕在村庄落地】 目前，省、县、乡级政府有哪些"共同富裕示范区"建设方面的政策？有没有专门针对本村的政策？这些普适或特殊的支持政策有没有在本村落地？ 为了承接这些政策，本村做了哪些基础工作？	

5		【共同富裕展望】 您认为什么是共同富裕？或您想象中的共同富裕是什么样子？ 从您理解的共同富裕角度看，目前，县城和村庄之间、村庄和村庄之间、村民群体之间、村民个体之间的差距主要体现在哪些方面？请分别阐述。 本村与"共同富裕"的差距如何？如何实现"共同富裕"？ 到 2025 年，您想象中的本村面貌；到 2035 年，本村的蓝图

第三部分：探讨参考专题

说明：在受访人介绍村庄基本情况、谈论对共同富裕的看法之后，根据其陈述情况，适机引导受访人就某些话题深入探讨。供访谈员参考的主要话题包括"乡村产业发展、农村居民增收、乡村基础设施提质升级和公共服务优质共享、'绿水青山就是金山银山'理论的实践和美丽宜居生活环境的打造、农村居民文化生活进步、舒心安心放心社会环境的构建"等六个方面。

提示：以下各个话题中所列举的问题仅供参考，所讨论问题不局限于此，由访谈员根据实际情况灵活把握，但需契合访谈目标

6	参考话题 1：村庄产业	（1）村庄主导产业和特色产业 本村目前的主导产业 / 特色产业是什么（例如龙顶茶）？体量有多大（规模 / 面积、产量和产值等）？主要是谁在经营（企业、合作社、家庭农场、个体农户或相互合作等）？产品主要有哪些销售路径？村庄是否有相应的电商平台？平台发展得如何？村庄为什么会发展此主导产业，即支撑此产业发展的人口、资源和社会经济条件，以及特殊的村庄条件？ 该主导产业发展中面临的问题以及发展前景
		（2）村庄产业规划和高质量发展 本村有没有制定明确的产业发展目标或发展规划？如果有，谁制定的，具体是什么内容，有没有书面文本？如果没有，您认为是否需要制定？为什么需要或不需要？ 本村对农业或其他产业绿色发展 / 高质量发展有何规划？本村是否具备绿色发展 / 高质量发展的现实条件？

7	参考话题2：农民增收	（1）产业发展带动村民增收 本村产业为本村居民提供的就业岗位数量、带动农户的数量、对村民增收的贡献如何？
		（2）目前在村居民的增收渠道 目前在村居民主要的收入来源为何？其中，有哪些资产性收入，这些资产性收入是从哪来的（村集体、企业或个人投资），以何种形式获得（租金、分红或利息）？ 低收入群体的社会保障：之前的政策对贫困群体帮扶有哪些？脱贫攻坚验收后，对于低收入群体有哪些保障？是延续扶贫政策还是有新的举措？
		（3）外出居民的增收渠道 外出居民主要去往哪些地方（有没有比较集中的地方）？一般从事什么行业？外出居民主要的收入来源为何？村民离村后，承包地和宅基地如何处理，是否有退出机制和收益补偿？
8	参考话题3：基础设施和公共服务	（1）基础设施建设和提质 现阶段，本村基础设施建设的重点领域是什么？本村是否有村庄建设规划？如果有，谁制定的，有没有书面文本？如果没有，您认为是否需要制定建设规划？为什么需要或不需要？
		（2）城乡公共服务均等化进程 本村教育、医疗、养老等公共服务水平如何？和县城相比，其差距在哪？如有差距，有哪些提升举措？ 公共服务数字化相关应用 提示：建议教育、医疗、养老分开问，问题更具体一些，例如：教育方面，本村孩子上幼儿园、小学、中学一般要去哪里？相关情况怎么样？最近两年有多少孩子上了大学？村里有没有相关的支持和奖励？ 医疗健康方面，本村村民的整体健康状况如何？村里人一般看病去哪里？村里财政是否为村民报销一部分的新农保？是否还有其他支持政策？ 养老方面，目前村里缴纳养老保险的农户比例怎么样？上级财政、村集体是否有相关支持？如果有，是什么政策？村里是否有集中的养老机构或者老年活动室等？

9	参考话题4：农村生态发展	（1）"绿水青山就是金山银山"和生态产品价值实现 您是怎么理解"绿水青山就是金山银山"的？本村进行保护生态环境的主要措施，利用生态资源的主要手段有哪些（重点关注农业生产过程中的污染，如化肥农药等，以及生活中的污染，如人居废水等）？在践行"绿水青山就是金山银山"、实现生态产品价值的过程中，本村的经验有哪些？认为浙江的经验是什么？
		（2）人居环境治理和美丽乡村建设 本村人居环境治理中，所面临的关键问题是什么？村集体在人居环境治理中的作用和地位是什么？人居环境治理在乡村振兴中的地位，良好的人居条件是否会促进产业发展和人才回归？本村人居环境治理的经验有哪些？您认为浙江"千万工程"和美丽乡村建设中可推广的经验是什么？
10	参考话题5：乡村文化	本村有何特色民俗和文娱活动，以及村民参与情况怎样？文化在村庄治理、村民团结和村庄产业发展中起到的作用如何？
11	参考话题6：乡村治理	本村基层党组织在乡村发展中的带动作用和示范地位如何？
		本村是否有村规民约？村规民约主要在哪些方面、并起到怎样的作用？新"乡贤乡绅"在村庄发展中起到怎样的作用？
12	参考话题7：未来乡村	请谈一下目前的乡村建设和治理可以进一步提升改善或深化的领域，对未来乡村建设和治理的畅想